Edition Professions und Professionalisierungsforschung

Band 16

Reihe herausgegeben von
Roland Becker-Lenz, Fachhochschule Nordwestschweiz, Olten, Schweiz
Stefan Busse, Hochschule Mittweida, Mittweida, Deutschland
Gudrun Ehlert, Hochschule Mittweida, Mittweida, Deutschland
Silke Müller-Hermann, Fachhochschule Nordwestschweiz, Olten, Schweiz

Weit über die klassischen Professionen hinaus hat das Interesse an Fragen der Professionalität in den letzten Jahren sowohl in der Praxis als auch innerhalb der Theoriebildung deutlich zugenommen. Das gilt insbesondere für die Soziale Arbeit, für Professionen und Berufe im Bildungs-, Erziehungs- und Gesundheitsbereich. Selbst im Kontext von Führung und Leitung von und in Organisationen hat es Resonanz gefunden.

Was Professionalität im Kern ausmacht, welche Bedeutung disziplinäres Wissen, methodische Kompetenz, ein professioneller Habitus und eine professionelle Identität haben und wie diese im beruflichen Handeln integriert werden, wird kontrovers diskutiert und zunehmend empirisch aufgeklärt. Darüber hinaus werden sowohl Fragen des fortschreitenden Professionalisierungs- und Akademisierungsbedarfes als auch Phänomene der Deprofessionalisierung bis in die klassischen Professionen hinein virulent und sensibel wahrgenommen.

Vor dem Hintergrund globaler Veränderungen der Arbeitswelt, organisationeller und institutioneller Rahmenbedingungen beruflichen wie professionellen Handelns wird der Bedarf an einer professionstheoretisch und transdisziplinär geleiteten Verständigung über diese Fragen noch zunehmen. Die „Edition Professions- und Professionalisierungsforschung" soll dazu ein Forum zur Verfügung stellen, in dem Beiträge erscheinen, die den Professionalitätsdiskurs in den Feldern Soziale Arbeit, Bildung, Erziehung und Gesundheit fundieren und weiterentwickeln.

Stefan Busse · Gudrun Ehlert ·
Roland Becker-Lenz ·
Silke Müller-Hermann
(Hrsg.)

Professionelles Handeln in und von Teams

Hrsg.
Stefan Busse
Fakultät Soziale Arbeit
Hochschule Mittweida
Mittweida, Deutschland

Gudrun Ehlert
Fakultät Soziale Arbeit
Hochschule Mittweida
Mittweida, Deutschland

Roland Becker-Lenz
Hochschule für Soziale Arbeit
Fachhochschule Nordwestschweiz
Olten, Schweiz

Silke Müller-Hermann
Hochschule für Soziale Arbeit
Fachhochschule Nordwestschweiz
Olten, Schweiz

ISSN 2512-0735   ISSN 2512-0743 (electronic)
Edition Professions- und Professionalisierungsforschung
ISBN 978-3-658-44538-6   ISBN 978-3-658-44539-3 (eBook)
https://doi.org/10.1007/978-3-658-44539-3

Die Deutsche Nationalbibliothek verzeichnet diese Publikation in der Deutschen Nationalbibliografie; detaillierte bibliografische Daten sind im Internet über https://portal.dnb.de abrufbar.

© Der/die Herausgeber bzw. der/die Autor(en), exklusiv lizenziert an Springer Fachmedien Wiesbaden GmbH, ein Teil von Springer Nature 2024

Das Werk einschließlich aller seiner Teile ist urheberrechtlich geschützt. Jede Verwertung, die nicht ausdrücklich vom Urheberrechtsgesetz zugelassen ist, bedarf der vorherigen Zustimmung des Verlags. Das gilt insbesondere für Vervielfältigungen, Bearbeitungen, Übersetzungen, Mikroverfilmungen und die Einspeicherung und Verarbeitung in elektronischen Systemen.
Die Wiedergabe von allgemein beschreibenden Bezeichnungen, Marken, Unternehmensnamen etc. in diesem Werk bedeutet nicht, dass diese frei durch jede Person benutzt werden dürfen. Die Berechtigung zur Benutzung unterliegt, auch ohne gesonderten Hinweis hierzu, den Regeln des Markenrechts. Die Rechte des/der jeweiligen Zeicheninhaber*in sind zu beachten.
Der Verlag, die Autor*innen und die Herausgeber*innen gehen davon aus, dass die Angaben und Informationen in diesem Werk zum Zeitpunkt der Veröffentlichung vollständig und korrekt sind. Weder der Verlag noch die Autor*innen oder die Herausgeber*innen übernehmen, ausdrücklich oder implizit, Gewähr für den Inhalt des Werkes, etwaige Fehler oder Äußerungen. Der Verlag bleibt im Hinblick auf geografische Zuordnungen und Gebietsbezeichnungen in veröffentlichten Karten und Institutionsadressen neutral.

Planung/Lektorat: Stefanie Laux
Springer VS ist ein Imprint der eingetragenen Gesellschaft Springer Fachmedien Wiesbaden GmbH und ist ein Teil von Springer Nature.
Die Anschrift der Gesellschaft ist: Abraham-Lincoln-Str. 46, 65189 Wiesbaden, Germany

Das Papier dieses Produkts ist recycelbar.

Inhaltsverzeichnis

Einleitung: Professionelles Handeln in und von Teams 1
Stefan Busse, Gudrun Ehlert, Roland Becker-Lenz
und Silke Müller-Hermann

Teams als professionelle Akteure: Theoretische Perspektiven

**Teams in der Sozialen Arbeit – Eine Betrachtung
aus der Perspektive der strukturtheoretischen
Professionalisierungstheorie** 15
Roland Becker-Lenz

**Diversität in der Sozialen Arbeit – das Team als Ort der
Aushandlung gesellschaftlicher Spannungen** 37
Mechthild Bereswill und Gudrun Ehlert

**Die organisationale Einbindung professioneller Teams im
Spannungsfeld verschiedener Koordinationslogiken** 53
Alexander Burghardt

Die triadische Aufgabenstruktur professioneller Teams 71
Stefan Busse

**Teamarbeit im Kontext. Ein Ansatz zur systematischen
Bestimmung der Bedeutung von Teamarbeit in vielfältigen
Handlungskontexten Sozialer Arbeit** 99
Falko Müller

Teams in unterschiedlichen professionellen Handlungsfeldern und organisationalen Kontexten

Professionelle Teams und das Theorie-Praxis-Problem in der
Sozialen Arbeit 119
Manuel Arnegger

Teamresilienz im Sozialen Dienst der Jugendämter 145
Karl Friedrich Bohler und Tobias Franzheld

Teamarbeit ohne Teams?! Irritationen professionellen Handelns
in der stationären Kinder- und Jugendhilfe 165
Thomas Harmsen

«Erfolg, es zeichnet sich Erfolg ab» – Zur Bedeutung der
(inter-)professionellen Teamarbeit für nachhaltig wirksame
Problemlösungen in der Sozialen Arbeit 183
Lea Hollenstein

Teambezogene Strategien der Reflexion von professionellem
Handeln am Beispiel Schulsozialarbeit 213
Veronika Knoche

Robotik und Soziale Arbeit – interdisziplinäre
Teamentwicklungsprojekte 231
Gaby Lenz, Elisabeth Raß und Rita Braches-Chyrek

Funktion(en) von „Team" für die Bearbeitung von
Arbeitsalltag – ein Blick in das Unterleben eines Jugendzentrums 253
Katharina Zink

Herausgeber- und Autorenverzeichnis

Über die Herausgeber

Stefan Busse, Prof. Dr. habil., i.R., Dipl. Psychologe, Fakultät Soziale Arbeit der Hochschule Mittweida, ehemals Direktor des Institutes für „Kompetenz, Kommunikation und Sprachen" (IKKS), aktuell Studiengangleiter der Zertifikatstudienganges „Supervision und Coaching" an der Hochschule Mittweida. Forschungsschwerpunkte: Beratung und Supervision, Professionalität Sozialer Arbeit. Praxis: Ausbildungsleitung bei Basta – Fortbildungsinstitut für Supervision und Coaching e. V. in Leipzig, Supervisor und Coach (DGSv, BDP).
E-Mail: busse@hs-mittweida.de

Gudrun Ehlert, Prof.in Dr.in, Professorin für Sozialarbeitswissenschaft an der Hochschule Mittweida, Fakultät Soziale Arbeit. Arbeits- und Forschungsschwerpunkte: Geschlechterforschung und Soziale Arbeit, Profession und Geschlecht, Soziale Ungleichheit.
E-Mail: ehlert@hs-mittweida.de

Roland Becker-Lenz, Prof. Dr., Diplom-Sozialarbeiter, Diplom-Soziologe, Dozent am Institut „Professionsforschung und -entwicklung" der Hochschule für Soziale Arbeit der Fachhochschule Nordwestschweiz FHNW sowie Privatdozent an der Universität Basel, Departement Gesellschaftswissenschaften, Fachbereich Soziologie tätig. Arbeitsschwerpunkt: Professionalisierung Sozialer Arbeit.
E-Mail: roland.becker@fhnw.ch

Silke Müller-Hermann, Prof. in Dr. in Diplom-Soziologin, Dozentin am Institut Professionsforschung und -entwicklung der Hochschule für Soziale Arbeit, Fachhochschule Nordwestschweiz. Arbeitsschwerpunkte: Professionalität und Professionalisierung Sozialer Arbeit, kooperative Praxisentwicklung und Implementierungsforschung.
E-Mail: silke.mueller@fhnw.ch

Autorenverzeichnis

Manuel Arnegger Gundelfingen, Deutschland

Prof. Dr. Roland Becker-Lenz Olten, Schweiz

Prof.in. Dr.in Mechthild Bereswill Mittweida, Deutschland

PD Dr. phil. Karl Friedrich Bohler Bad Soden, Deutschland

Prof.in Dr.in Rita Braches-Chyrek Wermelskirchen, Deutschland

Alexander Burghardt M.A. Leipzig, Deutschland

Prof. Dr. habil. Stefan Busse Markkleeberg, Deutschland

Prof.in Dr.in Gudrun Ehlert Mittweida, Deutschland

JProf. Tobias Franzheld Erfurt, Deutschland

Prof.in Dr.in Silke Müller-Hermann Fachhochschule Nordwestschweiz, Olten, Schweiz

Prof. Dr. phil. Thomas Harmsen Neuenkirchen, Deutschland

Dr.in phil. Lea Hollenstein Uster, Schweiz

Dr.in phil. Veronika Knoche Neubiberg, Deutschland

Prof.in Dr.in phil. Gaby Lenz Kiel, Deutschland

Prof. Dr. phil., Dipl. Päd. Falko Müller Fakultät für Sozialwesen, Hochschule Mannheim, Mannheim, Deutschland

Elisabeth Raß M.A. Leverkusen, Deutschland

Katharina Zink M.A. Frankfurt am Main, Deutschland

Einleitung: Professionelles Handeln in und von Teams

Stefan Busse, Gudrun Ehlert, Roland Becker-Lenz und Silke Müller-Hermann

Der vorliegende Band geht auf die achte Arbeitstagung des Arbeitskreises „Professionalität in der Sozialen Arbeit" im März 2022 zurück, einem Zusammenschluss von professionstheoretisch arbeitenden Wissenschaftler:innen, der auf Initiative der Herausgeberinnen und Herausgeber dieses Bandes seit 2009 regelmäßig Arbeitstagungen durchführt. Das Thema dieser Tagung – Professionelle Teams und die Professionalisierung von Teamarbeit in der Sozialen Arbeit – bildet den thematischen Fokus der hier versammelten Beiträge. Der Ausgangspunkt, sich mit dem Gegenstand „Team" im Rahmen Sozialer Arbeit näher zu beschäftigen, ist der Umstand, dass personenbezogene Dienstleistungen durch Professionelle nicht nur im Kontext von Organisationen, sondern vor allem in Teams von Professionellen erbracht werden. Teams sind „intermediäre Räume"

S. Busse (✉)
Markkleeberg, Deutschland
E-Mail: busse@hs-mittweida.de

G. Ehlert
Mittweida, Deutschland
E-Mail: ehlert@hs-mittweida.de

R. Becker-Lenz · S. Müller-Hermann
Olten, Schweiz
E-Mail: roland.becker@fhnw.ch

S. Müller-Hermann
E-Mail: silke.mueller@fhnw.ch

© Der/die Autor(en), exklusiv lizenziert an Springer Fachmedien Wiesbaden GmbH, ein Teil von Springer Nature 2024
S. Busse et al. (Hrsg.), *Professionelles Handeln in und von Teams*, Edition Professions- und Professionalisierungsforschung 16,
https://doi.org/10.1007/978-3-658-44539-3_1

zwischen Organisation und Personen (Fachkräften/Professionellen) zur interaktiven Herstellung sozialer personenbezogener Dienstleistungen. Dabei interessiert uns, wie professionelle Arbeit im Rahmen von Teams erbracht wird und, was es dazu professionstheoretisch zu sagen gibt. Unser Erkenntnisinteresse ist vor allem auch dadurch geweckt worden, dass zum einen in Theorie und Praxis Sozialer Arbeit auf die Dringlichkeit guter und gelingender Teamarbeit verwiesen wird, und dies gleichzeitig mit nur geringem Bezug zum professionstheoretischen Diskurs geschieht. Zum anderen findet die vorgetragene Dringlichkeit von Teamarbeit kaum einen Widerhall im professionstheoretischen Diskurs. Hier lässt sich eine doppelte Lücke in der sozialarbeitswissenschaftlichen Thematisierung von professionellem *Handeln in und von Teams* identifizieren. Das sei einleitend skizziert.

1. *Das Postulat professioneller Teamarbeit ohne professionstheoretische Bezüge und Begründung*

Es gibt eine Reihe von Veröffentlichungen, die das Team bzw. die Teamarbeit als zentral für die sozialarbeiterische und -pädagogische Praxis bzw. auch für „professionelles Handeln" herausstellen: „In Praxisfeldern der Sozialen Arbeit wird professionelles Handeln in Dienstleistungsorganisationen weitgehend in auftragsorientierter Teamarbeit geleistet." (Merten 2015a, S. 245) Die Notwendigkeit von Teamarbeit wird dabei aus einem generellem Kooperationsgebot in der Sozialen Arbeit abgeleitet – Kooperation sei „Strukturmerkmal und Handlungsmaxime" gleichermaßen (Merten und Kaegi 2015, S. 17). Entsprechend wird auch darauf verwiesen, dass „die Kooperationsanforderungen … beispielsweise in der Kinder- und Jugendhilfe und der Schule gesetzlich geregelt (SGVIII § 5, 8a, 8, 28, 36, 45) (sind)" (Balz 2021, S. 924) und dass das professionelle Selbstverständnis der Sozialen Arbeit „auf ein(em) humanistischen(n) Menschenbild, auf sozialer Unterstützung und Kooperation, Ressourcen- und Lösungsorientierung" fußt (Balz 2021, S. 924). Intra- und interprofessionelle Kooperation wird zwar nicht ausschließlich aber zum Gutteil im Team als zentralem organisationalen Ort oder intermediären Raum zwischen sozialer Organisation und den einzelnen Professionellen erbracht. Als zentrales Argument für die Notwendigkeit der Teamarbeit wird dabei immer wieder auf die rasanten Entwicklungen sozialer Dienstleistungsorganisationen hingewiesen, die sozusagen zur Teamarbeit drängen. Historisch gesehen ist Ende der 1960er /Anfang der 1970er Jahre ein wichtiger Impulse von der „Neuordnung der Sozialen Dienste" in Westdeutschland ausgegangen, da eine adressat:innenferne Zersplitterung Sozialer Dienste durch teaminterne Kooperation in den Sozialen Diensten (vor allem dem ASD) aufgehoben werden sollte. Aber vor allem die „Neue Steuerung" und die damit einhergehenden Verwaltungsreformen ab den 1990er Jahren haben mit ihrem Impetus einer stärkeren Bürger:innenorientierung zu einem Paradigmenwechsel geführt. Die in sozialen Dienstleistungsorganisationen (öffentliche und freie Träger der Wohlfahrtspflege) identifizierbare Ineffizienz, Innovationsfeindlichkeit und Inflexibilität gegenüber den sich rasant ändernden Bedarfen der Adressat:innen sozialer Arbeit sollte durch mehr Teamarbeit kompensiert werden. Effektivere Arbeitsformen, dezentralere Verantwortung und die Kompensation überbordender Ausdifferenzierung und Spezialisierung professioneller Expertise und Zuständigkeit waren Auftrag und Erwartung an die Teamarbeit (vgl. Stahmer 1996; Grunewald und Steinbacher 2008; Mertens 2015b; Balz 2020). Insofern steht Teamarbeit vor allem unter dem Diktum der Qualitätssicherung Sozialer Arbeit und wird zu einem organisationsstrukturierenden Instrument. Das heißt auch, mit multiprofessioneller Teamarbeit aktuell den persistierenden sozialen Ungleichheitsstrukturen effizienter begegnen zu können (Weimann-Sandig 2022). Vor diesem Hintergrund sind die vom „Deutschen Verein für öffentliche und private Fürsorge" bereits 1976 erschienenen und 2002 aktualisierten „Empfehlungen zur Teamarbeit und Teamentwicklung in der sozialen Arbeit" als eine Aufforderung und Ermunterung zu verstehen, Teamarbeit nicht nur zu implementieren, sondern vor allem bestehende zu optimieren und zu qualifizieren. Da Teamarbeit kein „Selbstläufer" ist (Balz und Herwig-Lemp 2012, S. 247), werden von verschiedenen Autor:innen dann auch eine Reihe von Faktoren zusammengetragen, die die Teamarbeit wissenschaftlich fundieren und Teamentwicklung theoretisch flankieren sollen. Dies soll auch „romantische(n) Verklärungen und Überhöhungen" von Teamarbeit Einhalt gebieten (Balz 2021, S. 267). Hier wird vor allem auf das Wissen und die Modellbildungen aus der sozialpsychologischen Kleingruppenforschung und Gruppendynamik zurückgegriffen, um strukturelle Merkmale (Was ist ein gutes Team?) und personale wie organisationale Entwicklungs- und Risikofaktoren, die einer Teamentwicklung entgegenstehen, zusammenzutragen. Letzteres wird zugleich damit begründet, dass in der Praxis erfahrbare teaminterne und -externe Brems- und Risikofaktoren einer gelingenden Teamarbeit immer wieder entgegenstehen (Stahmer 1996; Grunewald und Steinbacher 2008; Balz und Herwig-Lempp 2012; Merten 2015a, b). Diese Argumentationen haben dann zwangsläufig auch den Charakter von Ratgeberliteratur, da sie modales Wissen über das Funktionieren von Gruppen der Praxis von Teamarbeit anempfehlen (Herwig-Lempp 2012). Das ist für Praktiker:innen und die reale Teamarbeit ohne Zweifel hilfreich, um das eigene Handeln unter Teambedingungen und die dabei entstehenden Teamdynamiken besser zu verstehen. Die spezifischen Merkmale und Eigenheiten professioneller Teams und das Handeln von Professionellen in Teams in unterschiedlichen sozialarbeiterischen Handlungsfeldern werden damit aber kaum berührt und thematisiert. Dort, wo das doch geschieht – wie bei Balz und Herwig-Lempp mit Bezug auf Kinder und Jugendhilfe (Balz und Herwig-Lempp 2012) oder bei Balz mit Bezug auf Offene Kinder- und Jugendarbeit (Balz 2021) – verbleibt das in der Regel im Rahmen der Begründungsargumentation, in diesen Feldern Teamarbeit zu implementieren. Der nur spärliche Feldbezug gründet zum einen in der geringen empirischen und praxisbezogenen Validierung der *präskriptiv-normativen* Vorstellungen von Teams und Teamarbeit in der Sozialen Arbeit und zum anderen in der geringen bis fehlenden Ankoppelung an professionstheoretische Argumentationen und Modellbildungen. So stellen Balz und Herwig-Lempp mit Nachdruck heraus, dass „Teamarbeit … mit Professionalität zu tun (hat) – eine professionelle Haltung, entsprechende Werkzeuge und Methoden, Ideen zur Umsetzung und Gestaltung und der Wille zur Weiterentwicklung …Teamarbeit gelingen (lassen)" (Balz 2012, S. 247). Vermutlich ist aber die Sinnhaftigkeit, Dringlichkeit und Gestaltung von Teamarbeit in der Sozialen Arbeit ohne eine professionstheoretische Befragung begrenzt, da diese nur aus der Eigenlogik professionellen (professionalisierten) Handelns, über das Konstatieren der Bearbeitung von Komplexität durch Kooperation im Team hinaus, bestimmbar ist.

2. Die nur bedingte professionstheoretische Begründbarkeit von Teamarbeit

Während im professionstheoretischen Diskurs die Professionalität der einzelnen Sozialarbeiter:innen in der Helfer-Klient-Beziehung in der Regel eine hohe Aufmerksamkeit erfährt, ist das in Bezug auf die kollegialen Arbeitsbeziehungen der Professionals und das kollaborative Arbeiten im Team kaum der Fall. Das kontrastiert im Übrigen stark mit der Selbstthematisierung von Teams im Rahmen von Supervisionen. In ihnen werden die eigenen teaminternen und -externen Erbringungsbedingungen professioneller Arbeit inzwischen stärker thematisiert als die direkten Arbeitsbeziehungen mit den Klient:innen (Haubl und Voß 2011; Haubl et al., 2013). Belastung durch knappe Ressourcen, fehlende Anerkennungskulturen, Aspekte einer problematischen kommunikativen Praxis, hinderliche Lern- und Feedbackkulturen, Kooperationsbarrieren mit Vertreter:innen der eigenen oder anderer Professionen sowie Fragen der organisationalen Einbindung stehen im Mittelpunkt und können sich zu hemmenden Konfliktdynamiken steigern, die wiederum die professionelle Arbeit mit den Klient:innen negativ tangieren. Selbst die klient:innenbezogene Fallarbeit (-reflexion) räsoniert auf den teaminternen und -externen Kontext, weil dieser sich in der Fallarbeit spiegelt. Das bedeutet, dass widersprüchliche Handlungsanforderungen, die sich gegenwärtig in psychosozialen und multiprofessionellen Teams auch aus der Veränderung der Arbeitswelt ergeben und sich nur symptomatisch in den Selbstthematisierungen von Teams spiegeln, in ihrer Wirkung auf die Teamarbeit allenfalls als *Randbedingung* aber nicht als *Gegenstand* professioneller Teamarbeit in den Blick genommen werden. Der tieferliegende Grund dafür ist die relative *Teamdistanz,* wenn nicht gar *Teamlosigkeit* der professionstheoretischen Konzepte und Modellbildungen. So konstatiert Sarah Henn nach ihrer kritischen Sichtung einschlägiger professionstheoretischer Konzepte und Positionen (Oevermanns strukturtheoretischer Ansatz, Schützes interaktionstheoretische Konzeptualisierung und der Ansatz einer Reflexiven Professionalität von Dewe und Otto, vgl. Henn 2020, S. 41–73) deren „professionstheoretisches Bestimmungsdefizit professioneller Interaktion und Kooperation" (Henn 2020, S. 71). Zu einer ähnlichen Schlussfolgerung kommt Barbara Lochner und sieht die Ursache dafür ebenfalls in der professionstheoretischen Bestimmung von „Kollegialität", aus der sich strukturlogisch eine Distanz zur Teamarbeit ergibt.

Während Kollegialität Ausdruck des Autonomiegewinns im professionellen Handeln ist und die kollegiale Kontrolle die weitgehende Handlungs- und Entscheidungsautonomie eigentlich nur bei schweren Standardverletzungen einschränkt, „scheint Teamarbeit von den beruflichen Akteur_innen zu fordern, ihre autonomen Handlungsbereiche zu öffnen oder gar aufzugeben und informelle Gespräche durch transparente Kommunikationsräume zu ergänzen oder zu ersetzen" (Lochner 2017, S. 27). Teamarbeit würde so aus einem Sonderfall einen zu vermeidenden Normalfall machen. Die vor allem im Profitbereich eingeführte Teamarbeit im Rahmen der Human-Relation-Bewegung ab den 1920er Jahren und der Humanisierung der Arbeit ab Ende der 70er Jahre des 20. Jahrhundert hätte, wie Lochner fast ironisch bemerkt, in sozialen Organisationen einen paradoxen Gegeneffekt produziert: „Was für Fabrikarbeiter_innen möglicherweise die Humanisierung ihrer Arbeitsbedingungen bedeutet, stellt für Professionen *in dieser Lesart* (Herv. d. Autor:innen) vor allem den Verlust individueller Entscheidungs- und Gestaltungsspielräume dar." (Lochner 2017, S. 27)

Ob das real so ist und von den arbeitsweltlichen Akteur:innen so erfahren und erlebt wird, wie Teamarbeit zudem von Professionellen in der Sozialen Arbeit interaktiv hergestellt und kommunikativ vollzogen wird, ist am Ende eine empirische Frage. Auf den Widerspruch von Ideal und Wirklichkeit hat Regina Gildemeister bereits 1983 hingewiesen: die Akteur:innen Sozialer Arbeit sind einerseits dem Ideal professioneller Autonomie verpflichtet, andererseits gehört es aber auch zum Selbstbild und zur Realität, sich kollegial abzustimmen und auch wechselseitig fachlich zu kontrollieren (Gildemeister 1983, S. 99). Professionstheoretische Konstrukte sind allenfalls *präskriptiv-normative* Folien (s. o.), um Praxis anhand eines „Professionsideals" (Becker-Lenz und Müller 2009) kritisch befragbar zu machen. Zu erkunden, wie in dieser Praxis indessen der Widerspruch zwischen professioneller Autonomie und autonomieeinschränkender Verpflichtung auf gegenseitige Verantwortungsübernahme verhandelt wird, ist eine Aufgabe *problem-rekonstruktiver* Zugänge. D. h., die Praxis der Teamarbeit ist nicht nur mit normativen Erwartungen zu konfrontieren, sondern in ihrer Widersprüchlichkeit auch aufzuschließen. Das könnte den „wirklichkeitswissenschaftlichen Blick" (Wernet 2006, S. 193) auch auf professionelle Teamarbeit in der Sozialen Arbeit schärfen. Hierzu haben die genannten Autor:innen erhellende Studien anhand von rekonstruierten Teamgesprächen, z. B. in Kindertageseinrichtungen (Lochner 2017) und in der stationären Kinder- und Jugendhilfe (Henn 2020) vorgelegt (vgl. auch Cloos 2009; Hitzler und Messmer 2008; Cloos et al. 2019; Knoche 2023). Das Herausfordernde daran ist, wie damit nicht nur die faktische Interaktionswirklichkeit in Teams beobachtbar wird, sondern zu rekonstruieren, wie darin sowohl die organisationale, institutionelle als auch die lebens- und arbeitsweltlichen Kontextbedingungen als Dialektik von Interaktion und Kontext bearbeitet werden (Busse und Lohse 2024). Dass man in der empirischen Rekonstruktion wiederum nicht ohne Bezug auf vorgängige professionstheoretische Modellbildungen auskommt, ist selbstredend (Beier und Wyßuwa 2017), wenn man auch *Professionalisierungsmomente und -hindernisse* in der praktischen Teamarbeit ausfindig machen möchte.

Die hier versammelten Beiträge verfolgen eine professionstheoretische Annäherung an professionelle Teams und an das Handeln von Professionellen in Teams, die der Eigenlogik dieser wichtigen organisationalen Handlungsebene Sozialer Arbeit gerecht wird. Im Fokus stehen Probleme und Fragen gelebter und erfahrener Praxis in professionellen Teams in Einrichtungen Sozialer Arbeit. Dabei nehmen sie mit unterschiedlichem Akzent die folgenden Fragen auf:

- Welche strukturellen Handlungsanforderungen machen in Teams von Professionellen kooperative Handlungsformen notwendig und möglich?
- Was zeichnet Teams in unterschiedlichen Handlungsfeldern Sozialer Arbeit und Organisationstypen aus (Jugendamt, Kindertagesstätte, Soziokultur, Krankenhaus, Straßensozialarbeit etc.)?
- Was bedeutet die Einbindung von Teamarbeit in organisationale Strukturen und professionelle Netzwerke?
- Welche Handlungsanforderungen resultieren aus intra- und interprofessioneller Kooperation in Teams?

Einleitung: Professionelles Handeln in und von Teams 7

- Wie werden Professionsstandards in Teams verhandelt und kommunikativ durchgesetzt?
- Wie wird mit Heterogenität und Diversität (Geschlecht, Ethnizität, Alter, Generation, Teamzugehörigkeit, unterschiedliche Arbeitszeitmodelle) in professionellen Teams umgegangen?
- Wie wirkt sich eine professionelle Teamarbeit auf die Arbeit mit den Klient:innen aus?
- Ist professionelle Teamarbeit ein Schutzfaktor für die Bewältigung von Handlungskrisen in der Klient:innenarbeit?
- Was sind typische Handlungs- und Beziehungskonflikte in professionellen Teams?
- Wie ist das Verhältnis von Führung und Selbstführung von professionellen Teams?
- Welchen Einfluss haben Digitalisierung, Künstliche Intelligenz und neue Medien auf Teamarbeit?

Diese Fragen werden durch die folgenden Beiträge nicht einfach beantwortet, aber sie werden, davon gehen wir aus, die Diskussion bereichern.

3. *Die Beiträge im Einzelnen.*

Die ersten vier Beiträge des Bandes nehmen vor allem den theoretischen Diskurs um die professionelle Teamarbeit auf.

1. Teams als professionelle Akteure: Theoretische Perspektiven.

Roland Becker-Lenz wirft in seinem Beitrag „Teams in der Sozialen Arbeit – Eine Betrachtung aus der Perspektive der strukturtheoretischen Professionalisierungstheorie" einen professionstheoretischen Blick auf Teams und Teamarbeit in der Sozialen Arbeit sowie auf verschiedene Organisationsformen von Teams. Dabei werden zur Bestimmung von Teams zwei Definitionen benutzt, die von Petra Bauer und Thomas Loer stammen. Bezüglich dieser Definitionen wird die Notwendigkeit von Teamarbeit unter professionalisierungstheoretischen Gesichtspunkten herausgearbeitet und auf noch unzureichend geklärte Fragen hingewiesen.

Alexander Burghardts Beitrag „Die organisationale Einbindung professioneller Teams im Spannungsfeld verschiedener Koordinationslogiken" beleuchtet die strukturellen Einbindungen professioneller Teams in die Organisation. In diesem

Zusammenhang werden organisationstheoretische Erkenntnisse zur Organisation professioneller Arbeit dargestellt und es wird auf divergierende Verständnisse von Teams, Kollegialität, Kooperation und Teamarbeit verwiesen. Die Teamarbeit von Professionellen wird unter dem Fokus der Koordinations- und Organisationsformen, in die sie eingebettet ist, diskutiert.

Stefan Busse versucht in einem theoretischen Modell die „triadische Aufgabenstruktur" professioneller Teams zu bestimmen. Zentrale Handlungsprobleme ergeben sich aus der Eigenlogik der Primär-, Sekundär- und Tertiäraufgabe und deren Relationierung zueinander. Die z. T. widersprüchlichen Anforderungen, die sich daraus in der Praxis Sozialer Arbeit ergeben, machen Teamarbeit zu einem permanenten Anpassungsprozess auch an teamexterne Veränderungen des organisationalen und gesellschaftlichen Kontextes. Sie müssen teamintern immer wieder verhandelt werden. Aus der theoretischen Hinführung zum skizierten triadischen Modell wird deutlich, dass die analytisch bestimmbaren Unterschiede und die theoretisch markierten strukturellen Unvereinbarkeiten von *Team, Gruppe* und *Kollegium* in der Praxis der professionellen Teamarbeit jedoch integriert werden müssen. In dieser Integrationsleistung liegt ein wesentliches Kriterium der Professionalität eines Teams.

Mechthild Bereswill und *Gudrun Ehlert* stellen in ihrem Beitrag „Diversität in der Sozialen Arbeit – das Team als Ort der Aushandlung gesellschaftlicher Spannungen" das Wechselverhältnis von Diversität und Diskriminierung in den Fokus der Untersuchung. Gefragt wird nach den damit verbundenen Möglichkeiten und Grenzen von Diversität in Teamarbeit und Organisationen Sozialer Arbeit, insbesondere im Umgang mit Konflikten, die mit offenen oder verdeckten Diskriminierungssituationen zusammenhängen.

Falko Müller nimmt in seinem Beitrag „Teamarbeit im Kontext" eine «systematische Bestimmung der Bedeutung von Teamarbeit in vielfältigen Handlungskontexten Sozialer Arbeit» vor. Er beleuchtet das Verhältnis von Handlungskontext, Teamarbeit und Professionalität, wobei er Teamarbeit vor dem Hintergrund der Prämisse professioneller Autonomie thematisiert. Müller zeigt auf, dass die Heterogenität von Handlungsfeldern der Sozialen Arbeit mit unterschiedlichen Formen von Teamarbeit und teaminterner Arbeitsteilung korrespondiert. Unter Verweis auf exemplarische Forschungen zu unterschiedlichen Handlungskontexten wird die Bedeutung von Teamarbeit für die Professionalität mit Blick auf die Beziehungsgestaltung mit den Adressat:innen Sozialer Arbeit dargelegt.

2. Teams in unterschiedlichen professionellen Handlungsfeldern und organisationalen Kontexten.

Manuel Arnegger schlägt in seinem Beitrag «Professionelle Teams und das Theorie-Praxis-Problem in der Sozialen Arbeit» einen Lösungsweg in Bezug auf Anforderungen im Kontext des vieldiskutierten Theorie-Praxis-Problems vor. Diese Anforderungen werden zunächst genauer beleuchtet und anschließend mit teaminternen Prozessen in Verbindung gebracht. Zugrunde gelegt wird ein theoretisches Modell des professionellen Teams als ontologische, semantische und erkenntnistheoretische Einheit. Der Beitrag schließt mit Erkenntnissen eines Praxisprojektes, in dem mit dem vorgestellten Modell gearbeitet wurde.

Karl F. Bohler und *Tobias Franzheld* stellen in ihrem Beitrag „Teamresilienz im Sozialen Dienst der Jugendämter" Teilbefunde einer Längsschnittstudie vor, in der Soziale Dienste (ASD) von Jugendämtern untersucht worden sind. Die übergreifende Frage war, welche Faktoren der Organisationseinbindung und welche teaminternen Faktoren die Teamresilienz beeinflussen. Die Autoren zeigen, dass für die Fachkräfte eine stabile, im Alltag gelebte professionelle Teamstruktur in einer lose gekoppelten Jugendamtsstruktur ein Resilienzfaktor gegen eine negative Belastungs-Ressourcen-Balance darstellt und direkt auf die Bewältigung von Krisensituationen bei sozialpädagogischen Interventionen zurückwirkt.

Thomas Harmsen verortet in seinem Beitrag „Teamarbeit ohne Teams?! Irritationen professionellen Handelns in der stationären Kinder- und Jugendhilfe" Teams einleitend auf zwei Ebenen: als Teil einer sozialpädagogischen Organisation mit den entsprechenden Rahmenbedingungen und als Ort sozialpädagogischer Fallarbeit. Daran anschließend nimmt Harmsen eine kritische Analyse von Paradoxien und Irritationen vor, die sich in der Teamarbeit im Kontext des Alltags in der stationären Kinder- und Jugendhilfe zeigen. Eine professionstheoretische Einordnung mit Bezug auf die Arbeiten von Ulrich Oevermann, Silke Birgitta Gahleitner und Fritz Schütze rahmt den Beitrag.

Lea Hollenstein greift in ihrem Beitrag „„Erfolg, es zeichnet sich Erfolg ab' – zur Bedeutung der (inter-)professionellen Teamarbeit für nachhaltig wirksame Problemlösungen in der Sozialen Arbeit" auf die Ergebnisse verschiedener Forschungsprojekte in der Schweiz zurück, in welchen sie mitgearbeitet hat. Sie stellt die Modelle des *integrierten Prozessbogens* (IPB) und des *Lebensführungssystems* vor und zeigt an einem Fallbeispiel, dass die Gewährleistung eines integrierten Prozessbogens in der professionellen Beratung einer voraussetzungsvollen Form der Teamarbeit bedarf. Es wird u. a. der Frage nachgegangen, auf welche Art und Weise Adressat:innen (im Rahmen der Beratung gewaltbetroffener Frauen) so in die Teamarbeit und Abstimmungsprozesse einbezogen werden können, dass der IPB für die Betroffenen zu einem sicheren und alternativen Erfahrungsraum wird.

Veronika Knoche skizziert in ihrem Beitrag „Teambezogene Strategien der Reflexion von professionellem Handeln am Beispiel Schulsozialarbeit" eine ethnografische Feldstudie, in der das professionelle Handeln von Jugendsozialarbeiter:innen rekonstruiert wird. Im Zentrum steht die Frage, welche sozialpädagogischen Reflexionsstrategien von diesen im Alltag zur Reflexion ihrer professionellen Handlungen generiert und benutzt werden. Verschiedene formelle (Teamsitzungen, Supervisionen etc.) und informelle Settings (informelle Teamkontakte) werden gegenübergestellt.

Gaby Lenz, Elisabeth Raß und Rita Braches-Chyrek diskutieren in ihrem gemeinsamen Beitrag „Robotik und Soziale Arbeit – interdisziplinäre Teamentwicklungsprojekte" exemplarisch anhand zweier Projekte, wie interdisziplinäre Teamarbeit und Teamentwicklung ermöglicht und durch welche methodisch-wissenschaftliche Qualität interdisziplinäre Teamarbeit legitimiert werden kann. Die Autorinnen skizzieren Herausforderungen sowie Problem- und Konfliktlagen in interdisziplinären Teams und regen eine Auseinandersetzung mit der Frage an, wie Wissen, Kenntnisse und Fähigkeiten in Teamleistungen über Kommunikations- und Interaktionsprozesse vermittelt werden können.

Katharina Zink untersucht in ihrem Beitrag „Funktion(en) von ‚Team' für die Bearbeitung von Arbeitsalltag – ein Blick in das Unterleben eines Jugendzentrums" Praktiken von Teams in der offenen Jugendarbeit, die nicht unmittelbar bzw. offensichtlich mit der zielgerichteten Arbeit des Jugendzentrums verbunden sind. Sie stellt die Fragen, wie der Arbeitsalltag im Jugendzentrum aussieht, wie er von organisationalen, institutionellen und strukturellen Bedingungen geprägt wird und welche Funktionen Teams in diesem Arbeitsalltag haben. Dabei trägt das Konzept der Care-Arbeit zum Verständnis der Praktiken bei. Teams haben eine unterstützende, motivierende und auffangende Funktion für die Mitarbeitenden. Diese lässt sich aber nicht durch formale Organisationsstrukturen herstellen, sondern wird nur in einer spezifischen und personenabhängigen Ausgestaltung des Teams und der Teamarbeit wirksam.

Literatur

Balz, H.-J. (2020). Teamarbeit in der Offenen Kinder- und Jugendarbeit. In U. Deinet, B. Sturzenhecker, L. von Schwanenflügel & M. Schwerthelm (Hrsg.) (2020). *Handbuch der Offenen Kinder- und Jugendarbeit* (5. völlig überarb. Aufl.), 261–275. Springer-VS

Balz, H.-J. (2021). Teamarbeit. In: R.-Ch. Amthor, B. Goldberg, P. Hansbauer, B. Landes & Th. Wintergerst (Hrsg.). *Wörterbuch Soziale Arbeit.* S. 923 – 926. Beltz Juventa

Balz, H.J, & Herwig-Lempp, J. (2012). Gestaltungsfragen gelingender Teamarbeit in der Kinder- und Jugendhilfe. Evangelischer Erziehungsverband e. V. (EREV) https://erev.de › media › ej_2012_04_alles

Becker-Lenz, R., & Müller, S. (2009). *Der professionelle Habitus in der Sozialen Arbeit. Grundlagen eines Professionsideals.* Peter Lang

Beier, F., & Wyßuwa, F. (2017). Präskriptive und reflexive Erkenntnisinteressen in der qualitativen Kurs- und Unterrichtsforschung. In R. Kreitz, I. Miethe & A. Tervooren (Hg.) *Theorien in der qualitativen Bildungsforschung – Qualitative Bildungsforschung als Theoriegenerierung*, 83–104. Barbara Budrich. https://doi.org/10.2307/j.ctv8xng87.7

Busse, St., & Lohse, M. (2024). *Professionelle Beratung: Interaktion und Kontext.* In. Edition Professions- und Professionalisierungsforschung, Band 17, hrsg. v. Becker-Lenz, R., Busse, St., Ehlert, G. & Müller-Hermann, S., Band 17. VS-Springer

Cloos, P. (2009). Praktiken der alltäglichen Organisation von Wissen und Erfahrung. Teamarbeit, Reflexivität und Inferenz. In M. Göhlich, S.M. Weber & St. Wolff (Hrsg.) *Organisation und Erfahrung. Beiträge der AG Organisationspädagogik*, S 181–195. VS Verlag für Sozialwissenschaften

Cloos, P., Fabel-Lamia, M., Kunze, K., & Lochner, B. (Hrsg.) (2019). *Pädagogische Teamgespräche. Methodische und theoretische Perspektiven eines neuen Forschungsfeldes.* Beltz Juventa

Deutscher Verein für öffentliche und private Fürsorge (Hrsg.) (2002). *Empfehlungen zur Teamarbeit und Teamentwicklung in der sozialen Arbeit.* Lambertus Verlag

Gildemeister, R. (1983). *Als Helfer überleben. Beruf und Identität in der Sozialarbeit/Sozialpädagogik.* Luchterhand

Grunewald, K., & Steinbacher, E. (2008). Team/Teamarbeit. In B. Maelicke (Hrsg.) *Lexikon der Sozialwirtschaft*, 1000–1004. Nomos

Haubl, R., & Voß, G.G. (Hg.) (2011). *Riskante Arbeitswelt im Spiegel der Supervision. Eine Studie zu den psychosozialen Auswirkungen spätmoderner Erwerbsarbeit.* Vandenhoeck & Ruprecht.

Haubl, R., Voß, G.G., Alsdorf, N., & Handrich, Chr. (Hg.) (2013). *Belastungsstörung mit System.* Vandenhoeck & Ruprecht.

Henn, S. (2020). *Professionalität und Teamarbeit in der stationären Kinder- und Jugendhilfe. Eine empirische Untersuchung reflexiver Gesprächspraktiken in Teamsitzungen.* Juventa

Herwig-Lempp, J. (2012, 3. Auflage) *Ressourcenorientierte Teamarbeit Systemische Praxis der kollegialen Beratung Ein Lern- und Übungsbuch.* Vandenhoeck & Ruprecht

Hitzler, S., & Messmer, H. (2008). Gespräche als Forschungsgegenstand in der Sozialen Arbeit. *Zeitschrift für Pädagogik* 54 (2), 244–260.

Knoche, V. (2023). *Interaktionale Reflexion von professionellem Handeln in der Schulsozialarbeit.* Springer VS

Lochner, B. (2017). *Teamarbeit in Kindertageseinrichtungen. Eine ethnografisch gesprächsanalytische Studie*. Kasseler Edition Soziale Arbeit, Bd. 5, Springer VS

Merten, U. (2015a). Intraprofessionelle Kooperation und Teamarbeit – eine Herausforderung. In U. Merten & U. Kaegi (Hrsg.) *Kooperation kompakt. Kooperation als Strukturmerkmal und Handlungsprinzip der Sozialen Arbeit*, 245–285, Verlag Barbara Budrich

Merten, U. (2015b). Professionelle Kooperation: Eine Antwort auf die Zersplitterung und Ausdifferenzierung sozialer Dienstleistungen. In U. Merten & U. Kaegi (Hrsg.) *Kooperation kompakt*, 21–71, Verlag Barbara Budrich

Merten, U., & Kaegi, U. (2015). Editorial. In U. Merten & U. Kaegi (Hrsg.) *Kooperation kompakt*, 17–21, Verlag Barbara Budrich

Stahmer, I. (1996, 4. Aufl.). Teamarbeit. In Kreft, D. & I. Mielenz (Hrsg.) *Wörterbuch Soziale Arbeit*, 612–614, Beltz Verlag

Weimann-Sandig, N. (Hrsg.) (2022). *Multiprofessionelle Teamarbeit in Sozialen Dienstleistungsberufen Interdisziplinäre Debatten zum Konzept der Multiprofessionalität – Chancen, Risiken, Herausforderungen*. Springer-VS

Wernet, A. (2006). *Hermeneutik – Kasuistik – Fallverstehen. Eine Einführung*. Kohlhammer

Stefan Busse Prof. i.R. Dr. habil., Dipl. Psychologe, Fakultät Soziale Arbeit der Hochschule Mittweida, ehemals Direktor des Institutes für „Kompetenz, Kommunikation und Sprachen" (IKKS), aktuell Studiengangleiter der Zertifikatstudienganges „Supervision und Coaching" an der Hochschule Mittweida. Forschungsschwerpunkte: Beratung und Supervision, Professionalität Sozialer Arbeit. Praxis: Ausbildungsleitung bei Basta – Fortbildungsinstitut für Supervision und Coaching e. V. in Leipzig, Supervisor und Coach (DGSv, BDP).
E-Mail: busse@hs-mittweida.de

Gudrun Ehlert Prof.in i.R., Dr.in, Professorin für Sozialarbeitswissenschaft an der Hochschule Mittweida, Fakultät Soziale Arbeit. Arbeits- und Forschungsschwerpunkte: Geschlechterforschung und Soziale Arbeit, Profession und Geschlecht, Soziale Ungleichheit.
E-Mail: ehlert@hs-mittweida.de

Roland Becker-Lenz Prof. Dr., Diplom-Sozialarbeiter, Diplom-Soziologe, Dozent am Institut „Professionsforschung und -entwicklung" der Hochschule für Soziale Arbeit der Fachhochschule Nordwestschweiz FHNW sowie Privatdozent an der Universität Basel, Departement Gesellschaftswissenschaften, Fachbereich Soziologie tätig. Arbeitsschwerpunkt: Professionalisierung Sozialer Arbeit.
E-Mail: roland.becker@fhnw.ch

Silke Müller-Hermann Prof.in Dr.in Diplom-Soziologin, Dozentin am Institut Professionsforschung und -entwicklung der Hochschule für Soziale Arbeit, Fachhochschule Nordwestschweiz. Arbeitsschwerpunkte: Professionalität und Professionalisierung Sozialer Arbeit, kooperative Praxisentwicklung und Implementierungsforschung.
E-Mail: silke.mueller@fhnw.ch

Teams als professionelle Akteure: Theoretische Perspektiven

Teams in der Sozialen Arbeit – Eine Betrachtung aus der Perspektive der strukturtheoretischen Professionalisierungstheorie

Roland Becker-Lenz

1 Einleitung

In diesem Beitrag soll ausgehend von der strukturtheoretischen Professionalisierungstheorie Ulrich Oevermanns ein professionstheoretischer Blick auf Teams und Teamarbeit in der Sozialen Arbeit sowie auf verschiedene Organisationsformen von Teams geworfen werden. Einen professionstheoretischen Blick auf Teams zu werfen, erscheint sinnvoll, weil Teams und Teamarbeit generell und auch in Bezug auf die Soziale Arbeit selten aus professionstheoretischer Perspektive thematisiert werden (vgl. Henn 2020, S. 12f.). Die spezielle Perspektive der strukturtheoretischen Professionalisierungstheorie wird gewählt, weil es in dem Beitrag vor allem um die Notwendigkeit von Teamarbeit und die sich daraus ergebenden Implikationen für das Handeln der Fachkräfte gehen soll und es sich damit um Erkenntnisinteressen handelt, die im Fokus dieser Theorie liegen.

Im professionstheoretischen Diskurs wird das Handeln von Professionsangehörigen bis heute idealtypisch als ein Handeln von Einzelpersonen konzipiert, die entweder in freiberuflicher selbständiger Tätigkeit oder in einem Kollegium mit weiteren Angehörigen derselben Profession in einer Organisation tätig sind. Freidson (1988) hat am Beispiel der Ärzt:innenschaft beschrieben, wie das Handeln der Mediziner:innen einem ontologischen und epistemologischen

R. Becker-Lenz (✉)
Olten, Schweiz
E-Mail: roland.becker@fhnw.ch

Individualismus folgt, weil die Ärzt:innen sich vor allem auf ihr eigenes Erfahrungswissen zu Fällen verlassen müssen, ein großes Maß an Verantwortung für ihre Patient:innen tragen und von ihrer Arbeit sehr absorbiert sind. Diese Charakterisierungen sind Bestandteile einer Handlungsorientierung, die Freidson mit dem Begriff der klinischen Mentalität bezeichnet (Freidson 1988, S. 168 ff.).

Der Aspekt von Kollegialität, der prinzipiell Kooperationsmöglichkeiten eröffnet, wird primär als Organisationsform zur Selbstkontrolle des beruflichen Handelns gegenüber einer latent immer drohenden Fremdkontrolle durch eine Bürokratie verstanden. Teams als spezifische Organisationsform einer solchen Kollegialität kommen im professionstheoretischen Diskurs kaum vor (vgl. Henn 2020, S. 12 f.). Nur in Bezug auf die Spezialform multiprofessionell zusammengesetzter Teams sind in den letzten Jahren, etwa seit 2010, einige Forschungsarbeiten, Sammelbände und einzelne Artikel in Fachzeitschriften entstanden (Bauer 2011; Bauer 2014; Bauer 2018a; Bauer 2018b; Bauer und Harter et al. 2024; Karic und Heyer et al. 2019; Olk et al. 2011; Oppermann und Schröder 2020; Löffler et al. 2023; Weimann-Sandig 2022a). Bei diesen Arbeiten haben professionstheoretische Fragen eine Bedeutung, weil es beispielsweise um das Verhältnis verschiedener als Professionen angesehene Berufe geht, wie diese sich voneinander abgrenzen bzw. auch über die Grenzen hinweg zusammenarbeiten, welche Voraussetzungen dies hat und ob klassische Professionsmerkmale wie etwa ein professioneller Habitus, der Anspruch darauf eine Leitprofession zu sein, usw. noch Gültigkeit besitzen bzw. funktional sind. Vielfach geht es bei diesen Fragen um den Status der einzelnen Professionen in der Zusammenarbeit mit anderen. Es wird jedoch auch danach gefragt, welche Notwendigkeiten aus der Logik der Aufgabenerfüllung bestehen, damit Teams gebildet werden, um bestimmte Aufgaben zu erledigen und was eine solche Organisationsform für die Arbeitsteilung, Kompetenzausstattung, professionelle Haltung, Organisations- und Professionskultur zu bedeuten hat (z. B: Bauer 2014, 2021; Te Poel 2019; Weimann-Sandig 2022).

Mit Blick auf die berufliche Praxis Sozialer Arbeit fällt sofort auf, dass die Organisationsformen Team und Teamarbeit sehr verbreitet sind. Auch in klassischen Professionen, wie der Medizin, scheint es, als habe Teamarbeit an Bedeutung gewonnen, ein Beispiel sind die Verbreitung von Stroke-Unit-Teams zur Behandlung von Schlaganfällen.

Die handlungstheoretisch orientierte Professionssoziologie (Oevermann 1996, 2013; Schütze 2021) sieht die besondere Logik professionellen Handelns im Zusammenhang mit der Problemstellung, die Logik ergibt sich aufgrund einer bestimmten Typik der Problemkonstellation. Wenn Teams in der Sozialen Arbeit besonders häufig verbreitet sind, so stellt sich die Frage, ob dies aufgrund besonderer Problemstellungen der Fall ist. Meine Frage ist daher, ob es typische Problemkonstellationen gibt, die ein Handeln von Fachkräften der Sozialen Arbeit im Team erfordern bzw. sinnvoll erscheinen lassen und welche Implikationen dies dann mit sich bringt.

Im Folgenden soll zunächst die von der strukturtheoretischen Professionalisierungstheorie bestimmte Handlungslogik von klientenzentrierten Professionen dargestellt werden. Danach soll erörtert werden, was man unter einem Team verstehen kann und welche Formen von Team und Teamarbeit unterschieden werden können. Diese Formen werden anschließend im Hinblick auf ihre Notwendigkeit und sich ergebende Implikationen für die Handlungslogik betrachtet. Zum Schluss wird ein Fazit gezogen.

2 Handlungslogik von klientenzentrierten Professionen in der strukturtheoretischen Professionalisierungstheorie

Ulrich Oevermann hat eine Revision der Professionstheorie von Talcott Parsons vorgenommen, mit dem Ziel, den von Parsons seiner Ansicht nach nicht hinreichend ausgearbeiteten inneren Zusammenhang zwischen den institutionellen Erscheinungsformen von Professionen und der von der Sache der Problemlösung her gebotenen Handlungslogik weiter auszuarbeiten. Oevermann wendet sich damit gegen Versuche, die institutionellen Erscheinungsformen (z. B. das Privileg der beruflichen Selbstkontrolle und eines hohen Grades an Autonomie in der Berufsausübung) von Professionen als erfolgreich durchgesetzte berufsständische Privilegien zu deuten, die keinen Bezug zu den Erfordernissen der Berufspraxis haben, sondern lediglich den Eigeninteressen der Berufsangehörigen dienen. Wegweisend für Oevermann war das zehnte Kapitel des Buches «The Social System» von Parsons (1966), in dem Parsons selbst solche Zusammenhänge zwischen institutionellen Ausprägungen der Rollen des Arztes und der des Patienten und den Erfordernissen der ärztlichen Behandlung herstellte.

Oevermann unterscheidet professionalisierungsbedürftige Tätigkeiten von solchen, die es nicht sind. Das entscheidende Kriterium für diese Unterscheidung ist die Frage, ob Tätigkeiten sich der stellvertretenden Bewältigung von Krisen widmen. Stellvertretung bedeutet, dass diese Tätigkeiten für (und im Rahmen eines Arbeitsbündnisses mit) andere(n) Menschen erfolgen, die von Krisen betroffen sind, die sie nicht selbst bewältigen können. Oevermann (2004) unterscheidet verschiedene Krisentypen, die traumatische Krise, die die psychische oder physische Integrität bedroht, die Entscheidungskrise, die auftritt, wenn Entscheidungen unter Unsicherheitsbedingungen getroffen werden müssen und Krisen, die in Situationen der Muße zustande kommen, d. h. wenn man von äußerem Handlungsdruck entlastet, in der Beschäftigung mit Dingen, überraschende neue Erfahrungen macht. Eine wichtige Bestimmung Oevermanns in diesem Zusammenhang ist, dass Krisen allgemein dadurch charakterisiert sind, dass der betreffenden Lebenspraxis taugliche Routinen zur Bewältigung der Krise fehlen. Die Lebenspraxis kann die Krise nicht selbständig aus eigener Kraft bewältigen und ist auf Hilfe angewiesen. Die Bewältigung von traumatischen Krisen steht im Fokus des therapeutischen Handelns, die Bewältigung von Entscheidungskrisen steht im Fokus rechtspflegerischen Handelns und Krisen durch Muße stehen im Zentrum des wissenschaftlichen Erkenntnisgewinns.

Professionalisierungsbedürftig sind diese Tätigkeiten deshalb, weil die stellvertretende Krisenbewältigung mit spezieller und besserer Expertise ausgestattet sein muss als die Lebenspraxis, die von der Krise betroffen und damit überfordert ist. Die Instanz der stellvertretenden Krisenbewältigung verfügt über spezielle Routinen, Wissensbestände, Kompetenzen und Mittel, um die Krise zu bewältigen. Es handelt sich um routinisierte Krisenbewältigung auf der Basis wissenschaftlichen Wissens und umfangreicher berufspraktischer Erfahrung. Die Routinemäßigkeit dieser Tätigkeit darf jedoch nicht mit Standardisierung verwechselt werden. Vielmehr erfordert jede Krise ein fallspezifisches Vorgehen. Oevermann unterscheidet professionalisierungsbedürftige Tätigkeiten mit direktem Klient:innenbezug, z. B. die Medizin und die Soziale Arbeit und Tätigkeiten, die keine direkten Klient:innen haben, die aber für den Bestand der Gesellschaft insgesamt von Bedeutung sind, wie etwa wissenschaftliche Tätigkeit. Hier könnte davon gesprochen werden, dass die Gesellschaft als Ganze der Klient ist. Für die Tätigkeiten mit unmittelbarem Klient:innenbezug gilt, dass die stellvertretende Krisenbewältigung idealtypisch in einem Arbeitsbündnis mit einem Klienten bzw. einer Klientin zu geschehen hat, um der Gefahr vorzubeugen, dass die Hilfeleistung deautonomisierend wirkt. Ein Arbeitsbündnis (vgl. Oevermann 1996, S. 115 ff.) ist eine besondere Form einer Arbeitsbeziehung, die geprägt ist durch gegenseitiges Vertrauen. Die Klient:innen müssen den Fachkräften dahingehend vertrauen, dass sie ihre Situation nicht in beschämender Weise thematisieren oder für ihre eigenen Vorteile ausnutzen sowie dass sie soweit kompetent und loyal gegenüber den Klient:innen sind, dass eine Lösung für die jeweilige Notlage der Klient:innen gefunden werden kann. Die Fachkräfte müssen den Klient:innen dahingehend vertrauen, dass diese wahrheitsgemäß und authentisch über ihre Situation sprechen und bereit sind, sich an die Empfehlungen der Fachkräfte zu binden. Die Arbeitsbeziehung ist ferner geprägt durch ein geteiltes Verständnis über die im Arbeitsbündnis verfolgten Ziele, ein Einlassen des Klienten bzw. der Klientin als ganze Person auf das Bündnis, eine über rein rollenförmige Zuwendung hinausgehende Beziehungsanteile auch aufseiten der Fachkräfte, z. B. in Form von Empathie gegenüber dem Leiden des Patienten/der Patientin und einer Bindung an die Interessen von Klient:innen im Rahmen der fachlich gegebenen Möglichkeiten. Ein Arbeitsbündnis vereinigt an sich widersprüchliche Elemente aus rollenförmigen Sozialbeziehungen und sogenannten «diffusen», nicht zweckgebundenen Beziehungen von ganzen Personen. Aufgrund dieser Besonderheit sind Übertragungs- und Gegenübertragungsphänomene ein weiteres Strukturmerkmal von Arbeitsbündnissen. Sie treten im Rahmen der Kombination von Elementen widersprüchlicher Sozialbeziehungen häufig auf. Die Übertragung besteht darin, dass psychische Phänomene aus diffusen Sozialbeziehungen der Kindheit auf spezifische Sozialbeziehungen übertragen werden. Die Kombination beider Sozialbeziehungen befördert diesen Vorgang. Man könnte sogar soweit gehen zu sagen, dass die Kombination dieser Sozialbeziehung systematisch zur Übertragung anhält, weil sehr private Emotionen und Kognitionen fremden Personen mitgeteilt werden sollen, die ähnlich wie Eltern stellvertretend für ihre Kinder handeln (vgl. Becker-Lenz et al. 2023).

Die Gestaltung eines solchen Arbeitsbündnisses und weiterer, nichtstandardisierbarer Anforderungen dieses professionellen Handelns in der Diagnostik und Planung der Fallarbeit erfordern Kompetenzen und Erfahrungswissen, für die Oevermann den an Bourdieu angelehnten Begriff eines professionellen Habitus prägt (vgl. Oevermann 1996). Der professionelle Habitus als Kompetenzausstattung ermöglicht den Fachkräften mit den nichtstandardisierbaren Anteilen der Krisenbewältigung umzugehen. Er ermöglicht souveränes Handeln auch unter Ungewissheitsbedingungen.

Als Kernelement der stellvertretenden Krisenbewältigung hat Oevermann selbst (1981) die stellvertretende Deutung der Krisenkonstellation bezeichnet. Der Begriff Krisenbewältigung verweist aber darauf, dass vielfach – je nach Art des professionalisierten Handelns – nach einer solchen Deutung auch noch eine an die Deutung anschließende Behandlung erfolgen muss.

Zu Teams und Teamarbeit hat sich Oevermann im Rahmen seiner professionalisierungstheoretischen Schriften nicht speziell geäußert, mit Ausnahme eines Bandes zu einer Teamsupervision eines Ärzt:innenteams (Oevermann 2001). Hier standen jedoch die Strukturprobleme des supervisorischen Handelns im Mittelpunkt, nicht die Teamarbeit in ihrer Eigenlogik. Professionelles Handeln wird auch in der Oevermannschen Theorie als Handeln von einzelnen Professionsangehörigen konzipiert, die über einen professionellen Habitus verfügen. Auf der Seite der Klient:innen hat Oevermann das Arbeitsbündnis über die Dyade

Fachkraft-Klient:in hinaus erweitert und Arbeitsbündnisse einer Lehrperson mit einzelnen Schüler:innen, die eingelagert sind, in ein Arbeitsbündnis der Lehrperson mit der Klasse als Ganze und mit den Eltern der Schüler:innen, beschrieben. Sein Interesse für die Strukturprobleme des supervisorischen Handelns zeigt, dass Oevermann davon ausgeht, dass auch das krisenbearbeitende professionelle Handeln jederzeit selbst in die Krise geraten kann und spezifische Instanzen ausbilden muss, um dieser Krisengefahr zu begegnen. Dazu zählt Oevermann die dem professionellen Handeln beigeordnete wissenschaftliche Forschung, spezifische Formate wie das der Supervision und spezifische methodische Arrangements wie in der Praxis durchgeführte Fallrekonstruktionen. Oevermann sieht also für diese Formate durchaus den Sinn einer zumindest situativen Zusammenarbeit von mehreren Professionsangehörigen zum Zweck der Bewältigung einer Krise des professionellen Handelns.

3 Die Handlungslogik der Sozialen Arbeit aus der Sicht der strukturtheoretischen Professionstheorie

Die Soziale Arbeit ordnet Oevermann (2000, 2013) als einen Beruf ein, der aufgrund seiner Handlungslogik professionalisierungsbedürftig ist, der allerdings Professionalisierungsdefizite aufweist und nicht als Profession zu bezeichnen ist. Oevermann identifiziert strukturelle Hindernisse, die der Professionalisierung im Wege stehen. Soziale Arbeit sei gleichermaßen dem rechtspflegerischen wie dem therapeutischen Fokus des professionellen Handelns zuzuordnen. Beide Fokusse haben jedoch unterschiedliche Handlungslogiken, die sich wechselseitig behindern. Oevermann erläutert dies am Schlagwort des doppelten Mandats bzw. anhand von Hilfe und Kontrolle (Oevermann 2013).

Die Fachkräfte der Sozialen Arbeit haben nach Oevermann mit Klient:innen zu tun, die in lebenspraktischen Krisensituationen stehen, sie leisten Hilfe zur Krisenbewältigung, müssten infolgedessen in Arbeitsbündnissen arbeiten und benötigten neben umfangreichen wissenschaftlichen Wissen z. B. zu kindlicher Entwicklung, zur Entstehung und Bekämpfung von Armut, zu Krankheiten etc., einen professionellen Habitus (vgl. Becker-Lenz und Müller 2009). Gleichzeitig müssen Fachkräfte der Sozialen Arbeit auch geltendes Recht umsetzen. Dies bedeutet andererseits therapeutisch bzw. pädagogisch den Klient:innen und deren Interessen verpflichtet zu sein zugleich aber auch der Rechtsgemeinschaft. Diese doppelte Bindung an unterschiedliche Interessen sei widersprüchlich und behindere die Professionalisierung der Praxis folgenreich. Oevermann (2013) gibt dafür einige Beispiele und erörtert Lösungsmöglichkeiten für das beschriebene Problem. Soziale Arbeit wird zudem häufig in bürokratisch verfassten Organisationen gewährleistet (Oevermann 2000). Aus der Sicht der strukturtheoretischen Professionalisierungstheorie (Oevermann 2008) gibt es hier zumindest potenziell ein Spannungsverhältnis zwischen der Logik des professionellen Handelns und den in Organisationen ebenfalls bedeutsamen bürokratischen und managerialen Logiken. Zudem hat die Soziale Arbeit, da sie oft mit anderen Berufen zusammenarbeitet, die die Organisation der Arbeit mitbestimmen oder sogar stärker bestimmen, nicht immer die Möglichkeit, die Arbeitsvollzüge nach den Erfordernissen einer professionellen Praxis (Stichwort kollegiale Organisation) zu gewährleisten. Hinzu kommen auf der Seite der institutionellen Ausprägungen der Berufspraxis einige Punkte, in denen die Soziale Arbeit die institutionellen Anforderungen von Professionen nicht hinreichend erfüllt. Dies betrifft beispielsweise die Mitgliedspflicht in berufsständischen Vereinigungen und nicht adäquate gesetzliche Rahmenbedingungen wie eine fehlende Schweigepflicht in Form eines Berufsgeheimnisses.

4 Definitionen und Beispiele zu Teams

Ich möchte im Folgenden der Frage nachgehen, ob jede Form einer Zusammenarbeit von Professionsangehörigen als Teamarbeit zu bezeichnen ist oder ob die Begriffe Team und Teamarbeit nur für bestimmte Formen einer solchen Zusammenarbeit zu reservieren sind.

Mit Petra Bauer (2018a, b, S. 732) ist ein Team: «eine Gruppe von Personen ..., die gemeinsam an einer Aufgabe arbeiten. Teams sind im Kern Arbeitsgruppen. Damit funktionieren Teams zunächst wie andere soziale Gruppen auch: Sie basieren auf der Unmittelbarkeit der persönlichen Beziehungen ihrer Mitglieder (Neidhardt 1999), die zumindest für einen bestimmten Zeitraum auch gegeben sein müssen. Es bilden sich emotionale Bindungen und ein sogenanntes Wir-Gefühl, das auch dazu führt, dass sich stabile Gruppennormen ausprägen und sich das jeweilige Team nach außen hin von anderen Gruppen abgrenzen lässt (Antoni 2000, S. 18 ff.).»

Gemäß dieser Definition sind situative Momente einer Zusammenarbeit von Professionsangehörigen entweder innerhalb ihrer Professionsgrenzen oder darüber hinweg noch nicht als Teamarbeit zu verstehen. D. h., wenn in der Sozialen Arbeit ein Schulsozialarbeiter regelmäßig an einer Konferenz der Mitarbeitenden einer Schule teilnimmt, bildet er noch kein Team mit den anderen Mitarbeitenden. Auch die Lehrkräfte an dieser Schule, die man in ihrer Gesamtheit als Kollegium bezeichnet, würde man nicht als Team verstehen. Die einzelnen Lehrpersonen arbeiten eher allein, nicht gemeinsam an einer Aufgabe. Hingegen könnte man zwei Lehrpersonen, die gemeinsam eine Klasse unterrichten, durchaus als Team verstehen. Kollegien sind eine egalitäre Form der Vereinigung von Professionsangehörigen (vgl. Klatetzki 2023), die die Aufgabe haben, die Arbeit der Professionsangehörigen in einer Organisation gemeinsam zu koordinieren und zu kontrollieren. Sie dienen auch dem Erhalt der Professionsautonomie und der Abwehr von äußeren Kontrollansprüchen etwa durch Bürokratien. Innerhalb von Kollegien sind Teambildungen, z. B. im Rahmen von Projekten möglich, jedoch nicht konstitutiv für die Kollegien.

Bauers Definition ist relativ offen und lässt in verschiedenen Punkten unterschiedliche Möglichkeiten zu. Zum Beispiel kann es in Teams eine Arbeitsteilung unter den Teammitgliedern geben, genauso gut ist auch möglich, dass alle Teammitglieder die gleiche Arbeit verrichten. Damit verbunden ist die Frage, ob die Personen im Team dieselbe oder unterschiedliche Expertise zur Bewältigung der gemeinsamen Aufgabe einbringen.

Während die Definition von Bauer in diesen beiden und weiteren Fragen als offen zu bezeichnen ist, soll nun eine inhaltlich spezifischere Definition von Teams dargestellt werden. Sie stammt von Thomas Loer (2009) und ist in dieser professionstheoretischen Betrachtung vor allem deshalb interessant, weil Loer Teams in einer Art und Weise bestimmt, dass sie in eine besondere Nähe zu den typischen Aufgaben und zur Handlungslogik von Professionen gerückt werden. Wie im Titel des Aufsatzes zum Ausdruck kommt, sieht Loer Teams als besondere Form von Kollegialität an. Diese Kollegialität wird durch eine bestimmte Art der Aufgabe gestiftet, die ein Team zu erledigen hat. Es handelt sich um Aufgaben, die eine anspruchsvollere Deutung eines Problems erfordern. Für diese Deutungsarbeit ist es bereichernd, wenn unterschiedliche Perspektiven einfließen. Auch für die an die Deutungsarbeit anschließenden Bearbeitungsweisen des gedeuteten Problems ist das breite Spektrum an Fähigkeiten der Teammitglieder von Vorteil, sofern die Teammitglieder diese zu nutzen wissen. Da Fähigkeiten und Perspektiven an die konkreten Personen des Teams gebunden sind, müssen die Teammitglieder sich untereinander als konkrete Personen würdigen und eine besondere Sensibilität für die Art und Weise der Aufgabenerfüllung der anderen Teammitglieder entwickeln, ähnlich wie Fussballspieler:innen sich auf die Spielweise ihrer Mitspieler:innen einstellen müssen. Die Teammitglieder müssen sich zudem mit der Aufgabe und auf sich auf die Beiträge der anderen Teammitglieder verlassen können. Diese Art der wechselseitigen Bezugnahme aufeinander hat Loer als Teamgeist bezeichnet. Die Entwicklung einer solchen Teamarbeit und eines Teamgeist gelingt in dem Maße, wie ein Team in seiner Aufgabenerfüllung erfolgreich ist und lässt sich nicht verordnen.

Loer (vgl. 2009, S. 47) bezeichnet Teams als eine Form von Vergemeinschaftung, die sich aus der Aufgabe ergibt. Auch Professionen stellen Vergemeinschaftungen dar, die sich aus der Sache ergeben, (vgl. Goode 1957). Teams sind eine dieser Kollegialität entsprechende Organisationsform. Auch die Deutungsarbeit, die die besondere Aufgabentypik von Teams ausmacht, entspricht der stellvertretenden Deutung als dem Kern der stellvertretenden Krisenbewältigung in der strukturtheoretischen Professionalisierungstheorie. Loer legt zudem dar, dass die gemeinsame Aufgabe von Teams eine sein muss, die sich nicht standardisiert in vielen Teilstücken erledigen lässt. Teams arbeiten an komplexen und anspruchsvollen Aufgaben, für die es noch keine Routinelösungen gibt. Es müssen ständig Entscheidungen getroffen werden, die sich als richtig oder falsch erweisen können mit entsprechenden Auswirkungen für den Erfolg der Aufgabenbewältigung und den Teamgeist. Die Bedingung, dass so gehandelt werden kann, ist, dass ein Team den Modus der Bearbeitung einer Aufgabe selbst bestimmt und entsprechende Freiräume dafür hat. Unter diesem Gesichtspunkt wurden Teams in der Managementlehre als sinnvolle Organisationsform im Umgang mit Komplexität behandelt (vgl. Henn 2020, S. 24). Ein hohes Maß an Handlungsautonomie wird in der Oevermann'schen Theorie auch für die professionalisierte Handlungslogik in Anspruch genommen, allerdings nicht aufgrund der Komplexität des Handelns, sondern aufgrund dessen, dass das Handeln auf Krisen einer Lebenspraxis bezogen und deswegen nicht standardisierbar ist.

Loers Bestimmung eines Teams als besondere Form von Kollegialität liegt im Hinblick auf die Handlungslogik und die Sozialbeziehungen der Teammitglieder untereinander so nahe an der Handlungslogik und der Kollegialität von Professionen, dass sich die Frage umso mehr aufdrängt, warum Teams zumindest in der Theorie kaum keine Rolle spielen und in der Praxis in gewissen Professionen bzw. professionalisierungsbedürftigen Berufen wenig verbreitet sind, z. B. bei Geistlichen und Lehrpersonen und das Handeln von Professionsangehörigen in der klassischen Professionstheorie dementsprechend als professioneller Individualismus (Klatetzki 2023) bzw. als ontologischer und epistemologischer Individualismus (Freidson 1988) charakterisiert wird. Vielleicht ist der Grund darin zu suchen, dass eine solche Art von Teamarbeit einen hohen Koordinationsaufwand erfordert. Es müssen im Team ständig gemeinsam Entscheidungen gefällt werden und die damit verbundenen Handlungen koordiniert werden. Das ist aufwendig und setzt den von Loer beschriebenen Teamgeist voraus. Wo Teamarbeit also nicht unbedingt erforderlich ist, reicht das von Klatetzki beschriebene

Kollegium von Gleichen als Organisationsform möglicherweise aus, welches primär die Autonomie der Professionsangehörigen sichert und im Falle von größeren Schwierigkeiten in der Fallarbeit auch Möglichkeiten der kollegialen Beratung bietet.

Beispiele für Kollegien und Teamdefinitionen nach Bauer und Loer aus der Sozialen Arbeit

Versuchen wir nun uns anhand von ein paar Beispielen die bisher behandelten Organisationsformen zu vergegenwärtigen.

Ein Beispiel für ein Kollegium wäre ein Allgemeiner Sozialdienst (ASD), in dem die Mitarbeitenden Fälle jeweils allein, z. B. nach Quartierszuständigkeit bearbeiten. Als Kollegium erfüllen sie eine Aufgabe, die Sozialhilfegewährung vor Ort, die Aufgabe konkretisiert sich in konkreten Fällen, die aber nicht arbeitsteilig, sondern im Modus einer hohen Eigenverantwortlichkeit in der Fallbearbeitung bearbeitet werden. Während sich die Mitarbeitenden eines solchen ASD häufig selbst als Team begreifen und als solches bezeichnen, wären sie nach der Definition von Loer kein Team, weil sie nicht arbeitsteilig mit unterschiedlichen Fähigkeiten an einer gemeinsamen Aufgabe arbeiten. Bauers Definition hingegen ließe sich anwenden, sofern die Mitarbeitenden ein gewisses Maß an emotionalen Bindungen und ein «Wir-Gefühl» entwickelt hätten.

Wenn sich ein solches Kollegium entschließt, die Deutung und Interventionsplanung standardmäßig im Kollektiv vorzunehmen, dann entwickelt sich ein solches Kollegium mehr in Richtung eines Teams, da die Mitarbeitenden gegenseitig Verantwortung übernehmen und in die Fälle der anderen ASD-Mitarbeitenden involviert sind. Der Preis dafür ist eine partielle Übertragung der individuellen Verantwortung für die Fallführung auf das Team und eine damit verbundene Einschränkung des Entscheidungsspielraums des Einzelnen. Gründe für eine solche gemeinsam getragene Verantwortung in der Falldeutung und Interventionsplanung könnten in einer möglicherweise höheren Qualität der Fallarbeit durch die Mobilisierung eines größeren Umfangs an Erfahrungswissen zu vergleichbaren Fällen, in einer Entlastung der einzelnen Fachkraft von der alleinigen Verantwortlichkeit für die Fallarbeit oder in dem Bestreben die Fallarbeit zu vereinheitlichen, gesehen werden. Das Ansinnen eine höhere Qualität der Fallarbeit durch gemeinsame Fallbesprechungen zu erreichen, ist nicht unumstritten. Klatetzki (2001) hat darauf hingewiesen, dass in Teams von Fachkräften der Sozialen Arbeit unter bestimmten Umständen Phänomene des «Gruppendenkens» zu mangelhaften oder unzutreffenden Deutungen von Problemlagen der Klient:innen führen können und dass Fallbesprechungen vielleicht weniger der besseren Falldeutung dienen, sondern es darum geht, schwierige Arbeitssituationen zu kompensieren und damit verbundene Unsicherheiten zu bearbeiten. Wenn Erfahrungswissen jedoch eine Bedeutung für die Fallarbeit hat, und dafür gibt es zahlreiche Hinweise, (vgl. z. B. Becker-Lenz et al. 2017; Böhle 2010) gibt es einige Berechtigung für diesen Ansatz, sofern dafür Sorge getragen wird, dass in Fallbesprechungen u. a. durch die Einführung von strukturierten Methoden (vgl. Ader 2004) reflexives Denken und das sorgfältige Durchdenken von Deutungs- und Interventionsmöglichkeiten möglich wird. Der zweite Grund, das Bestreben nach Entlastung der einzelnen Fachkraft von der Fallverantwortung, trägt nur dann zu einer Erhöhung der Professionalität der Fallarbeit bei, wenn die Übergabe der Fallverantwortung an andere Kolleg:innen oder die Teilung der Verantwortung mit anderen, einen Mehrwert an Expertise mit sich bringt oder für das Arbeitsbündnis mit den Klient:innen im Fall günstig ist. Der dritte Grund scheint mir ebenfalls nicht unproblematisch, wenn Vereinheitlichung der Fallarbeit dazu führt, dass fallspezifisches Arbeiten zugunsten einer formalen Gleichbehandlung der Fälle aufgegeben wird. Aber es dürfte auch Vereinheitlichung von Fallbearbeitungen geben, die für die Organisation der Arbeit von Vorteil sind und gleichzeitig fallspezifisches Arbeiten ermöglichen.

Ein anderes Beispiel wäre die Mitarbeiterschaft einer Jugendwohngruppe, die im Schichtbetrieb die Betreuung von Jugendlichen gewährleistet. Hier liegt eine gemeinsame Aufgabe vor, die Mitarbeitenden müssen viel enger zusammenarbeiten als im ASD, müssen sich stark koordinieren und über die einzelnen Jugendlichen austauschen, es liegt auch eine gewisse Arbeitsteilung vor, weil vielleicht ein Bezugspersonensystem existiert und einzelne Mitarbeitende für bestimmte Jugendliche die zentralen Ansprechpartner sind oder weil Schichten mit unterschiedlichen Aufgaben übernommen werden müssen, Nacht-, Wochenend- und Tagschichten. Die Art der Arbeitsteilung ist jedoch nicht sehr von bestimmten Fähigkeiten der Mitarbeitenden her bestimmt, entspricht eher pragmatischen organisationalen Erfordernissen sowie Wünschen und Möglichkeiten der Mitarbeitenden.

In Bezug auf die Expertise der Mitarbeitenden müssen nicht zwangsläufig größere Unterschiede bestehen, solange es keine Gründe für die Integration spezieller Expertise in das Team gibt, etwa weil man Jugendliche mit besonderen Problemlagen, die spezieller Interventionen bedürfen, aufnimmt oder weil man spezifische Angebote für die Jugendlichen machen möchte. Für den Alltagsbetrieb gilt jedoch trotz der Arbeitsteilung das Prinzip 'alle machen die gleiche Arbeit nur zu unterschiedlichen Zeiten'.

Diese Art von Team würde mehr als das ASD-Team die Kriterien der Teamdefinition von Loer erfüllen, jedoch gilt dies nicht für das Merkmal, dass in

Teams unterschiedliche Fähigkeiten aggregiert sind, die nur dann Nutzen bringen, wenn die Teammitglieder sensibel und geschickt die Fähigkeiten der jeweils anderen berücksichtigen. Die Organisation solcher in der Praxis häufig anzutreffenden Teams ist zwar deutlich anspruchsvoller als die Arbeit eines Kollegiums, jedoch – so lange kein Personalnotstand gegeben ist – nicht allzu kompliziert, weil die Teammitglieder aufgrund ihrer vergleichbaren Fähigkeiten im Dienstplan flexibel einsetzbar sind.

Ein Beispiel für ein Team, das voll und ganz aus der Notwendigkeit der Aufgabenerfüllung heraus der Definition von Loer entspricht, ist das Team eines Jugendhauses, in dem der Verfasser vor längerer Zeit als Sozialarbeiter gearbeitet hat. Es handelte sich um ein damals sechs Tage in der Woche geöffnetes Jugendhaus mit einem Café-Betrieb, einem Kulturprogramm, Werkstätten, Proberäumen für Musikbands, Beratungs- und Freizeitangeboten. Das Team bestand aus fünf Fachkräften der Sozialen Arbeit bzw. der Pädagogik sowie einer Stelle für einen Jahrespraktikanten bzw. eine Jahrespraktikantin. Zusätzlich verfügte das Haus über vier Zivildienststellen.

Die Fachkräfte deckten zusammen mit den Zivildienstleistenden die Öffnungszeiten des Jugendhauses ab und hatten darüber hinaus jeweils spezielle Aufgaben im Rahmen des Freizeit- und Kulturangebotes. Die verschiedenen Aktivitäten erfolgten z. T. in spezialisierter Arbeitsteilung, manche wurden aber auch in Gemeinschaftsarbeit aller Mitarbeitenden durchgeführt. Die Koordinationsnotwendigkeiten waren hoch, weil die verschiedenen Angebote und Aktivitäten inhaltlich, zeitlich und räumlich aufeinander abgestimmt werden mussten, dennoch hatten die Teammitglieder viele Freiräume in der Gestaltung ihrer Arbeitsbereiche. Die einzelnen Teammitglieder waren zwar aufeinander angewiesen, dennoch war ein sehr selbständiges Arbeiten möglich. Dies hing zum einen damit zusammen, dass es keine Teamleitung gab und zum anderen damit, dass sich die Teammitglieder alle sehr mit dem Team als Ganzem identifizierten und auf die Arbeitsweise und Belange der anderen Teammitglieder mit ihren jeweiligen Arbeitsbereichen Rücksicht nahmen. Regelmäßige Teamsupervision half, gelegentlich auftretende Konflikte im Team zu klären. In der wöchentlichen Teamsitzung wurden Informationen ausgetauscht, Probleme besprochen und anstehende Entscheidungen gefällt. Die Teammitglieder konnten sich z. T. in bestimmten Tätigkeiten vertreten, in speziellen Aufgaben, die an bestimmte Personen oder an bestimmte Fähigkeiten gebunden waren, jedoch nicht. Für die Beziehungen der Mitarbeitenden mit den Jugendlichen war es von Vorteil, dass das Team in Bezug auf Geschlecht und Alter aus unterschiedlichen Personen bestand. Manche Jugendliche hatten einen besseren Draht zu den männlichen oder weiblichen Mitarbeitenden bzw. zu den älteren oder jüngeren.

Die Personeneigenschaften waren für einen Teil der Jugendlichen, die einen engeren und längeren Kontakt zum Personal hatten, vermutlich bedeutsam für deren Identitätsbildungsprozesse. Möglicherweise im Unterschied zu Teams in anderen beruflichen Bereichen, spielen in der Sozialen Arbeit, wie wahrscheinlich generell in pädagogischen und therapeutischen Berufen, die konkreten Personeneigenschaften eine Rolle bei der Initiierung und Gestaltung von Arbeitsbeziehungen, nicht nur spezifische berufsbezogene Fähigkeiten.[1] Der Zusammensetzung von Teams kommt auch in dieser Hinsicht Bedeutung zu.

Während in diesem Teambeispiel die Mitglieder annähernd homogen aus der Sozialen Arbeit bzw. der Pädagogik kamen, gibt es auch Teams, die aufgrund ihrer Aufgabe multiprofessionell zusammengesetzt sein müssen, weil eine Profession allein nicht in der Lage wäre, die Aufgabe zu bewältigen. Nicht jede Kooperation von Angehörigen verschiedener Professionen erfolgt jedoch in einem Team, gemessen an den hier diskutierten Definitionen von Teams und auch nicht unbedingt im Selbstverständnis der beteiligten Fachkräfte. Die Art einer solchen Kooperation kann recht unterschiedlich sein und in einem Team erfolgen mit Teamgeist, gemeinsamer Aufgabe, Arbeitsteilung und wechselseitiger Würdigung der Beteiligten als Personen mit bestimmter Expertise und bestimmtem Arbeitsstil, sie kann aber auch arbeitsteilig mit geringer Koordination oder einer Koordination erfolgen, die nicht durch die Teammitglieder selbst geleistet, sondern durch die Organisation oder externe Koordinator:innen sichergestellt wird (vgl. z. B. zur Bedeutung von Ganztagskoordinator:innen an Schulen Reinert und Geiser 2021).

Die Frage, ob eine solche Zusammenarbeit in einem Team oder im losen Verbund stattfindet, hängt auch mit der Form der Kooperation in Bezug auf die Professionsgrenzen zusammen. Man unterscheidet multi-, inter- und transprofessionelle Formen dieser Kooperation, z. T. wird auch von multi-, inter- und transdisziplinärer Kooperation gesprochen. Diese Formen unterscheiden sich bezüglich der Frage, ob professionelle bzw. disziplinäre Grenzen bei der Kooperation gewahrt bleiben oder überschritten werden. Während bei nicht einheitlicher Begriffsverwendung, (siehe Weimann-Sandig 2022b; Riedlinger et al. 2022; Wider 2013) multi- und interprofessionelle Kooperationsformen ein Verbleiben bzw. Überschreiten der professionellen Grenzziehungen zugesprochen wird, lösen sich bei transprofessioneller oder transdisziplinärer Zusammenarbeit die Professions- bzw. Disziplingrenzen tendenziell auf (vgl. hierzu Fassbind in

---

[1] Die Bedeutung personaler Eigenschaften zeigte sich auch in einem Forschungsprojekt des Verfassers zu Vertrauensbildungsprozessen in der sozialpädagogischen Familienbegleitung (vgl. Rüegger et al. 2021).

Rosch et al. 2016, S. 126 f. für die Zusammenarbeit verschiedener Professionen im Kindes- und Erwachsenenschutz, oder auch von May 2014 für das Feld der Sorgearbeit). Es entwickelt sich dann idealtypisch eine neue Form einer transprofessionellen bzw. transdisziplinären Professionalität

Wenn Professionsgrenzen überschritten werden, stellt dies in jedem Fall ein Spannungsfeld für die Arbeit dar, da Professionen nach Bauer (2014) dazu tendieren, ihre Autonomie in der Fallarbeit bewahren zu wollen, was sich u. a. in dem Wunsch nach Deutungshoheit ausdrückt, aber auch dazu dient, keine weiteren Beteiligten in die Arbeitsbündnisse mit den Klient:innen hineinzulassen. Dieser Wunsch nach professioneller Autonomie und die mit Teams ohnehin immer gegebenen Mühen der Koordination sind möglicherweise Gründe dafür, dass sich multiprofessionelle Kooperation und im Hinblick auf die Zusammenarbeit weitergehende multiprofessionelle Teamarbeit nicht einfach naturwüchsig häufig entwickeln, sondern wie es scheint, eher da entstehen, wo die Zusammenarbeit entweder verordnet, wie in den Kindes- und Erwachsenenschutzbehörden der Schweiz, organisational stark unterstützt (wie in den Ganztagsschulen) oder von der Aufgabenbewältigung her unmittelbar und evident notwendig erscheint. Erleichtert werden dürfte dies, wenn bei den beteiligten Professionen miteinander kompatible Konzeptionen von Professionalität (etwa eine ähnliche Grammatik des höhersymbolischen Wissens, vgl. Epp 2022, S. 23) vorliegen.

Bauer (2018a, b) sieht die Sozialform des Teams als besonders geeignet für die Form einer gelebten multiprofessionellen Zusammenarbeit, beschreibt jedoch auch die Spannungsmomente und Herausforderungen dieser Teamarbeit im Kontext der Überschreitung von professionellen Grenzen. Sie stellt fest, dass es in der Zusammenarbeit mehrerer Professionen häufiger Konflikte gibt, weil die Zusammenarbeit oft dominiert ist von einer Leitprofession. Des Weiteren können Statusunterschiede und mangelndes Wissen über die Berufskultur der anderen Berufe zu Konflikten führen. Setzt sich, wie im Erwachsenenschutz der Schweiz teilweise zu beobachten (vgl. Becker-Lenz et al. 2017a, b), eine Profession als Leitprofession durch und zwingt den anderen beteiligten Professionen bzw. Berufen ihre Logik der Fallbearbeitung auf, so wird die multiprofessionelle Kooperation nur noch formal aufrechterhalten, weil gerade ihr Potenzial, die Integration unterschiedlicher Expertisen, schleichend an Bedeutung verliert. Eine Subordination droht insbesondere, wenn die Position eines Berufs im Rahmen der multiprofessionellen Zusammenarbeit unklar ist. Dies gilt z. B. für die Position der Sozialarbeit an Schulen (vgl. Te Poel 2019). Solche Entwicklungen laufen dem Prinzip von Teams in der Konzeption von Loer zuwider, in der Teams unterschiedliche Fähigkeiten zusammenführen und die Teammitglieder diese mit Sensibilität untereinander würdigen, aber eben die Fähigkeiten nicht angleichen müssen. Das besondere Potenzial von Teams wird damit verschenkt. Aus der Perspektive der strukturtheoretischen Professionalisierungstheorie bestünde dieses Potenzial darin, dass multiprofessionelle Teams dort eingesetzt werden können, wo die individuelle Expertise zur Problembewältigung nicht hinreicht, und weitere Expertisen hinzugezogen werden müssen in einer Art und Weise, die es verlangt, dass die Expertisen in einer synchronen Synthese einen Mehrwert ergeben, sowohl in der Problemdeutung als auch in der darauf fußenden Fallarbeit. Das ist aus vor allem zwei Gründen anspruchsvoll. Es müssen Falldeutungen, solange sie innerhalb der jeweiligen professionellen Grenzen verbleiben, also im Prinzip je unterschiedliche Fälle zu ein- und denselben Klient:innen konstituieren, über die Professionsgrenzen zu einer gesamthaften Falldeutung hinweg synthetisiert werden. Außerdem müssen Arbeitsbündnisse der einzelnen Fachkräfte mit den Klient:innen auf günstige Weise verzahnt werden. Günstig heißt hier, dass diese Verzahnung den einzelnen Arbeitsbündnissen ihre für den Erfolg wichtige Autonomie nicht raubt und andererseits die Fallbearbeitungen so aufeinander abgestimmt sind, dass es der Krisenbewältigung maximal förderlich ist. Das dürfte nur so gut funktionieren, wie das Team als Team funktioniert, d. h. es hängt vom Teamgeist und dem Engagement der Teammitglieder für den Erfolg des Ganzen ab. Im Prinzip steht hinter oder über den einzelnen Arbeitsbündnissen ein gesamthaftes Arbeitsbündnis zwischen dem Team und dem Klienten bzw. der Klientin, in dem jedoch die einzelnen Arbeitsbündnisse einen wichtigen Stellenwert haben und geachtet werden. Im Rahmen einer solchen Verzahnung der Fallbearbeitung kann es eine Leitprofession geben, diese darf jedoch nicht ihre Falldeutung und ihren Bearbeitungsmodus den anderen Professionen aufzwingen, sondern muss die anderen Deutungen und Modi als wertvolle Beiträge im Rahmen des Gesamtbogens der Fallarbeit anerkennen. Eine solche Arbeit ist höchst anspruchsvoll und eine Frage der professionellen Haltung der Fachkräfte wie auch eine Frage der Organisationskultur. Sie lässt sich nicht managerial herstellen, man kann nur günstige Bedingungen dafür schaffen.

5 Die Notwendigkeit von Teams und Teamarbeit

Abschließend möchte ich versuchen die Frage zu beantworten, die ich eingangs gestellt hatte. Aus welchen Gründen sind Teams in der professionellen Praxis, speziell in der Sozialen Arbeit nötig und welche Implikationen ergeben sich daraus?

Henn (vgl. 2020, S. 24) zufolge werden Teams in der betriebswirtschaftlichen Managementlehre Vorteile zugesprochen in Bezug auf die Arbeitszufriedenheit von Mitarbeitenden, in Bezug auf betriebswirtschaftliche Effizienz und in Bezug auf die Art und Weise der Problemstellungen, die zu lösen ist. Teams scheinen Vorteile zu haben, wenn Aufgaben komplex sind, Probleme sich dynamisch verändern und kreative Lösungen benötigt werden.

Speziell in Bezug auf die Soziale Arbeit sieht Henn die Notwendigkeit von Teams darin, im Arbeitsalltag Fallinformationen, Zielperspektiven und Arbeitsabläufe kollegial zu strukturieren und dafür gemeinsam Konzepte und Methoden zu entwickeln. Diese Konzepte würden dazu dienen, «die Komplexität und Undurchschaubarkeit der Aufgabe immer wieder aufs Neue handhabbar zu machen.» (Henn 2020, S. 35 f.). Die Forschungsergebnisse von Henn zur Teamarbeit in der stationären Kinder- und Jugendhilfe zeigen, «dass die kollegiale Beziehung von allen Teams für die Bearbeitung des Widerspruchs von normativen Orientierungen und konstitutiver Ungewissheit durch die Kollektivierung genutzt wird.» (Henn 2020, S. 238).

Die Ungewissheit ergibt sich daraus, dass die Teams eine pädagogische Haltung für die Strukturierung des Alltags und Umgangsweisen in Bezug auf Bedürfnisse und bestimmte Handlungen von Jugendlichen entwickeln müssen, von der sie aber nicht wissen, ob die Haltung und die Umgangsweisen geeignet sind, die pädagogischen Zielsetzungen zu erreichen. In den Falldarstellungen zu verschiedenen Teams wird deutlich, dass die Teammitglieder verschiedene Haltungen bzw. unterschiedliche Vorstellungen in Bezug auf die Umgangsweisen haben und sachbezogene Kompromisse ausgehandelt werden müssen. In stationären pädagogischen Einrichtungen scheint es nachvollziehbar, dass solche pädagogischen Haltungen und Umgangsweisen immer wieder Thema in Teamsitzungen sind. Die Notwendigkeit von Teamarbeit scheint sich mir aber nicht aus der damit verbundenen Unsicherheit ableiten zu lassen. Mir scheint einfach schon die Aufgabe, eine pädagogische Betreuung im Schichtbetrieb zu gewährleisten, ein Team im Sinne von Bauer zu erfordern; die Mitarbeitenden haben eine gemeinsame Aufgabe, müssen eine gemeinsame Haltung und sinnvolle Umgangsweisen entwickeln, ob sie darin unsicher sind oder nicht, ändert nichts an der Notwendigkeit, dass sie diese Aufgabe gemeinsam erfüllen müssen. Wenn die Mitarbeitenden grundverschiedene Haltungen im Umgang mit den Jugendlichen und in Bezug auf Sachfragen vertreten würden, würde das zu vielen Konflikten unter den Mitarbeitenden führen und die Jugendlichen sehr verunsichern. Es geht also nicht um Unsicherheit, sondern um eine klare pädagogische Linie.

Neben Unsicherheit spielt die Komplexität einer Aufgabe als Grund bei Henn eine Rolle. Die Komplexität einer Aufgabe scheint mir jedoch per se kein zwingender Grund für die Notwendigkeit von Teamarbeit zu sein. Komplexität lässt sich reduzieren, indem Probleme durch Deutungsmuster vereinfacht werden, schematisierte Interventionen benutzt werden oder nur ein Teil der Aufgabe überhaupt als bearbeitbar deklariert wird. Komplexität erfordert möglicherweise eine Zerlegung der Aufgabe in kleinere Einheiten und eine gewisse Koordination der einzelnen Bearbeitungsschritte, aber nicht notwendigerweise ein Team. Ein Team scheint mir vielmehr dann notwendig, wenn die Aufgabe sich nur in einer Gemeinschaftsleistung erledigen lässt, in der alle Teammitglieder Verantwortung für das Gelingen des Ganzen tragen, ihre Arbeit in Bezug auf Deutungen und Werthaltungen abstimmen und in Bezug auf spezifische Entscheidungen untereinander flexibel koordinieren müssen. Erfordert die Aufgabe den Einbezug unterschiedlicher Fähigkeiten, müssen die Teams eine Arbeitsteilung entwickeln, womit die Anforderungen an die Koordination steigen. Erfordert die Aufgabe den Einbezug unterschiedlicher professioneller Expertise, wird die Zusammenarbeit noch anspruchsvoller, weil die unterschiedlichen professionellen Deutungen zu einer gemeinsamen Falldeutung integriert, professionelle Interventionslogiken miteinander abgestimmt und partielle Arbeitsbündnisse mit ihren jeweiligen Belastungen für die Klient:innen koordiniert werden müssen. Ich vermute, dass man dabei nur so lange von einer echten Teamarbeit ausgehen kann, als diese Zusammenarbeit von Fachkräften mit unterschiedlicher Expertise sich auf einen gemeinsamen Fall richtet und die Fachkräfte sich auch gemeinsam für diesen Fall verantwortlich fühlen. Sobald die Fachkräfte anfangen, aus ihrer jeweiligen Perspektive unterschiedliche Fälle zu konstruieren und sich nur für diese Konstruktionen verantwortlich fühlen, wird das Terrain von Teamarbeit verlassen bzw. nicht betreten. Eine solchermaßen skizzierte Zusammenarbeit in einem Team ist einigermaßen weit entfernt von dem Idealtyp des professionellen Individualismus den Klatetzki in Anlehnung an Freidson beschrieben hat (Klatetzki 2005). Die Fachkräfte deuten den Fall nicht allein und leisten auch die Schlussfolgerungen für die Intervention (Inferenz) in ihrer Gesamtheit nicht selbständig. Jedoch haben sie im Rahmen ihres jeweiligen Arbeitsbündnisses mit dem Klienten bzw. der Klientin weiterhin ein beträchtliches Maß an Autonomie, die unter den Fachkräften wechselseitig garantiert sein muss. Die Initiierung und Beendigung solcher partieller Arbeitsbündnisse müssten weiterhin in der Entscheidungsfreiheit der Klient:innen und der Fachkräfte liegen, auch wenn beides mit dem Progress und Erfolg der gesamten Fallbearbeitung verknüpft ist.

6 Fazit

Teams sind eine Organisationsform von Kollegialität, die für bestimmte Aufgaben im Bereich des professionellen Handelns nicht nur sinnvoll, sondern auch notwendig ist. Man kann zwei Grundformen von Teams in Bezug auf die Arbeitsteilung und die damit verbundene spezielle Expertise der Teammitglieder unterscheiden. Die eine Grundform wird nötig, wenn sich eine Aufgabe, wie etwa die Betreuung von Menschen in Heimen, nur im Kollektiv erledigen lässt, die andere Grundform wird nötig, wenn sich Aufgaben stellen, die nur im Verbund von Fachkräften mit unterschiedlichen Fähigkeiten erledigt werden können und dieser Verbund seine Arbeit selbst planen und organisieren muss. Dies ist dann der Fall, wenn die Aufgabe nichtstandardisierbar ist, also die konkrete Form der Zusammenarbeit jeweils neu konzipiert werden muss. In beiden Fällen müssen professionelle Haltungen der Teammitglieder kongruent oder kompatibel sein und stellen sich organisationale Herausforderungen. Die professionelle Autonomie wird begrenzt durch die gemeinsam getragene Verantwortung für die Gesamtaufgabe, jedoch können z. T. beträchtlich Gestaltungsspielräume für die einzelnen Teammitglieder bestehen. Im professionstheoretischen Fachdiskurs ist Teamarbeit noch unzureichend reflektiert. Forschungs- und Theoretisierungsbedarf besteht meines Erachtens vor allem bezüglich der Differenzierung von Teamformen, der Frage nach dem Überschreiten oder Beibehalten von disziplinären bzw. professionellen Grenzen sowie der Kombinierbarkeit von unterschiedlichen professionellen Haltungen bzw. Interventionslogiken. Es steht zudem aus, die kollektive Handlungsorientierung eines Teams in Bezug auf die Notwendigkeiten der Aufgabenerfüllung im Detail zu beschreiben, in Anlehnung an Freidson also das, was die klinische Mentalität eines Teams ausmacht. Last but not least wäre zu klären, welche Bedeutung den personalen Eigenschaften der Teammitglieder im Verbund jenseits der Aspekte spezifischer Kompetenzen für die Aufgabenerfüllung zukommt (vgl. den Beitrag von Mechthild Bereswill und Gudrun Ehlert in diesem Band).

Literatur

Ader, S. (2004). Strukturiertes kollegiales Fallverstehen als Verfahren sozialpädagogischer Analyse und Deutung. In M. Heiner (Hrsg.), *Diagnostik und Diagnosen in der Sozialen Arbeit* (S. 317–331). Eigenverlag DV.

Bauer, P. (2011). Multiprofessionelle Kooperation in Teams und Netzwerken – Anforderungen an Soziale Arbeit. *Zeitschrift für Sozialpädagogik*, (9), 341–361.

Bauer, P. (2014). Kooperation als Herausforderung in multiprofessionellen Handlungsfeldern. In S. Faas & M. Zipperle (Hrsg.), *Sozialer Wandel* (S. 273–284). Springer VS.
Bauer, P. (2018a). Fallbesprechungen in multiprofessionellen Teams in der Erziehungsberatung. In R. Bohnsack, S., Kubisch & C. Streblow (Hrsg.), *Forschung in der Sozialen Arbeit und Dokumentarische Methode* (S. 287–306). Barbara Budrich.
Bauer, P. (2018b). Multiprofessionalität. In G. Grasshoff (Hrsg.), *Soziale Arbeit* (S. 727–739). Springer VS.
Bauer, P. (2021). Herausforderungen multiprofessioneller Zusammenarbeit in der Erziehungsberatung. *Diskurs Kindheits- und Jugendforschung*, 16(3), 369–374.
Bauer, P. Harter, K. & Keitsch, P. (2024). *Multiprofessionelle Kooperation im Aushandlungsprozess*. Beltz Juventa.
Becker-Lenz, R., Gautschi, J. & Rüegger, C. (2017). Die Bedeutung von nichtstandardisiertem Wissen in der Diagnostik Sozialer Arbeit – Eine Fallanalyse zu 'Erfahrungswissen' und 'Spüren' in einem Fall aus dem Kindesschutz. In H. Messmer, (Hrsg.), *Fallwissen. Wissensgebrauch in Praxiskontexten der Sozialen Arbeit* (S. 115–154). Barbara Budrich.
Becker-Lenz, R., Käch, O., Müller-Hermann, S. & Neuhaus, L. (2017). Die Organisation der Erwachsenenschutzbehörde in der Schweiz. Empirische Befunde und professionstheoretische Reflexionen. In M. Silkenbeumer & N. Thieme (Hrsg.), *Die herausgeforderte Profession. Soziale Arbeit in multiprofessionellen Handlungskontexten*. Sonderheft 14 der Zeitschrift *neue praxis*, 107–115.
Becker-Lenz, R., & Müller, S. (2009). *Der professionelle Habitus in der Sozialen Arbeit. Grundlagen eines Professionsideal*. Peter Lang.
Becker-Lenz, R., Neuhaus, L., & Davatz, A. S. (2023). Der Stellenwert der Verletzbarkeit im Arbeitsbündnis. In C. Angeli, et al. (Hrsg.), *Schauplätze der Verletzbarkeit*. De Gruyter, im Druck.
Böhle, F. (2010). Erfahrungswissen und subjektivierendes Handeln – verborgene Seiten professionellen Handelns. In S. Busse & S. Ehmer (Hrsg.), *Wissen wir, was wir tun? Beraterisches Handeln in Supervision und Coaching* (S. 36-54). Vandenhoeck & Ruprecht.
Epp, A. (2022). Gewandeltes Professionsverständnis im Rahmen multiprofessioneller Zusammenarbeit in pädagogischen Dienstleistungsberufen? – Überlegungen zu einem berufsgruppenübergreifenden multiprofessionstheoretischen Ansatz. In N. Weimann-Sandig (Hrsg.), *Multiprofessionelle Teamarbeit in Sozialen Dienstleistungsberufen. Interdisziplinäre Debatten zum Konzept der Multiprofessionalität – Chancen, Risiken, Herausforderungen* (S. 15–28). Springer VS.
Fassbind, P. in Rosch, D., Fountoulakis, C. & Heck, C. (2016). *Handbuch Erwachsenenschutz*. Haupt-Verlag.
Freidson, E. (1988). *Profession of Medicin. A Study of the Sociology of Applied Knowledge*. University of Chicago Press.
Goode, W. J. (1957). Community within a Community: The Professions. *American Sociological Review* 22, pp. 194–200.
Henn, S. (2020). *Professionalität und Teamarbeit der stationären Kinder- und Jugendhilfe. Eine empirische Untersuchung reflexiver Gesprächspraktiken in Teamsitzungen*. Beltz Juventa.

Karic, S. Heyer, L., Hollweg, C. & Maack, L. (Hrsg.). (2019). *Multiprofessionalität weiterdenken – das Neue, das Andere, das Soziale*. *Multiprofessionalität weiterdenken. Dinge, Adressat*innen, Konzepte*. Beltz Juventa.

Klatetzki, T. (2005). Professionelle Arbeit und kollegiale Organisation. Eine symbolisch interpretative Perspektive. In T. Klatetzki & V. Tacke (Hrsg.), *Organisation und Profession*. (S. 253–283). VS.

Klatetzki, T. (2023). Professionelle Organisationen. In M. Apelt & Tacke, V. (Hrsg.), *Handbuch Organisationstypen* (2. überarbeite und erweiterte Auflage, S. 339–364). Springer VS.

Loer, T. (2009). Die Sozialform des Teams als besondere Form von Kollegialität. Soziologische Konzeptualisierungen und analytische Erwägungen zur Praxis von Teamarbeit und -beratung. In U. Kaegi, & S. Müller (Hrsg.), *Change auf Teamebene* (S. 41–58). NZZ-libro.

Löffler, E. M., Sommer, E. & Pigorsch, S. (2023). Das Wissen der Sozialen Arbeit in der multiprofessionellen Kooperation: Ein Blick auf Aushandlungsprozesse, Herausforderungen und Chancen. In S. Kubisch, C. Spatscheck & M. Köttig (Hrsg.), *Geteiltes Wissen – Wissensentwicklung in Disziplin und Profession Sozialer Arbeit* (S. 165–175). Barbara Budrich.

May, M. (2014). Auf dem Weg zu einem dialektisch-materialistischen Care-Begriff. *Widersprüche*, (12) 11–52.

Oevermann, U. (1981). *Professionalisierung der Pädagogik – Professionalisierbarkeit pädagogischen Handelns*. Vortrag an der Freien Universität Berlin (Tonbandmitschnitt).

Oevermann, U. (1996). Theoretische Skizze einer revidierten Theorie professionalisierten Handelns. In A. Combe, & W. Helsper (Hrsg.), *Pädagogische Professionalität. Untersuchungen zum Typus pädagogischen Handelns* (S. 70–182). Suhrkamp.

Oevermann, U. (2000). Dienstleistungen der Sozialbürokratie aus professionalisierungstheoretischer Sicht. In E. Von Harrach, T. Loer & O. Schmidtke, *Verwaltung des Sozialen. Formen der subjektiven Bewältigung eines Strukturkonflikts. Mit Beiträgen von Ulrich Oevermann und Thomas Ley* (S. 57–78). UVK.

Oevermann, U. (2001). *Strukturprobleme supervisorischer Praxis. Eine objektiv hermeneutische Sequenzanalyse zur Überprüfung der Professionalisierungstheorie*. Suhrkamp.

Oevermann, U. (2004). Sozialisation als Prozess der Krisenbewältigung. Aktuelle Perspektiven. In D. Geulen & H. Veith, (Hrsg.), *Sozialisationstheorie interdisziplinär. Aktuelle Perspektive* (S. 155–181). Lucius & Lucius.

Oevermann, U. (2008). Profession contra Organisation? Strukturtheoretische Perspektiven zum Verhältnis von Organisation und Profession in der Schule. In W. Helsper et al. (Hrsg.), *Pädagogische Professionalität in Organisationen. Neue Verhältnisbestimmungen am Beispiel der Schule* (S. 55–79). Springer VS.

Oevermann, U. (2013). Die Problematik der Strukturlogik des Arbeitsbündnisses und der Dynamik von Übertragung und Gegenübertragung in einer professionalisierten Praxis von Sozialarbeit. In R. Becker-Lenz, S. Busse, S., G. Ehlert & S. Müller-Hermann (Hrsg.), *Professionalität in der Sozialen Arbeit. Standpunkte, Kontroversen, Perspektiven* (3. Aufl. S. 119–147). Springer VS.

Olk, T., et al. (2011). Professionelle Kooperation unterschiedlicher Berufskulturen an Ganztagsschulen – Zentrale Befunde eines qualitativen Forschungsprojektes. *Zeitschrift für Erziehungswissenschaft*, 14, 63–80.

Oppermann, C., & Schröder, J. (2020). „Nicht ohne uns". Soziale Arbeit und Adressat_innen im multiprofessionellen Feld der Altenpflege. *Sozial Extra*, 44(3), 126–130.
Parsons, T. (1966). *The Social System*. Free Press.
Reinert, M. & Gaiser, J. (2021). Fallstudien zur Kooperation an Ganztagsschulen: Die Schulmensa als bedeutender Nebenschauplatz der multiprofessionellen Kooperation? *Diskurs Kindheits- und Jugendforschung*, 16(3), 287–299.
Riedlinger, I., Boscher, C., Lämmel, N., Raiber, L., Winter, M. H.-J. & Reiber, K., (2022). Multiprofessionelle Teamarbeit in der Pflege: Ansätze, (neue) Herausforderungen und organisationale Voraussetzungen. In N. Weimann-Sandig (Hrsg.), *Multiprofessionelle Teamarbeit in Sozialen Dienstleistungsberufen Interdisziplinäre Debatten zum Konzept der Multiprofessionalität – Chancen, Risiken, Herausforderungen* (S. 257–268). Springer VS.
Rüegger, C., Gautschi, J., Becker-Lenz, R., & Rotzetter, F. (2021). Bedeutung und Aufbau von Vertrauen in der sozialpädagogischen Familienbegleitung. *Gesellschaft – Individuum – Sozialisation (GISo). Zeitschrift für Sozialisationsforschung*, 2(2).
Schütze, F. (2021). *Professionalität und Professionalisierung in pädagogischen Handlungsfeldern: Soziale Arbeit*. Barbara Budrich.
Te Poel, K. (2019). Prozesse der Herstellung von Rollen in multiprofessionellen Teams-. Sensibilisierung angehender Regelschullehrkräfte und Sonderpädagog_innen durch Fallarbeit und Rollenspiel. *HLZ, Herausforderung Lehrer*innenbildung – Zeitschrift Zur Konzeption, Gestaltung Und Diskussion*. 2(3), 275–295.
Weimann-Sandig, N. (Hrsg.). (2022a). *Multiprofessionelle Teamarbeit in Sozialen Dienstleistungsberufen. Interdisziplinäre Debatten zum Konzept der Multiprofessionalität – Chancen, Risiken, Herausforderungen*. Springer VS.
Weimann-Sandig, N. (2022b). Recherchen zur internationalen Umsetzung von Multiprofessionalität in Sozialen Dienstleistungsberufen – aktuelle Trends und Herausforderungen. In: N. Weimann, (Hrsg.). *Multiprofessionelle Teamarbeit in Sozialen Dienstleistungsberufen. Interdisziplinäre Debatten zum Konzept der Multiprofessionalität – Chancen, Risiken, Herausforderungen* (S. 29–40). Springer VS.
Wider, D. (2013). Multi-, inter- oder transdisziplinäre Zusammenarbeit in der Kindes- und Erwachsenenschutzbehörde – Begriffe, Bedingungen und Folgerungen. In D. Rosch & D. Wider (Hrsg.), *Zwischen Schutz und Selbstbestimmung. Festschrift für Professor Christoph Häfeli zum 70. Geburtstag*. (S. 85–101). Stämpfli.

Roland Becker-Lenz Prof. Dr., Diplom-Sozialarbeiter, Diplom-Soziologe, Dozent am Institut „Professionsforschung und -entwicklung" der Hochschule für Soziale Arbeit der Fachhochschule Nordwestschweiz FHNW sowie Privatdozent an der Universität Basel, Departement Gesellschaftswissenschaften, Fachbereich Soziologie. Arbeitsschwerpunkte: Professionalisierung Sozialer Arbeit, Professions- und Bildungssoziologie.
E-Mail: roland.becker@fhnw.ch

Diversität in der Sozialen Arbeit – das Team als Ort der Aushandlung gesellschaftlicher Spannungen

Mechthild Bereswill und Gudrun Ehlert

Die Frage nach der Bedeutung von Diversität in Teams, die im Fokus dieses Beitrags steht, lenkt den Blick zunächst auf eine allgemeine Tatsache: Menschen unterscheiden sich immer voneinander und Teams sind generell heterogen zusammengesetzt. Alle Mitglieder eines Teams bringen unverwechselbare und eigensinnige biografische Erfahrungen mit, die auch das professionelle Handeln prägen. Die Berufsbiografien und Qualifikationsprofile von Professionellen unterscheiden sich; Kompetenzen und Aufgaben werden für die Zusammenarbeit differenziert. Subjektive Eigenheiten und professionelle Identitätskonstruktionen verflechten sich dabei mit gesellschaftlichen Ungleichheitsstrukturen, Ausgrenzungs- und Anerkennungsmechanismen, beispielsweise im Bildungssystem oder auf dem Arbeitsmarkt, aber auch in der alltäglichen Praxis der Sozialen Arbeit. In Teams treffen Menschen aufeinander, deren soziale Herkunft sich unterscheidet, die (in der Regel) einem Geschlecht zugeordnet werden, deren Lebensalter und Generationenlage sie prägt, die verschiedene sexuelle Orientierungen mitbringen, deren körperliche Befähigungen sich unterscheiden und die unterschiedlichen oder auch keiner Religionsgemeinschaft angehören. Hinzu kommt die Bedeutung von Staatsangehörigkeit und Migrationserfahrungen für die rechtliche Position und die gesellschaftlichen Chancen von Menschen.

M. Bereswill · G. Ehlert (✉)
Mittweida, Deutschland
E-Mail: ehlert@hs-mittweida.de

M. Bereswill
E-Mail: bereswill@uni-kassel.de

© Der/die Autor(en), exklusiv lizenziert an Springer Fachmedien Wiesbaden GmbH, ein Teil von Springer Nature 2024
S. Busse et al. (Hrsg.), *Professionelles Handeln in und von Teams,* Edition Professions- und Professionalisierungsforschung 16,
https://doi.org/10.1007/978-3-658-44539-3_3

Dieses Wechselspiel von subjektiven und strukturellen Dimensionen der Diversität und Ungleichheit wird im Hinblick auf Teams in der Sozialen Arbeit bislang allerdings wenig untersucht. Dabei verspricht die systematische Reflektion zur Bedeutung von und zum Umgang mit Diversität in Teams der Sozialen Arbeit grundlegende Einsichten in die Potenziale und die Grenzen von Teamarbeit für die Überwindung von Ungleichheit und Diskriminierung für die Praxis der Sozialen Arbeit, im Interesse der Professionellen wie der Adressat*innen Sozialer Arbeit.

Diversität in Teams wird im vorliegenden Beitrag mit Fokus auf das Wechselverhältnis von Diversität und Diskriminierung untersucht. Im Mittelpunkt stehen die damit verbundenen Möglichkeiten und Grenzen von Teamarbeit, insbesondere im Umgang mit Konflikten, die mit offenen oder verdeckten Diskriminierungssituationen zusammenhängen. Dabei wird deutlich, dass es notwendig ist, die strukturellen Mechanismen hinter vermeintlich subjektiven Konflikten aufzudecken und auf diese Weise die gesellschaftlichen Ursachen von Ungleichheit und Diskriminierung zu verstehen und zu hinterfragen. Das bedeutet auch, die Grenzen der intersubjektiven Bearbeitung von Ungleichheitsverhältnissen auszuloten und deren Überwindung nicht zu individualisieren, sondern im Rahmen von organisationalem Wandel zu reflektieren.

In diesem Beitrag werden zunächst aktuelle Diversitätsdiskurse in der Sozialen Arbeit gebündelt (1). Anschließend wird reflektiert, dass die Erhöhung von Diversität und die Überwindung von Ausschlüssen in Organisationen und Teams der Sozialen Arbeit bislang kaum systematisch verfolgt wird (2). Diesem Befund stehen die alltäglichen Diskriminierungserfahrungen von Fachkräften aufgrund von Rassismus gegenüber, die im folgenden Abschnitt beleuchtet werden (3). Im Ausblick (4) werden die Möglichkeiten und Grenzen eines bewussten Umgangs mit Diversität in der Sozialen Arbeit und deren Impulse für professionelles Handeln reflektiert.

1 Diversitätsdiskurse in der Sozialen Arbeit

Wie in vielen anderen Arbeitsfeldern steht Diversität auch in der Sozialen Arbeit hoch im Kurs: Kommunen und Wohlfahrtsverbände unterzeichnen die Charta der Vielfalt, Organisationen und Träger der Sozialen Arbeit richten ihre Leitbilder an Diversität aus, Personalentwicklung soll mit Bezug zu Vielfalt umgesetzt werden und eine diversitätsbewusste, professionelle Soziale Arbeit wird postuliert (Bereswill & Ehlert 2024). Im Fachdiskurs der Sozialen Arbeit steht die

Kritik sozialer Ungleichheitsverhältnisse im Zentrum der Debatten (vgl. Castro Varela & Wrampelmeyer 2021; Kourabas & Mecheril 2015; Leiprecht 2018; Mecheril & Plößer 2011; Senel 2022; Tischhauser 2023). Darüber hinaus werden sozialkonstruktivistische und diskurstheoretische Ansätze als Grundlagen für die Analyse und radikale Kritik von gesellschaftlichen Konstruktionsprozessen herangezogen, in denen Differenz, Ungleichheit, Diskriminierung und dichotome Konstruktionen des Anderen ineinandergreifen. Interaktive Konstruktionsprozesse von Gender, Race, Class und anderen Dimensionen von Differenz und Ungleichheit werden mit Bezug zum sozialkonstruktivistischen Konzept „doing difference" (Fenstermaker & West 2001) in den Blick gerückt. Dabei wird hervorgehoben, dass Soziale Arbeit in ihren Handlungsfeldern und Organisationen an solchen Konstruktionsprozessen immer auch beteiligt ist. Aus einer diskurstheoretischen Perspektive wird aufgezeigt, wie ontologisierte Unterschiede in populären wie in fachlichen Diskursen über Differenz überhaupt erst hervorgebracht werden. So werden Menschen mit Migrationsgeschichte und People of Color (PoC) oder LGBTIQ* häufig als Angehörige von homogenen Gruppen konstruiert und nicht als Individuen in spezifischen gesellschaftlichen Kontexten mit ihrer jeweils eigenen und unverwechselbaren Geschichte gesehen. Dies gilt sowohl für die Adressat*innen als auch für die Fachkräfte der Sozialen Arbeit.

Im Gegensatz zu diesen kritisch-dekonstruktiven Ansätzen steht das Diversity Management, dessen betriebswirtschaftliche Verortung jedoch auch „gerechtigkeitsorientierte Wurzeln hat" (Schröer 2018, S. 780). Als Konzept der Organisations- und Personalentwicklung soll Diversity Management die Akzeptanz von Vielfalt in Organisationen fördern, indem die Einstellung oder Beförderung von Menschen, die in einer Organisation unterrepräsentiert sind, die Heterogenität des Personals erhöht (vgl. Dreas 2019, S. 6). Vielfalt in Teams wird dementsprechend im deutschsprachigen Kontext nicht nur in profitorientierten Wirtschaftsunternehmen, sondern auch in der Sozialwirtschaft und in der öffentlichen Verwaltung spätestens seit Beginn der 2000er Jahre im Rahmen von Diversity Management als Ressource thematisiert. Dies ist verbunden mit der Prämisse, Diversität würde bessere Ergebnisse in der Teamarbeit in Aussicht stellen (Charta der Vielfalt 2023; Dreas 2019, 2022). „Gemischte Teams bringen bessere Lösungen und innovativere Produkte" heißt es beispielsweise auf der Website des Vereins Charta der Vielfalt, einer seit 2006 bestehenden Initiative in Deutschland, die die „Anerkennung, Wertschätzung und Einbeziehung von Diversity in der Arbeitswelt" (Charta der Vielfalt 2023) fördern möchte. Die Charta der Vielfalt haben bis zum Juli 2023 insgesamt 4900 Unternehmen, Organisationen und Kommunen unterzeichnet (Charta der Vielfalt 2023), darunter zahlreiche Träger und Projekte der Sozialen Arbeit.

Zur Leistungsfähigkeit von bewusst heterogen zusammengesetzten Teams existieren allerdings unterschiedliche Einschätzungen. So zeigen Forschungsergebnisse, dass „Unternehmen durch ‚mehr Vielfalt' nicht automatisch kreativer und innovativer werden" (Hasebrook et al. 2020, S. 180). Dies bestätigt auch die Forschung zu Gruppen (Kuhn 2009), wenn festgestellt wird, dass es keinen unmittelbaren Zusammenhang zwischen der Heterogenität von Teams und der Leistungsfähigkeit ihrer Mitglieder gibt: „Eine eindeutige Beziehung zwischen der Vielfalt des Teams und der Teamleistung kann nicht nachgewiesen werden (Knippenberg & Schippers 2007). Angesichts dessen überrascht es, dass heterogenen Teams in der Diversity-Diskussion immer wieder ein genereller Leistungsvorteil zugeschrieben wird" (Kuhn 2009, S. 290). Diese Zuschreibung verdeckt die Anforderungen, die sich durch Vielfalt in Teams stellen, und lässt sich auch als eine Idealvorstellung interpretieren. Produktive Teamarbeit ist generell mit der Auseinandersetzungs- und Reflexionsbereitschaft der Mitglieder eines Teams verbunden. Um als diversitätsbewusstes Team konstruktiv zusammenzuarbeiten, sollten alle Teammitglieder wie auch die Teamleitung sich mit den Auswirkungen sozialer Ungleichheit und mit alltäglichen Diskriminierungsmechanismen auskennen (Wissen) und bereit sein, ihre eigene Involviertheit in Ungleichheitsverhältnisse zu reflektieren (Erfahrung). Damit deutet sich an, was im folgenden Zitat vertieft wird – Heterogenität ist ein fortlaufendes Lernszenario: „Generell gilt, dass Gruppen, die eine größere Bandbreite an Perspektiven und Kompetenzen abdecken, erfolgreicher sind als Teams mit einem sehr engen Spektrum. Doch das ist nicht die ganze Wahrheit, denn den Umgang mit Vielfalt müssen Teams und Organisationen erst lernen" (Hasebrook et al. 2020, S. 182). Hasebrook u. a. betonen außerdem, dass nicht „die Art der Unterschiede, wie z. B. Geschlecht oder Alter, (…) den entscheidenden Einfluss aus[übt], sondern die soziale Kategorisierung" (Hasebrook et al. 2020, S. 181). Das bedeutet auch, dass soziale Unterscheidungen mit Auf- und Abwertungen sowie mit Ein- und Ausschlüssen verbunden sind, wobei soziale Kategorisierungen intersektional verschränkt wirken, und für Menschen oft nicht mehr zu differenzieren ist, ob sie beispielsweise aufgrund ihres Alters oder aufgrund ihres Geschlechts ausgeschlossen werden.

Greifen wir vor diesem Hintergrund erneut das Konzept Diversity-Management auf, zielt dieses nicht auf die Beilegung von Ungleichheiten, sondern als Organisationskonzept in Unternehmen auf ökonomisch-wettbewerbsrelevante Kriterien, die für den Erfolg eines Unternehmens maßgeblich sind (beispielsweise für die Kundenbindung). Aufgrund der betriebswirtschaftlichen Verankerung und Orientierung wird Diversity-Management in kritischen Theoriediskursen der Sozialen Arbeit häufig hinterfragt und auch abgelehnt. Die Kritik richtet sich darauf, dass Differenz als Ressource und „Mittel zu bestimmten Zwecken" (Mecheril & Plößer 2011, S. 284) eingesetzt und Vielfalt im Hinblick auf das Potenzial von Personal (Human Resources) bewertet wird. So unterstreichen Paul Mecheril und Melanie Plößer in ihrem grundlegenden Handbuchbeitrag „Diversity und Soziale Arbeit", dass bei einer primären Betonung von Diversität „als anerkennenswerte Ressource verschleiert [wird], dass Differenzen mit Dominanz- und Ungleichheitsverhältnissen einhergehen. (…) Kennzeichen von Differenzverhältnissen – und bedeutsam für die Soziale Arbeit – sind damit weniger die ihnen inhärenten Ressourcen als vielmehr die mit ihnen einhergehenden und über die Differenz konstruierten Ungleichheiten, Diskriminierungen und Ausschlüsse" (2011, S. 284). Deshalb plädieren die beiden für einen kritisch-reflexiven Ansatz, der nicht allein auf die Verteilung und Weiterentwicklung von Ressourcen, sondern vor allem darauf zielt, Strukturen und Prozesse durchschauen zu lernen, durch die Unterschiede und Ungleichheiten überhaupt erst hervorgebracht werden.

2 Diversität in Teams der Sozialen Arbeit – ein blinder Fleck

Im Gegensatz zur Dominanz der programmatischen und organisationsbezogenen Diskurse um Diversität in der Sozialen Arbeit, fehlen Untersuchungen zur Bedeutung von Diversität für die bzw. in der Teamarbeit. Im Diskurs um eine diversitätsbewusste Soziale Arbeit steht mehrheitlich die Vielfalt der Adressat*innen im Zentrum und damit verbundene Konstruktionen von Gruppen und Problemen, die von den Fachkräften und Teams professionell reflektiert werden sollen. Dabei wird bislang wenig thematisiert, dass in der Sozialen Arbeit nicht nur (potenzielle) Adressat*innen durch Angebote nicht erreicht oder diskriminiert werden, sondern auch (potenzielle) Fachkräfte. So heißt es beispielsweise in den Prinzipien und Arbeitsgrundsätzen der Autonomen Frauenhäuser Schleswig-Holsteins für alle Projekte, die unter dem Dach ‚Frauen helfen Frauen' arbeiten: „Die Vielfalt der Bewohner_innen muss sich in den Strukturen und der Qualifikation der Mitarbeiter_innen der Frauenhäuser widerspiegeln, wie z. B. durch Barrierefreiheit, Mitarbeiter_innen mit Migrationserfahrung, Sprachkompetenzen, körperlicher Verfasstheit, queers and women of colour, Trans_Personen etc." (Carstensen 2018, S. 56). In diesen Leitlinien wird die Diversität von Teams mit der Heterogenität ihrer Adressat*innen begründet, die Qualität, die eine solche Diversität für die Teamarbeit selbst haben könnte, wird nicht thematisiert.

Zugespitzt ließe sich fragen, ob für jede der genannten Kategorien eine Mitarbeiterin als Spezialistin tätig sein sollte. Dies hätte dann auch zur Folge, dass Mitarbeiter*innen eine ganz bestimmte Identität zugeschrieben und sie auf diese Weise entindividualisiert würden.

Eine solche Tendenz arbeitet Berrin Özlem Otyakmaz (2004) bereits Anfang der 2000er Jahre für die Einstellung von Fachkräften mit Migrationserfahrungen in Teams der Sozialen Arbeit heraus, wenn sie feststellt, offene Stellen würden dann mit Fachkräften mit Migrationsgeschichte besetzt, wenn diese ihre Kompetenzen und Zuständigkeiten in der Arbeit mit migrationserfahrenen Adressat*innen in den Vordergrund stellen. Zudem zeigt sie auf, dass mit dieser Spezialisierung eine Dequalifizierung, Abwertung und die Reduzierung von Konkurrenz einhergehen.

Autor*innen, die eine migrationsgesellschaftliche Öffnung von Organisationen und Teams fordern und Fragen zur Professionalität in der Migrationsgesellschaft stellen, hinterfragen die gegenwärtige Personalsituation, Einstellungspolitik und Nichtthematisierung von Diskriminierungen in Organisationen und Teams der Sozialen Arbeit grundlegend (Arapi 2019; Mai 2020; Mecheril 2019; Mecheril & Rangger 2022; Tißberger 2020). Das gilt ebenso für Untersuchungen zur Diskriminierung von LGBTIQ*-Menschen und zur fehlenden Inklusion von Fachkräften mit Beeinträchtigungen (vgl. Höblich 2023; Höblich & Baer 2022; Mittertrainer et al. 2023).

Im Auftrag der Antidiskriminierungsstelle des Bundes werden in Deutschland seit einigen Jahren Untersuchungen zur Diskriminierung im gesamten Erwerbsleben durchgeführt. Diskriminierungen bei der Arbeitssuche, in der Phase der Bewerbung werden häufig benannt, was sich auch in den Beratungsanfragen an die Antidiskriminierungsstelle des Bundes zeigt: „41 % der Beratungsfälle der Antidiskriminierungsstelle betreffen das Arbeitsleben, davon wiederum über ein Drittel den Zugang zu Arbeit. Schwangere sowie muslimische Frauen, die ein Kopftuch tragen, wenden sich überdurchschnittlich häufig an die Antidiskriminierungsstelle" (Antidiskriminierungsstelle des Bundes 2019, S. 9). Damit wird angedeutet, dass insbesondere eine Schwangerschaft (die ja offiziell nicht angegeben werden muss) und das Tragen eines Kopftuches als Ablehnungsgrund für eine Bewerbung gelten können.

Zur Diskriminierung von kopftuchtragenden Muslima in der Sozialen Arbeit sei auf die Ergebnisse des Forschungsprojekts „Nur ein Quadratmeter Stoff? Kopftuchtragende Muslima als Fachkräfte in der Sozialen Arbeit" an der Hochschule RheinMain Wiesbaden (April 2013–Oktober 2014) hingewiesen (vgl. Dackweiler 2018). Im Rahmen eines multimethodischen Forschungsdesigns wurden mit Student*innen und Fachkräften der Sozialen Arbeit, die aus religiösen

Gründen ein Kopftuch tragen, problemzentrierte Interviews geführt. Trotz oder gerade wegen der offensiven Selbstverpflichtung der Kommunen zur Integration und Antidiskriminierung sowie des Selbstverständnisses der Sozialen Arbeit als universalistische Menschenrechtsprofession klaffen diese formulierten Normen und die erfahrene Wirklichkeit der Fachkräfte weit auseinander: „Alle Interviewpartnerinnen erzählen von Erfahrungen der Stereotypisierung sowie der Ab- und Entwertung aufgrund ihrer sichtbaren religiösen Identität (…). Die Befragten berichten von den ‚erschrockenen' und ‚abweisenden' Reaktionen auf das Kopftuch von Mitarbeiter_innen der jeweiligen Schul-, Jugend- und Sozialämter, wenn sie dort in ihrer Funktion als sozialpädagogische Begleitung minderjähriger Flüchtlinge oder als Familienhelferin in Erscheinung treten. Kolleg_innen unterstellten muslimischen Frauen mit Kopftuch eine prinzipiell fehlende Bereitschaft zur Integration in die bundesdeutsche Gesellschaft und ein mangelhaftes Bewusstsein vom grundgesetzlich garantierten Gleichbehandlungsgebot der Geschlechter. Muslima gelten – so die Erfahrungen der Interviewpartnerinnen – auch in den Augen von Fachkräften der Sozialen Arbeit aufgrund ihrer Religion als ‚unterdrückt, gewaltbetroffen und rückwärtsgewandt'" (Dackweiler 2018, 178).

In dieser Studie wird gezeigt, dass die stereotypen Deutungsmuster der Fachkräfte die Lebensrealitäten ihres Gegenübers verfehlen. Alltägliche Diskriminierungsmechanismen schränken sowohl die Handlungsoptionen von Sozialarbeiter*innen als auch die der Adressat*innen Sozialer Arbeit ein. Dem zum Anderen gemachten Menschen wird zudem eine gleichberechtigte gesellschaftliche Teilhabe und die selbstverständliche Zugehörigkeit abgesprochen – auch in Bewerbungs- und Personalauswahlverfahren.

Dieser Befund korrespondiert mit Forschungsergebnissen, die zeigen, dass bei der Auswahl von Personal (nicht nur in der Sozialen Arbeit) immer wieder das sogenannte Ähnlichkeitsprinzip greift. Demnach ziehen Menschen es vor, mit Kolleg*innen zusammenzuarbeiten, die ihnen (vermeintlich) ähnlich seien, „ähnliche Arbeitsweisen haben und einen ähnlichen Hintergrund aufweisen" (Heufers & Voß 2019, S. 222, vgl. auch Funder 2014). In Personalrekrutierungs- und Einstellungsverfahren kommen somit immer wieder unbewusste Vorurteile und Präferenzen zum Tragen, solange diese Mechanismen nicht bewusst reflektiert werden. Für die Personalrekrutierung von Frauen und Männern hat Rosabeth Moss Kanter bereits 1977 das Ähnlichkeitsprinzip als homosoziale Kooptation beschrieben. Um dieses Prinzip zu durchbrechen, werden in der freien Wirtschaft, die sich die Diversität von Teams als Erfolgsmaximierung mittlerweile weltweit auf die Fahnen schreibt, Anti-Bias-Trainings für Personalleitungen und weitere Führungskräfte sowie ganze Teams angeboten (vgl. die Beiträge in Domsch et al. 2019). Für die Soziale Arbeit sind solche Ansätze bislang nicht systematisch entwickelt worden, gleichwohl deren Professionsverständnis explizit an Reflexionskompetenzen geknüpft ist.

Zur Frage der Personalauswahl in Organisationen Sozialer Arbeit und der konkreten Zusammensetzung von Teams gibt es im Gegensatz zu Studien zu wirtschaftlichen Unternehmen oder zum Wissenschaftssystem (vgl. Domsch et al. 2019; Hasebrook et al. 2020) bislang wenig Untersuchungen. In der empirischen Studie „Personalauswahl in der Sozialen Arbeit. Suchen und Finden pädagogischer Fachkräfte" von Vera Bastian (2018) wird die Diversität von Teams nicht untersucht, gleichwohl das Team sich als wichtige Instanz im Auswahlprozess zeigt. Ganz im Gegenteil, in den Ergebnissen wird als ein eher unspezifisches Kriterium „die Passung" zwischen Bewerber*in und Team herausgearbeitet (vgl. Bastian 2018, S. 200). „Die Passung zwischen dem Team und den Bewerber_innen ist eins der Schlüsselkriterien in der Entscheidung der befragten Personalverantwortlichen" (Bastian 2017, S. 24 f.). Auch wenn „Passung" und Ähnlichkeitsprinzip nicht das Gleiche sind, drängt sich hier doch die Frage auf, inwiefern solche Prozesse ebenfalls durch implizite Mechanismen einer homosozialen Kooptation strukturiert sind und welche Kriterien für eine Passung herangezogen werden. Diese Fragen verweisen allerdings auf den gesamten Personalrekrutierungsprozess, der bei Bastian (2017, S. 217) als ein idealtypisches, ohne Konflikte verlaufendes Stufenmodell von der Bedarfsermittlung über die Ausschreibung, die Sichtung von Bewerbungen bis hin zu Vorstellungsgesprächen und Entscheidungen dargestellt wird. Zu diesem Modell stellen sich verschiedene Fragen: Wer bestimmt den Personalbedarf in Organisationen und wird Diversität bereits an dieser Stelle in die Bedarfsanalyse einbezogen? Wer formuliert eine öffentliche Stellenausschreibung und enthält diese explizite Verweise auf (Dimensionen von) Diversität? Welche expliziten Kriterien werden bei der Sichtung von Bewerbungsunterlagen herangezogen? Werden implizite Kriterien (bias) reflektiert? Schließlich stellt sich die Frage nach den bürokratischen Entscheidungshierarchien und Zwängen, die die Einstellung von Menschen strukturieren. Vor diesem Hintergrund kann für jede der einzelnen Stufen davon ausgegangen werden, dass sich im Hinblick auf mehr Diversität im Team sowohl Öffnungen als auch Schließungen zeigen. Öffnungen auf einer Stufe, zum Beispiel bei der Ausschreibung einer Stelle, können dabei auf einer anderen Stufe wieder zurückgenommen werden, beispielsweise im Hinblick auf den Vergleich von Qualifikationsprofilen für Einstellungsentscheidungen.

Bewusste Entscheidungen für Diversität im Team erfordern eine Reflektion des gesamten Personalauswahlprozesses. Leitfäden für diskriminierungsfreie Einstellungsverfahren und Teamfortbildungen sind zwei Möglichkeiten für Veränderungsprozesse in Teams der Sozialen Arbeit. Das Ähnlichkeitsprinzip, Vorurteile und Diskriminierungsmechanismen, die in Personalauswahlverfahren greifen, sind dabei weniger als individuelle Verhaltensmuster, sondern vielmehr als eingespielte Routinen im Kontext von Ungleichheitsstrukturen zu verstehen: Rassismus, Sexismus, Antisemitismus, Ableismus, LGBTIQ*-Feindlichkeit, Ageism sind wirkmächtige gesellschaftliche Strukturen, die intersektional miteinander verwoben sind.

3 Diskriminierung in Teams der Sozialen Arbeit – eine alltägliche Erfahrung

Aus der Perspektive von Critical Whiteness stellt Martina Tißberger (2020) fest, dass viele Einrichtungen und damit auch Teams in der Sozialen Arbeit in Österreich nach wie vor durch die Perspektiven weißer Mitarbeiter*innen dominiert sind. Grundlage ihrer Forschung bildet ein qualitatives Lehrforschungsprojekt zur Bedeutung von Whiteness in der Sozialen Arbeit in Österreich im Masterstudiengang Soziale Arbeit der Fachhochschule Oberösterreich in Linz (von Oktober 2014 bis Januar 2016). Tißberger fasst die Ergebnisse aus sechs Interviews mit Sozialarbeiter*innen unter der Fragestellung zusammen, „ob sie sich ihres (mehrheitlichen) Weißseins* als Position im Geflecht der gesellschaftlichen Machtverhältnisse und deren rassistischer Matrix bewusst sind" (Tißberger 2020, S. 103). Die befragten Sozialarbeiter*innen würden ihre Involviertheit in die rassistische gesellschaftliche Struktur mehrheitlich nicht wahrnehmen, aber „detailliert über den Rassismus [berichten], den ihre Adressat*innen auf Ämtern, Behörden, bei der Polizei, im Gesundheitswesen etc. erfahren. Den Raum der Sozialen Arbeit verorteten sie jedoch jenseits ihrer Landkarte des Rassismus. Sie wird als ‚sicherer Ort' für ‚Migrant*innen' wahrgenommen, wo sie unterstützt und geschützt werden, auch vor dem Rassismus ‚draußen' in der Gesellschaft. Die Institution der Sozialen Arbeit immunisiert also gewissermaßen gegen die Erkenntnis, dass auch wohlmeinende, ‚gute' Menschen, die sich zur Aufgabe gemacht haben, anderen Menschen zu helfen, im Kontext des Rassismus Teil des Problems und nicht der Lösung sein können" (Tißberger 2020, S. 105).

Erfahrungen von Diskriminierungen und Konflikten in diversen oder transkulturellen Teams werden auch in anderen aktuellen rassismuskritischen und queer-feministischen Veröffentlichungen untersucht (Arapi 2019; Mai 2020;

Höblich 2023, Höblich und Baer 2022). Zuweisungen von Aufgaben, die mit Migration assoziiert werden und Fachkräfte, die „als Migrationsandere eher mit einem Status als Klient*innen, als mit dem professioneller Pädagog*innen in Verbindung gebracht werden" (Mai 2020, S. 111), sind alltägliche Erfahrungen. Auch queere Fachkräfte erleben die Zuschreibung von Sachkompetenz aufgrund ihrer geschlechtlichen oder sexuellen Identität und bewerten diese „als Othering oder Weigerung der heterosexuellen und/oder cis-geschlechtlichen Kolleg*innen (…), sich selbst zu sexueller und geschlechtlicher Vielfalt fachlich weiterzubilden" (Höblich 2023, S. 113).

Güler Arapi (2019) bündelt die Zuschreibungen, denen Schwarze/of Color Teamfrauen durch Vorgesetzte, direkte Kolleg*innen, Klient*innen oder auch durch Kooperationspartner*innen in ihrem Arbeitsalltag ausgesetzt sind. Ähnlich wie bereits bei Otyakmaz (2004) zeigen sich Reduzierungen und Dequalifizierungen: „Schwarze/of Color Frauen_ berichten, dass sie bspw. auf ihre Sprachkompetenz reduziert werden und ihre weiteren professionellen Kompetenzen nicht entsprechend gewürdigt werden (sehr offensichtlich im Bereich Soziale Arbeit mit Flüchtlingen zu beobachten)" (Arapi 2019, S. 86). Dabei stellt die Autorin fest, dass die Thematisierung solcher Erfahrungen von Abwertung und vorenthaltener Anerkennung mit Überforderungen und Verletzungen verbunden sei und solche Prozesse der Bearbeitung eine „kompetente Begleitung" (Arapi 2019, S. 86) benötigen würden.

In allen Studien wird deutlich, dass die Herausbildung eines kritisch-reflexiven Diversitätsbewusstseins in Organisationen und Teams der Sozialen Arbeit einen langen und zwangsläufig mit schmerzhaften Konflikten verbundenen Lernprozess erfordert, in dessen Verlauf nicht alle Mitglieder eines Teams sich auf Augenhöhe begegnen. Auch wenn implizite und explizite Hierarchisierungsprozesse Teamarbeit grundsätzlich strukturieren, verweisen die genannten Forschungsbefunde darauf, dass Diskriminierungsprozesse in Teams einer eigenen Analyse und entsprechenden Begleitung bedürfen. Im Fokus solcher Reflexionen sollte die Einsicht stehen, dass Erfahrungen von Nichtzugehörigkeit, Benachteiligung, Diskriminierung, Stigmatisierung, Anfeindung und Ausgrenzung sich in der Teamarbeit wiederholen können und solche Dynamiken keinesfalls auf die subjektiven Empfindungen von Kolleg*innen reduziert und damit individualisiert werden sollten.

Rassismus und andere strukturelle Ungleichheitsverhältnisse führen zu Ausschlüssen und verwehren Zugehörigkeit. In der Migrationsgesellschaft werden Erfahrungen des Ausschlusses vor diesem Hintergrund „nicht allein, aber in einer bedeutsamen Weise von Zugehörigkeitsordnungen strukturiert. Zugehörigkeit kennzeichnet die Beziehung zwischen einem Individuum und einem sozialen

Kontext, in dem formelle und informelle Praktiken, Mechanismen und Konzepte der Unterscheidung von zugehörig und nicht-zugehörig konstitutiv für den Kontext sind. Zugehörigkeitserfahrungen sind Phänomene, in denen die Einzelne ihre Position in einem sozialen Zusammenhang und darüber vermittelt sich selbst erfährt" (Mecheril & Sensenschmidt-Linzner 2019, S. 394). Die Formulierung „Zugehörigkeitsordnungen" verweist auf die große Bedeutung, die Zugehörigkeit für die Zusammenarbeit von Menschen in Organisationen hat, weil dazuzugehören mit geteilten Routinen und Zuschreibungen von Gemeinsamkeiten und Unterschieden zusammenhängt. Solche Routinen werden im alltäglichen Umgang selten explizit. Umso expliziter werden Szenarien der Nicht-Zugehörigkeit, wenn Unterscheidungen dazu herangezogen werden, Kolleg*innen als Andere aus geteilten Routinen auszuschließen oder wenn Teammitglieder ihre Ausschlusserfahrungen thematisieren und damit kein Gehör finden. Diese überindividuelle Perspektive auf Zugehörigkeitserfahrungen ist zentral für die Auseinandersetzung mit Diversität in Teams der Sozialen Arbeit (und in der Gesellschaft). Wer erlebt sich als zugehörig bzw. nicht-zugehörig?

Mit Ansätzen der Gruppendynamik lässt sich das Geschehen in Teams „als Geschehen in einem ‚gruppendynamischen Raum'" beschreiben, der „durch die drei Dimensionen Zugehörigkeit (‚in or out'), Macht und Einfluss (‚top or down') und Intimität und Offenheit (‚near or far') (Amann 2009)" (Kuhn 2009, S. 291) bestimmt wird. Hubert Kuhn weist auf die höhere emotionale Besetzung dieser Dimensionen für „Diversity-Teams" im Vergleich mit homogenen Teams hin und schreibt: „Die Erfahrungen gesellschaftlich benachteiligter Gruppen von Ausgrenzung, Ohnmacht und Beschämung können die emotionale Dynamik prägen" (Kuhn 2009, S. 292). Bemerkenswert ist, aus welcher Perspektive Kuhn den Zusammenhang von Ausgrenzungserfahrungen und emotionalen Dynamiken in einem Team thematisiert. Es sind die Erfahrungen „benachteiligter Gruppen", die „die emotionale Dynamik prägen". Dass auch die Erfahrungen von gesellschaftlicher Privilegierung mit Emotionalisierungen verbunden sind und Konflikte schüren, wird nicht angesprochen. Damit schreibt Kuhn die Emotionalisierung von Gruppenprozessen implizit den „benachteiligten Gruppen" zu. Darüber hinaus spricht Kuhn, mit Bezug auf Amman, drei wesentliche Dimensionen von Teamarbeit an, die für Diversität in Teams zentral sind: Zugehörigkeit, Macht und Einfluss sowie Intimität und Offenheit. Diese Dimensionen bieten systematische Anschlüsse für eine kritisch-reflexive Theorie und Praxis, die Diversität in Teams im Kontext gesellschaftlicher Ungleichheitsverhältnisse aushandelt.

4 Ausblick

Die bewusste Realisierung von Diversität in Teams der Sozialen Arbeit erfordert komplexe und verstetigte Lernprozesse im Umgang mit sozialen Differenzierungen und Hierarchisierungen. Sie führt nur dann zu einer Erweiterung professioneller Handlungsspielräume, wenn affirmative Diversitätsmythen ebenso hinterfragt werden wie politisch programmatische Leitbilder, deren Umsetzung in die Praxis an verfestigten und verletzenden Konfliktszenarien zu scheitern droht.

Strukturierte Lernprozesse, die Teams durchlaufen, um ihre eigenen Dynamiken als Gruppe zu verstehen und für die professionelle Praxis nutzen zu können, sind grundsätzlich komplex. Diese Komplexität erhöht sich, wenn verfestigte „machtasymmetrische Konflikte", beispielsweise im Zusammenhang von Rassismus auf der Mikroebene verhandelt werden: „Die soziale Dynamik des Face-to-face-Konfliktes beschränkt sich wie alle anderen sozialen Phänomene, die mit Rassismus in Verbindung gebracht werden (z. B. Kategorienbildung, kollektive Identität, Gewalt usw.), nicht auf rassismusrelevante Konflikte. Sie wird aber von Rassismus in spezifischer Weise strukturiert und trägt ihrerseits zur Reproduktion von Rassismus bei" (Weiß 2013, S. 238). Was Anja Weiß hier am Beispiel des sogenannten interkulturellen Konflikts diskutiert, lässt sich auch für andere Konstellationen durchspielen. So löst auch Homofeindlichkeit in einer heteronormativen Gesellschaft machtasymmetrische Konflikte aus, deren „soziale Dynamik" in Face-to-face-Begegnungen nicht auf manifest homofeindlichkeitsrelevante Konflikte beschränkt bleibt, zugleich aber immer durch deren Ausgrenzungs- und Verletzungspotenzial in Gang gehalten wird. Die implizite Vermischung unterschiedlicher Konfliktdimensionen führt nicht selten zu emotional hoch aufgeladenen und verletzenden Interaktionsdynamiken, mit dem Ergebnis der Verfestigung genau dessen, was aufgelöst und überwunden werden soll: Stigmatisierung, Abwertung und Ausgrenzung.

Teams in Organisationen Sozialer Arbeit, die sich vor diesem Hintergrund verantwortungsvoll und professionell mit dem Zusammenhang von Diversität, Ungleichheit und Diskriminierung auseinandersetzen wollen, sind auf eine Organisationskultur angewiesen, die diese Bereitschaft systematisch fördert und unterstützt, ohne Diversität zu idealisieren oder – umgekehrt – sich weiterhin am Ähnlichkeitsprinzip zu orientieren. Diskriminierungsmechanismen in der eigenen Organisation zu erkennen und zu thematisieren ist mit hohen Anforderungen an Leitungskräfte verbunden. Dazu zählen der reflexive Umgang mit Wissen und Erfahrung, mit Konfliktbereitschaft und Konfliktfähigkeit sowie die Fähigkeit, die Handlungs- und Bewältigungsgrenzen von Teams zu erkennen und zu respektieren. Zudem benötigt eine diskriminierungssensible Organisationskultur Schutz-,

Ruhe- und Zwischenräume für die Artikulation von Unsicherheiten, Verletzungen und unausweichlichen Affekten, die die Zusammenarbeit alltäglich strukturieren und belasten.

Die Potenziale von Teams für eine diversitätssensible Soziale Arbeit bleiben widersprüchlich. Auf der einen Seite bilden Teams ein wichtiges Lernszenario für die Bearbeitung von exemplarischen Ungleichheitskonflikten. Auf der anderen Seite läuft die Emotionalisierung und Personalisierung solcher Konflikte Gefahr, gesellschaftliche Verwerfungen auf der Mikroebene weiter zuzuspitzen, statt aufzudecken. Zugleich können Teams, deren Mitglieder ihre unterschiedlichen und ungleichen Positionierungen zu reflektieren bereit sind, exemplarische Lernräume für ungleichheitsbewusste Kooperationen zwischen Professionellen und für ebensolche Arbeitsbündnisse mit Adressat*innen der Sozialen Arbeit etablieren. Begegnungen im Team würden dann dem gleichen, was die Linguistin Mary Louise Pratt (2007) als „Contact Zone" bezeichnet – eine Kontaktzone ist eine Begegnungssituation, in der Menschen ihre unterschiedlichen Erfahrungen und Vorstellungen unter extrem ungleichen Verhältnissen mitteilen und aushandeln. Dieses Bild, das Pratt Anfang der 1990er Jahre für die Begegnung zwischen Kulturen unter Bedingungen kolonialer Gewalt prägte, bezog sie später auf ihre Erfahrungen in der Zusammenarbeit mit Studierenden und deren Ambivalenzen in ihren Kooperationsbeziehungen: „All the students in the class had the experience… of having their cultures discussed and objectified in ways that horrified them; all the students experienced face-to-face the ignorance and incomprehension, and occasionally the hostility of others … Along with rage, incomprehension, and pain, there were exhilarating moments of wonder and revelation, mutual understanding, and new wisdom – the joys of the contact zone" (Pratt 1991, S. 39).

Literatur

Amann, A. (2009). Der Prozess des Diagnostizierens. Wie untersuche ich eine Gruppe? In C. Edding & K. Schattenhofer (Hrsg.), *Alles über Gruppen*. Theorie, Anwendung, Praxis (S. 404–436). Weinheim: Beltz.
Antidiskriminierungsstelle des Bundes (2019). *Fair in den Job!* Leitfaden für diskriminierungsfreie Einstellungsverfahren. Berlin
Arapi, G. (2019). Der Umgang mit Machtdynamiken in transkulturellen Teams im Kontext der Mädchen_arbeit. In Landesarbeitsgemeinschaft Mädchenarbeit in NRW e.V. (Hrsg.), *MÄDCHEN*ARBEIT RELOADED. Qualitäts- und Perspektiventwicklung (queer)feministischer und differenzreflektierter Mädchen*arbeit*. Dokumentation des Prozesses Mädchen*arbeit reloaded 2015 – 2017 (S. 82–93). Wuppertal,

Balz, H.-J. (2021). Teamarbeit. In R.-C. Amthor, B. Goldberg, P. Hansbauer, B. Landes & T. Wintergerst (Hrsg.), Unter Mitarbeit von P. Theil, ISS Frankfurt a. M. *Kreft,D./Mielenz, I. Wörterbuch Soziale Arbeit. Aufgaben, Praxisfelder, Begriffe und Methoden der Sozialarbeit und Sozialpädagogik*. 9., vollständig überarbeitete und aktualisierte Auflage (S. 923 – 926). Weinheim: Beltz Juventa.

Bastian, V. (2017). „...ich muss jemanden finden, der in ein Team passt". Passung als zentrales Auswahlkriterium in „kompetenten" Organisationen der Sozialen Arbeit. *Sozial Extra* 6, 24-27 https://doi.org/https://doi.org/10.1007/s12054-017-0092-x

Bastian, V. (2018). *Personalauswahl in der Sozialen Arbeit. Eine empirische Studie zum Suchen und Finden pädagogischer Fachkräfte*. Wiesbaden: Springer VS.

Bereswill, M. & Ehlert, G. (2024). Diversität in der Sozialen Arbeit – heterogene Handlungsfelder, unterschiedliche Organisationsformen und Zielgruppen. In M. Funder, J. Gruhlich & N. Hossain (Hrsg.), *Diversitäts- und Organisationsforschung – Handbuch für Wissenschaft und Praxis* (S. 265 – 283). NOMOS-Verlag: Baden-Baden, (im Erscheinen).

Carstensen, M. /Landesarbeitsgemeinschaft Autonomer Frauenhäuser Schleswig-Holstein (2018). Zur Bedeutung Autonomer Frauenhäuser. Prinzipien und Arbeitsgrundsätze. In G. Lenz & A. Weiss (Hrsg.), *Professionalität in der Frauenhausarbeit. Aktuelle Entwicklungen und Diskurse* (S. 45–61). Wiesbaden: Springer VS.

Castro Varela, M.d.M & Wrampelmeyer, S. (2021). Diversity. In R.-C. Amthor, B. Goldberg, P. Hansbauer, B. Landes & T. Wintergerst (Hrsg.), Unter Mitarbeit von P. Theil, ISS Frankfurt a. M. *Kreft,D./Mielenz, I. Wörterbuch Soziale Arbeit. Aufgaben, Praxisfelder, Begriffe und Methoden der Sozialarbeit und Sozialpädagogik*. 9., vollständig überarbeitete und aktualisierte Auflage (S. 201–205.). Weinheim: Beltz Juventa.

Charta der Vielfalt (2023). *Startseite*. https://www.charta-der-vielfalt.de/ verfügbar am 03.08.2023

Dackweiler, R.-M. (2018). Nur ein Quadratmeter Stoff? In J. Stehr, R. Anhorn & K. Rathgeb, (Hrsg.), *Konflikt als Verhältnis – Konflikt als Verhalten – Konflikt als Widerstand. Widersprüche der Gestaltung Sozialer Arbeit zwischen Alltag und Institution* (S. 171–186). Wiesbaden: Springer VS.

Domsch, M. E., Ladwig, D. H. & Weber, F. C. (Hrsg.) (2019). *Vorurteile im Arbeitsleben – Unconscious Bias erkennen, vermeiden und abbauen*. Berlin: Springer Gabler.

Dreas, S. A. (2019*). Diversity Management in Organisationen der Sozialwirtschaft. Eine Einführung.* Wiesbaden: Springer VS.

Dreas, S. A. (2022). Gestaltung von Diversity Management in Einrichtungen der Sozialen Arbeit. Empirische Befunde aus der Praxis, in: L. Kolhoff (Hrsg.), *Aktuelle Diskurse in der Sozialwirtschaft IV. Perspektiven Sozialwirtschaft und Sozialmanagement* (S. 3–19). Wiesbaden: Springer VS.

Fenstermaker, S. & West, C. (2001). „Doing difference" revisited. Probleme, Aussichten und der Dialog in der Geschlechterforschung. In B. Heintz (Hrsg.): *Geschlechtersoziologie. Sonderheft 41 der Kölner Zeitschrift für Soziologie und Sozialpsychologie* (S. 236–249). Wiesbaden: Westdeutscher Verlag.

Funder, M. (Hrsg.) (2014). *Gender Cage – Revisited. Handbuch zur Organisations- und Geschlechterforschung*. Baden-Baden: Nomos.

Hasebrook, J., Hackl, B. &Rodde, S. (2020). *Team-Mind und Teamleistung. Teamarbeit zwischen Managementmärchen und Arbeitswirklichkeit*. Wiesbaden: Springer 2. Auflage.

Heufers, P. & Voß, E. (2019). Tradition, Präferenz oder Anforderung – Unconscious Biases im Recruiting vermeiden. In M.E. Domsch, D.H. Ladwig & F.C. Weber (Hrsg.), *Vorurteile im Arbeitsleben – Unconscious Bias erkennen, vermeiden und abbauen* (S. 213–223) Berlin: Springer Gabler.

Höblich, D. (2023). Professionalität aus queertheoretischer Perspektive. In Forschungsgruppe Professionalität Sozialer Arbeit an der Hochschule RheinMain (Hrsg.), *Zur Neujustierung von Professionalität Sozialer Arbeit zwischen Adressat*innen, Institutionen und Gesellschaft* (S. 101–119). Wiesbaden: Springer VS.

Höblich, D. & Baer, S. (2022). *Queer Professionals: Professionelle zwischen „queeren Expert:innen" und „Anderen" in der Sozialen Arbeit. Eine Studie zu queeren Fachkräften in der Kinder- und Jugendhilfe.* FoRM-Forschungsberichte, Bd. 2: Wiesbaden

Kourabas, V. & Mecheril, P. (2015). Von differenzaffirmativer zu diversitätsreflexiver Sozialer Arbeit. *sozialmagazin*, 9–10, 22–29.

Kuhn, H. (2009). Zur Entwicklung von Diversity-Teams – Gruppendynamik heterogener Teams verstehen und steuern. *Migration und Soziale Arbeit*, 3/4, 289–296.

Leiprecht, Rudolf (2018). Diversitätsbewusste Perspektiven für eine Soziale Arbeit in der Migrationsgesellschaft. In B. Blank, S. Gögercin, K.E. Sauer & B. Schramkowski (Hrsg.), *Soziale Arbeit in der Migrationsgesellschaft* (S. 209–220) Wiesbaden: Springer.

Mai, H. H. A. (2020). *Pädagog*innen of Color. Professionalität im Kontext rassistischer Normalität*. Weinheim: Beltz Juventa.

Mecheril, P. & Plößer, M. (2011). Diversity und Soziale Arbeit. In H.-U. Otto & H. Thiersch (Hrsg.), *Handbuch Soziale Arbeit* (S. 278–287). München: Ernst Reinhardt Verlag.

Mecheril P. & Sensenschmidt-Linzner, A. (2019). Migrationsgesellschaftliche Organisationsentwicklung. Paul Mecheril über Vorschläge für die Weiterentwicklung von Organisationen im Umgang mit Diversität. *GIO-GRUPPE-INTERAKTION-ORGANISATION-Zeitschrift für Angewandte Organisationspsychologie* 50(4), 393–396.

Mecheril, P. & Ragger, M. (Hrsg.) (2022). *Handeln in Organisationen der Migrationsgesellschaft. Differenz- und machttheoretische Reflexionen einer praxisorientierten Fortbildungsreihe*. Wiesbaden: Springer VS

Mittertrainer, M., Oldemeier, K. & Thiessen, B. (Hrsg.) (2023). *Diversität und Diskriminierung. Analysen und Konzepte*. Wiesbaden: Springer VS

Otyakmaz, B. O. (2004). Dequalifizierung von Professionellen mit Migrationshintergrund im psychosozialen Arbeitskontext. In Y. Karakaşoğlu & J. Luddecke (Hrsg.), *Migrationsforschung und Interkulturelle Pädagogik. Aktuelle Entwicklung in Theorie, Empirie und Praxis* (S. 117–130) Munster: Waxmann.

Pratt, M. L. (1991). „Arts of the Contact Zone". *Profession* 91, New York MLA, 33–40. JSTOR 25595469.

Pratt, M. L. (2007). *Imperial Eyes. Travel Writing and Transculturation*. London: Routledge.

Schröer, H. (2018). Interkulturelle Öffnung und Diversity Management. In B. Blank, S. Gögercin, K.E. Sauer & B. Schramkowski (Hrsg.), *Soziale Arbeit in der Migrationsgesellschaft* (S. 773–786). Wiesbaden: Springer.

Senel, M. (2022). Diversität. In G. Ehlert, H. Funk & G. Stecklina (Hrsg.): *Grundbegriffe Soziale Arbeit und Geschlecht*, 2. vollständig überarbeitete Auflage, (S. 126–129). Weinheim und Basel: Beltz Juventa.

Tischhauser, A. (2023). Diversität und Intersektionalität: *Aktuelle Perspektiven auf Differenz, Ungleichheit und Machtverhältnisse in Theoriebeiträgen der Sozialen Arbeit.*

Abhandlung zur Erlangung der Doktorwürde der Philosophischen Fakultät der Universität Zürich. https://www.researchgate.net/publication/367048698_Diversitat_und_Intersektionalitat_Aktuelle_Perspektiven_auf_Differenz_Ungleichheit_und_Machtverhaltnisse_in_Theoriebeitragen_der_Sozialen_Arbeit

Tißberger, M. (2020). Soziale Arbeit als weißer* Raum – eine Critical Whiteness Perspektive auf die Soziale Arbeit in der postmigrantischen Gesellschaft. *Soziale Passagen* 12, 95–114. https://doi.org/10.1007/s12592-020-00342-5

Weiß, A. (2013). *Rassismus wider Willen. Ein anderer Blick auf eine Struktur sozialer Ungleichheit*. 2. Auflage. Wiesbaden: Springer.

Mechthild Bereswill Prof.in. Dr.in, Professorin für Soziologie sozialer Differenzierung und Soziokultur an der Universität Kassel, Fachbereich 01 Humanwissenschaften, Institut für Sozialwesen. Arbeits- und Forschungsschwerpunkte: Soziologie und Sozialpsychologie der Geschlechterverhältnisse, soziale Kontrolle und soziale Probleme, qualitative Methodologien.

E-Mail: bereswill@uni-kassel.de

Gudrun Ehlert Prof.in Dr.in, Professorin (i.R.) für Sozialarbeitswissenschaft an der Hochschule Mittweida, Fakultät Soziale Arbeit. Arbeits- und Forschungsschwerpunkte: Geschlechterforschung und Soziale Arbeit, Profession und Geschlecht, Soziale Ungleichheit.

E-Mail: ehlert@hs-mittweida.de

Die organisationale Einbindung professioneller Teams im Spannungsfeld verschiedener Koordinationslogiken

Alexander Burghardt

In diesem Beitrag wird die strukturelle Einbindung von Teamarbeit näher untersucht. Anhand der unterschiedlichen organisationalen Konstellationen, in denen Professionelle arbeiten, erschließen sich auch wiederkehrende Aspekte der Einbindung professioneller Teams. Hierzu werden einige organisationstheoretische Erkenntnisse über professionell geprägte Organisationen herangezogen. Erkennbar wird ein anspruchsvoller Kontext von Teamarbeit, der sich im Spannungsfeld verschiedener Koordinationslogiken von Arbeit ordnen lässt. Sowohl Bestandteil als auch Folge dieser Komplexität sind divergierende Verständnisse des Labels *Team* bzw. gewisse Unterschiede von Kollegialität, Kooperation und Kollaboration. Die Teamarbeit Professioneller wird im Folgenden also kursorisch vergewissernd auf einer Mesoebene der Koordinations- und Organisationsformen betrachtet.

1 Verständnisse des Teambegriffs

Ich nähere mich der Thematik über die Teamsupervision an. Dieses Format der Reflexion hat sich, von der Fallsupervision herkommend, in den Arbeitsfeldern der Sozialen Arbeit und darüber hinaus etabliert. Dennoch bleibt es

---

A. Burghardt (✉)
Leipzig, Deutschland
E-Mail: alex.burghardt@gmx.de

© Der/die Autor(en), exklusiv lizenziert an Springer Fachmedien Wiesbaden GmbH, ein Teil von Springer Nature 2024
S. Busse et al. (Hrsg.), *Professionelles Handeln in und von Teams*, Edition Professions- und Professionalisierungsforschung 16,
https://doi.org/10.1007/978-3-658-44539-3_4

mit anhaltendem Unbehagen über dessen vages Profil verbunden (vgl. Buchinger und Klinkhammer 2007: 113 ff.; Schreyögg 2010). Diese Diskussion speist sich auch aus der Unschärfe leitender Vorstellungen über Teamarbeit. Obwohl die Teamsupervision umsichtig und komplex als *Supervision in der Organisation* konzipiert ist, indem die organisationale Umwelt des Teams mittels Nachfrageanalyse, Dreieckskontrakt usw. lebendig gehalten wird, unterbleibt oftmals die genauere Erschließung der Teamarbeit selbst. Das Label *Team* scheint als selbstredende Prämisse gesetzt zu sein. Unter den Mitarbeiter:innen, Leiter:innen und Supervisor:innen können dabei unterschiedliche, durchaus vermischte Verständnisse zur Teamarbeit angenommen werden. Die bestehende Unschärfe soll anhand einiger Aussagen der Fachliteratur zur verknüpften Entwicklung von Teamarbeit und Teamsupervision verdeutlicht werden. Dabei werden vorläufig drei relevante Teamverständnisse umrissen.

- Ein egalitäres Teamverständnis: Teamarbeit wurde anfangs als selbstbestimmte „Gegenwelt zur fremdbestimmten und entfremdeten Arbeitswelt" (Schattenhofer 2006: 81), in Gestalt der hierarchischen Organisation, konzipiert. Der Hierarchie wurden heterarchisch die Gleichheit der Mitglieder und die Berücksichtigung ihrer sozialen Bedürfnisse entgegengesetzt. Das Team fungierte daher mit dem Anspruch eines demokratischen und humanen Ortes. Vorgelebt wurde der Teamgedanke in den frühen selbstbestimmten Initiativen, Kollektiven und Projekten, also in anfangs informellen Interessenorganisationen, die auch inhaltlich neue emanzipatorische Ansätze verfolgten. Bald verbreitete sich die Teamarbeit in den Organisationen der sozialen Dienstleistungsberufe (Schreyögg 2010: 182), exemplarisch in etlichen Arbeitsfeldern der Sozialen Arbeit, Pädagogik und Therapie (Schattenhofer 2006: 80). Dort gewann das Team den Charakter eines vermittelnden Puffers zwischen Person und Organisation. Auch das neue, gruppendynamisch geprägte Supervisionsformat formierte sich in diesem Umfeld: „Dieser antiinstitutionelle Affekt trieb die Entwicklung der Teamarbeit und dann der Teamsupervison voran" (Weigand 2017: 103). Diese Prägung wirkt nach. So bescheinigen sich Supervisor:innen noch heute eine distanzierte Haltung zu Hierarchie und Leitung (vgl. Weigand 2014: 125 f.). Davon erhalten hat sich im Kern ein egalitäres Teamverständnis entlang der Bedürfnisse der Mitglieder, gleichberechtigter und demokratischer Zusammenarbeit. Vom antiinstitutionellen Affekt hat sich die Teamsupervision konzeptionell inzwischen entfernt. Die Supervisor:innen sind in der Organisation und in anderen Branchen angekommen.

- Ein organisationales Teamverständnis: Auffällig kritisch wirken die heutigen Bemerkungen mancher Supervisor:innen über die damalige Teamarbeit der besagten Arbeitsfelder. Den einstigen Teams werden „auf breiter Front ‚antibürokratische' Überzeugungen" (Schreyögg 2010: 182) und pionierhaft hierarchiefeindliche Ansprüche (Schreyögg 2010: 184) zugeschrieben. Weitergehend wird den helfenden Berufen eine besonders ausgeprägte „naturwüchsige Organisationsfeindlichkeit" (Buchinger & Klinkhammer 2007: 115) bescheinigt. Das Verhältnis psychosozialer Teams zur Organisation bleibe weiterhin hoch ambivalent und von Angst und Verweigerung geprägt (Lohmer 2019: 119 ff.). Diese markanten Bewertungen lassen sich unterschiedlich verstehen. Hinsichtlich der Teamverständnisse ist folgende Lesart möglich. Die Zuschreibungen verweisen auch auf ein verändertes Teamverständnis der Supervisor:innen. Während sich Supervisor:innen, zudem als Organisationsberater:innen, auf den Weg in die Organisation gemacht haben, erscheinen nun – mit kritisch distanziertem Blick – die (damaligen) Teams umso hartnäckiger von dieser abgeschottet. Mithin kann angenommen werden, dass sich die Supervisor:innen längst auch einem organisationalen Verständnis von Teamarbeit angenähert haben. Hierbei wird Teamarbeit planvoll angelegt verstanden und ist primär ein Instrument kluger Koordination durch die Leitung. Betont werden dabei passende Zusammensetzung, enge Abstimmung und Flexibilität. Den gedanklichen Bezugspunkt dafür bildet die Beschaffenheit der Aufgabe, also die Frage nach Arbeitsteiligkeit und Verschränkung der Tätigkeiten.
- Ein kollegiales Teamverständnis: Dem oftmals unbestimmten Gehalt von Teamarbeit wird gern mit einer Abgrenzung begegnet. Wiederholt taucht in der Supervisionsliteratur die Frage nach *falschen Teams* auf. Im gegebenen Fall verstehen sich Mitarbeiter:innen durchaus als ein Team, aus der Sicht der Supervisor:innen mangelt es jedoch an konstituierenden Elementen wirklicher Teamarbeit. Folglich wird der aufrechterhaltene Teamanspruch als hinderlich und enttäuschend angenommen (vgl. Schattenhofer 2006: 84 f.; Buchinger & Klinkhammer 2007: 119 f.). Unstrittig ist dabei die Notwendigkeit bestimmter organisationaler Delegationen (zugestandene Autonomie und Gelegenheit zum Austausch) für gelingende Teamarbeit. Als entscheidender Mangel wird vielmehr das Fehlen einer gewissen interagierenden Beschaffenheit der Aufgabe konstatiert: „Wir finden solche selbstdefinierten Teams ohne konkrete Kooperation auf Krankenhausstationen, in Beratungsstellen usw. Die Selbstdefinition korrespondiert meist mit einem Teamideal" (Pühl 1998: 9). Ähnlich verwundert zeigt sich Buchinger (1998), dass Teamsupervision auch dort an Attraktivität gewann „wo jeder seine berufliche Spezialaufgabe ohnehin

in Einzelarbeit durchzuführen hatte" (S. 27). Auch diese Diskussion lässt sich unterschiedlich deuten. Im Hinblick auf unsere Thematik kann sie als Unschärfe des besagten organisationalen Teamverständnisses gelesen werden. Es erfasst die Spezifik professioneller Arbeit resp. der kollegialen Selbstorganisation unzureichend. Im obigen konkreten Fall wird das Kollegium aus koagierenden Berater:innen inhaltlich eben nicht in Bezug zu einem (organisational gestalteten) Team gesetzt. Bleibt in der Betrachtung der Wunsch der Professionellen nach Selbstorganisation ausgeblendet, wirkt der Teamanspruch (egalitär) verklärt. Der Aspekt der Profession taucht in der Literatur zur Teamarbeit generell selten auf. Nur Buer (2010) merkt an, dass die Teams der Teamsupervision „nichts anderes als Kollegien" (S. 50) seien. Folglich kann ein unterschätzter kollegialer Anspruch leicht als widerständige Eigensinnigkeit missverstanden werden.[1] Damit bleibt auch verdeckt, dass Professionelle ihre kollegiale Arbeitsweise zwar häufig deckungsgleich als Teamarbeit bezeichnen, umgekehrt jedoch das Label *Team*, insbesondere in einem organisationalen Verständnis, diesen weitergehenden Anspruch nicht einholt. Diese geläufige Umdeutung bzw. Gleichsetzung des Teambegriffs im Sinne eines Kollegiums Professioneller soll im Folgenden als kollegiales Teamverständnis bezeichnet werden.

Drei abgrenzbare Teamverständnisse sind damit umrissen: Ein *egalitäres* Teamverständnis legt den Fokus auf das selbstbestimmte Team als „Wert an sich" (Schattenhofer 2006: 80). Um die bleibende Frage hierarchisierter Koordination und Leitung wird gerungen oder sie wird ausgeblendet (vgl. Klatetzki 2010: 219 f.). Ein *organisationales* Teamverständnis fokussiert Teamarbeit als planerisches Mittel der Gestaltung. Die hierarchische Einbindung ist dabei offenkundig und die heterarchische Ausrichtung das ergänzende Element. Ein *kollegiales* Teamverständnis wiederum rekurriert auf die Selbstorganisation unter professionell Gleichen. Die kollegiale Anbindung an die Berufsgruppe erhält einen Vorrang vor der hierarchischen Einbindung in die Organisation. In den historisch nachgezeichneten Etappen von Teamarbeit (vgl. Schattenhofer 2006: 80; Schreyögg 2010: 182) lassen sich das egalitäre und das organisationale Verständnis gut verorten. Welche Ausrichtung und Entwicklung die frühe, antibürokratisch geprägte Teamarbeit dabei genommen hat, bildet sich jedoch nicht ausreichend

---

[1] So beobachtet Lohmer (2019), dass Leitungsentscheidungen als Einschränkung der Autonomie kritisiert werden und schlussfolgert ohne Einbezug der Professionslogik: „Mitglieder psychosozialer Teams tun sich oftmals schwerer als Mitglieder von Teams in Wirtschaftsorganisationen, sowohl Führungs- als auch Mitarbeiter-Rollen aktiv anzunehmen und zu gestalten" (Lohmer 2019: 127).

ab. Dazu bedarf es des Einbezugs der damaligen Professionalisierungsbemühungen. Die frühe egalitäre Teamarbeit orientierte gewiss auch an der weitgehenden Autonomie eines (eingebundenen) Kollegiums Professioneller. Darüber wurden die verschiedenen Formen professionell geprägter Organisationen (der psychosozialen Arbeitsfelder) die Orte der Weiterentwicklung von Teamarbeit (z. B. als Hilfsmittel – zweite Etappe). Die frühe Teamarbeit wandelte sich also nicht unmittelbar zu einem universellen organisationalen Instrument für Verwaltung, Verband oder Unternehmen (dritte Etappe).

Mit den getroffenen Unterscheidungen läuft auch die obige pauschale Kritik an den Teams psychosozialer Arbeitsfelder ins Leere. Die zugeschriebene Organisationsfeindlichkeit kann alternativ vielmehr als „Notwendigkeit der kollegialen Strukturierung von Fallinformationen, Zielperspektiven und Arbeitsabläufen" (Henn 2020: 35 f.) angenommen werden. Handlungsleitend ist demnach der übersehene Vorrang der Kollegialität und nicht eine vermutete Abwehr oder Ideologie (ebd.). Bekanntlich fühlen sich auch Sozialarbeiter:innen zuerst ihrer Profession und damit – als *Cosmopolitans* nach Gouldner – der (externen) Berufsgruppe verpflichtet. Dieser steht die Loyalität zur Organisation in der Regel nach (vgl. Blau und Scott 1973). Die Koordination mittels kollegialer Selbstorganisation und diejenige mittels organisational gestalteter Teamarbeit unterscheiden sich konzeptionell und stehen in Spannung zueinander.[2] Die genaue Verhältnisbestimmung von Teamarbeit und Kollegialität in der Sozialen Arbeit bleibt eine eigene Thematik (vgl. dazu Henn 2020: 17 ff.).

2 Konstellationen der Einbindung Professioneller

Die Frage, wie professionelle Arbeit in die Organisation eingebunden ist, verweist auf die Ebene der Koordinations- und Organisationsformen von Arbeit. Dabei liegt der organisationstheoretische Fokus auf dem genaueren Verhältnis

---

[2] Eine Untersuchung zur Teamsupervision in multiprofessionellen Teams der Psychiatrie von Bauer (2004) verdeutlicht den Vorrang der Zugehörigkeit zur eigenen Berufsgruppe im Kontrast zu einem umfassenderen Teamverständnis. Erkennbar wird die eher beiläufige, wiederkehrende sprachliche Abstufung zwischen Teilteams und dem abstrakten „Team als Ganzes" (Bauer 2004: 164). Die Pfleger: innen definieren sich als „Teilteam", auch Ärzt:innen und Psycholog:innen verstehen sich kollegial nah als „Ihresgleichen" (Bauer 2004: 164). Sozialarbeiter:innen der Psychiatrie sind keiner der beiden Teilgruppen zugehörig. Sie rekurrieren auf die Achtung der berufsspezifischen Zugänge und Kompetenzen eines multiprofessionellen Teams. In der Praxis wird dieser Anspruch, die Prämisse gegenseitiger Ergänzung und Bereicherung, häufig unterlaufen. Jede Berufsgruppe nimmt ihre eigenen Handlungen und Erfahrungen als gewichtiger an (vgl. Bauer 2004: 168).

von Professions- und Bürokratielogik.[3] Deren Passungen bilden zunehmend „unterschiedlich ausgestaltete Verschachtelungen" (Olk 1986: 123) bzw. sind als *conjoint form* beider Logiken zu begreifen (vgl. Scott 2005: 123). Die Koordination von Arbeit Professioneller erfolgt ergänzend durch Elemente einer organisationsinternen Markt- und Netzwerklogik, die sich auch als Strategien einer gewandelten Bürokratie verstehen lassen. Im Folgenden wird komplexreduziert auf ein homogenes Team aus Angehörigen einer Profession abgehoben, sprachlich generalisiert als *die Professionellen* bzw. *das professionelle Team*. Dem bleibt der konkrete Bezug zur Professionsdiskussion der Sozialen Arbeit, mit ihrem Fokus auf dem einzelnen Professionsangehörigen und dessen Klient:innenbeziehung, nachgeordnet.

Das autonome Kollegium
Der Idealtypus professioneller Selbstorganisation bildet sich in der Form des autonomen Kollegiums aus. Diese Vereinigung formal gleicher Mitglieder versteht sich selbstbestimmt im Hinblick auf das eigentliche professionelle Handeln, die fachlichen Standards sowie in der Wahrung des Berufsethos (vgl. Klatetzki 2012: 170 ff.). Die eigenverantwortliche Arbeit der Professionellen wird dabei wechselseitig überprüft, selbst wenn dies selten erfolgt und teilweise nur informell wirkt (vgl. Scott 1986: 215, 300). So beginnt die kollegiale Kontrolle mit dem befürchteten Verlust von Anerkennung und Zugehörigkeit (vgl. Klatetzki 2005: 274). Daraus entsteht ein Prozess begrenzter Solidarität, in dem sowohl gegenseitige Lernbereitschaft, als auch Statuswettbewerb demonstriert werden (vgl. Lazega 2005: 229 f.).Professionelle errichten darüber ein polykratisches Austauschsystem geteilter Macht und Abhängigkeit (Lazega 2005: 227). Die Selbstorganisation Professioneller strebt zudem machterhaltend danach, dass äußere Kriterien nachrangig bleiben (vgl. Klatetzki 2005: 273). Der Umfang der Administration wird überschaubar und nachgeordnet gehalten. In einigen Professionen hat sich das autonome Kollegium – als Gemeinschaftspraxis oder Kanzleipartnerschaft – etabliert und wirkt handlungsleitend, selbst wenn die Mehrheit der Professionsangehörigen Angestellte sind. Die Idee der Teamarbeit taucht in dieser Konstellation selten auf.

---

[3] Bürokratielogik meint hier vor allem die hierarchische Koordination von Arbeit, sowohl in der (öffentlichen) Verwaltung als auch im (privaten) Unternehmen (vgl. Freidson 2001: 1). Nicht in eins zu setzen sind hier somit Bürokratie mit Staat, sowie Markt mit Unternehmen. Auch das klassische Unternehmen grenzt seine internen Prozesse weitgehend vom äußeren Marktgeschehen ab.

Das Kollegium der professionellen Organisation

Bereits Parsons (1996: 124) erwartete, dass mit einem anwachsenden kollegialen Komplex, auch Bürokratien eher den Charakter von Vereinigungen annehmen würden. Die kollegiale Gleichheit und die gemeinsame Verantwortung, beispielsweise im Prinzip der Wahl statt der Ernennung, prägen diese Organisationsform „ohne blanke Autorität aufzubieten" (Parsons 1996: 134). Die autonome Wertorientierung der Professionellen unterbreche utilitaristische und bürokratische Logiken (vgl. Dewe & Stüwe 2016: 71 ff.). Dieser optimistischen Annahme Parsons stehen etliche Modelle gegenüber, die keine Dominanz einer einzelnen Logik annehmen.[4] Demnach bestehen vielmehr Machtbalancen, in denen Professionelle ihre Autonomie weitgehend wahren, während die Administration nur bedingt ordnenden Zugriff auf einzelne Einheiten erlangt (vgl. Klatetzki 2012: 176). Die Administration bleibt schwach ausgebildet und dient erkennbar dem operativen Kern. Die Leitungsebene wird meist mit Professionellen besetzt, die damit auf die administrative Seite wechseln. Beide Bereiche bleiben bewusst scharf voneinander abgegrenzt (vgl. Scott 1986: 300). Klassische Beispiele für diese balancierte Konstellation sind – inzwischen mit Einschränkungen – das Kollegium der Ärzteschaft im Krankenhaus und der akademische Lehrkörper der Hochschule. Die größeren Organisationen der Sozialen Arbeit, auch deren eher milieugeprägte Verbandsstrukturen, werden nicht zu dieser Konstellation gezählt. Kollegien oder Teams der Sozialen Arbeit bzw. ihre Professionsangehörigen erlangen allein in kleineren, eigenständigen Organisationsformen bzw. -bereichen eine Konstellation weitreichender Selbstorganisation gegenüber Funktionären bzw. den Angehörigen anderer Professionen.

Lose gekoppelte Einheiten

In größeren professionellen Organisationen lässt sich die Machtbalance von Professionellen und Bürokraten auch anhand des Modells lose gekoppelter Systeme – nach Weick (1985) – belegen. Die häufige Fremdheit zwischen der Leitungsebene und den Einheiten der operativen Ebene kann damit prägnant eingeholt werden. Grundlegend ist die Erkenntnis, dass sich der Kontakt zwischen Einheiten auf wenige (zunehmend manageriale) Variablen reduziert, um die Eigenlogik beider Bereiche zu stabilisieren (vgl. Klatetzki 2010: 220). Dies führt zu eigenwilligen Reaktionsweisen aufeinander: „Die Interaktion zwischen

---

[4] Dies sind die autonome professionalisierte Organisation (vgl. Scott 2005: 122 f.), Mintzbergs professionelle Bürokratie, Waters vorherrschend kollegiale Organisation (vgl. dazu Klatetzki 2012: 175 ff.), sowie vergleichbar in der Supervisionsliteratur die sogenannte Zwitterorganisation (Pühl 1994: 11 f.)

den verschiedenen Elementen gilt als lose, wenn die Auswirkungen *wenig intensiv* sind (statt bedeutsam), *plötzlich* (statt kontinuierlich) und *unregelmäßig* (statt konstant) eintreten, *auf Umwegen* und *über Zwischenschritte* (statt direkt) erfolgen und *zeitverzögert* (statt unmittelbar) einsetzen" (Wolf 2010: 288). Auf operativer Ebene wirkt eben dies widersprüchlich. Kollegien bzw. Teams agieren über längere Zeit weitgehend autonom und separiert, werden überraschend eingeschränkt und durchaus konflikthaft korrigiert. Dies führt wiederum zu strukturellen Verwerfungen im Sinne irreführender Pläne, mangelnder Ergebnissicherung und zur Nichteinsehbarkeit der eigentlichen Arbeit (Wolf 2010: 294 f.). Ins Positive gewendet gelten lose gekoppelten Einheiten als genügsam. Sie fangen veränderte Umweltanforderungen in der Regel angemessen auf, bilden eigene Erfahrungsstände, entdecken Nischen, puffern eigene Fehler intern ab. All dies verbunden im Erleben hoher Selbstwirksamkeit (Wolf 2010: 292). Dies korrespondiert wiederum mit der Annahme, dass in professionell geprägten Organisationen die Handlungsinitiative – der Impuls die Aufgabe zu interpretieren, Zuständigkeiten zu klären, Projekte zu initiieren usw. – auf der operativen Ebene liege (vgl. Klatetzki 2012: 176). Dieser Vorteil dezentraler Anpassung, entlastet zwar kurzfristig die Leitungsebene, konterkariert allerdings die langfristige Anpassungsfähigkeit der Organisation (vgl. Wolf 2010: 293).

Heteronom eingebundene Professionelle und Teams
Die heteronome Einbindung Professioneller ist im Kontext der Sozialen Arbeit geläufig.[5] In dieser Konstellation sind Professionelle in eher große und komplexe Organisationen inkorporiert, also einer ausgebauten Administration (und anderen Professionen) unterstellt, welcher die Aufsicht und Kontrolle obliegt (vgl. Scott 2005: 122 f.). Somit gelten vermehrt professionsfremde Regularien und Prozesse. Folglich ist die Autonomie der Professionellen auf die engere Interaktionsarbeit begrenzt und die kollegiale Abstimmung weniger ausgebildet und bindend. Zudem können innerhalb einer Organisation Formen autonomer und heteronomer Einbindung koexistieren (Scott 1986: 301). Nur höher angesiedelte Stabsstellen (Justiziar:in o. ä.) machen aufgrund ihrer organisationsinternen Relevanz weitgehende Autonomie und größeren Einfluss geltend. Um die (multi)professionelle Zusammenarbeit in der Konstellation heteronomer Einbindung zu beschreiben, erscheint die Bezeichnung Teamarbeit – im Vergleich

---

[5] Für diese Konstellation stehen exemplarisch die Sozialarbeiter:innen des Allgemeinen Sozialen Dienstes innerhalb des Jugendamtes der kommunalen Sozialverwaltung. Dazu zählen weiterhin beispielsweise die Einbindung der Schulsozialarbeit in die Schule oder der klinischen Sozialarbeit in die Psychiatrie.

zum Kollegium – naheliegend. Der bürokratisch-managerialen Überformung professioneller Arbeit entspricht das besagte organisationale Teamverständnis eher als die weitgehende kollegiale Selbstorganisation. Mithin kann die anhaltende Konjunktur des Labels *Team* in der Sozialen Arbeit auch als Ausdruck wechselseitiger Zugeständnisse zwischen Profession und Bürokratie verstanden werden.[6] Dafür hat Letztere ihr autokratisches Hierarchieprinzip um einzelne partizipative bzw. heterarchische Elemente ergänzt (vgl. Deeg & Weibler 2008: 44 f.), teils mit der Tendenz zum „Gewähren von professionellen Spielwiesen" (Dewe & Stüwe 2016: 88). Professionelle wiederum tragen als *Locals* die bürokratischen Bemühungen nach Standardisierung usw. mit. Und sie lassen die Bewertung ihrer professionellen Arbeit zudem „vom Nachweis bürokratischer Fertigkeiten und Orientierungen" (Olk 1986: 125) bestimmen.

Teams auf dem Quasi-Markt
Die Passungen von Profession und Bürokratie haben sich mit der Vermarktlichung der Arbeitsorganisationen, auch in der Sozialen Arbeit, verschoben. Selbst dort wo keine echten Märkte existieren können, werden fiktive Quasi-Märkte propagiert (Schimank & Volkmann 2017: 81 ff.). Für Professionelle tritt neben den Nachweis bürokratischer Fertigkeiten der geschickte Umgang mit managerialen Steuerungsformen. Eine gewandelte Wettbewerbsbürokratie definiert den unvollständigen internen Markt, misst, bewertet und honoriert den Erfolg (vgl. Schimank & Volkmann 2017: 117; ähnlich Marrs 2008: 28 ff.). Über marktähnliche Mittel stabilisiert sich das Hierarchieprinzip, „indem die vormals ‚visible hand' von Organisationsleitungen und staatlichen Trägern sich als ‚invisible hand' von Marktkräften zu camouflieren versucht" (Schimank & Volkmann 2017: 83). Die Allianz aus Bürokratie- und Marktlogik untergräbt die bewährte Balance mit der Professionslogik. Diese neue Konstellation stellt den Professionalismus als Koordinationslogik deutlich infrage (vgl. Freidson 2001: 179 ff.). Anerkennung, Sicherheit und Ressourcen werden vom definierbaren Erfolg abhängig. Mit dem Fokus der Wirksamkeit wird professionelle Leistung zunehmend quantifizierbar und ergebnisorientiert interpretiert. Damit rücken die Szenarien problematischer Kennzahlen, stärkerer Befristung und steigenden Kostendrucks – als Marktzwänge – näher an das professionelle Team heran. Auch Teams in der Sozialen Arbeit wandeln sich gegebenenfalls zu einem „Unternehmen im Unternehmen"

---

[6] Die Implementierung der Teamarbeit innerhalb der Neuorganisation des Jugendamtes / Allgemeinen Sozialen Dienstes der 1970er Jahre war geprägt von einer fachlichen Reformdebatte entlang der Dysfunktionalität von Bürokratie. Teamarbeit wurde dabei sowohl als organisationales Mittel genutzt, als auch als kollegiale Kooperation propagiert (vgl. Olk 1986: 234 ff.; Henn 2020: 32 ff.)

(Wulf-Schnabel 2011: 165), während sich die Mitglieder unterschiedlich dazu positionieren (Wulf-Schnabel 2011: 262 ff.). Diese Dynamisierung erzeugt auch strukturelle Verwerfungen. denn der modischen Kombination der Managementmittel folgen häufig Doppelungen, Lücken, Puffer usw. (vgl. Kühl 2002: 132 ff.). Fiktive Quasi-Märkte wirken operativ durchaus komplexitätssteigernd und intensivieren die bestehenden Spannungen der Teamarbeit Professioneller. Letztlich agiert auch das flexible Team weiterhin „im Schatten der Hierarchie" (Baecker 1999: 188).

Einzelne und Teams im Netzwerk
Innerhalb des angedeuteten „Mixes von Ordnung und Unordnung, Redundanz und Varietät, loser und fester Kopplung" (Baecker 1999: 25), versuchen sich Organisationen auch als Netzwerke zu definieren. Diese interne Neuorientierung geht mit der Aufwertung der personalen, also informellen Beziehungen der Mitglieder einher. Informelle Kanäle und Wege einzelner Mitglieder und ganzer Teams werden im Verständnis einer Netzwerkorganisation zu subformalen Beziehungen (Kraft 2012: 362). Die festgestellte Komplexität wird – auch im Sinne der Subjektivierung von Arbeit – von der Zentrale ins Netz geleitet: „Der Netzwerkbegriff reflektiert eben diese Verschiebung von organisatorischen Strategien der vorausschauenden Handlungskoordination in jeweilige Situationen und ‚Beziehungen' hinein" (Kraft 2012: 363). Diese Tendenz kommt sowohl der beschriebenen egalitären Gleichheit und polykratischen Kollegialität entgegen und erinnert auch an deren Nähe zum informellen, freiwilligen Engagement (vgl. Bode 2010). Der Entwurf einer Netzwerkorganisation flexibilisiert die Teamarbeit. Diese wird um Elemente lateraler, projektartiger Kollaboration erweitert.[7] Im Sinne Granovetters *Stärke der schwachen Bindun (1973)*, geht es um kalkulierte Koppelungen über weitere Distanz. Aber auch das scheinbar ausgewogene Netzwerk beinhaltet koordinative Schwächen. Interne Netzwerke entwickeln ungleiche Positionierungen (Zentralität, Brückenposition, Grenzstelle) und verfügen über strukturelle Löcher und Abschottungen (Ebers & Maurer 2019: 401 ff.). Teamarbeit reduziert sich dann, wie beispielsweise in der IT-Branche, gegebenenfalls auf die organisationale Aufforderung zur Mikropolitik (Rau 2010: 350 ff.). Damit konstituiert sie sich alleinig über die Initiative und „im Interesse des Einzelkämpfers, um ein Bestehen in Konkurrenzverhältnissen" (Rau 2010: 356) als befristete Bündnispolitik (vgl. Rau 2010: 359).

---

[7] Der Begriff Kollaboration betont den kulturellen Eigenwert der Zusammenarbeit stärker als der Begriff Kooperation. Die Beteiligten verstehen sich eher als ein Ensemble heterogener Persönlichkeiten mit einzigartigen Fähigkeiten (Reckwitz 2018: 191 ff.)

Damit sind vier Koordinationslogiken von Arbeit eingeführt. Die zuletzt Ausgeführten, Markt- und Netzwerklogik, bilden zugleich entlastende Mittel der gewandelten Bürokratie. Der Netzwerkbegriff kann grundsätzlich als „ein bequemer Ausweg aus Schwierigkeiten beim Zuschnitt präziser Grundbegriffe für die Analyse von Koordinationsweisen" (Wiesenthal 2005: 227 f.), als bloßer Hybrid aus Hierarchie und Markt, kritisiert werden. Die Netzwerklogik wird hier organisationsintern – neben Profession, Bürokratie und Markt – als vierte eigenständige Form der Koordination von Arbeit verstanden (vgl. Windeler & Wirth 2010: 580; kritisch Wiesenthal 2005: 228).

3 Das Spannungsfeld der Einbindung professioneller Teams

Das Herausstellen relevanter Aspekte organisationaler Einbindung erfolgt hier innerhalb eines Spannungsfeldes aus vier zusammenwirkenden Logiken – der Bürokratie-, Professions-, Markt- und Netzwerklogik. Der Rückgriff auf diese allgemeinen Koordinationslogiken dient auch ähnlichen Fragestellungen (beispielsweise der Steuerungsformen, Governance, Kontrollmechanismen) zur Unterscheidung und Ordnung. Hier werden sie in ihrer speziellen Bedeutung als grundlegende Formen organisationsinterner Koordination von Arbeit genutzt (vgl. Freidson 2001: 216 ff.). Innerhalb der entstehenden Systematik werden acht Aspekte organisationaler Einbindung geordnet. Diese markieren, innerhalb der großen Heterogenität an Organisations- und Trägerstrukturen Sozialer Arbeit, wiederkehrende Konturen der je spezifischen Einbettung eines professionellen Teams (siehe Abb. 1).

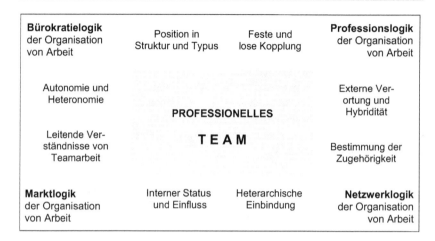

Abb. 1 Aspekte orgnaisationaler Einbindung – eigene Abbildung Burghardt

Autonomie und Heteronomie – Die Einbindung professioneller Teams bestimmt sich grundlegend entlang der vorgegebenen bzw. ausgehandelten Handlungsautonomie. Die immanente Spannung aus operativer Selbstorganisation und strategischer Abhängigkeit konstelliert sich inzwischen neu. Der bürokratische Kompromiss balancierter *verantwortlicher Autonomie,* beispielsweise als kollegiale Selbstorganisation, ist oftmals marktlogisch überformt (vgl. Marrs 2008: 146 ff.). Weniger das anerkannte fachliche Wissen und Können zählen unmittelbar, sondern der messbare Erfolg des Arbeitsbereichs sichert auch die Autonomie eines Teams ab. Diese Kontextsteuerung versteht sich als erweiterte Autonomie und greift dennoch auf die professionelle Arbeit der Teammitglieder durch. Hieran schließen sich mühsame Klärungen der (unscharfen) Kriterien für fachliche Standards, Qualität, Kennzahlen, Performanz, Dokumentation usw. Strukturell erhält sich zwischen Team und Leitung eine bleibende Schnittmenge aus fraglichen Zuständigkeiten, Regelinterpretationen und Mitspracherechten. Darüber hinaus produzieren die häufig gegenläufigen De- und Zentralisierungstendenzen der Organisation neue verdeckte Widersprüche und Abhängigkeiten (vgl. Kühl 2002: 65 ff.). Der wirkliche Handlungsspielraum eines Teams bleibt – als Ausdruck loser Kopplung – lediglich fragmentarisch bestimmt.

Position in Struktur und Typus – Die Einbindung professioneller Teams ergibt sich strukturell durch die Verortung innerhalb der häufig abgeflachten, aber weiterhin hierarchischen Aufbauorganisation eines bestimmten Organisationstypus. Zahlreiche Organisationen der Sozialen Arbeit erhalten sich dabei ihre anfängliche Prägung basisdemokratischer oder assoziativer Form. Ähnlich zu den etablierten Verbänden, bleibt dann ein hybrides Nebeneinander aus haupt- und ehrenamtlicher Arbeit bestehen (vgl. Bode 2010). Mit wachsender Größe und Ebenentiefe der Organisation erstarkt gewöhnlich die Bürokratielogik und macht die heteronome Einbindung wahrscheinlicher. Kollegien und Teams bilden meist Einheiten der operativen Ebene und nur selten Stabsstellen, Dienste, befristete oder temporäre Projektteams neben der Linie. Eine besondere Struktur bildet in größeren (multi)professionellen Organisationen gegebenenfalls eine Matrixorganisation. Strukturell relevant ist auch, inwieweit das Team durch Professionsangehörige in Leitungspositionen repräsentiert ist oder durch Funktionäre oder Angehörige anderer Berufsgruppen geführt wird. Hinzu treten Fragen der oft undankbaren Position der Teamleitung, der gemeinsamen oder geteilten Dienst- und Fachaufsicht, inner- oder außerhalb des Teams.

Feste und lose Kopplung – Die Einbindung professioneller Teams bestimmt sich prozessual entlang der Kontakte und Reaktionen zwischen Einheiten und Ebenen. Die Teamarbeit, als Mittel dezentraler und heterarchischer Koordination, verlangt einen gewissen Grad an loser Kopplung. Bürokratie- und Professionslogik können dabei strikter oder schwächer aufeinander abgestimmt sein. Der begrenzte Kontakt zwischen den Ebenen kann vorrangig von eher fachlichen, managerialen oder bürokratischen Variablen bestimmt sein. Manche Teams befinden sich in einer peripheren Position zur Zentrale: in dezentralen Einrichtungen, aufsuchenden Diensten, extern integrierten Fachstellen o.ä. Solche Distanzen zur Verwaltungs- und Leitungsebene können, verknüpft mit dem Anspruch kollegialer Selbstorganisation, entkoppelte lokale Rationalitäten und nur scheinbare Klärungen befördern. Umgekehrt verweist eine Vielzahl kleingliedriger Regularien auf den Versuch einer festen Kopplung. Intransparente Wechselwirkungen und strukturelle Verwerfungen lassen auf problematische Kopplungen schließen. Selbst die hohe Selbstwirksamkeit eines Teams kann dessen widersprüchliche Kopplung längere Zeit trügerisch verdecken.

Externe Verortung und Hybridität – Die Einbindung professioneller Teams relativiert sich daran, inwieweit sich ein Team resp. eine Einrichtung auch organisationsextern vernetzt. Die externe Verortung entspricht professionslogisch dem Selbstverständnis als *Cosmopolitans* mit der Orientierung an externen Bezugsgruppen. Solche fachliche Vergewisserung ist Teil der jeweiligen Berufskultur und liegt häufig näher als laterale Anbindungen innerhalb der eigenen Organisation. Darüber werden die relevante Fachwelt und Akteure der Zivilgesellschaft zum Austausch, zu Kooperation und Interessenpolitik gewonnen. Das Team ist auch auf diese Weise eine Grenzstelle der Organisation – nach Luhmann – und tritt nach außen häufig eigenverantwortlich auf. Teamarbeit ist also hybrid, auch extern in Koordinationslogiken eingebettet – in das Recht und die Finanzierung der staatlichen Sozialbürokratie, die vernetzte Professionalität und den sozialwirtschaftlichen Markt des Arbeitsfeldes, zudem häufig in die Eigenlogik ehrenamtlicher Mitarbeit und Rahmung professioneller Arbeit. Manche Arbeitsfelder sind darüber hinaus, wie die Schulsozialarbeit zwischen Träger und Schule, strukturell hybrid angelegt. Die (organisationsinterne) Netzwerklogik befördert und weitet solche Koppelungen über größere Distanz.

Bestimmung der Zugehörigkeit – Die Einbindung professioneller Teams konkretisiert sich auch anhand der Zugehörigkeit ihrer Mitglieder. Mitgliedschaft ist in der Professionslogik eng an den Status von Gleichen einer Berufsgruppe geknüpft. In anderen Koordinationslogiken kann Zugehörigkeit weiter gefasst werden, also entsprechend des gestalteten (multiprofessionellen) Teams oder Projekts usw. Dann sind gegebenenfalls auch administratives und technisches Personal ins Team einbezogen. Zugehörigkeit ergibt sich mit der notwendigen Schließung von Teamarbeit und verweist auf die strukturelle Heterogenität der Mitglieder. Diese sind unterschiedlich fest in Organisation und Team eingebettet, häufig in Teilzeit oder mit Befristung, teils als Mehrfachzugehörige bzw. „Grenzgänger des Teams" (Bauer 2004: 200), vermehrt mit sich überlagernden Rollen. Mit der Flexibilisierung der Rahmenbedingungen werden zudem Fluktuation, Vakanz und Provisorien in Kauf genommen. Damit entstehen Unschärfen und Abstufungen der Mitgliedschaft – eine „Differenzierung in Kern und Schale" (Schattenhofer 2006: 87). Dies bedeutet – konträr zum egalitären und kollegialen Verständnis – auch eine erneute interne Hierarchisierung entlang der Faktoren Anwesenheit, Information, Mitwirkung, Einfluss und Koordination.

Heterarchische Einbindung – Die Einbindung professioneller Teams bestimmt sich zudem über die horizontalen Verknüpfungen zu anderen Einheiten innerhalb der Organisation. Heterarchische Elemente dienen klassisch der Korrektur der Dysfunktionalität von Bürokratie oder als Zugeständnis gegenüber der Professionslogik. Netzwerklogisch ist diese Ausrichtung *zur Seite hin* die (einzige) zentrale Aufforderung. Sie beruht im Kern auf lateralen Prozessen der Verständigung, Vertrauensbildung und Einflussnahme (vgl. Kühl 2017). Fraglich bleibt, ob dies eher vom abgestimmten Handeln eines Teams als gemeinsamer Akteur oder vielmehr von der netzwerkenden Initiative einzelner Mitglieder abhängt. Solche heterarchischen Prozesse können genuin auch als Varianten kollegialer Selbstorganisation verstanden werden. Allerdings wird von Professionellen die Zusammenarbeit in Form der Kollegialität – als eher begrenzte Solidarität unter Gleichen – gegenüber einer organisational erwarteten Kooperation bevorzugt. Die Betonung der Kollegialität begrenzt in gewisser Weise die Aufforderung zur Kooperation (vgl. Helsper 2021: 263). Das Team bestimmt damit auch heterarchisch den Grad der Durchlässigkeit und Einsehbarkeit der eigenen (multi)professionellen Arbeit.

Interner Status und Einfluss – Die Einbindung professioneller Teams definiert sich verstärkt anhand des organisationsinternen Status. Marktlogisch ist das Team als kompetenzdarstellender Akteur gefordert, netzwerklogisch werden Mikropolitik und Konkurrenz für die Teamarbeit konstitutiv. Auf diese Weisen gilt es zugleich Autonomie und Einfluss zu sichern. Eine Machtquelle Professioneller ist die angesammelte Expertise und deren interne Bedeutung für die Organisation (vgl. Crozier & Friedberg 1993: 51). Das genügsame Team der operativen Ebene vermag es darüber kaum, sich unentbehrlich zu machen. Dies gelingt eher über das gebündelte Gewicht einer Berufsgruppe, wenn fachliche, bürokratische und manageriale Anforderungen miteinander vermittelt werden. Eine zweite relevante Machtquelle Professioneller liegt in ihrer externen Verortung (vgl. Crozier & Friedberg 1993: 51 f.). Das Team kann darüber Wissen, Aufmerksamkeit und Ressourcen generieren, um diese intern wiederum strategisch einzusetzen. Dies geschieht häufig durch informelle Aushandlung wechselseitiger Entlastung und Zugeständnissen, durch Kollaboration und Allianzen. Das Bestreben ist es dann, die besagte *Handlungsinitiative der operativen Ebene* auch als strategischen Einfluss, mittels gemeinsamer Akzente der Profilierung und Innovation, geltend zu machen. Misslingt dies, wird die Handlungsinitiative der wettbewerbsbürokratischen Leitung überlassen. Innerhalb der organisationsinternen Konkurrenz um Ressourcen, Bewertungen und Ideen geht es um den Erhalt des eigenen Teams und seiner Arbeitsfähigkeit.

Leitende Verständnisse von Teamarbeit – Die Einbindung professioneller Teams bestimmt sich nicht zuletzt anhand der leitenden Verständnisse von Teamarbeit aller Beteiligten. Dies meint die pragmatischen Kompromisslinien zwischen den durchaus konkurrierenden Verständnissen und ihre Formulier- und Besprechbarkeit. Welch unterschiedliche Implikationen mit dem Label *Team* verbunden sind, zeigen die in diesem Beitrag skizzierten Verständnisse – als eher egalitär, kollegial oder organisational geprägte Teamarbeit.

4 Schluss

Das Ziel dieses Beitrages war es, die häufig eindimensional beschriebenen Rahmenbedingungen von Teamarbeit komplexer aufzuschließen. Dafür konnte, auch im Sinne einer Nachfrageanalyse für die Teamsupervision, eine orientierende Systematik entwickelt werden. Diese verdeutlicht insbesondere die Spannungen zwischen (organisationaler) Teamarbeit und kollegialer Selbstorganisation. Der anhaltende Erfolg des Labels *Team* wird dabei, insbesondere im Kontext der heteronomen Einbindung, als ein begrifflicher und inhaltlicher Kompromiss aus vier Koordinationslogiken verstanden. Die Teamarbeit in professionellen Organisationen lässt sich nur bedingt aus einem organisationalem Verständnis heraus konzipieren. Entsprechende manageriale Aufforderungen zu erneuter Aktivierung, Vernetzung und Kooperation erscheinen vor dem Anspruch kollegialer Selbstorganisation daher seltsam gedoppelt. Durch den wachsenden Einfluss der Markt- und Netzwerklogik bedarf der konkrete Bedeutungsgehalt professioneller Autonomie und Selbstorganisation jedoch einer Reformulierung. Diese bilden sich nicht mehr allein aus der Passung mit der Bürokratielogik ab, sondern müssen die Aspekte kontextgesteuerter und subjektivierter Arbeit einholen. Für die Frage der Professionalisierung von Teamarbeit und Teamsupervision liegt der Erkenntnisgewinn in einem besseren Verständnis von teaminternen Konflikten in ihrer strukturellen Bedingtheit. Die Teamarbeit Professioneller ist – als wichtiger Ort der Paradoxieaustragung (Krejci & Groth 2020: 67) – in sich spannungsreich. Die Konfliktlinien verlaufen häufig zwischen fachlicher vs. administrativer Arbeit, hierarchischer vs. heterarchischer Ausrichtung, Gleichheit vs. Heterogenität der Mitgliedschaft, Öffnung vs. Schließung des Teams, Betonung von Kontinuität vs. Entwicklung, Balancierung von Kooperation vs. Konkurrenz. Diese notwendigen Vergewisserungsprozesse eines Teams sollten nicht als organisationsfeindliche Haltung missverstanden werden.

Literatur

Baecker, D. (1999): Organisation als System. Frankfurt/M.: Suhrkamp
Bauer, P. (2004): Systemische Supervision multiprofessioneller Teams in der Psychiatrie. Freiburg: Lambertus
Blau, P./Scott, W.R. (1973): Professionale und bürokratische Orientierung in formalen Organisationen – dargestellt am Beispiel der Sozialarbeiter. In: Otto, H.U./Utermann, K. (Hrsg.): Sozialarbeit als Beruf. Auf dem Weg zu Professionalisierung? Weinheim: Juventa. 125–139
Bode, I. (2010): Arbeit im gemeinnützigen und informellen Sektor. In: Böhle, F./Voß, G./ Wachtler, G. (Hrsg.): Handbuch Arbeitssoziologie. Wiesbaden: VS. 963–980
Buchinger, K./Klinkhammer, M. (2007): Beratungskompetenz. Supervision, Coaching und Organisationsberatung. Stuttgart: Kohlhammer
Buer, F. (2010): Gefährdet Organisation Profession? In: Schreyögg, A./Schmidt-Lellek, C. (Hrsg.): Die Organisation in Supervision und Coaching. OSC-Sonderheft 3. Wiesbaden: VS. 41–63
Crozier, M./Friedberg, E. (1993): Die Zwänge kollektiven Handelns. Über Macht und Organisation. Neuausgabe. Hain: Frankfurt/M.

Deeg, J./Weibler, J. (2008): Die Integration von Individuum und Organisation. Wiesbaden: VS

Dewe, B./Stüwe, G. (2016): Basiswissen Profession. Zur Aktualität und kritischen Substanz des Professionalisierungsprozess für die Soziale Arbeit. Weinheim: Beltz Juventa

Ebers, M./Maurer, I. (2019): Netzwerktheorie. In: Kieser, A./Ebers, M. (Hrsg.): Organisationstheorien. 8. Aufl. Stuttgart: Kohlhammer. 391-412

Freidson, E. (2001): Professionalism. The Third Logic. Chicago: Chicago University Press

Helsper, W. (2021): Professionalität und Professionalisierung pädagogischen Handelns: Eine Einführung. Opladen: Budrich

Henn, S. (2020): Professionalität und Teamarbeit der stationären Kinder- und Jugendhilfe. Eine empirische Untersuchung reflexiver Gesprächspraktiken in Teamsitzungen. Weinheim: Beltz Juventa

Klatetzki, T. (2005): Professionelle Arbeit und kollegiale Organisation. Eine symbolisch interpretative Perspektive. In: Klatetzki, T./Tacke, V. (Hrsg.): Organisation und Profession Wiesbaden: VS. 253–283

Klatetzki, T. (2010): Soziale personenbezogene Dienstleistungsorganisationen als soziokulturelle Solidaritäten. In: Klatetzki, T. (Hrsg.): Soziale personenbezogene Dienstleistungsorganisationen. Soziologische Perspektiven. Wiesbaden: VS. 199–239

Klatetzki, T. (2012): Professionelle Organisationen. In: Apelt, M./Tacke, V. (Hrsg.): Handbuch Organisationstypen. Wiesbaden: VS. 165–183

Kraft, D. (2012): Netzwerkorganisation. In: Apelt, M./Tacke, V. (Hrsg.): Handbuch Organisationstypen. Wiesbaden: VS. 359–380

Krejci, G./Groth, T. (2020): Teaminteraktion als Ressource der Organisation – ein doppelt paradoxes Unterfangen. In: Geramanis, O./Hutmacher, S. (Hrsg.): Der Mensch in der Selbstorganisation. Wiesbaden: Springer Gabler. 55–69

Kühl, S. (2002): Sisyphos im Management. Die vergebliche Suche nach der optimalen Organisationsstruktur. Weinheim: Wiley VCH

Kühl, S. (2017): Laterales Führen. Eine kurze organisationstheoretisch informierte Handreichung. Wiesbaden: Springer VS

Lazega, E. (2005): A Theory of Collegiality and its Relevance for Understanding Professions and knowledge-intensive Organisations. In: Klatetzki, T./Tacke, V. (Hrsg.): Organisation und Profession. Wiesbaden: VS. 221–251

Lohmer, M. (2019): Teamarbeit – Zur Psychodynamik psychosozialer Organisationen. In: Lohmer, M./Möller, H.: Psychoanalyse in Organisationen. Einführung in die psychodynamische Organisationsberatung. 2. Aufl. Stuttgart: Kohlhammer. 115–134

Marrs, K. (2008): Arbeit unter Marktdruck. Die Logik der ökonomischen Steuerung der Dienstleistungsarbeit. Berlin: edition sigma

Olk, T. (1986): Abschied vom Experten. Sozialarbeit auf dem Weg zu einer alternativen Professionalität. Weinheim: Juventa

Parsons, T. (1996): Das System moderner Gesellschaften. 4. Aufl. Weinheim: Juventa

Pühl, H. (1994): Angst in Gruppen und Institutionen. Der Einzelne und sein unbewußtes Gruppennetz. Hille: Ursel Busch

Pühl, H. (1998): Team-Supervision. Von der Subversion zu Institutionsanalyse. Göttingen: Vandenhoeck & Ruprecht

Rau, A. (2010): Psychopolitik. Macht, Subjekt und Arbeit in der neoliberalen Gesellschaft. Frankfurt/M.: Campus

Reckwitz, A. (2018): Die Gesellschaft der Singularitäten. Zum Strukturwandel der Moderne. 6. Aufl. Berlin: Suhrkamp
Schattenhofer, K. (2006): Teamarbeit jenseits der Idealisierung – eine Untersuchung. In: Edding, C./Krauss, W. (Hrsg.): Ist der Gruppe noch zu helfen? Gruppendynamik und Individualisierung. Opladen: Budrich. 77–93
Schimank, U./Volkmann, U (2017): Das Regime der Konkurrenz: Gesellschaftliche Ökonomisierungsdynamiken heute. Weinheim: Beltz: Juventa
Schreyögg, A. (2010): „Teamsupervision" – ein Mythos? Ein kritischer Essay. In: Schreyögg, A./Schmidt-Lellek, C. (Hrsg.): Die Organisation in Supervision und Coaching. OSC-Sonderheft 3. Wiesbaden: VS. 179–188
Scott, W.R. (1986): Grundlagen der Organisationstheorie. Frankfurt/M.: Campus
Scott, W.R. (2005): Evolving Professions: An Institutional Field Approach. In: Klatetzki, T./Tacke, V. (Hrsg.): Organisation und Profession. Wiesbaden: VS. 119–141
Weigand, W. (2014): Der Gang ins Zentrum der Macht. In: Heltzel, R./Weigand, W:: Im Dickicht der Organisation. Komplexe Beratungsaufträge verändern die Beraterrolle. 2. Aufl. Göttingen: Vandenhoeck & Ruprecht. 117–161
Weigand, W. (2017): Teamsupervision. In: Hamburger, A./Mertens, W. (Hrsg.): Supervision – Konzepte und Anwendung. Band 1: Supervision in der Praxis – ein Überblick. Stuttgart: Kohlhammer. 101–117
Wiesenthal, H. (2005): Markt, Organisation und Gemeinschaft als „zweitbeste" Verfahren sozialer Koordination. In: Jäger, W./Schimank, U. (Hrsg.): Organisationsgesellschaft. Facetten und Perspektiven. Wiesbaden: VS. 223–264
Windeler, A./Wirth, C. (2010): Netzwerke und Arbeit. In: Böhle, F./Voß, G./Wachtler, G. (Hrsg.): Handbuch Arbeitssoziologie. Wiesbaden: VS. 569–596
Wolff, S. (2010): Dienstleistungsorganisationen als lose gekoppelte Systeme und organisierte Anarchien. In: Klatetzki, T. (Hrsg.): Soziale personenbezogene Dienstleistungsorganisationen. Soziologische Perspektiven. Wiesbaden: VS. 285–335
Wulf-Schnabel, J. (2011): Reorganisation und Subjektivierung von Sozialer Arbeit. Wiesbaden: VS

Alexander Burghardt Magister Erziehungswissenschaft (M.A.), Jg. 1973, Studium der Erziehungswissenschaft, Psychologie und Betriebswirtschaft, langjähriger Jugendbildungsreferent, Ehe-Familien- und Lebensberater (BAG), Systemischer Therapeut (DGSF), Supervisor (DGSv) in Leipzig.
E-Mail: alex.burghardt@gmx.de

Die triadische Aufgabenstruktur professioneller Teams

Stefan Busse

1 Was geschieht in professionellen Teams? – eine Annäherung

Was macht professionelles Handeln in und von Teams aus? Was macht es zu einer Herausforderung für die Teammitglieder? Zunächst kann dazu allgemein jede und jeder etwas sagen, weil wir nicht nur auf lebensweltliche Gruppenerfahrungen zurückgreifen können, sondern einen Gutteil unseres Berufslebens auch in Teams verbringen und verbracht haben. Diese sind sowohl eine Quelle der Bereicherung, der Erweiterung der eigenen Handlungsmöglichkeiten, der gelungenen Zusammenarbeit mit Kolleg:innen als auch eine Quelle leidvoller und unbefriedigender Erfahrungen. Das Teamleben vollzieht sich in der Regel im Rahmen etablierter Kooperations- und Kommunikationsroutinen. Man spricht über das, was getan und geklärt werden muss: In Teams von Professionellen über die Arbeit mit Klient:innen, darüber, wie man sich den Alltag am besten organisiert und für ein reibungsloses (-armes) Arbeiten sorgt. Man verständigt sich auch darüber, wie die durch die Organisation zur Verfügung gestellten oder fehlenden Ressourcen die Arbeit absichern oder auch erschweren und Arbeit zur Belastung wird. Aber auch über Meinungsverschiedenheiten und Missverständnisse, (Fehl-)Erwartungen bezüglich geteilter professioneller Standards oder der aufgabenbezogenen Beziehungsgestaltung zwischen den Teammitgliedern muss gesprochen werden. Die Kommunikation in Teams von professionellen Praktiker:innen changiert dabei zwischen den Polen Routine und Krise, in der Terminologie von

S. Busse (✉)
Markkleeberg, Deutschland
E-Mail: busse@hs-mittweida.de

© Der/die Autor(en), exklusiv lizenziert an Springer Fachmedien Wiesbaden GmbH, ein Teil von Springer Nature 2024
S. Busse et al. (Hrsg.), *Professionelles Handeln in und von Teams*, Edition Professions- und Professionalisierungsforschung 16,
https://doi.org/10.1007/978-3-658-44539-3_5

Donald Schön – zwischen „Reflection-in-action" (z. B. als reine Absprache) und „Reflection-on-action" (als Krisengespräch über eine Fallbearbeitung im Team, vgl. Schön 1983). Dafür bietet der Teamalltag spezifische Orte und Settings, die strukturiert vorgehalten und aufgesucht werden – Hilfeplangespräche, Fallkonferenzen, Teamsitzungen, Klausurtage etc. – und auch informelle Gelegenheiten, die ad hoc genutzt werden, wie Pausengespräche am Rand von Sitzungen, zwischen Tür und Angel oder eingebettet in praktisches Handeln. Teamgespräche sind so auch ein interessanter (empirischer) Zugang zum Teamalltag (vgl. Cloos et al. 2019; Henn 2020). Wenn man davon ausgeht, dass „Teamarbeit als interaktionale Herstellungsleistung" (Lochner 2017, S. 101) zu verstehen ist, dann bekommt man darüber einen Zugang zu zentralen Handlungsproblemen professioneller Teamarbeit – was Mitarbeitende eigentlich tun, wenn sie „Team" ‚machen' (Zink, i. d. Band). Dabei geht es allgemein immer um drei Themenkreise: *Erstens* um Fragen der Arbeit mit den Klient:innen und Adressat:innen Sozialer Arbeit, *zweitens* um Fragen des teaminternen Organisierens von Arbeitsvollzügen und der organisationalen und institutionellen Rahmenbedingungen und *drittens* um Fragen der Gestaltung und Regulation von teambezogenen *Arbeitsbeziehungen*.

Im Weiteren werde ich diese Themen als *triadische Aufgabenstruktur von professionellen Teams* beschreiben, um verstehbarer zu machen, was die Anforderungen an professionelles Handeln in und von Teams sind. Dazu soll in einem ersten Schritt theoretisch geklärt werden, was unter *Team, Gruppe* und *Kollegium* als unterschiedliche *Sozialformen* zu verstehen ist und wie sie theoretisch und in der Praxis zueinander in Beziehung stehen. Dabei geht es nicht allein darum, definitorische Merkmale zur Bestimmung eines Teams zusammenzutragen. Es sollen vielmehr die spezifischen und widersprüchlichen Anforderungen an professionelles Teamhandeln theoretisch abgeleitet und in einem *triadischen Modell von Primär-, Sekundär- und Tertiäraufgabe* beschrieben werden. Damit lässt sich nicht nur die übergreifende *Aufgabenstruktur* als Handlungsanforderung von professionellen Teams bestimmen, sondern auch ein Gutteil der *Teamdynamiken* verstehen, die aus Spannungen, Inkompatibilitäten und Widersprüchen zwischen den Aufgaben bzw. ihrer Bearbeitung herrühren und mitunter zu Konflikt- und Krisendynamiken in Teams führen.

2 Team und Teamarbeit als theoretisches und praktisches Problem

2.1 Die spannungsvolle Beziehung zwischen Team und Gruppe – eine organisationstheoretische und gruppendynamische Perspektive

Ehe es um das Spezifische professioneller Teams gehen kann, ist zunächst einmal zu klären, was unter Team und Gruppe zu verstehen ist. Dazu werde ich sowohl eine *organisationstheoretische* als auch eine *gruppendynamische* Perspektive auf das spannungsreiche Verhältnis dieser beiden Sozialformen richten.

1. *Vom Team zur Gruppe – eine organisationstheoretische Bestimmung*

In einer organisationstheoretischen (-soziologischen) Perspektive werden Teams bzw. Arbeitsgruppen als Teil einer Organisation über unterschiedliche arbeitsweltliche Kontexte hinweg verstanden und beschrieben (vgl. Hackman 1990). Organisationen haben als die wichtigsten Akteure der Moderne soziale Gruppen und Gruppierungen als archaische und vormoderne Räume sozialer Vergemeinschaftung überformt und in ihrer Bedeutung fundamental eingeschränkt (vgl. Kühl 2021a). Die moderne Ausdifferenzierung gesellschaftlicher Funktionsbereiche (Wirtschaft, Politik, Bildung, staatliche Verwaltung etc.) hat dazu geführt, dass vor allem arbeitsweltliches Handeln durch die Bindung an Organisationsrollen formalisiert und in hierarchische Organisationsstrukturen eingebaut worden ist. Arbeit und Leben sind damit zunehmend unter die Logik zweckrationalen Handelns und die tayloristisch-fordistische Steuerung und Kontrolle geraten. Erst ausgehend von der sogenannten Human-Relations-Bewegung seit den 20er Jahren des 20. Jahrhunderts wurde die Gruppen- (Team-)arbeit als eine Motivationsquelle der Mitarbeitenden zur Leistungssteigerung entdeckt und ist damit zu einem managerial verwertbaren Steuerungsinstrument geworden. Die vertikale hierarchische Struktur der Organisation sollte durch die horizontale Struktur der Gruppe kompensiert und abgefedert werden. Die moderne Organisation hat die Sozialform Gruppe so als „unvermeidliches Beiprodukt" (Wimmer 2007, S. 275) wiederentdeckt – Hierarchie traf somit (wieder) auf Beziehung. Den hochgestochenen Erwartungen bezüglich Effizienzsteigerung aber auch des emanzipatorischen Potenzials der Teamarbeit folgten jedoch auch Enttäuschung und Desillusionierung auf dem Fuß, sodass sich die Gruppen- bzw. Teamarbeit als zweischneidig erwiesen hat. Sie ist vonseiten des Managements oft halbherzig eingeführt worden und bei der Mitarbeiterschaft auf Widerstand und Vorbehalte gestoßen (vgl. Busse 2008). Seit den 90er Jahren des 20. Jahrhunderts mit dem

Zuwachs an Wissens- und Dienstleistungsarbeit und durch die Komplexitätszunahme organisationsexterner Umwelten (der sog. VUKA-Welt[1]), hat die Gruppe als organisationale Sozialform noch einmal reüssiert, weil die Organisationen ihre innere Komplexität allein mit an formale Organisationsrollen gebundene Kommunikation nicht mehr zu bewerkstelligen vermochten. Die komplementären Potenzen des Teams bestehen hier „eindeutig in der direkten zwischenmenschlichen Begegnung in überschaubaren Mehrpersonenkonstellationen und in den Möglichkeiten der Unsicherheitsabsorption, die im Wissen um vertrauensgestützte Kooperationsbeziehungen liegen" (Wimmer 2007, S. 280). Damit haben Organisationen ein neues altes Problem, weil die ‚archaischen' Sozialbeziehungen zwar eine Quelle von Produktivität, Kreativität und Komplexitätsbewältigung sein sollen, aber auch zu einer „explosionsartige(n) Zunahme" der Eigendynamik von konfliktbehafteten Verständigungs- und Aushandlungsprozessen geführt haben (Wimmer 2007, S. 278). Das Team bzw. die vertrauensvolle Kooperation in Teams seien so eine Ressource aber auch der „natürliche Feind der Organisation", wie die Organisation der Feind der „Gruppengemeinschaft" ist (Geramanis 2009, S. 72). So gibt es unüberhörbar Stimmen, die für eine strenge analytische Unterscheidung von Team und Gruppen plädieren (vgl. Geramanis 2009) und sogar vor deren „folgenreicher Verwechselung" warnen (Kühl 2021b). „Teams sind keine Gruppen", weil in ihnen als Teil der Formalstruktur der Organisation Kommunikation durch *rollenbezogene bzw. formale Erwartungen* reguliert wird. Die Kommunikation in Gruppen hingegen basiert auf *personenbezogenen informellen Erwartungen* ihrer Mitglieder. Entsprechend ist die Mitgliedschaft in oder der Zugang zu Teams durch die Einnahme von Organisationsrollen bestimmt, die sich aus deren Zweck oder Aufgabe ableiten, Teams greifen somit auch nur auf spezifische Weise auf die prinzipiell austauschbare Person zu. In Gruppen ist der einzelne auf der Basis diffuser Sozialbeziehungen eher als ganze Person zugehörig. Sofern es in Organisationen zur Bildung von Gruppen kommt, sind sie Teil der informellen Strukturen, sozusagen des inoffiziellen Schattenreiches der Organisation. Mit dem „organisational induzierten ‚Zwang des Wiedersehens'" (Luhmann 1975, zit. n. Kühl 2021b, S. 29) kommt es zwangsläufig zum Entstehen persönlicher Beziehungen, die auf gegenseitigem Kennen, Sympathie beruhen und zu Freundschaften führen können. Zur Erfüllung der Teamaufgabe sei dies vielleicht ‚nice to have', weil es Teamarbeit befördern kann. Persönliche Beziehungen können die teambezogene Kooperation aber auch behindern, weil eine „Verwechslung von Team und Gruppe" nicht nur theoretisch, sondern

---

[1] VUKA als Akronym für Volatilität, Unsicherheit, Komplexität und Ambiguität; vgl. Mack et al. 2015)

auch praktisch folgenreich sein kann. Kühls zugespitzte Position lässt sich auch als Frage verstehen: Wie viel Gruppe oder welche Art von Teamarbeit benötigt oder verträgt ein Team, um handlungsfähig zu sein? Die Herausforderung besteht wohl darin, dass „die Form ‚Gruppe' sowohl zentrale Elemente von Interaktionssystemen (Kommunikation unter Anwesenden) wie auch von Organisationen (Mitgliedschaft, Entscheidungsfähigkeit) miteinander zu einer neuen Systemqualität verbindet" (Wimmer 2007, S. 286) bzw. „Leistungsgemeinschaft" und „Personengemeinschaft" integrieren muss (Lotmar und Tondeur 1989, S. 28).

2. Von der Gruppe zum Team – eine gruppendynamische Perspektive

Die „Gruppendynamik" nimmt die entgegensetzte Perspektive ein: Sie thematisiert zunächst Gruppenphänomene und bezieht ihre Einsichten dann auf das Team. Die Gruppendynamik verdankt ihre sozialwissenschaftliche wie praktische ‚Karriere' vor allem der Entdeckung der Gruppe als ein soziales Feld (Lewin 1953), in dem Individuation und Vergesellschaftung stattfinden und aufeinander treffen (vgl. König und Schattenhofer 2012)[2]. Die Gruppe ist nicht nur ein Ort der Interaktion und Kommunikation von mehr oder weniger anwesenden Individuen, sondern ein Feld sich gegenseitig beeinflussender Kräfte, die ein „autonomes Sozialsystem" bilden (vgl. König und Schattenhofer 2012, S. 19). In der Gruppe ist die „innere Welt" der Individuen mit der „äußeren Umwelt" der Organisation, der Kultur und Gesellschaft verbunden. König und Schattenhofer nennen dies die „Psychoschnittstelle" auf der einen und „Sozioschnittstelle" auf der anderen Seite (vgl. König und Schattenhofer 2012, S. 25). Dazwischen entwickelt die Gruppe ein „Eigenleben" (vgl. König und Schattenhofer 2012, 20), das mehr ist als die Summe ihrer Teile (so das leitende gestalttheoretische Credo der Gruppendynamik). Vor diesem Hintergrund bildet sie eine eigene *Struktur* heraus: Eine Gruppe besteht aus 3 bis 20 (idealiter 5–8) Mitgliedern, diese sind auf ein Gruppenziel (eine gemeinsame Aufgabe) bezogen, sie treten dabei in eine direkte Face-to-Face-Kommunikation, bilden aufeinander bezogene *Rollen, gemeinsame Normen* und *Werte,* die sich in einem *Gruppenprozess* entwickeln. All das muss eine gewisse Zeit andauern oder bestehen (mindestens 3 h bis zu mehreren Jahren), damit man von einer Gruppe sprechen kann. Dabei entwickelt sich eine

---

[2] Das heutige Verständnis von Gruppendynamik speist sich aus unterschiedlichsten Quellen, in das theoretische Impulse der sozialpsychologischen Kleingruppenforschung, konzeptuelle Momente der angewandten Gruppendynamik (gruppendynamisches und Sensivitytrainings) aber auch der psychodynamisch fundierten Gruppenanalyse (Gruppentherapie und der organisationsdynamische Tavistock-Ansatz) eingegangen sind (vgl. Budziat und Kuhn 2022, S. 42–49).

eigene *Dynamik*, die als *Wir-Gefühl* (als Gruppenkohäsion) oder auch als Konformitätsdruck (z. B. als Groupthink) (vgl. König und Schattenhofer 2012, S. 15, vgl. auch Schattenhofer 2009) erlebbar wird. Über solche Definitionsmerkmale hinaus, die man in der Literatur immer wieder antrifft, sind gruppenbezogene Modellbildungen das eigentliche konzeptuelle ‚Herzstück' der Gruppendynamik. Ein einflussreiches gruppendynamisches Modell spannt einen dreidimensionalen Raum auf, in dem das Individuum auf den Dimensionen „Zugehörigkeit" („Wer ist drinnen oder draußen?"), „Macht" („Wer ist oben oder unten?") und „Intimität" („Wer ist (wem) nah oder fern?") positioniert ist (König 2007, S. 86; König und Schattenhofer 2012, S. 34–40). Das korrespondiert mit Grundbedürfnissen der Individuen nach *Inklusion, Kontrolle* und *Zuneigung*, woraus sich „drei Aufgaben (ergeben), auf die jede Gruppe eine Antwort finden muss" (König und Schattenhofer 2012, S. 34). Wie das geschieht und was daraus für den einzelnen und die gesamte Gruppe resultiert, wird nur z. T. offen kommuniziert bzw. kann auch nur schwer kommuniziert werden, weil dem ein unbewusstes Arrangement zugrunde liegt. Insofern bilden Gruppen ein „dynamisches Gesamtkraftfeld" (Budziat und Kuhn 2022, S. 54) bzw. auch eine latente „Gruppenmatrix" (Brandes 2005, S. 10). Hierin sind personenbezogene Erwartungen gebunden und gespeichert, die sich z. T. als unbewusstes Übertragungsgeschehen in Gruppen äußern und den Gruppenmitgliedern nur z. T. bewusst und in offener Kommunikation zugänglich sind.

Inwieweit können aber solche gruppendynamischen Modelle auch abbilden, was in arbeitsweltlichen Teams real vor sich geht? „Teams sind Gruppen mit einem ‚Doppelgesicht'", so die Antwort von König und Schattenhofer, weil sie als Arbeitsinstrument eine Arbeitsaufgabe erfüllen müssen und dabei zugleich ein Sozialsystem mit eigener Dynamik bilden (vgl. Budziat und Kuhn 2022, S. 18). Das legt nahe, dass die basalen Definitionsmerkmale von Gruppen (s. o.) auch für Teams gelten, für diese jedoch nur notwendige, aber keine hinreichenden Merkmale darstellen. Daraus folgt, dass Konzepte, die aus Erfahrungen in gruppendynamischen Seminaren und in gruppentherapeutischen Settings gewonnen wurden, nur bedingt die realen Dynamiken von Teams als Teil von Organisationen widerspiegeln (vgl. König 2007, S. 52–53). Gruppendynamische Beratungsansätze führten so zu Widerständen in Teams in Verwaltung und Wirtschaft, aber auch in psychosozialen Einrichtungen: „Eine Kollegin aus der Drogenarbeit reagierte im Gespräch gleichermaßen spontan wie zutreffend, in ihrer Arbeit gehe es vor allem darum, eine freie Entfaltung der Gruppendynamik zu verhindern, weil diese vorrangig destruktiv ausfalle" (König 2007, S. 53). Offenbar hatte man unterschätzt, dass Fragen der „Zugehörigkeit", „Intimität" und „Macht" in Teams (Organisationen) anderen Codes und Handlungslogiken unterliegen als in

‚freien' Gruppen. So traten z. B. strukturelle und berufskulturelle Machtfragen in den Hintergrund.

Bis heute seien die „Dynamik der Arbeitsaufgabe beziehungsweise des Kontextes auf das Kraftfeld der Gruppe noch wenig ..." berücksichtigt, resümieren Budziat und Kuhn (2022, S. 55), wenngleich schon länger ein konzeptueller Turn von der Gruppe zum Team, als einer primär organisationalen Tatsache, zu verzeichnen ist. Mit dem Konzept der „Primäraufgabe" wurde versucht, Organisations- und Teamdynamiken aus der Logik der Aufgabe heraus zu verstehen, die einem Team durch die Organisation primär aufgegeben ist. Jeder Primäraufgabe ist zudem ein „primäres Risiko" inhärent, was die Realisierung und Bearbeitung der Primäraufgabe gefährdet[3] (vgl. Lohmer und Möller 2014, S. 31; Hirschhorn 2000).

Auch Cornelia Edding und Karl Schattenhofer haben versucht, dem Bezug zum arbeitsweltlichen und organisationalen Kontext mit einem dreidimensionales Teammodell Rechnung zu tragen. Sie unterscheiden drei Aufgaben bzw. Leistungen, die Teams bewältigen, bearbeiten bzw. erbringen müssen. Sie bilden einen Teamraum (nicht Gruppenraum!) zwischen „Psycho-" und „Sozioschnittstelle" (s. o.). Das sind die *Aufgabe* (durch den Organisationzweck definiert) (1), die Befriedigung bzw. Beachtung der *Interessen und Bedürfnisse* der Teammitglieder (2) und die *Selbstorganisation* des Teams (3) (2015, S. 13–14; vgl. bereits Zysno 1998). In diesem Modell dürfte dann der dreidimensionale „gruppendynamische Raum" (s. o.) sozusagen ‚aufgehoben' sein. Inzwischen ist dieses Modell von anderen Autor:innen aufgegriffen und zu weiterführenden Modellbildungen (vgl. Geramanis 2017; Budziat und Kuhn 2022) und für empirische Untersuchungen herangezogen worden (Brinkmann und Schattenhofer 2022). Auch das Konzept der „Teamigkeit" verweist darauf, dass das Team vom Kontext her zu denken ist (Brinkmann und Schattenhofer 2022, S. 32). *Teamigkeit* ist kein erlebbares Qualitätsmerkmal von Teams (wie das „Wir-Gefühl"), sondern kennzeichnet deren Struktureigenschaften. Es ist Ausdruck davon, dass Teamhandeln zum einen nur dann möglich ist, wenn ein gewisser Grad an *Autonomie* (Entscheidungsfreiheit und Handlungsfreiheit) besteht. Zum anderen ist Teamhandeln nur dann notwendig, wenn eine gemeinsame *Verantwortung* für die Bearbeitung der Aufgabe besteht. Entsprechend gibt es auch Grade von Teamigkeit[4], die aufgaben-

---

[3] Das immanente primäre Risiko in einer Einrichtung Sozialer Arbeit ist das aus unterschiedlichen Gründen potenzielle Scheitern der Hilfebeziehung.

[4] Anhand der „Teamigkeit" sollen sich laut der Autor:innen die verschiedenen Arbeitsbedingungen und ihre Wirkungen auf das Team zusammenfassen lassen (Edding und Schattenhofer 2015, S. 32). Sie ist ein Strukturmerkmal von Teams, welches anhand diverser Dimensionen – wie Standardisierung und Dauer der Aufgabe, Teamgröße und dem Grad der

und teamspezifisch differieren. Damit versuchen aktuelle gruppendynamische Konzepte die Teamdynamik nicht allein als Ausdruck von gruppendynamischen Phänomenen zu deuten, sondern zu fragen, wie sich diese über die Primäraufgabe mit der Logik der arbeitsweltlichen Kontexte verbindet und daraus ableitet.

2.2 Die spannungsvolle Beziehung zwischen Team und Kollegium – eine professionstheoretische Perspektive

Der Ausgangspunkt einer professionstheoretischen Perspektive auf das Team ist nicht das Spannungsverhältnis von Team und Gruppe, wie ich das eben von zwei Seiten beschrieben habe. Die Frage ist hier, *ob und inwieweit in Teams professionelle (professionalisierte) Arbeit überhaupt möglich* ist. Das bezieht sich auf zwei Problemkreise – zum einen auf die Eigenlogik professioneller Arbeit im Arbeitsbündnis, zum anderen auf die organisationale Einbindung professioneller Teams.

1. *Das Arbeitsbündnis und die professionsimmanente Begrenzung (und Ermöglichung) von Teamarbeit*

Das „Arbeitsbündnis" zwischen Professionellen und Klient:innen ist der Idealtyp professionellen Handelns. Auf dem Hintergrund des strukturtheoretischen Ansatzes Ulrich Oevermanns leiten sich daraus bekanntlich eine Reihe von Strukturmerkmalen professionellen Handelns ab (vgl. Oevermann 1996, S. 109–134). Eines der wichtigsten ist die interaktive Balance eines doppelten Autonomiebezugs: Die ohnehin in ihrer lebenspraktischen Autonomie eingeschränkten Klient:innen müssen partiell Autonomie abgeben, um diese tendenziell wiederzugewinnen; die Professionellen müssen in einer nicht standardisierbaren Fallbearbeitung autonom entscheiden (können) und die Klient:innen dabei nicht deautonomisieren. Die darin angelegte Unbestimmtheit und auch das Risiko professionellen Handelns, was eine richtige, gute und wirksame Fallbearbeitung ist, kann dabei nur durch Rückgriff auf erworbene professionelle Expertise begrenzt werden. Dabei sind Professionelle zwar dem State of Art ihrer Profession, damit der potenziellen Kontrolle eines professionellen Kollegiums unterworfen, in der konkreten Fallbearbeitung sind sie in ihren Entscheidungen jedoch weitgehend autonom und damit auf sich gestellt. Das Setting des Arbeitsbündnisses, wie es

---

Einbindung in die Organisation – beschreibbar ist. Das soll hier nicht im Einzelnen verfolgt werden, geht eher indirekt in die Argumentation ein.

Oevermann idealtypisch aus der psychoanalytischen Standardsituation abgeleitet hat, ist dyadisch und vom Standpunkt des einzelnen Professionellen konstruiert. Hier ist Teamarbeit nicht nur nicht vorgesehen, sondern möglicherweise sogar kontraindiziert, weil von ihr eine potenzielle Autonomieeinschränkung der professionell Handelnden ausgeht. Das entspricht dem, was z. B. als „professioneller Individualismus" (Klatetzki 2005, S. 256) bezeichnet worden ist. Professionelle Expert:innen können organisationslogisch als Einzelkämpfer:innen zwar in Teams zusammengefasst sein, ohne jedoch wirklich ein handelndes Team zu bilden. In der Terminologie von Edding und Schattenhofer wäre ein solches Team nicht „teamig", weil ein zentrales Strukturmerkmal von Teams offenbar nicht gegeben ist – nämlich neben der Autonomie die gemeinsame Verantwortung (und damit Abhängigkeit voneinander), die zur Erbringung einer Leistung oder Erledigung einer Aufgabe nötig wäre (Edding und Schattenhofer 2015, S. 32). Solche Teams muten im Alltag dann oft als „falsche Teams" oder als „Teamarbeit ohne Team" an (Harmsen i. d. Band), weil sie zwar die gleiche aber nicht dieselbe (als gemeinsame) Aufgabe haben. Aber: Autonomie bezüglich der direkten Fallbearbeitung zu wahren, bedeutet ja nicht zwangsläufig, dass es keine übergreifende Verantwortung im Team dafür gäbe, *wie* solche Fälle professionell zu bearbeiten wären. Dies ist der Autonomie des einzelnen Professionellen nur begrenzt anheimgestellt und überantwortet. Insofern muss diese wiederum durch kollegial geteilte professionelle Standards begrenzt sein. Spätestens dann, wenn die Fallbearbeitung für die einzelnen Professionellen selbst zum Handlungsproblem geworden bzw. in die Krise geraten ist, besteht die Notwendigkeit und der Bedarf, sich im Kollegium (unter Gleichen) über den Fall auszutauschen und dem Urteil kollegialer Vernunft zu stellen. Das entspricht dem Umschalten vom Modus des „Reflection-in-action" in den Modus des „Reflection-on-action" (Schön 1983). Solche Gelegenheiten oder auch stabil vorgehaltene Settings der Fallreflexion (Fallkonferenz oder Fallsupervision) sind sozusagen Teambildungen *zweiter Ordnung* als verlässliche kollegiale Orte der autonomen Selbstkontrolle von Gleichen unter Gleichen, die aber nicht unbedingt Teams oder Teamarbeit *erster Ordnung* voraussetzen. So könnte man ein Team von Professionellen als „Kollegium von Professionellen" („company of equals") (Klatetzki und Tacke 2005, S. 11) verstehen, in dem Autonomie und Verantwortung sozusagen ‚über Kreuz' miteinander verbunden sind.

Das reale Verhältnis beider Strukturmerkmale ist immer aushandlungsbedürftig und selbst Gegenstand reflektierter Teamarbeit. Das wird noch um einiges deutlicher, wenn man die Notwendigkeit der direkten Zusammenarbeit der Professionellen im Team auf der interaktiven Ebene erster Ordnung in den Blick nimmt. Professionelle Arbeit kann nicht nur im dyadischen Setting erbracht werden; Teamarbeit als verteilte und sich überschneidende Verantwortung wird bzw. ist notwendig, weil die Komplexität der Fallarbeit das erfordert und die kollektive Expertise unterschiedlicher Domänen herangezogen werden muss (vgl. Becker-Lenz in diesem Band). Real ergibt sich so beispielsweise vom Jugendhaus, über eine WG bis hin zum ASD ein breites Spektrum – von echter Kooperation als direkte Ko-Konstruktion, über abstimmende Kollaboration, die austauschende Koordination bis dahin, dass ein Team eben nicht mehr ist als eine bürokratische Adresse mit der Aufschrift „Team". Die Pole bilden hier eine hohe und geringe strukturelle Aufgabeninterdependenz (vgl. Balz 2021, S. 923). Über dieses Spektrum hinweg muss das Verhältnis von Autonomie und Verantwortung am Fall immer wiederum geklärt und ausgehandelt werden. Ist eine gemeinsame Fallbearbeitung oder nur ein Austausch an Informationen notwendig? Hier werden die unterschiedlichen Sichtweisen, Zugänge und Expertisen auf den Fall zwischen den Professionellen im Team in einem kooperativ geteiltem Arbeitsbündnis verhandelt. Die intra- oder interprofessionelle Hierarchisierung von Perspektiven auf den Fall – welche Perspektive, welche Profession setzt sich durch, wer vertritt die Leitprofession? etc. – kommt hinzu und ist eine weitere Quelle von Autonomiedurchsetzung und -einschränkung. Das alles zeigt die Praxis in mono- oder multiprofessionellen Teams zur Genüge (vgl. Bauer 2014, 2018).

Damit kommt aber noch nicht in den Blick, dass professionelle Arbeit im Team nicht allein mit Bezug auf die Fallarbeit zu erbringen ist. Das Arbeitsbündnis mit seiner Fixierung auf die klient:innenbezogene Arbeit übersieht, was Sozialarbeiter:innen als Teil ihres professionellen Portfolios außerhalb der Fallarbeit noch alles zu bearbeiten haben. So machen Herwig-Lempp und Kühling darauf aufmerksam, dass „Sozialarbeit anspruchsvoller... als Therapie" ist, also auch außerhalb des Schemas von Falldeutung und -bearbeitung vollbracht werden muss (vgl. Herwig-Lempp und Kühling 2012). Zudem schließt die Arbeit mit Adressat:-, Nutzer:-, Bürger:innen oder Leistungsberechtigten andere Strukturmerkmale professionellen Handelns ein als die direkte Klient:innenarbeit (vgl. Erath und Balkow 2016, S. 488–507). Daraus leiten sich wiederum Gründe und Anlässe ab, dies in Teamarbeit zu erbringen. Insgesamt besteht die besondere Dialektik von „Teamigkeit" professioneller Teams wohl darin, dass die gemeinsame Verantwortung die Autonomie der einzelnen Professionellen beschränkt und auch Abhängigkeiten schafft. Zugleich wird die gemeinsame Verantwortung durch die professionelle Autonomie begrenzt. Oder wie Barbara Lochner es ausdrückt: „Professionelle Teamarbeit bedeutet in diesem Sinne, autonomes pädagogisches Handeln verbindlich in den Kontext gemeinsamer Verantwortlichkeit zu stellen" (Lochner 2017, S. 28).

2. Das Team und die organisationsimmanente Begrenzung (und Ermöglichung) von Professionalität

Das Team ist per se ein Teil der Organisation, der sich aus der formellen Rollenbestimmtheit der Teammitglieder ableitet (s. o.). Ein Kollegium von Professionellen kann ein Teil einer Organisation (z. B. als Gremium) sein, es leitet sich aber nicht allein aus der Organisation ab. Der Unterschied besteht darin, dass Kollegialität sich durch eine besondere Form der Vergemeinschaftung auf eine „Sache" auszeichnet. Sie ist nicht primär durch die „rollenförmig festgelegte Verpflichtung" ihrer Tätigkeit im Team bzw. in der Organisation (Vergesellschaftung), die auf die Erledigung einer Aufgabe bezogen ist, bestimmt (vgl. Loer 2009, S. 46). Das Kollegium bildet neben dem Team als *rollenförmiger Sozialform* in Organisationen eine *personenbasierte Sozialform* und Verbundenheit, die sich an der gemeinsamen Sache ausrichtet. Sie speist sich aber auch nicht daraus, dass man miteinander vertraut ist und sich kennt. Dies unterscheidet, so Loer, Kollegenschaft wiederum von Kumpanei. Professionelle sind so zuallerst *Peers* einer „Sinngemeinschaft" (Hensen 2022, S. 376), sie teilen ein Berufsethos oder ein Professionsideal (Becker-Lenz und Müller 2009). Dies „macht Menschen, die nicht zwangsläufig unmittelbar zusammenarbeiten müssen, wohl aber eine typische Fachlichkeit oder vergleichbare Wissenssystematik teilen, alltagssprachlich zu 'Berufskolleginnen'" (Hensen 2022, S. 369). So sind zwei Sozialarbeiter:innen, die sich persönlich nicht kennen, eigentlich schon über die Sache, real aber erst über die organisationale Aufgabe handelnd miteinander verbunden. Erst wenn Berufskolleg:innen in einem Team über die organisational gesetzte Aufgabe aufeinander treffen (zusammenarbeiten), entsteht auch eine personenbezogenes (nicht persönliches) Anerkennungsverhältnis „um der Sache willen" (Loer 2009, S. 46). Berufskolleg:innen werden zu Teamkolleg:innen. Im Gelingensfall entwickelt sich, so Loer, so etwas wie „Teamgeist". Hier scheint etwas auf, was unter gruppendynamischer Perspektive als „Wir-Gefühl" oder als „Gruppenkohärenz" bereits gekennzeichnet worden ist – mit dem wichtigen Unterschied, dass sich der Teamgeist nicht allein aus persönlichen Arbeits-(Gruppen-)erfahrungen speist, sondern durch die gemeinsame kollegiale Sache schon vorab gestiftet ist. Das nach innen in das Team gerichtete Paradoxon besteht darin, dass erst durch das gemeinsame rollenförmige Agieren im Team (über die Aufgabe) professionelle Kollegialität über persönliche Arbeitserfahrungen möglich ist[5].

---

[5] Kühl weist darauf hin, dass neben Teams und Gruppen die „Clique" eine weitere Sozialform in Organisationen darstellt (Kühl 2021b). Auch in diesen kann Kollegialität über formale Teamgrenzen hinweg informell organisiert und erfahrbar sein.

Ein weiteres Paradoxon ergibt sich daraus, dass Teams zwar über die Aufgabe in der Organisation verankert, aber über die Sache außerhalb der Organisation mit der Community of Practitioners verbunden sind. Das ist ein generelles Kennzeichen von Expert:innen bzw. „professionellen Organisationen" (Klatetzki 2012). Davon mag eine gebrochene Loyalität der eigenen Organisation gegenüber zwecks Aufrechterhaltung der professionellen Autonomie herrühren. So kann man eine generelle Organisationsskepsis oder -feindlichkeit der Sozialen Arbeit als Ausdruck von professioneller Autonomiewahrung begreifen. Man kann darin aber auch eine einseitige Professionalisierung sehen (vgl. Gschosmann 2017), weil gar nicht genügend in den Blick geraten ist, dass bürokratisches und hierarchisches Organisiertsein professionelles Handeln tendenziell auch garantiert und strukturell absichert (vgl. Happel 2017). Durch diese Organisationseinbindung als Team sind Professionelle bekanntlich nicht mehr nur auf die eigene Professionslogik bezogen (z. B. als Erbringung ihrer Arbeit im Arbeitsbündnis oder auch darüber hinaus, s. o.), sondern zugleich einer bürokratischen, managerialen oder auch unternehmerischen Organisations- und Handlungslogik unterworfen. Aus der multirationalen (hybriden) Einbindung von Teams in professionellen Organisationen ergeben sich so prinzipielle Spannungen zwischen unterschiedlichen Koordinationslogiken im Team (vgl. Glänzel und Schmidt 2012; Jansen und Vogd 2013, vgl. auch Burghardt in diesem Band). Ein Team muss sich also auch gut (effektiv und effizient) organisieren, mithin müssen Professionelle als Teammitglieder Aufgaben bearbeiten, mit denen sie sich nur vermittelt und indirekt an ihre Klient:-, Adressat:- und Nutzer:innen richten.

All das macht Teamarbeit zu einem spannungsreichen und widersprüchlichen Unterfangen in Organisationen. Als Organisationseinheit absorbiert „Team" Professionalität und ermöglicht und rahmt diese zugleich. Das wirft einen weiteren Blick auf das Verhältnis von Autonomie und Verantwortung als wesentliches Moment von *Teamigkeit*.

3 Das professionelle Team als triadischer Raum

In den eben skizzierten theoretischen Perspektiven ist das „Team" zur „Gruppe" und zum „Kollegium" (Kollegialität) als jeweils eigenständige soziale Systembildungen in Relation gesetzt worden. Es wurde deutlich, dass sie theoretisch zu differenzieren sind und nicht einfach identifiziert werden sollten. Die theoretische Warnung jedoch, das Team nicht mit der Gruppe zu „verwechseln" (Kühl), oder das professionstheoretische Diktum, dass professionellem Handeln eine Art strukturelle Unverträglichkeit mit Teamarbeit innewohnt, übersieht, dass sich hierin reale Handlungsprobleme in professionellen Teams spiegeln. Das, was sich hier als Spannung, Widersprüchlichkeit oder auch Paradoxie theoretisch benennen lässt, ist Teams und erst recht professionellen Teams als *Aufgabe auf* gegeben.

Um dies im Weiteren modellhaft zu beschreiben, greife ich modifizierend auf das von Edding und Schattenhofer entwickelte Basismodell der Teamaufgaben zurück (s. o.). Mit Bezug auf die Sozialen Arbeit finden sich diese Teamaufgaben in einem „Spannungsverhältnis zwischen Fachlichkeit, Organisationsstruktur und sozialen Bedürfnissen der Mitarbeiter*innen" wieder (Henn 2020, S. 35 und 45). Sie bilden einen *triadischen Raum* von Teamaufgaben, in dem unterschiedliche Handlungslogiken *hybrid* miteinander verbunden werden (müssen). Damit nehme ich auch die eingangs phänografisch gewonnene Triade von Primär-, Sekundär- und Tertiäraufgabe (s. o.) wieder auf.[6] Die einzelnen Aufgaben strukturieren die Teamarbeit nach innen und über sie wird der Bezug nach außen, zum organisationalen, institutionellen und gesellschaftlichen Kontext hergestellt (Abb. 1). Zunächst sollen die Aufgaben in ihrer *Struktur* und Eigenlogik beschrieben werden, um sie sodann in ihren Beziehungen und *Dynamiken* zueinander zu betrachten.

3.1 Die triadische Aufgabestruktur als Herausforderung an professionelle Teams

Die Primäraufgabe
Teams haben als Teil einer Organisation eine primäre Aufgabe, „de(n) Auftrag, das Produkt, die Dienstleistung" (Brinkmann und Schattenhofer 2022, S. 8) arbeitsteilig zu bearbeiten. Die Primäraufgabe ist durch das ‚Was', die eigenlogische Gegenständlichkeit der Aufgabe, bestimmt. Die mehr oder weniger explizite Leitfrage lautet: *Wozu sind wir da und wodurch können wir das erreichen?* So hat Beraten eine andere Bearbeitungs- bzw. Handlungslogik als das Herstellen irgendeines gegenständlichen Produktes. Zur Handlungslogik der Primäraufgabe von professionellen Teams ist das Wesentlichste aus professionstheoretischer Perspektive bereits gesagt worden (s. o.). Das Arbeitsbündnis als Kern professionellen Handelns bestimmt und limitiert, ob und inwieweit die Arbeit im Team und welcher Typ von Teamarbeit überhaupt eine sinnvolle Bearbeitungsform der Primäraufgabe darstellt. Ihre fallbezogene aber auch fallübergreifende Komplexität

---

[6] Die Idee des Triadischen als Konstruktionsprinzip von personenbezogener Beratung vor allem in Supervision und Coaching findet sich Busse und Tietel 2018 und Rappe-Giesecke 2019. Auch in der betriebswirtschaftlichen Literatur findet man die Unterscheidung in Primär-, Sekundär- und Tertiärprozesse (vgl. Beyer o. J.).

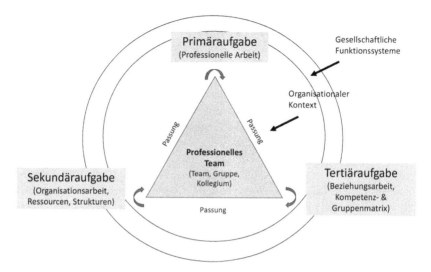

Abb. 1 Triadische Aufgabenstruktur von professionellen Teams. (Eigene Darstellung)

erfordert jedoch unterschiedliche professionelle Perspektiven in mono-, multi- oder transprofessioneller Kooperationen (in einem geteilten Arbeitsbündnis) zu integrieren. Durch die Primäraufgabe ist die *Teamigkeit* eines professionellen Teams bestimmt. Das zu regulierende Primärrisiko bestünde dann vor allem darin, das Verhältnis von Autonomie und Verantwortung (zwischen Klient:innen und den Professionellen) und zwischen den Professionellen (Teamkolleg:innen) immer wieder auszutarieren.

Die Primäraufgabe bestimmt nicht nur die Binnenstruktur des Teams, „denn ein Team in einer Organisation arbeitet immer in vielen Kontexten, dies sind u. a.: die Aufgabe und ihre Bedingungen, parallel arbeitende, vielleicht konkurrierende Teams, der Organisationsbereich, in dem das Team angesiedelt ist, die Organisation insgesamt, ihre Umwelt in Gestalt von Mitbewerbern, die wirtschaftliche Lage…" (Edding und Schattenhofer 2015, S. 31, 32).

Die herausfordernde Frage ist, inwieweit die Primäraufgabe die gemeinsame „Sache" eines institutionellen Auftrags und bzw. professionellen Selbstverständnisses spiegelt, transformiert, segmentiert oder gar absorbiert. So mögen sich z. B. die Sozialarbeiter:innen (oder andere Professionelle) eines stationären Klinikteams oder die Mitarbeitenden eines Pflegeteams fragen, in welchem Ausmaß ihre Arbeit noch der Wiedergewinnung körperlicher und seelischer

Integrität und Gesundheit (als „Sache") dient oder schon wesentlich durch die Erwirtschaftung von Gewinn und Effizienzsteigerung oder durch die bürokratische Kontrolle absorbiert ist. Durch die multiple Zuordnung ihrer Organisation (Klinik oder Pflegeeinrichtung) zu unterschiedlichen gesellschaftlichen Funktionssystemen (Verwaltung und Politik, Wirtschaft und Markt, Gemeinwesen und Lebenswelt) kommt es gewissermaßen zu hybriden Doppel- oder Mehrfachcodierungen („effizient vs. ineffizient", „gewinnbringend vs. gewinngefährdend", „gesund vs. krank") der Primäraufgabe. Die für das Kollegium der Professionellen verbindendende *Sache* geht nicht einfach und bruchlos in der (Primär)*Aufgabe* auf. So tun die Professionellen möglicherweise real etwas anderes, als sie vorgeben zu tun. Darin liegt sozusagen ein immanentes primäres Risiko (Hirschhorn 2000, S. 100).

Aber auch über die Veränderung gesellschaftlicher Bedarfslagen der Klient:-, Adressat:- und Nutzer:innen Sozialer Arbeit kann sich die Primäraufgabe in der „Sache" verschieben und Umwidmungen erfahren, weil eine Organisation neue Betätigungsfelder identifiziert und sich erschlossen hat. Das fordert Teams zu neuen und vielleicht auch konkurrierenden Zuständigkeiten und Angeboten heraus.

Es wird deutlich, wie kontextsensibel die Primäraufgabe ist und dass man von *der* Primäraufgabe eigentlich gar nicht reden kann: Sie schließt in sich z. T. widersprüchliche Handlungsanforderungen (und Risiken) ein, konkurriert mit den Primäraufgaben anderer Professioneller in und außerhalb des eigenen Teams und ist einer permanenten Veränderungsdynamik durch den gesellschaftlichen Kontext unterworfen.

Die Sekundäraufgabe
Arbeit und erst recht Teamarbeit muss organisiert und verwaltet werden. Der Systemerhalt des Teams als Teil der Organisation ist eine eigene Aufgabe. Die verfügbaren sachlichen, zeitlichen, räumlichen und personalen Ressourcen müssen so aufeinander bezogen werden, dass eine reibungslose Erledigung der Primäraufgabe möglich ist. Die mehr oder weniger explizite Leitfrage lautet: *Wie und womit wollen wir das absichern?* Wie bei der Primäraufgabe sind die Voraussetzungen für deren Erledigung durch Ressourcen oder strukturelle Vorgaben seitens der Organisation gerahmt. Es muss aber in der Regel ein Regime der Dienst-, Urlaubs-, Beleg-, Raum- und Vertretungsplanung etabliert werden. So ist z. B. die Frage „Wer übernimmt zu welcher Zeit welche Aufgabe und Rolle?" in der Regel klärungsbedürftig. Verlässliche Besprechungs- und Reflexionsformate sowohl für Teambelange des zu organisierenden Teamalltags als auch für die klient:innenbezogene Fallarbeit oder auch fallübergreifende Adressat:innenarbeit

sind vorzuhalten. Wie die Professionsrollen sich aus der Primäraufgabe ableiten, so leiten sich die Funktionsrollen – „Wer übernimmt die Stellvertretung der Teamleitung, wer arbeitet im Eingangsmanagement, wer übernimmt welche Fälle, wer moderiert die Teamsitzung oder Fallkonferenz etc.?" – aus der Sekundäraufgabe ab. Die Erledigung der Sekundäraufgabe hat damit auch eine teamstiftende Funktion. Das kann sogar heißen, dass ein Team sich gerade darüber als Team formiert. Die Mitarbeiter:innen einer Ehe- und Familienberatungsstelle haben zwar alle ihre individuellen Klient:innen, sind aber über die Sekundäraufgabe kooperativ verbunden.

Auch die Erledigung der *Sekundäraufgabe* ist kontextuell gerahmt. Ein Team muss sich nicht nur selbst organisieren, es *wird* organisiert bzw. muss organisationale Struktur- und Ablaufvorgaben gegebenenfalls teamspezifisch umsetzen, wie etwa die Diskussionen um die Einführung des Eingangs- und Fallmanagement im ASD zeigen (vgl. Busse und Ehlert 2017). Auch die organisationsinterne Verteilung der zur Verfügung gestellten Ressourcen (z. B. eine eigene Budgetverantwortung), oder die organisationsexternen Bedingungen eines Arbeitskräftemarktes (Fachkräftemangel) limitieren ganz unmittelbar deren teaminterne Verfügbarkeit und Verteilung. Der bürokratische Aufwand der (Selbst-)Verwaltung und Dokumentation sichert über den teaminternen Bedarf hinaus den der einbindenden Organisation nach Kontrolle und Steuerung und bindet wiederum einen beträchtlichen Teil der zur Verfügung gestellten Ressourcen. Die Wahrnehmung des Teams, dass es Teil einer Organisation ist, macht sich vor allem an der Bearbeitung ihrer Sekundäraufgabe fest. Die *Teamigkeit* eines Teams ist unter dieser Perspektive dadurch bestimmt, wie autonom und selbstverantwortlich es über die eigenen Belange verfügen kann.

Die Tertiäraufgabe
Ein Team besteht immer aus Personen. Diese sind zum einen durch demografische und formale Merkmale (Alter, Geschlecht, formale Qualifikation, ethnische Zugehörigkeit, zeitliche Zugehörigkeit zum Team, individuelle Arbeitszeitkontingente etc.) gekennzeichnet. Zum anderen verfügen die Teammitglieder als individuelle Subjekte über Berufs- und lebensweltliche Kompetenzen, habituelle Gewohnheiten, Einstellungen, Haltungen, Werte, Interessen, Bedürfnisse und Bewältigungsmuster. Da die Teammitglieder zur Erledigung von Primär- und Sekundäraufgabe interagieren und bestenfalls kooperieren müssen, bildet sich eine überindividuelle aufgabenbezogene *Kompetenzmatrix,* ein teamspezifisches Set von Kompetenzen zur Bewältigung der Primär- und Sekundäraufgabe heraus. Die Leitfrage dieser Matrix ist: *Wer kann was gut?* Dabei treten sie aber

nicht nur zur Aufgabe (zu den Aufgaben), sondern auch miteinander in Beziehung. Durch den „Zwang des Wiedersehens" (Luhmann 1975, zit. n. Kühl 2021b, S. 29). (verdichten sich Arbeitsbeziehungen zu dem, was die Gruppendynamik „Gruppenmatrix" (s. o.) nennt. Die Leitfrage dieser Beziehungsmatrix ist: *Wer kann mit wem gut?* Diese entwickelt sich, weil die Teammitglieder über die Primär- und Sekundäraufgabe in Beziehung zueinander treten müssen und dabei neben rollen- (aufgaben-)bezogenen Arbeitserfahrungen auch persönliche (diffuse) Beziehungserfahrungen machen. Das sedimentiert sich in der Gruppenmatrix als die Herausbildung informeller Rollen, als Sympathie und Antipathie, als erfahrene und geübte Wertschätzung. Aufgebautes „soziales Kapital" (Bourdieu) und „soziales Vertrauen" bildet eine Ressource, die aus gegenseitigem Vertrautsein und Anerkennen ent- und besteht (vgl. Geramanis 2024). Obwohl sich das zum Gutteil alles spontan und quasi naturwüchsig herausbildet, was in gruppendynamischen Laboratorien zur Genüge beobachtet worden ist, ist es in Teams als aufgabenbezogene *Beziehungsarbeit* eine besondere Herausforderung, die im Dienste der Erfüllung der Primär- und Sekundäraufgabe steht und stehen sollte. Die übergreifende Leitfrage ist: *Wie wollen wir miteinander arbeiten?*

Schließlich ist auch die Bearbeitung der *Tertiäraufgabe* kontextuell ‚geöffnet': Die Teammitglieder sind zugleich arbeitsweltliche *und* lebensweltliche Subjekte. Ob das bzw. *dieses* Team ein guter Arbeitsort ist, ist nicht nur ein Reflex der bestehenden Gruppenmatrix und gelebter Beziehungsarbeit, sondern ist von den Veränderungen und Verschiebungen durch lebensweltliche Umstände und Prioritäten der Teammitglieder bestimmt. Aus der Perspektive der Teammitglieder ist die Arbeit im Team nicht allein professionelle Berufsarbeit, sondern auch *Erwerbsarbeit* zur Befriedigung und Bewältigung lebensweltlicher Bedürfnisse und Aufgaben. Veränderungen der Lebenssituation (Partnerschaft, Elternschaft, Krankheit, anstehender Ruhestand), Veränderungen beruflicher Kompetenzen, aber auch generationsspezifisch veränderte Ansprüche an die Arbeit (z. B. der sog. Generation Z) tangieren das Team in seiner Substanz, selbst bei Konstanz der Primär- und Sekundäraufgabe. Hinzu kommt, dass auch gesellschaftliche Identitäts- und Differenzdiskurse über Geschlecht, ethnische Zugehörigkeit, Religion etc. Positionierungen von Teammitgliedern immer wieder zum Gegenstand offener oder latenter Aushandlung und Auseinandersetzung machen (vgl. den Beitrag von Bereswill und Ehlert in diesem Band). All das verändert die Kompetenz- und Gruppenmatrix eines Teams und ist Gegenstand der Tertiäraufgabe.

Jede der skizzierten drei Teamaufgaben ist für sich genommen eine Herausforderung für professionelles Teamhandeln, weil sie in ihrer jeweiligen Eigenlogik

,bearbeitet' werden müssen und ob ihres Kontextbezugs permanent Anpassungsleistungen erfordern. Der springende Punkt ist jedoch, dass die Aufgaben triadisch aufeinander verweisen bzw. verbunden sind. Sie können nicht ‚für sich' bzw. nacheinander i.S. einer linearen Abarbeitungsagenda bearbeitet, sondern permanent in Passung gebracht werden. Daraus ergeben sich Spannungen, Widersprüche, Krisen und Konflikte, aus denen sich die Dynamik in Teams speist und woraus diese Dynamik auch erst verständlich wird.

3.2 Triadische Passungsarbeit als Herausforderung für professionelle Team

Wir haben es also in professionalen Teams nicht nur mit den drei skizzierten Aufgaben zu tun, sondern mit deren Relationierung. Aus den Beziehungen zwischen den skizzierten Teamaufgaben ergibt sich Folgendes: die Relation zwischen *Primär- und Sekundäraufgabe*, zwischen *Primär- und Tertiäraufgabe* und zwischen *Sekundär- und Tertiäraufgabe* und schließlich die *zwischen allen drei Aufgaben*. Die Aufgaben stehen in einem dynamischen Verhältnis zueinander und es entstehen verschiedene Relationen zwischen den Polen des Dreiecks. Weniger abstrakt formuliert: *Wie kann ein professionelles Team sich so organisieren und strukturieren und dabei angemessene und notwendige Arbeitsbeziehungen eingehen, dass die Bearbeitung der organisational gesetzten Aufgabe gelingt und dabei die Realisierung des professionellen Auftrages (Sache) ermöglicht wird?* Es geht also nicht nur um die solitäre Bearbeitung der drei skizzierten Aufgaben, sondern darum, diese immer wieder in Passung zu bringen. Von jedem Punkt in der Triade aus können eine triadische Passungsarbeit bzw. An-Passungen notwendig werden. Veränderungen der Primäraufgabe ziehen Veränderungen der Sekundäraufgabe nach sich, die haben wiederum Konsequenzen für die Bearbeitung der Tertiäraufgabe. Aber auch von Seiten der Tertiäraufgabe können Impulse ausgehen, die weitere Passungsarbeit notwendig machen, etc[7]. Dies sei andeutungsweise beschrieben.

1. *Passungsprobleme zwischen der Primär- und Sekundäraufgabe*

---

[7] Diese triadische Struktur von Passungsaktivitäten von Teams findet sich auch in empirischen Untersuchungen zu „Teamanpassungsauslösern" technischer Professionals (Ingenieur:innen) (vgl. Georganta et al. 2019).

Die Veränderung von Lebenslagen der Adressat:innen oder politische Programme und Konjunkturen, die diese aufgreifen, können über Veränderung der Primäraufgabe Passungsfragen in Bezug auf die Sekundäraufgabe nach sich ziehen. Die Arbeit muss auf andere Weise organisiert werden, es braucht andere oder mehr Ressourcen, z. B. anderes Personal etc. wie im folgenden Beispiel.

Beispiel: Ein multiprofessionelles Team einer Beratungsstelle hatte ein zusätzliches Beratungsangebot zur „Flüchtlingsberatung" implementiert[8]. Dies war durch ein politisches Programm initiiert und mit einer beträchtlichen Ressourcenzufuhr verbunden. Entsprechend konnte die Ressourcenbasis des Teams auch verbreitert und einiges musste teamintern umorganisiert werden (Sekundäraufgabe). Das Kalkül der Leitung war aber auch, nicht nur ein neues Angebot in das Teamportfolio aufzunehmen, sondern unter der Hand die Kernaufgabe bisheriger Beratungsleistungen besser abzusichern, eigentlich das Handeln unter notorischen Knappheitsbedingungen zu kompensieren. Nach Ablauf des Projektes wurden die Ressourcen (Stellen) wieder abgezogen, die erweiterte Primäraufgabe ist jedoch geblieben, auch weil man der Organisation gegenüber ein Verstetigungsversprechen eingegangen war. Das führte im Team zu heftigen Auseinandersetzungen und Konflikten (Tertiäraufgabe): „Wofür stehen wir eigentlich, was ist unsere Kernkompetenz, sind wir dafür qualifiziert, auf welche bisherigen Aufgaben müssen wir verzichten und wie wollen wir das schaffen, etc.?" Befürworter:innen und Gegner:innen der Verstetigung der neuen Beratungsleistung bildeten zwei Fraktionen im Team.

Das ist ein nicht untypisches Muster dafür, wie eine Veränderung der Primäraufgabe nicht nur Anpassungsleistungen bei der Bearbeitung der Sekundäraufgabe nach sich zieht, sondern einen Versuch darstellt, bisherige Defizite bei der Bewältigung der Sekundäraufgabe auszugleichen. Das stellt auch eine latente Instrumentalisierung der Primäraufgabe dar, weil sie in den Dienst der Sekundäraufgabe gerät. Das führt im Ergebnis zu einer erneuten Nichtpassung zwischen beiden Aufgaben und zu einer Spannung mit der Kompetenz- und Beziehungsmatrix im Team.

2. *Passungsprobleme zwischen Sekundär- und Primäraufgabe*

---

[8] Die stark vereinfachten und anonymisierten Beispiele entstammen aus Teamsupervisionssitzungen.

In vielen Bereichen Sozialer Arbeit ist das Handeln unter Knappheitsbedingungen der Normalfall. Die Ursachen hierfür können durch die unstete oder fragile organisationsinterne und -externe Zufuhr und Sicherung von Ressourcen bedingt sein (s. o.).

Schieflagen können sich z. B. daraus ergeben, dass ein kleines Kernteam von Festangestellten in Vollzeitstellen von einer Peripherie von Teilzeit- und befristeten Projektmitarbeiter:innen (sozusagen als fluider ‚Teamrand') umgeben ist. Das macht die mittel- und langfristige Absicherung der Teamarbeit immer wieder zu einem unsteten Unterfangen, weil die professionelle Kernarbeit auf wenige Schultern verteilt ist. Aber auch die mangelnde Verfügbarkeit von qualifiziertem Personal führt nicht selten zu einer Art Qualifikationsschere – Qualifizierte müssen weniger qualifizierte Arbeit machen und weniger Qualifizierte Arbeit, für die sie nicht oder nur unzureichend qualifiziert sind.

Beispiel: In einer Einrichtung der stationären Kinder- und Jugendhilfe gibt es zwar ausreichend Stellen für Sozialpädagog:innen, jedoch lastet wegen des Fachkräftemangels die Verantwortung real auf einer verfügbaren Sozialpädagogin, was im WG-Alltag schlechterdings nicht durchzuhalten ist. So kann der Dienstplan zwar abgesichert werden (z. B. durch sozialpädagogisch nicht genügend Qualifizierte oder gar durch Ehrenamtliche), aber nur bei ungenügend vorgehaltener sozialpädagogischer Ansprache für die Klient:innen.

Das alles kann tendenziell nicht nur zu einer Gefährdung der Primäraufgabe führen, sondern auch zu einer Herausforderung für die Tertiäraufgabe (s. u.), weil unterschiedlich verteilte Beanspruchungen und Überforderungen das Teamklima belasten.

3. Passungsprobleme zwischen Tertiär- und Sekundäraufgabe

Das Gut-Organisiert-Sein eines Teams muss mit den subjektiven und objektiven Handlungsmöglichkeiten der einzelnen Teammitglieder aber auch mit dem „sozialen Kapital" und der „Gruppenmatrix" des Teams in Passung sein. Problematische Ressourcenfragen spiegeln sich nicht nur in den individuellen Belastungs- und Burn-out-Dynamiken der einzelnen Teammitglieder, sondern korrespondieren mit der Belastungssituation des Teams und sind eine Herausforderung für die Teamresilienz und Teamkohäsion, deren Überschreitung zu Teamerschöpfung und zum Burnout des Teams führen können (Fengler und Sanz 2011), auch weil die identitätsstiftende Primäraufgabe möglicherweise gefährdet ist. Die unterschiedlichen Arbeitszeitmodelle führen zudem teamintern nicht nur objektiv zu unterschiedlicher Zugehörigkeit, sondern auch zu unterschiedlichen Positionierungen im „gruppendynamischen Raum" als gefühlte Zugehörigkeit, als gelebte und erfahrene Verbindlichkeit und Verantwortung. Auch die Öffnung zu relevanten lebensweltlichen Kontexten der Teammitglieder (Elternschaft, Krankheit, Pflege von Angehörigen, Lebenskrisen etc.) sind Belastungen, die teamintern ausgeglichen werden müssen und im Gelingensfall gut kompensiert und mitgetragen werden können. Im Krisenfall kann dies indessen zu konflikthaften Dynamiken abnehmender Solidarität und Kompensationsbereitschaft sowie zu *Verteilungskonflikten* (vgl. Zügner 2010) führen.

Beispiel: In einem WG-Team ist durch den häufigen krankheitsbedingten Ausfall zweier Kolleg:innen eine prekäre Planungssituation (Dienstplan) und Verteilungssituation (der neu zu verteilenden Fallverantwortung) entstanden. Das ist lange kompensierbar gewesen ist, auch wenn es die Belastungen der verbliebenen Teammitglieder erheblich verstärkt hatte. Die Situation begann zu ‚kippen', als im Team der Eindruck entstand, dass es sich bei dem Krankheitsausfall einer der beiden Kolleg:innen um strategische Krankschreibungen handelt und dass die Vertretungen im Team immer wieder von denselben Teammitgliedern geleistet werden müssen, sodass eine massive Vertrauens- und Verteilungskrise und ein Zustand empfundener Ungerechtigkeit entstand.

Das kann zu einem Planungsnotstand im Team (Sekundäraufgabe) und zu einem Tiefpunkt der Team- (bzw. Gruppen-)kohäsion (Tertiäraufgabe) und schließlich zu einer Gefährdung der Arbeit mit den Klient:innen (Primäraufgabe) führen.

4. *Passungsprobleme zwischen Primär- und Tertiäraufgabe*

Die Relationierung von Primär- und Tertiäraufgabe greift am ehesten die oben kontrovers diskutierte Frage auf, wieviel Gruppe ein Team benötigt oder verträgt. Die Antwort darauf leitet sich vor allem aus der professionellen Primäraufgabe ab. Das je spezifische Verhältnis von *struktureller Autonomie, gemeinsamer Verantwortung und gegenseitiger Abhängigkeit* bei der Erledigung des professionellen Auftrags bzw. der sich daraus ergebenden Aufgaben, bestimmt zunächst, welcher Teamtypus nötig ist bzw. *wieviel* Team erforderlich ist. Vom Grad der Teamigkeit hängt es ab, welcher Klärungsbedarf in professionellen Teams worüber entsteht und ob es zu Auseinandersetzungen darüber kommt, wie und ob man sich fallspezifisch und fallübergreifend auf gemeinsame professionelle Standards verständigt, verständigen muss und kann (s. o.). Professioneller Dissens bzw. die sachbezogene *Ziel- und Erreichungskonflikte* (Zügner, 2010) müssen verhandelt, ausgetragen und bearbeitet werden. Hierzu bedarf es eines *geteilten professionellen Habitus* und einer *Kompetenzmatrix* als kollektiver Handlungsrahmen, der in einem Team von professionellen Kolleg:innen zwar abstrakt vorausgesetzt werden kann, in der Regel aber erst erarbeitet und erfahren werden muss. Erst im Zuge der erfahrenen Zusammenarbeit (Kooperation, Kollaboration, Koordination etc.) bildet sich auch eine *„Gruppen- und Beziehungsmatrix"* heraus, die im positiven Fall von Wohlwollen, Anerkennung, Wertschätzung und Vertrauen, als Quellen des „sozialen Kapitals" eines Teams, getragen ist. Idealiter stellt sie als eine Kultur der Dissens- und Konfliktbearbeitung ein wichtiges Absorptionspotenzial von Krisen zur Verfügung, ihr Fehlen steht dem dann entsprechend im Wege.

Der Grad an Teamigkeit scheint auch unterschiedliche Maße „sozialen Kapitals" zu benötigen. Hier gibt es ein ganzes Spektrum von Bedingungen, unter denen gehandelt werden *kann* und *muss* – unter Bedingungen der „Fremdheit" (des sich Nicht-Kennens), der „Bekanntheit" (des Sich-Kennens) und der „Vertrautheit" (des „Miteinander-Vertrautseins"). Daraus ergeben sich je eigene Beziehungsdynamiken von Kontrolle, Zutrauen, Vertrauen, fehlendem Vertrauen und auch Misstrauen (vgl. Geramanis 2024).

Beispiel: In einer Einrichtung der Familienhilfe kommt es krankheitsbedingt zu einer Vertretungssituation zwischen zwei Mitarbeitenden, von denen der eine langjährig und die andere erst seit kurzem im Team ist (Problem aufseiten der Sekundäraufgabe). Die beiden teilen bislang kaum professionelle Arbeitserfahrungen miteinander und sind wenig miteinander vertraut (Bedingung der Bekanntheit). Durch die Coronazeit hat sich hier wenig an sicherndem „sozialen Kapital" bilden können. Anhand der Fallübergabe (Falldokumentation) kommt der fallübernehmende Kollegin zu einer gänzlich anderen Falleinschätzung, identifiziert sogar einen Fehler der Kollegin, eine nicht erkannte Kindeswohlgefährdung. Weil er Gefahr im Verzug wähnt, sucht er nicht das Gespräch mit der Kollegin, sondern mit der Leitung. Inzwischen hat sich auch die Mutter über die abwesende Kollegin beschwert. Die Leitung ist alarmiert und muss handeln, auch weil sie den Druck der Öffentlichkeit fürchtet. Infolgedessen kommt es zu einer disziplinarischen Maßnahme der Kollegin gegenüber. Die Leitung übernimmt disziplinarisch die Personalverantwortung, aber nicht die Verantwortung für eine fachliche Aufarbeitung im Team und die Resonanzen, die ihre Entscheidung im Team erzeugt hat. Das verschlechtert nicht nur die ohnehin belastete Beziehung zwischen den beiden Kolleg:innen, sondern blockiert das ganze Team, welches noch keinen geteilten professionellen Habitus (s. o.) herausgebildet hatte. Erst allmählich können in der Supervision die problematische und krisenhafte Relationierung der fachlichen (professionellen) Versäumnisse, der einseitigen strukturellen Handhabung des Problems durch die Leitung und des fehlenden Zu- und Vertrauens zwischen den Teammitgliedern aufgearbeitet werden. Es ist der Versuch, die konflikthafte Teamdynamik und die Verstrickung der Beteiligten darin verstehbarer zu machen und eine Balance in der triadischen Aufgabenstruktur (wieder- bzw. überhaupt erst einmal) herzustellen.

Interpersonale Prozesse in ihrer relativen Autonomie sind so ein wesentlicher Grundstein für die Effektivität von Teamprozessen, dies zeigen empirische Untersuchungen immer wieder (Scholl 2003; Friedrichs und Ohly 2019). Zustände der Nichtpassung können die Arbeit im Team erschweren, aber nicht unmöglich machen: „Wir mögen uns nicht und arbeiten trotzdem zusammen" so der Titel des Aufsatzes von Friedrichs und Ohly von 2019. Aber auch umgekehrt: Trotz gegenseitiger professioneller Wertschätzung kann eine Kooperation – in Abhängigkeit vom Grad der Teamigkeit – miteinander erschwert sein. Insgesamt: Wie handlungsfähig ein professionelles Team ist, hängt davon ab, inwieweit es gelingt, den Grad struktureller Teamigkeit eines Teams in Passung mit seiner Kompetenz-, Gruppen- bzw. Beziehungsmatrix zu bringen. Dann kann so etwas wie „Teamgeist" oder ein aufgabenbezogenes „Wir-Gefühl" entstehen.

5. Triadische Blockierungen und Abkopplungen

Teamhandeln vollzieht sich wohl permanent in dem Spektrum zwischen Routine und Krise, sodass sich Zustände relativer Stabilität und dynamischer Turbulenzen abwechseln.

Die relativ routinierte Bearbeitung der einzelnen Aufgaben und ihre triadischen Passung wird immer dann problematisch bzw. krisenhaft, wenn deren Bearbeitung über Dissens und Konflikte zwischen den Teammitgliedern hinaus zu krisenhaften Blockierungen im Team führt. Ein häufiger Ausgangspunkt von Teamsupervisionen oder Konfliktmoderationen ist, dass sich Lösungsversuche im Kreise drehen und es zu Vereinseitigungen und Abkopplungen zwischen den einzelnen Aufgaben bzw. deren Bearbeitung kommt. Das Team ist durch die Bearbeitung einer Aufgabe derart absorbiert, dass die anderen Aufgaben oder die Beziehung zu diesen aus dem Blick geraten (vgl. Tietel 2009).

So kann die nötige Thematisierung von Fachstandards bei der Bearbeitung der professionellen Aufgabe und schließlich der Bezug zur Arbeit mit den Klient:innen (Primäraufgabe) hinter der Dauerthematisierung von Ressourcen-, Planungs- und Belastungsfragen im Team aus dem Blick geraten. Das Team kann dadurch so gebunden sein, dass es faktisch kaum mehr als professionelles, sondern nur noch als ‚Team des Dienstplanes' agiert. Ebenso können die Thematisierungen von Beziehungskonflikten innerhalb der Gruppenmatrix bzw. um Positionierungen im „gruppendynamischen Raum" (Zugehörigkeit, Macht und Intimität, s. o.) die reflexiven Ressourcen eines Teams derart in Anspruch nehmen, dass ihr sachlicher Bezug (zur Primäraufgabe) oder auch ihr Bezug zu Ressourcen und Verteilungsfragen (Sekundäraufgabe) verloren geht. Hier kann es zu Verdeckungen, Kaschierungen, Personalisierungen bzw. zu sog. Spiegelungen („Spiegelungsphänomen") von Sach- und Strukturkonflikten kommen, die stellvertretend als Fragen der Primär- und Sekundäraufgabe im Rahmen der Tertiäraufgabe bearbeitet werden.

Es kann allerdings auch zu kompensatorischen Praktiken der Teaminszenierung kommen, in dem ein Team sich immer wieder seiner Existenz als „Team" versichert, aber eigentlich mit seinem „Unterleben" beschäftigt ist (Zink i. d. Band). „Wir sind ein Team" – ist dann kaum mehr als eine inszenatorische Behauptung und ‚wohlige' Selbstbestätigung, die eine Leerstelle ausfüllt und Abkopplung kompensiert. Die Teamkommunikation läuft sachentbunden zirkulär in sich zurück.

In der empirischen Konfliktforschung liegen im Übrigen heterogene Befunde darüber vor, welcher Konflikttyp in Teams modal der häufigste ist. Tendenziell nehmen Beziehungskonflikte hierbei eine nur mittlere Position ein. Am meisten beschäftigen Teams *Erreichungskonflikte* („Wie können wir ein Ziel, eine Aufgabe sach- und fachgerecht erreichen bzw. bewältigen?") und weniger *Ziel-* und *Verteilungskonflikte* (vgl. Zügner 2010, S. 22–26) was eigentlich für eine starke Orientierung an der Primäraufgabe spricht. Allerdings scheint auch zu gelten: Konflikte, „denen unzureichende Kommunikation zugrunde liegt" (Zügner 2010, S. 25), können zu primären Konflikten aufsteigen, die andere verdecken und die Teamarbeit absorbieren und das Team in seiner Professionalität einschränken.

4 Fazit

Der Ausgangspunkt des Beitrages war die Frage, worin die spezifischen Handlungsanforderungen für professionelle Teamarbeit bestehen. Dabei ging es weniger um Merkmale, die ein professionelles Team definitorisch beschreibbar machen, als darum, dass Teamarbeit vor allem heißt, „Team" im Vollzug der sozialarbeiterischen Praxis immer wieder herzustellen. Um dies zu verdeutlichen, wurde versucht, zentrale Handlungsprobleme, mit denen Teams in ihrem Alltag konfrontiert sind, in einem Modell *triadischer Aufgabenstruktur* abzubilden. Das heißt, die z. T. widersprüchlichen Anforderungen, die sich aus der Eigenlogik der Primär-, Sekundär- und Tertiäraufgabe und deren Relationierung ergeben, machen Teamarbeit zu einem permanenten Anpassungsprozess auch an teamexterne Veränderungen des organisationalen und gesellschaftlichen Kontextes. Sie müssen teamintern immer wieder verhandelt werden. Die Teamdynamik wird damit aus den Feldkräften, die dabei wirken, verständlich. Aus der theoretischen Hinführung zum skizierten triadischen Modell wurde deutlich, dass die analytisch bestimmbaren Unterschiede und Unvereinbarkeiten von *Team, Gruppe* und *Kollegium* in der professionellen Teamarbeit real integriert werden müssen. In dieser Integrationsleistung liegt ein wesentliches Kriterium ihrer Professionalität als Team.

Literatur

Balz, H.-J. (2021). Teamarbeit. In: R.-Ch. Amthor, B. Goldberg, P. Hansbauer, B. Landes & Th. Wintergerst (Hrsg.). *Wörterbuch Soziale Arbeit.* S. 923–926. Beltz Juventa

Balz, H.J., & Spiel, E. (2009). *Kooperation in sozialen Organisationen. Grundlagen und Instrumente der Teamarbeit.* Kohlhammer

Bauer, P. (2014). Kooperation als Herausforderung in multiprofessionellen Handlungsfeldern. In S. Faas, & M. Zipperle (Hrsg.), *Sozialer Wandel* (S. 273–284). Springer VS

Bauer, P. (2018b). Multiprofessionalität. In G. Grasshoff (Hrsg.), *Soziale Arbeit* (S. 727–739). Springer VS

Becker-Lenz, R., & Müller, S. (2009). *Der professionelle Habitus in der Sozialen Arbeit. Grundlagen eines Professionsideals.* Peter Lang

Beyer, H-T. (Hg.). (o.J.). *Der Betrieb als vernetztes System.* Online-Lehrbuch BWL. http://www.online-lehrbuch-bwl

Brandes, H. (2005). Gruppenmatrix und Theorie des Unbewussten. Über Bewegungen und Perspektiven in der gruppenanalytischen Theorie und Praxis. *Gruppenanalyse. Zeitschrift für gruppenanalytische Psychotherapie, Beratung und Supervision* (15. Jg), H. 2, S.151–169.

Brinkmann, B.J., & Schattenhofer, K. (2022). *Erfolgreiche Teams in der Selbstorganisation.* Vahlen

Budziat, R., & Kuhn, H.R. (2022, 2. Aufl.). *Gruppen und Teams professionell beraten und leiten. Handbuch Gruppendynamik für die systemische Praxis.* Vandenhoeck & Ruprecht

Busse, St. (2008). Teamarbeit als Handlungsproblem. In J. Ludwig (Hrsg.) *Interdisziplinarität als Chance. Wissenschaftstransfer und Beratung im lernenden Forschungszusammenhang. Wissenschaft/Praxis/Dialog Weiterbildung,* Band 13, S. 75–95. W. Bertelsmann Verlag

Busse, St., Ehlert, G., Becker-Lenz, R., & Müller-Herrmann, S. (2016). Vorwort: Professionelles Handeln in Organisationen, In St. Busse, G. Ehlert, R. Becker-Lenz & S. Müller-Herrmann (Hrsg.). *Professionalität und Organisation,* S. 1–13. VS-Springer

Busse, St., & Ehlert. G. (2017). Organisationsveränderungen im ASD – auf der Suche nach Gelingensbedingungen. *Supervision. Mensch, Arbeit, Organisation.* Heft 2, S. 49–55.

Busse, St., & Tietel, E. (2018). *Mit dem Dritten sieht man besser: Triaden und Triangulierung in der Beratung.* Vandenhoeck & Ruprecht

Cloos, P., Fabel-Lamia, M., Kunze, K., & Lochner, B. (Hrsg.). *Pädagogische Teamgespräche. Methodische und theoretische Perspektiven eines neuen Forschungsfeldes.* Beltz Juventa

Edding. C., & Kraus, W. (Hrsg.) (2006). *Ist der Gruppe noch zu helfen? Gruppendynamik und Individualisierung.* Verlag Barbara Budrich

Edding, C., & Schattenhofer, K. (2015, 2. Aufl.). *Einführung in die Teamarbeit.* Carl-Auer

Fengler, J., & Sanz, A. (2011) (Hrsg.) *Ausgebrannte Teams, Burnout-Prävention und Salutogenese.* Klett-Cotta

Friedrichs, J., & Ohly, S. (2019). Wir mögen uns nicht und arbeiten trotzdem zusammen – wie Aufgabeninterdependenzen den Zusammenhang zwischen interpersonellen Teamprozessen und Zufriedenheit beeinflussen. *Gruppe. Interaktion. Organisation. GIO*, Jg. 50 Heft 1,15–25.
Geramanis, O. (2009). Das Ende des Teams? In. U. Kaegi & S. Müller (Hrsg.). *Change auf Teamebene*. S. 59–83. Verlag Neue Züricher Zeitung
Geramanis, O. (2017). *Minihandbuch Gruppendynamik*. Beltz
Geramanis, O. (2024). Vertrauen und Organisationsberatung. Das Basler Vertrauensmodell. Vandenhoeck & Ruprecht
Georganta, E., Wölfl, TF., & Brodbeck, FC (2019). Teamanpassung löst aus: Ein Kategorisierungsschema. *Gruppe, Interaktion, Organisation, GIO*, 50, 229–238. https://doi.org/10.1007/s11612-019-00454-4
Glänzel, G., & Schmitz, B. (2012). Hybride Organisationen – Spezial- oder Regelfall? In H.K. Anheier et al. (Hrsg.) *Soziale Investitionen*, S. 181–203. VS Verlag Sozialwissenschaften
Gschosmann, A. (2017). Das Unbehagen mit dem Dreieckskontrakt. Überlegungen zu einer Konstante in der Teamsupervision von Sozialorganisationen. *Supervision, Mensch, Arbeit Organisation*, 2, 27–36.
Hackman, J.R. (ed.) (1990). *Groups that works (and Those That don't)*. Jossey-Bass Publishers
Happel, H. (2017). *Hierarchie als Chance. Für erfolgreiche Kommunikation und Kooperation in Team und Organisation*. VS-Springer
Henn, S. (2017). Kollegiale Kooperation in der stationären Kinder- und Jugendhilfe. *Sozial Extra* 41, 16–19. https://doi.org/10.1007/s12054-017-0090-z
Henn, S. (2020). *Professionalität und Teamarbeit in der stationären Kinder- und Jugendhilfe*. Eine empirische Untersuchung reflexiver Gesprächspraktiken in Teamsitzungen. Juventa
Hensen, P. (2022). Kennzeichen und Kennzeichnung eines arbeits- und organisationsbezogenen Peer-Begriffs. *Gruppe Interaktion Organisation, GIO*, 53, 367–378.
Herwig-Lempp, J., Kühling, L. (2012). *Sozialarbeit ist anspruchsvoller als Therapie. Zeitschrift für systemische Therapie und Beratung (ZSTB)*, Heft 2/2012, S. 50–56
Hirschhorn, L. (2000). *Das primäre Risiko*. In M. Lohmer (Hrsg.), Psychodynamische Organisationsberatung. Konzepte und Potentiale in Veränderungsprozessen (S. 98–118). Stuttgart: Klett-Cotta.
Jansen, T., & Vogd, W. (2013). Polykontexturale Verhältnisse – disjunkte Rationalitäten am Beispiel von Organisationen. *Zeitschrift Für Theoretische Soziologie*, 2 (1), 82–97.
Klatetzki, T. (2005). Professionelle Arbeit und kollegiale Organisation. Eine symbolisch interpretative Perspektive. In T. Klatetzki & V. Tacke (Hrsg.), *Organisation und Profession*. S. 253–283. VS-Spinger
Klatetzki, T. (2012). Professionelle Organisationen. In M. Apelt & V. Tacke (Hrsg.), *Handbuch Organisationstypen*, S. 165–183, VS-Springer
Klatetzki, T., & Tacke, V. (2005). Einleitung. In T. Klatetzki & V. Tacke (Hrsg.), *Organisation und Profession*. S. 7–30. VS-Springer
König, O. (2007). *Gruppendynamik und die Professionalisierung psychosozialer Berufe*. Carl Auer
König, O., & Schattenhofer, K. (2012, sechste Auflage). *Einführung in die Gruppendynamik*. Carl Auer

Kühl, St. (2021a). Soziologie der Gruppen. Zu den Möglichkeiten und Grenzen einer theoretischen und empirischen Gruppenforschung. *Soziologie*, 50. Jg., HEFT 1, 2021, S. 26–45.
Kühl, St. (2021b). Die folgenreiche Verwechslung von Teams, Cliquen und Gruppen. Zu unterschiedlichen Formen der Systembildung im Kontext von Organisationen. *Gruppe Interaktion Organisation, GIO,* (52) 417–434.
Lewin, K. (1953). *Die Lösung sozialer Konflikte. Ausgewählte Abhandlungen über Gruppendynamik.* Christian-Verlag
Lochner, B. (2017). *Teamarbeit in Kindertageseinrichtungen. Eine ethnografisch gesprächsanalytische Studie.* Kasseler Edition Soziale Arbeit, Bd. 5., VS-Springer
Loer, T. (2009). Die Sozialform des Teams als besondere Form von Kollegialität. Soziologische Konzeptualisierungen und analytische Erwägungen zur Praxis von Teamarbeit und -beratung. In U. Kaegi, & S. Müller (Hrsg.), *Change auf Teamebene* (S. 41–58). NZZ-libro.
Lohmer, M., Möller, H. (2014). *Psychoanalyse in Organisationen: Einführung in die psychodynamische Organisationsberatung (Psychoanalyse im 21. Jahrhundert: Klinische Erfahrung, Theorie, Forschung, Anwendungen.* Kohlhammer.
Lotmar, P., & Tondeur, E. (1989). Führen in sozialen Organisationen. Haupt
Mack, O., Khare, A., Kramer, A., & Burgartz, T. (Hrsg.). (2015). *Managing in a VUCA world.* Springer
Rappe-Giesecke, K. (2019). *Triadische Karriereberatung – die Begleitung von Professionals, Führungskräften und Selbstständigen.* EHP
Schattenhofer, K. (2009). Was ist eine Gruppe? Verschiedene Sichtweisen und Unterscheidungen. In. C. Edding, & K. Schattenhofer (Hrsg.). *Handbuch Alles über Gruppen. Theorie, Anwendung, Praxis,* S, 16–46. Beltz
Scholl, W. (2003). Modelle effektiver Teamarbeit – eine Synthese. In S. Stumpf, & A. Thomas (Hg.). *Teamarbeit und Teamentwicklung,* S. 3–35. Hogrefe
Schön, D. A. (1983). *The Reflective Practitioner. How professionals think in action.* Ashgate
Tietel, E. (2009). Wenn der/das Dritte aus dem Blick gerät. Die Fallstricke beruflicher Dreiecksverhältnisse im Fokus der Supervision. In H. Pühl (Hg.) *Handbuch der Supervision 3,* S. 141–147. Leutner Verlag
Wimmer, R. (2006). Der Stellenwert des Teams in der aktuellen Dynamik von Organisationen. In C. Edding, & W. Kraus (Hrsg.). *Ist der Gruppe noch zu helfen? Gruppendynamik und Individualisierung,* S. 169–193. Verlag Barbara Budrich
Wimmer, R. (2007). Die Gruppe – ein eigenständiger Grundtypus sozialer Systembildung? Ein Plädoyer für die Wiederaufnahme einer alten Kontroverse. In J. Aderhold, & O. Kranz (Hrsg.), *Intention und Funktion,* VS Verlag für Sozialwissenschaften. https://doi.org/10.1007/978-3-531-90627-0_14,
Zügner, C. (2010). *Konfliktverhalten in Arbeitsteams. Selbst- und Fremdwahrnehmungen von Konfliktstilen in kollegialen Beziehungen.* Verlag Dr. Kovač
Zysno, P. V. (1998). Die Klassifikation von Gruppenaufgaben. In E. Ardelt-Gattinger, W. Lechner, & W. Schlögl (Hrsg.) *Gruppendynamik. Anspruch und Wirklichkeit der Arbeit in Gruppen,* S. 10–25. Verlag für angewandte Psychologie

Stefan Busse Prof. i.R. Dr. habil., Dipl. Psychologe, Fakultät Soziale Arbeit der Hochschule Mittweida, ehemals Direktor des Institutes für „Kompetenz, Kommunikation und Sprachen" (IKKS), aktuell Studiengangleiter der Zertifikatstudienganges „Supervision und Coaching" an der Hochschule Mittweida. Forschungsschwerpunkte: Beratung und Supervision, Professionalität Sozialer Arbeit. Praxis: Ausbildungsleitung bei Basta – Fortbildungsinstitut für Supervision und Coaching e. V. in Leipzig, Supervisor und Coach (DGSv, BDP).

Teamarbeit im Kontext. Ein Ansatz zur systematischen Bestimmung der Bedeutung von Teamarbeit in vielfältigen Handlungskontexten Sozialer Arbeit

Falko Müller

Es kann wohl als Sonderfall angenommen werden, wenn Soziale Arbeit nach dem Modell freiberuflicher Tätigkeit organisiert ist. In der Regel ist das berufliche Handeln, das der Sozialen Arbeit zugerechnet wird, als Lohnarbeitsverhältnis eingebettet in einen organisationalen Zusammenhang, sei es der eines freien Trägervereins oder die Abteilung einer Behörde auf kommunaler Ebene, um nur zwei Beispiele zu nennen. Auch wenn dieser Zusammenhang im Einzelnen sehr unterschiedlich ausgestaltet sein mag, haben die dort tätigen Sozialarbeiter:innen und Sozialpädagog:innen immer Kolleg:innen innerhalb der eigenen Organisation, mit denen sie mal enger und mal weniger eng zusammenarbeiten. Inwiefern diese sich selbst als Team verstehen, ist eine empirische Frage (hierzu z. B. Lochner 2017) und inwieweit sich ihre Zusammenarbeit anhand spezifischer Merkmale als Teamarbeit klassifizieren lässt, eine theoretische (Becker-Lenz in diesem Band).

Mich interessiert im Folgenden die Frage nach der Bedeutung der Teamzusammenarbeit für Professionalität und professionelles Handeln. Dies will ich unter dem Aspekt unterschiedlicher in der Sozialen Arbeit vorzufindenden Praxisformen betrachten. Ich wandle also die in der Einleitung zum vorliegenden Band aufgeworfene Frage: „Was zeichnet Teams in unterschiedlichen Handlungsfeldern und Organisationstypen aus?", leicht ab. Ich frage: In welchem Verhältnis

---

F. Müller (✉)
Fakultät für Sozialwesen, Hochschule Mannheim, Mannheim, Deutschland
E-Mail: f.mueller@hs-mannheim.de

© Der/die Autor(en), exklusiv lizenziert an Springer Fachmedien Wiesbaden GmbH, ein Teil von Springer Nature 2024
S. Busse et al. (Hrsg.), *Professionelles Handeln in und von Teams*, Edition Professions- und Professionalisierungsforschung 16,
https://doi.org/10.1007/978-3-658-44539-3_6

stehen Handlungskontext, Teamarbeit und Professionalität zueinander? Ich wähle den etwas unspezifischeren Begriff des Handlungskontexts, weil es mir um Bedingungen und Merkmale professionellen Teamhandelns geht, die eher quer liegen zu Organisationstypen und Handlungsfeldern. Wenn man Roland Becker-Lenz (in diesem Band) in theoretischer Hinsicht darin folgt, dass Teamarbeit sich angesichts der Bewältigung einer gemeinsamen, komplexen Aufgabe konstituiert, stellt sich vor diesem Hintergrund die Frage, welcher Art diese Aufgabe in den ganz unterschiedlichen Kontexten und Formen praktischer Sozialer Arbeit jeweils ist und inwiefern ihre Bearbeitung als professionelles Handeln begriffen werden kann. Weiterhin ist von Interesse, welche Gestalt die Zusammenarbeit im Team dabei jeweils annimmt.

Mit meiner Argumentation will ich zeigen, dass mit der notorischen Heterogenität der Handlungsfelder Sozialer Arbeit ein Kontinuum an unterschiedlichen Formen von Teamarbeit und teaminterner Arbeitsteilung korrespondiert, das einem systematischen Verständnis zugeführt werden kann. In einem ersten Schritt thematisiere ich Teamzusammenarbeit zunächst vor dem Hintergrund der Prämisse professioneller Autonomie. Aus der Problematisierung des Individualismus dieser Professionalitätskonzeption heraus entwickle ich eine Perspektive auf Teamarbeit in unterschiedlichen Handlungskontexten unter den Aspekten von Arbeitsteilung und Raumstruktur der Angebote. Entlang von exemplarischen Forschungen zeige ich im nächsten Schritt wie sich die Bedeutung von Teamarbeit für Professionalität – und zwar immer mit Blick auf die Beziehungspraxis zu den Adressat:innen – in den unterschiedlichen Kontexten systematisch begreifen lässt.

1 Professionelle Autonomie, Teamarbeit und Arbeitsteilung

Das Verhältnis von Teamarbeit und professionellem Handeln ist lange Zeit eher am Rande thematisiert worden, wie nicht nur die Herausgeber:innen des vorliegenden Bandes konstatieren (vgl. Cloos 2008; Lochner 2017; Henn 2020), „Teamarbeit scheint auch im Widerspruch zur professionellen Autonomie zu stehen" wie Barbara Lochner (2017, S. 25) feststellt. Die Annahme professioneller Autonomie geht in der Regel damit einher, dass professionelles Handeln als das Handeln professionalisierter Individuen vorgestellt wird. Dem scheint auch der Habitus der Professionals zu entsprechen, wenn Thomas Klatetzki die kollegialen Beziehungen in professionellen Organisationen als „kollektiven Individualismus" (Klatetzki 2005, S. 257) charakterisiert. Mit diesem individualisierenden Blickwinkel auf professionelles Handeln geht auf der anderen Seite die

Individualisierung der Problemlagen von Adressat:innen einher und die Formation individualisierter Einzelfälle in den Deutungspraktiken der Professionellen. In diesem Denkmuster finden Professionelle und ihre Adressat:innen dann in einer Sozialform zueinander, die dem Ideal eines dyadischen Arbeitsbündnisses entspricht. So betrachtet entsprechen in erster Linie Beratungssituationen den Anforderungen professionalisierten Handelns. Allerdings bilden Eins-zu-Eins-Beratungen nur einen Ausschnitt aus dem Spektrum an Praxisformen Sozialer Arbeit (wenngleich solche Situationen in fast allen Handlungskontexten hergestellt werden können).

Aus der individualisierenden Theorieperspektive kommt kollegiale Zusammenarbeit unter Professionellen entweder als Funktion wechselseitiger, egalitärer fachlicher Kontrolle durch das Kollegium in den Blick (vgl. Klatetzki 2005, S. 274 f.) oder als interdisziplinäre oder multiprofessionelle Kooperationsbeziehung unter formal gleichrangigen Spezialist:innen (vgl. Bauer 2011). Die Arbeitsteilung erfolgt demnach entweder zwischen Individuen gleicher Qualifikation und Expertise hinsichtlich der „eigentlichen" Aufgabe und ihrer Qualitätssicherung, oder aber als Arrangement komplementärer, eigenständiger fachlicher Perspektiven auf den Fall, die einander im Idealfall ergänzen – auch wenn die Spezialist:innen dabei zugleich um Deutungshoheit konkurrieren mögen und Konflikte um „berufsständisch geprägte Hierarchien" (Bauer 2011, S. 349) austragen.

Die Idee professioneller Autonomie scheint, was die Arbeitsbeziehungen der Professionellen untereinander anbelangt, eng verbunden mit dem Begriff der Kollegialität bzw. des Kollegiums. Während sich das Kollegium durch den „kollektiven Individualismus" (Klatetzki 2005, S. 274 f.) auszeichnet, ist das Team durch den Handlungsbezug auf eine gemeinsame Aufgabe charakterisiert (vgl. Bauer 2018, S. 732) sowie durch eine „Unmittelbarkeit der sozialen Beziehungen ihrer Mitglieder" (Bauer 2018, S. 732), die sich in einem Zugehörigkeitsgefühl ausdrückt und die zur Bewältigung der Aufgabe nötig ist. Bezogen auf pädagogische Arbeitsfelder bedeutet für Lochner „professionelle Teamarbeit [...] autonomes pädagogisches Handeln verbindlich in den Kontext gemeinsamer Verantwortlichkeit zu stellen" (Lochner 2017, S. 28). Darüber hinaus wird auf die Komplexität der Aufgabenstellung verwiesen, die die Notwendigkeit von Teamarbeit als Kooperationsform begründet (Lochner 2017, S. 38; vgl. Henn 2020, S. 31).

Die in der Kooperationsbeziehung geteilte Verantwortlichkeit kann in unterschiedlicher Weise wahrgenommen werden. Möglich ist eine fachlich-spezialisierte Arbeitsteilung (im obigen Sinne als interdisziplinäres oder multiprofessionelles Team von „Kolleg:innen"), wo die Verantwortung sich auf unterschiedliche fachliche Spezialisierungen im Team verteilt. Dies trifft jedoch nicht auf alle Formen kollegialer Zusammenarbeit in den Handlungskontexten Sozialer Arbeit zu. Für den Bereich der stationären Jugendhilfe betont Sarah Henn beispielsweise, dass prinzipiell „alle Fachkräfte für alle Alltagsbelange aller zu betreuenden Kinder und Jugendlichen zuständig" sind (Henn 2020, S. 31) und eben diese umfassende gemeinsame Zuständigkeit bildet den geteilten Verantwortungsbereich, aus dem sich die Kooperationsnotwendigkeit ergibt. Es ist anzunehmen, dass sich die Aufgaben im ambulanten Kontext nicht weniger komplex als im stationären darstellen und sich Teamarbeit aber jeweils aufgrund der unterschiedlichen raum-zeitlichen Struktur nach völlig anderen Gesichtspunkten gestaltet. Vor diesem Hintergrund stellt sich die Frage, in welcher Weise sich Teamarbeit in unterschiedlichen Handlungskontexten unterscheiden lässt und welche Bedeutung diese Unterscheidungen möglicherweise für Professionalität haben.

Um dem nachzugehen, will ich im Folgenden einige in der Sozialen Arbeit gängige Praxisformen gegeneinanderstellen. Dabei gehe ich zunächst von solchen Zusammenhängen aus, in denen fachliche Spezialisierung in den Kooperationsbeziehungen nicht von zentraler Bedeutung ist. Da Teamarbeit als Koordinationsform von Kooperation gelten kann (vgl. Bauer 2011), steht die Organisation der Arbeitsteilung im Vordergrund, dies jedoch nicht als formale und/oder hierarchische Gliederung. Arbeitsteilung ist für mich an dieser Stelle, angelehnt an ein interaktionistisches Verständnis (vgl. Strübing 2007, S. 117 f.), als Prozess, das heißt, als raum-zeitliche Kategorie von Interesse. Um meinen Punkt deutlich zu machen, unterscheide ich im folgenden Abschnitt zwei Ortstypen sozialarbeiterischen bzw. sozialpädagogischen Handelns anhand der räumlichen und zeitlichen Strukturierung, die ich an folgenden Aspekten festmache: 1) die räumliche Organisation der Aufgabe und die daraus resultierende Verteilung der Beteiligten (Verantwortlichen) im Raum, 2) die daraus hervorgehende Begegnungsstruktur mit den Adressat:innen und die zeitliche Dimensionierung der Möglichkeiten der Beziehungsgestaltung. Diese zwei Doppelaspekte dienen im Folgenden zur Charakterisierung der beiden Ortstypen.

Im Rahmen dieses Beitrags geht es mir zunächst darum, mit der hier vorgenommenen Unterscheidung Akzente zu setzen und Zuspitzungen vorzunehmen. Dies geschieht mit dem Anspruch einer präziseren Bestimmung der Praxisformen professionellen Handelns anhand des Verhältnisses von Raum und interpersonellen Beziehungen als über die gängigen Unterscheidungen von Arbeitsfeldern und Organisationstypen. Klar ist aber auch, dass die Handlungspraxis Sozialer Arbeit sich zu mannigfaltig und komplex darstellt, als dass sämtliche

Praxisformen trennscharf einem der beiden Ortstypen zuzuordnen wären. Stattdessen ist von einem Kontinuum auszugehen, auf dem ich zwei Tendenzen der Handlungsorganisation differenziere.

2 Teamzusammenarbeit in unterschiedlichen Kontexten Sozialer Arbeit

Vor dem Hintergrund der einleitenden Überlegungen ist davon auszugehen, dass in nahezu allen Bereichen Sozialer Arbeit Teamarbeit vorkommt, seien es stationäre, teilstationäre, ambulante mit Komm-Struktur, aufsuchende mit Geh-Struktur, offene, niederschwellige oder solche mit eingeschränkter Zugänglichkeit. Da diese Praxisformen zugleich auf ganz unterschiedliche Weise die Arbeitsbeziehung zu den Adressat:innen strukturieren, habe ich an anderer Stelle den Begriff der Begegnungsstruktur als raum-zeitliche Kategorie der Arbeitsbeziehung zwischen Adressat:innen und Professionellen formuliert (Müller 2015, S. 485). Stellt man sich zu jeder in dieser Aufzählung enthaltenen Praxisform einen Raum vor und Interaktionen, die dort zwischen Adressat:innen und Fachkräften stattfinden und erweitert man im nächsten Schritt die imaginierte Anzahl an Personal von eins auf zwei und mehr, wird deutlich, dass nicht nur die Interaktionsformen mit den Adressat:innen variieren, sondern auch die Form der kollegialen Zusammenarbeit jenseits formeller Dienstbesprechungen.

Ich will das Verhältnis von Kontext und Teamarbeit im Folgenden anhand von kontrastierenden Beispielen herausarbeiten. Als Bezugspunkte der Kontrastierung dienen, wie im vorigen Abschnitt dargelegt, nicht Handlungsfeld und Organisationstypus, sondern die raum-zeitliche Organisation der Begegnung mit den Adressat:innen. Denn – so die zugrunde liegende These – Raum- und Begegnungsstruktur haben maßgeblichen Einfluss auf die Teamzusammenarbeit. Zur Verdeutlichung ziehe ich exemplarische Studien zu verschiedenen Handlungskontexten heran, die die Raumstruktur und/oder Teamarbeit thematisieren. Wenn wie sonst üblich Handlungsfelder nach Zielgruppen strukturiert werden, dann bringt die erste nachfolgend thematisierte Gruppe von Einrichtungen völlig Unterschiedliches zusammen. Mit dem zeitlichen Aspekt der Beziehungsgestaltung und der räumlichen Struktur als Bezugspunkten werden jedoch Ähnlichkeiten hinsichtlich der dort situierten Interaktionsformen erkennbar, die es auch in ihrer Bedeutung für die Arbeitsteilung zu refektieren gilt. Allerdings bringt das die Schwierigkeit mit sich, angemessene Begriffe zur Beschreibung zu finden.[1]

2.1 Orte dezentrierter Interaktionen und diskontinuierlicher Beziehungen

Es ist schwierig einen gemeinsamen Oberbegriff für die unter dieser Überschrift versammelten Einrichtungsformen zu finden. Gemeint sind Einrichtungen wie Jugendzentren als Form der Offenen Kinder- und Jugendarbeit, Tageseinrichtungen für Kinder, Tagesstätten für Menschen mit Behinderungen oder mit psychischen Erkrankungen, Tagestreffs für Drogennutzer:innen oder Tagesaufenthalte für Wohnungslose. Sie richten sich an unterschiedliche Zielgruppen und sind in verschiedenen Arbeitsfeldern verortet (Kinder- und Jugendhilfe, Gesundheit und Rehabilitation, Sozialhilfe). Dementsprechend verfolgen sie völlig unterschiedliche Aufträge und Zielsetzungen: Vom Bildungsauftrag der Kindertagesstätte über gesellschaftliche Teilhabe, *harm reduction* und Überlebenshilfe, bis hin zum sicherheitspolitischen Kontrollauftrag, wenn durch niedrigschwellige Einrichtungen der Drogenarbeit auch eine als bedrohlich wahrgenommene Konzentration von Szeneansammlungen im Stadtgebiet entschärft werden soll.

Die zentrale Gemeinsamkeit zwischen den Einrichtungen ist, dass mit ihnen gestaltete Orte zur Verfügung stehen, deren Räumlichkeiten (mindestens zeitweise) unabhängig vom Personal von den Nutzer:innen für eigene Aktivitäten beansprucht werden können („Freispiel", Zeitung lesen, Handy aufladen), als Treffpunkt oder als Rückzugsort (vgl. Cloos et al. 2009, S. 90). Als Angebot einer Komm-Struktur ist hier der Raum selbst eine zur Verfügung stehende Ressource für die Nutzer:innen. Die Räume sind durch konstitutive (bspw. eine weitgehend bedingungslose Zugänglichkeit) und regulative Regeln (z. B. die Hausordnung) definiert, die das Personal handhaben muss, um das Angebot in dieser Weise aufrechterhalten zu können (vgl. Cloos et al. 2009; Streck 2016). Betrachtet man einschlägige Studien zur Arbeitspraxis dieser Einrichtungen, lassen sie sich als

---

[1] So vermeide ich bewusst, obwohl naheliegend, den Begriff Sozialraum oder sozialräumlich für den ersten Typus von Einrichtungen, da dies zu Missverständnissen führen würde. Auch Attribute wie Niederschwelligkeit (Tagestreff oder Kontaktladen) oder Offenheit (Jugendzentrum) treffen nicht auf alle hier versammelten Typen zu. Die Kindertagesstätte ist nicht ohne Weiteres für die Zielgruppe zugänglich, hier braucht man einen „Platz", um betreut zu werden. Weil in den Einrichtungen prinzipiell alle Sozialformen methodischen Handelns gelebt werden (Einzelfallarbeit, Gruppenarbeit, Gemeinwesenarbeit), eignet sich auch diese Unterscheidung nicht.

Orte dezentrierter Interaktionen mit den Nutzer:innen verstehen. Die besondere Dynamik, die sie ausmacht, ist zugleich die Bedingung der Möglichkeit spontaner Transformationen in zentrierte Interaktionen (Cloos et al. 2009, S. 16).[2] Für die Arbeitsbeziehungen bedeutet dies, dass die Gleichzeitigkeit zahlreicher paralleler Aktivitäten im Raum, von denen viele auch ohne unmittelbare Beteiligung des Personals ablaufen, eine Struktur hervorbringt, die etliche lose Begegnungen zwischen Personal und Nutzer:innen ermöglicht, welche aber jederzeit in spezifische Begegnungen überführt werden können. Dadurch bestehen die Arbeitsbeziehungen in einer gewissen Diskontinuität (Cloos et al. 2009, S. 16, 91).[3] Dennoch sind diese Einrichtungen, weil sie weitgehend bedingungslos zur Verfügung stehen, in besonderer Weise „Orte verlässlicher Begegnung", wie es Timm Kunstreich im Anschluss an Martin Buber formuliert. Diese Orte leben von der „Situationalität", in deren „Mittelpunkt die Potenzialität als der Möglichkeitsraum einer Situation steht" (Kunstreich 2012, S. 89).[4] Sie bieten also einen „Raum mit mehreren Optionen" (Kunstreich 2012, S. 89), die über den institutionalisierten Auftrag hinausgehen und sich vor allem durch Aktivität und Nutzungsweise der Adressat:innen realisieren.

Die Mitarbeiter:innen agieren verteilt auf unterschiedliche Räume oder Bereiche innerhalb der Einrichtung. Sie mögen zeitweise spezielle Angebote initiieren und betreuen oder sich bestimmten Aufgaben im Alltagsgeschäft zuwenden, dennoch gilt hier, dass keine spezialisierte Arbeitsteilung vorliegt. Alle sind prinzipiell für alles zuständig und ansprechbar, denn letztlich ist das, was am jeweiligen Einsatzort geschieht, nicht vorhersehbar und thematisch vielfältig (vgl. Streck 2016, S. 200). Beim Spritzentausch im Kontaktladen der Drogenhilfe werden zwar primär benutzte Spritzen gegen sterile ausgetauscht, gleichzeitig kann sich im Kontakt mit den Nutzer:innen aber vieles ereignen, das in direkter Verbindung mit den Zielen der Einrichtung steht: die allmähliche Anbindung von

---

[2] Als dezentrierte Interaktionen werden von Cloos et.al. solche bezeichnet, die nicht um einen spezifischen Gegenstand oder ein spezifisches Thema zentriert sind, wie zum Beispiel „chillen" oder „abhängen" (vgl. Cloos et al. 2009, S. 21). Solche Interaktionen bieten aber immer wieder Gelegenheiten, die Aufmerksamkeit aus dem unspezifischen Geschehen heraus an einen spezifischen Gegenstand zu binden und hierüber pädagogischen Sinn zu vermitteln, der dann das Zentrum der Interaktion bildet (vgl. ebd. S. 86–94).
[3] So betrachtet sind auch Angebote mit Geh-Struktur, also aufsuchende Arbeit in der „Szene" dieser Gruppe zuzurechnen. Auch hier ereignen sich dezentrierte Interaktionen und Beziehungen gestalten sich diskontinuierlich (vgl. Mörgen 2020, S. 333).
[4] Ein in der lebensweltorientierten Sozialpädagogik gebräuchlicher Begriff, mit dem Ähnliches bezeichnet wird, ist der der „Gelegenheitsstruktur" (z. B. Müller und Schwabe 2009, S. 30 f.).

Leuten, die neu sind in der Szene, an die Einrichtung oder ein Wiederanknüpfen der Arbeitsbeziehungen bei den ersten Kontakten nach einer Haftentlassung. Dies erfordert eine spezifische Art der Kommunikation und einen Blick für entsprechende Gelegenheiten „in Beziehung [zu] treten" (vgl. Mörgen 2020). In dieser Hinsicht regulieren Mitarbeiter:innen ihre Präsenz und Sichtbarkeit über „Platzierungspraktiken" (vgl. Cloos et al. 2009, S. 124 ff.) in den Einrichtungen und verfolgen spezifische Strategien der Kontaktaufnahme (vgl. Streck 2016, S. 152 ff.).

Die genannten Aspekte verweisen auf die Arbeitsteilung zwischen den Teammitgliedern, die auf eine bestimmte Weise koordinationsbedürftig ist (andernfalls kann dies zu den Zielen der Einrichtung in Konflikt geraten, vgl. z. B. Cloos et al. 2009, S. 128). Dies ist notwendig, damit die „Situationalität" (Kunstreich 2012), von der diese Orte leben, zur Entfaltung kommen kann. Die Koordinierungsnotwendigkeit ergibt sich gerade aus der „unspezifischen prinzipiellen Verantwortung aller Mitarbeiter_innen" (Lochner 2017, S. 149). Anders als in der Arbeitsteilung unter Spezialist:innen, die jeweils für einen spezifischen Verantwortungsbereich zuständig sind, ergibt sich hieraus die Anforderung als „Gemeinschaftssubjekt" (Lochner 2017, S. 190) aufzutreten. Lochner zufolge geht dies mit dem Prinzip der Substituierbarkeit (vgl. Lochner 2017, S. 191) der Teammitglieder in den Interaktionen mit den Adressat:innen und Nutzer:innen einher. Ähnliches beobachtet auch Rebekka Streck. In den von ihr untersuchten Kontaktläden der niedrigschwelligen Drogenarbeit zeigt sich eine „Irrelevanz der Person der Sozialarbeiterin" (Streck 2016, S. 280): die Teammitglieder erscheinen den Nutzenden „als austauschbare Vertreter_innen des Kollektivs" (Streck 2016, S. 280). Nicht zuletzt aufgrund der Tatsache der thematischen Offenheit und Unvorhersehbarkeit der Interaktionen erscheint die Entindividualisierung der Mitarbeiter:innen im Prinzip der Substituierbarkeit als funktional.[5] Denn die Möglichkeit, dass Teammitglieder „gegeneinander ausgespielt" werden, besteht umso mehr, wenn diese nach dem Prinzip des Individualismus auftreten. Dies kann sich insofern gegen die Ziele der Einrichtung wenden, als dass Entscheidungen nach diesem Prinzip („frag drei Expert:innen und Du erhältst drei Meinungen")[6], im Kontext der hier in Rede stehenden Einrichtungen den Eindruck von Willkür hervorrufen können. Damit aber steht die Verlässlichkeit des Ortes, den die Einrichtung repräsentiert,

---

[5] Gleichwohl ist gerade hierin die Möglichkeit längerfristiger Bindungen und spezifischer Beziehungen angelegt, genau das zeichnet m. E. die „Orte verlässlicher Begegnung" aus.

[6] Als Kontrastbeispiel kann die Praxis der Notenvergabe an Hochschulen gesehen werden. Diese ruft möglicherweise individuell Verunsicherung oder den Eindruck von Ungerechtigkeit hervor, dies steht jedoch nicht unbedingt dem Zweck der Einrichtung entgegen.

auf dem Spiel. Das bedeutet, die Verantwortung für einzelne Elemente des „Gesamtarbeitsbogens" der Einrichtung (einzelne spezifische Angebote, bestimmte Räume oder Aktionen und Projekte) mag bezogen auf die einzelnen Teammitglieder unspezifisch sein. Für sie ergibt sich jedoch eine spezifische Verantwortung für den Ort als solchen, damit er als Ressource und „Ort verlässlicher Begegnung" für die Adressat:innen weiter nutzbar bleibt.

2.2 Orte dezentraler Handlungsräume und kontinuierlicher Beziehungen

Während in den Beispieleinrichtungen im vorigen Abschnitt der Raum durch die Dezentriertheit der Interaktionen und eher diskontinuierliche Beziehungen zwischen Fachkräften und Adressat:innen charakterisiert ist, steht in diesem Abschnitt die Dezentralität der Raumstruktur im Vordergrund, einhergehend damit, dass die Beziehungen eher auf Kontinuität angelegt sind. Angesprochen sind etwa stationäre Wohngruppen, ambulante Hilfen zur Erziehung oder ambulant Betreutes Wohnen. Unterhält ein Träger, wie es beispielsweise Thomas Klatetzki (1993) in seiner Studie zur Organisationskultur eines Jugendhilfeträgers beschreibt, mehrere Wohngruppen oder bietet ambulante Hilfen an, ist die Arbeitspraxis der Mitarbeiter:innen durch das Verhältnis zweier Orte strukturiert. Klatetzki spricht vom „zentralen Ort", vereinfacht gesagt, den Büroräumen des Trägers und dem „dezentralen Ort", an dem die pädagogische Arbeit mit den Jugendlichen stattfindet (Klatetzki 1993, S. 94). Die Teammitglieder verteilen sich also auf verschiedene dezentrale Orte, an denen die (geplanten) Begegnungen mit den Adressat:innen stattfinden und finden zu anderen Zeitpunkten am zentralen Ort wieder zum Austausch zusammen.

Die Begegnungen mit den Adressat:innen richten sich an ihnen als Individuen aus, das heißt, die Arbeit erfolgt in erster Linie einzelfallorientiert. Sofern eine dezentrale Wohngruppe von mehreren Mitarbeiter:innen im Schichtdienst betreut wird, gilt auch hier gegebenenfalls die geteilte Zuständigkeit aller für alle und auch im stationären Setting ist die Abstimmung und Koordination als Gemeinschaftssubjekt von Bedeutung. Aber anders als etwa im Kontaktladen treten hier die Teammitglieder, aufgrund der anders gelagerten Kontinuität der Beziehungen, in der Wahrnehmung der Bewohner:innen deutlich auch als individuelle Persönlichkeiten in Erscheinung. Diese Gleichzeitigkeit beschreibt auch Annegret Wigger in einer vergleichenden Studie stationärer Einrichtungen unter der Überschrift „allein und gleichzeitig mit anderen" (Wigger 2007, S. 84 f.).

Im Mittelpunkt der Verantwortung der Fachkräfte steht der Einzelfall, auch wenn in der Wohngruppe Gruppenaktivitäten zum pädagogischen Alltag gehören. Im ambulant-aufsuchenden Setting, wie dem betreuten Einzelwohnen, besteht die Arbeitserfahrung in besonderer Weise im individualisierten Handeln. Aufgrund der einzelfallbezogenen Arbeitsweise kommt es hier nicht selten zur einrichtungsübergreifenden Arbeitsteilung. Wenn etwa im ambulant Betreuten Einzelwohnen im sozialpsychiatrischen Kontext neben der ambulanten Nachsorge im Anschluss an eine Rehabilitationsmaßnahme auch eine Schuldnerberatung in Anspruch genommen wird und darüber hinaus der Kontakt zu den Kindern über die Zusammenarbeit mit dem Jugendamt angebahnt wird. In einer solchen Konstellation besteht die Fallarbeit in der Koordination eines Netzwerks spezialisierter Expert:innen (Nachsorge, Beratung, Erziehungshilfe), die unterschiedlichen Einrichtungen und Trägern angehören können – und sich untereinander möglicherweise gar nicht oder eher ausnahmsweise begegnen, auf die sich aber dennoch Zuständigkeiten für den *Fall* verteilen. Als bedeutsam gilt hier, dass eine „koordinierende Bezugsperson" (etwa Obert 2015, S. 233) den Gesamtprozess im Blick behält, der für Adressat:innen aufgrund der institutionellen Strukturen nicht unbedingt zu überblicken ist. Bei dieser Bezugsperson (der Fachkraft des Betreuten Wohnens) laufen dann die verschiedenen Handlungsstränge ineinander, wodurch idealerweise die Kontinuität hergestellt wird (vgl. Obert 2015). Das wäre dann der prototypische Fall individualisierter Zuständigkeit.

Zentral für diese Form der Sozialen Arbeit ist also, dass sie sich auf die Bewohner:innen und Adressat:innen als Individuen bezieht und die Fachkräfte auch deutlicher als Individuen in Erscheinung treten – und zum Teil extrem individualisiert arbeiten, wie in ambulant-aufsuchenden Praxisformen. Die Arbeitserfahrung der Kolleg:innen an den dezentralen Orten des betreuten Wohnens oder der ambulanten Hilfen ist dementsprechend voneinander separiert. Das gilt in ähnlicher Weise auch für den Schichtdienst in stationären Settings. Und auch für die Arbeit einer Jugendwerkstatt im Bereich der Jugendberufshilfe, wo die Mitarbeiter:innen zwar auf dem gleichen Gelände tätig sind, ihre Arbeit aber in verschiedenen Räumen stattfindet (und von den Adressat:innen im Unterschied zum „Treff" Verbindlichkeit verlangt), spricht Peter Cloos (2008) von einer „Separierung von Zeit-Räumen" der Handelnden (Cloos 2008, S. 115), die dezentrale Erfahrungen erzeugen. Die Separierung erfordert es Cloos zufolge „Schnittstellen" (Cloos 2008, S. 115) zu schaffen, an denen die dezentralen Erfahrungen der Einzelnen in einen „gemeinsamen Wissenskorpus" (Cloos 2008, S. 115, vgl. Klatetzki 1993, S. 137) integriert und das individuelle Handeln reflektiert wird. Solche Schnittstellen können neben den Team- oder Dienstbesprechungen auch informelle Gesprächsräume sein.

Auch wenn die Aufteilung von zentralem und dezentralem Ort nicht buchstäblich als geografische Trennung gefasst werden muss, ist doch die topografische Differenz der beiden Orte konstitutiv dafür, dass die im Alltag dezentral tätigen Mitglieder sich an diesen „Schnittstellen" als Team erfahren können. Sie ist die Voraussetzung für die Ermöglichung kollektiver Sinnstiftung der individuellen Erfahrungen und als Bedingung für die aktive Herstellung von Team zu begreifen. Diese Schnittstellen sind Orte der „Inszenierung von Gemeinsamkeit" (Cloos 2008, S. 117). Das bedeutet aber nicht allein, dass sich im kollektiven Austausch der dezentralen Erfahrungen und Informationen eine Art Wir-Gefühl einstellt, sondern, wie Klatetzki (1993) herausgearbeitet hat, das „Transzendieren" der separierten Einzelerfahrungen in ein übergreifendes Sinngefüge, das das konzeptionelle Selbstverständnis der Einrichtung bereitstellt (Kaletzki 1993, S. 132). Zugleich geht damit ein „Überschreiten der individualisierten Isolation an den dezentralen Orten" (Kaletzki 1993, S. 151) einher. Die „Verantwortung für das konkrete Handeln" wird nach Klatetzki über den Austausch (das „Einbringen" von Erfahrungen) und die gemeinschaftliche Deutung auf dem Hintergrund des jeweiligen konzeptionellen Bedeutungssystems der Einrichtung in den Besprechungen übertragen „auf das organisatorische Ganze" (Kaletzki 1993), worin die Teammitglieder gleichzeitig eine Bestätigung ihres Tuns erführen. Damit erfüllen die Besprechungen am zentralen Ort die Funktion der Sinnstiftung der Einzelhandlungen und Ereignisse an den dezentralen Orten.

Darüber hinaus findet in Teambesprechungen auch eine fallbezogene Handlungsplanung statt. Hier werden Deutungsrahmen (organisationskulturelles „Bedeutungssystem", vgl. ebd., S. 171) mit den institutionellen Kategorien und Klassifikationssystemen (welche die Zuständigkeit legitimieren) und den fallbezogenen Informationen sowie den Erfahrungen der Fachkräfte relationiert (vgl. Müller 2019a), mit dem Ziel eine prospektive Handlungsorientierung zu entwerfen. Mit Andrew Abbott (1988) lässt sich dieser Vorgang als Inferenz bezeichnen. Gemeint sind Praktiken der Erkenntnisbildung und des Schlussfolgerns, die dann an Bedeutung gewinnen, wenn „die routinemäßige Verknüpfung der Fragen ‚was ist der Fall' und ‚was ist zu tun' nicht gelingt" (Müller 2019a, S. 209). Wie die Sinnstiftung des in der Vergangenheit an den dezentralen Orten abgelaufenen Handelns ist auch Inferenz eine Form der Bewältigung der professionellen Handlungsungewissheit und der Nichtstandardisierbarkeit. So betont auch Klatetzki (1993), dass die sinnstiftende Bedeutung der Transzendierung der Erfahrungen nicht allein in der dezentralen Vereinzelung der Teammitglieder gründet, sondern insbesondere mit der auf das Technologiedefizit pädagogischer Praxis zurückzuführenden Kontingenz der Handlungsfolgen zusammenhängt.

3 Subjekt und Ort als Handlungsfokusse und ihre Bedeutung für Professionalität

In der exemplarischen Gegenüberstellung wird deutlich, dass aus der Art der Organisation der Begegnungsstruktur unterschiedliche Konsequenzen für das Handeln der Fachkräfte und die Zusammenarbeit im Team hervorgehen. Es gibt Angebote wie Treffs, in denen sich dezentrierte Interaktionen realisieren, woraus tendenziell diskontinuierliche Beziehungen resultieren. Die Arbeitsteilung erfolgt in (strategischen) Platzierungen im Raum und ist von einer unspezifischen, das heißt, einer nicht auf bestimmte Aufgaben und Zuständigkeitsbereiche bezogene Verantwortlichkeit aller für alles geprägt. Die Begriffe „Substituierung" und „Gemeinschaftssubjekt" (Lochner 2017, S. 190 f.) bringen dies auf den Punkt. Das bedeutet jedoch einen besonderen Aufwand der Koordination der Arbeitsteilung, da der Offenheit, der thematischen Vielfalt und der Unvorhersehbarkeit dessen, was an verschiedenen Stationen im Raum geschieht, nicht hinreichend durch Routinisierung begegnet werden kann. Ebenso wie die „Situationalität" (Kunstreich 2012, S. 89), das Handlungspotenzial, das sich situativ als Gelegenheit ergibt, verschenkt wäre durch allzu starre Platzierungen und Handlungsroutinen des Personals. Als Fokus des Handelns und der Verantwortlichkeit fungiert hier nicht der Einzelfall oder das individuelle Adressat:innensubjekt. Vielmehr, so die These in Anlehnung an Kunstreich, besteht die gemeinsame Aufgabe darin, die spezifische Qualität des Ortes als einem „Ort verlässlicher Begegnung"[7] (ebd.) durch Handlungskoordination und Absprachen zu gewährleisten und auf diese Weise die Potenzialität des Raumes „mit mehreren Optionen" (ebd.) zu pflegen.

Als zweite Gruppe wurden Angebote thematisiert, die zum einen stärker auf Kontinuität ausgerichtet sind und bei denen zum anderen die Arbeitspraxis der Fachkräfte dezentral organisiert ist. Daher muss Teamarbeit hier durch die (formal oder spontan und informell) organisierte Zusammenkunft am „zentralen Ort" (Klatetzki 1993, S. 94) oder an „Schnittstellen" (Cloos 2008, S. 115) hervorgebracht werden. Dadurch, dass die Begegnungsstruktur auf Kontinuität der Beziehungen hin angelegt ist, liegt der Handlungsfokus von Beginn an stärker auf dem Einzelfall. Zugleich spielt die Individualität der Fachkräfte eine bedeutendere Rolle. Das kann aber auch die Gefahr der Vereinzelung und Isolierung (als „Einzelkämpfer:innen") bedeuten. Daher ist ein wichtiges Moment der Handlungskoordination die Sinnstiftung der separierten Erfahrungen und ihre

---

[7] Da dies ausdrücklich nicht mit der an die Nutzer:innen gerichteten Erwartung einer Verbindlichkeit verknüpft ist, steht dies nicht im Widerspruch zur tendenziellen Diskontinuität der Beziehungen an diesem Ort.

Aufhebung bzw. Transzendierung in der Teamerfahrung. Ein weiteres Moment der Koordination neben der Reflexion ist das Entwickeln von fallbezogenen Handlungsorientierungen, die gemeinschaftlich in Praktiken der Erkenntnisbildung entworfen werden, im Modus kooperativer Inferenz (vgl. Müller 2017) oder auch im Modus kollegialer Beratung zur Unterstützung individuell verantworteter Prozesse der Inferenz. In diesen beiden professionellen Operationen besteht in solchen Kontexten aus meiner Sicht die gemeinsame professionelle Aufgabe für das Team.

Als letzten Schritt will ich die Gegenüberstellung einer theoretischen Systematik zuführen. Mit Michael Winkler (2021) lassen sich die unterschiedlichen Handlungsfokusse, die die Interaktionen in den von mir gegeneinander gestellten Kontexten prägen, mit den von ihm sozialpädagogisch ausbuchstabierten Begriffen „Subjekt" und „Ort" auf den Punkt bringen. Dabei geht es nicht um ein Entweder-Oder, sondern um eine spezifische Gewichtung oder Perspektivierung. Denn genauso wie in der stationären Wohngruppe die Ortsgestaltung überaus bedeutsam für die Ermöglichung von Subjektivität der Bewohner:innen ist (s.a. Müller & Schwabe 2009), ist der Kontaktladen gerade ein Ort, der darauf zielt, dass die Nutzer:innen sich als Subjekte erfahren und klar als einzigartige Individuen angesprochen werden. Aber eine solche „Arena", wie Cloos et al. (2009, S. 90–94) im Anschluss an Anselm Strauss den pädagogischen Ort des Jugendzentrums charakterisieren, ist eben nicht der Ort, an dem vorrangig aufgrund eines individuellen Hilfeplans einzelfallbezogen gearbeitet wird, genauso wenig wie die Wohngruppe Schauplatz dezentrierten Gewusels und unverbindlicher Begegnungen ist.

Die Unterscheidung, die ich hier treffe, ist denn auch eher eine analytische, die verdeutlichen soll, dass das professionelle Handeln und im ganz wörtlichen Sinn der professionelle Blick (vgl. hierzu auch Schulz 2009) kontextspezifisch perspektiviert sind. Dieses Kontinuum geht mit unterschiedlichen Gewichtungen einher, was die Bedeutung des Teams für die Bearbeitung der Ungewissheit angeht. Laut Barbara Lochner ist Team in einem „gemeinsamen Handlungs- und Erfahrungsraum verankert" (Lochner 2017, S. 191). Dabei ist dieser Handlungs- und Erfahrungsraum in den verschiedenen Praxisformen Sozialer Arbeit ganz unterschiedlich strukturiert, wie die Gegenüberstellung entlang der raum-zeitlichen Strukturiertheit gezeigt hat. Im Umgang mit Ungewissheit und Kontingenz, der die professionelle Arbeit auszeichnet und bei personenbezogenen Leistungen aufgrund des Technologiedefizits umfassender in Erscheinung tritt, stehen kontextspezifisch je andere Aspekte als gemeinsame Aufgabe professioneller Teamarbeit im Vordergrund. In Angeboten mit dem Fokus „Ort" ist

Artikulationsarbeit von zentraler Bedeutung im Umgang mit der Handlungsungewissheit. Dieser Begriff bezeichnet nach Strauss et al. (1997) die Arbeit, die zur Koordination sequenzieller und simultaner aufeinander bezogener Arbeitshandlungen notwendig ist (z. B. Abstimmen als Gemeinschaftssubjekt, Platzierungen im Raum).[8] Für Angebote, die primär auf den Fokus „Subjekt" eingestellt sind, dürften dagegen eher reflexive *Sinnstiftung* und *Inferenz* zur Gewinnung prospektiver Handlungsorientierungen im Vordergrund der Bewältigung stehen. So wird sich bei individueller Fallzuständigkeit im ambulanten Kontext die Notwendigkeit abstimmender Artikulationsarbeit asymptotisch dem Nullpunkt nähern. Dafür ist, ob des Potenzials der Isolation, die Arbeit am kollektiven Deutungsrahmen zur Sinnstiftung umso bedeutender, während einzelfallbezogene Inferenz im Tagestreff eher im Hintergrund bleibt.

4 Für ein deutlicher raum-zeitlich akzentuiertes Verständnis von Professionalität: Einladung zur Weiterarbeit

Der Fokus auf Teamarbeit in professionellen Handlungskontexten erfordert es, sich von den individualistischen Konzeptionen von Professionalität zu lösen. Hierzu erscheint es mir sinnvoll, einen analytisch anders gelagerten Blickwinkel auf das Handeln einzunehmen, der die Unterschiede in den Formen professioneller Arbeit stärker zur Geltung bringt und systematisch erschließt. Mit meiner Argumentation habe ich professionelles Handeln zwar von den Interaktionen mit den Nutzer:innen her in den Blick genommen, diesen Blick jedoch systematisch verräumlicht. Dabei zeigt sich, dass Professionalität als Bearbeitungsmodus von Handlungsungewissheit sich als vielschichtiger erweist, als es aus der individualistischen Perspektive erscheint, weil auf diese Weise sich im Vergleich unterschiedliche Handlungsfokusse abzeichnen: Subjekt (das Individuum des Einzelfalles) und Ort. Es zeigt sich dabei ebenfalls, dass im Unterschied zur Subjektorientierung der Aspekt der Ortsgestaltung aus professionstheoretischer Sicht deutlich unterbelichtet ist, obwohl inzwischen einige Ansätze vorliegen, die diesen Aspekt professionellen Handelns dezidiert in den Mittelpunkt rücken (Müller und Schwabe 2009; Schulz 2009; Müller 2019b).

---

[8] Strübing (2007) betont den allgemeineren Aspekt der Handlungskoordination in der Übersetzung des Begriffs *articulation work*. Ich unterscheide Artikulationsarbeit aber hier als Form der Handlungskoordination von „Sinnstiftung" und „Inferenz", ich betone also mit Artikulationsarbeit einen spezifischeren Aspekt von Koordination.

Auch wenn einige Begrifflichkeiten sicherlich präzisiert und die hier vorgenommene Unterscheidung der Handlungskontexte weiter differenziert werden können, so eröffnet sich doch nach meinem Dafürhalten durch den Zugang über die raum-zeitliche Struktur eine schärfere Perspektive auf kontextspezifische Formen professionellen Handelns als durch den engen Fokus auf Arbeitsbeziehungen und individualisierte Professionalität. Auf diese Weise zeichnen sich die in der Prozesshaftigkeit liegenden Anforderungen klarer ab, wodurch sich zugleich systematisch ein nicht bloß formalistischer Zugang zur Arbeitsteilung erschließt, sondern ein prozessualer. Anschließen lässt sich hier an die theoretischen Begrifflichkeiten der interaktionistischen Forschungen im Umfeld von Anselm Strauss (z. B. 1985 und Strauss et al. 1997), die gerade an der Prozesshaftigkeit professioneller Arbeit gebildet sind. Diese nähern sich der Frage der Organisation von Arbeit und Arbeitsteilung gerade nicht von der Idee professioneller Autonomie her und stehen daher im Kontrast zur individualistischen Konzeption professionellen Handelns.[9]

Der hier verfolgte Ansatz zu einer professionstheoretischen Systematik der Unterscheidung von Handlungskontexten, die neben dem Zugang über den Personenbezug professionellen Handelns einen Zugang über ein raum-zeitliches Verständnis professionellen Ortshandelns stellt, kann sich meines Erachtens als nützlich erweisen, über die inzwischen häufig wiederholte Problematisierung einer Unschärfe professionstheoretischer Kategorien (im Überblick s. Müller 2015; zuletzt s.a. Dahmen 2022, S. 32) in der Auseinandersetzung von Theorie und Empirie der Professionsforschung hinaus zu gelangen. Und dies insbesondere vor dem Hintergrund, dass in der Sozialen Arbeit Praxisformen vielfältig sind und in vielen Fällen den individualistischen Modellen professionellen Handelns, wie dem Ideal des Arbeitsbündnisses, nicht entsprechen. Mit einer durch die raum-zeitliche Perspektive erweiterten Sichtweise müssten die vielfältigen Handlungskontexte nicht mehr bloß als eine Reihe unterschiedlich ausgeprägter Abweichungen von der Theorie verhandelt werden.

---

[9] Das ist selbstverständlich keine Neuigkeit, viele Untersuchungen, vor allem aus dem Umfeld der interaktionistisch-rekonstruktiven Schule von Fritz Schütze arbeiten mit Begriffen und Konzepten, die von Strauss und Mitforschenden geprägt worden sind. Bislang werden diese jedoch aus meiner Sicht zu eher deskriptiven Zwecken aufgegriffen und sind kaum systematisch in den Begriffskanon der deutschsprachigen professionstheoretischen Diskussion integriert.

Literatur

Abbott, A. (1988). *The system of professions. An essay on the division of expert labor.* Chicago: University of Chicago Press.

Bauer, P. (2011). Multiprofessionelle Kooperation in Teams und Netzwerken – Anforderungen an Soziale Arbeit. *Zeitschrift für Sozialpädagogik,* 9(4) (S. 341–361).

Bauer, P. (2018). Multiprofessionalität. In G. Graßhoff, A. Renker & W. Schröer (Hrsg.), *Soziale Arbeit. Eine elementare Einführung* (S. 727–739). Wiesbaden: Springer Fachmedien Wiesbaden.

Cloos, P. (2008). *Die Inszenierung von Gemeinsamkeit. Eine vergleichende Studie zu Biografie, Organisationskultur und beruflichem Habitus von Teams in der Kinder- und Jugendhilfe.* Weinheim: Beltz Juventa.

Cloos, P., Köngeter, S., Müller, B., & Thole, W. (2009). *Die Pädagogik der Kinder- und Jugendarbeit.* Wiesbaden: Springer.

Dahmen, S. (2022). Konturen einer praxistheoretischen Professions- und Entscheidungsforschung. *Empirische Pädagogik* 36(1) (S. 31–47).

Henn, S. (2020). *Professionalität und Teamarbeit in der stationären Kinder- und Jugendhilfe. Eine empirische Untersuchung reflexiver Gesprächspraktiken in Teamsitzungen.* Weinheim: Beltz Juventa.

Klatetzki, T. (1993). *Wissen, was man tut. Professionalität als organisationskulturelles System. Eine ethnographische Interpretation.* Bielefeld: Böllert, KT-Verlag.

Klatetzki, T. (2005). Professionelle Arbeit und kollegiale Organisation. Eine symbolisch interpretative Perspektive. In T. Klatetzki & V. Tacke (Hrsg.), *Organisation und Profession* (S. 253–283). Wiesbaden: Springer.

Kunstreich, T. (2012). Sozialer Raum als „Ort verlässlicher Begegnung": ein Essay über Verbindlichkeit und Verlässlichkeit. *Widersprüche,* 32(125) (S. 87–92).

Lochner, B. (2017). *Teamarbeit in Kindertageseinrichtungen. Eine ethnografisch-gesprächsanalytische Studie.* Wiesbaden: Springer.

Mörgen, R. (2020). *In Beziehung treten: Etablierungsprozesse von Beratungs- und Arbeitsbeziehungen im Feld der aufsuchenden Sozialen Arbeit. Eine Ethnographie im Kontext der Prostitution.* Weinheim: Beltz Juventa.

Müller, B., & Schwabe, M. (2009). *Pädagogik mit schwierigen Jugendlichen. Ethnografische Erkundungen zur Einführung in die Hilfen zur Erziehung.* Weinheim: Beltz Juventa.

Müller, F. (2015). Professionelles Handeln als organisierte und situierte Tätigkeit. *Neue Praxis,* 45(5) (S. 469–487).

Müller, F. (2017). Professionelle Kooperation am „Fall". *Sozial Extra,* 41(6) (S. 12–15).

Müller, F. (2019a). Die Regeln der Regelanwendung. Inferenz in kollegialen Besprechungen und das Problem der (Un-)Zuständigkeit. In P. Cloos, M. Fabel-Lamla, B. Lochner & K. Kunze (Hrsg.), *Pädagogische Teamgespräche. Methodische und theoretische Perspektiven eines neuen Forschungsfeldes* (S. 206–224). Weinheim: Beltz Juventa.

Müller, F. (2019b). *Lebensqualität als Konflikt. Eine Ethnografie häuslicher Sterbebetreuung.* Frankfurt am Main, New York: Campus Verlag.

Obert, K. (2015). Hilfeplanung durch koordinierende Bezugsperson. In P. Weiß & A. Heinz (Hrsg.), *Qualität therapeutischer Beziehung. Aktion psychisch Kranke Tagungsdokumentation Berlin, 24./25. September 2014* (S. 233–246). Köln: Psychiatrie Verlag.

Schulz, M. (2009). Mikroanalyse des Raumes – Die Bedeutung räumlicher Präskripte am Beispiel der Offenen Jugendarbeit. In U. Deinet (Hrsg.), *Methodenbuch Sozialraum* (S. 95–107). Wiesbaden: Springer.
Strauss, A. (1985). Work and the Division of Labor. *The Sociological Quarterly*, 26(1) (S. 1–19).
Strauss, A. L., Fagerhaugh, S., Suczek, B., & Wiener, C. (1997). *Social organization of medical work*. New Brunswick: Transaction Publishers [reprint].
Streck, R. (2016). *Nutzung als situatives Ereignis. Eine ethnografische Studie zu Nutzungsstrategien und Aneignung offener Drogenarbeit*. Weinheim: Beltz Juventa.
Strübing, J. (2007). *Anselm Strauss*. Konstanz: UVK.
Wigger, A. (2007). *Was tun SozialpädagogInnen und was glauben sie, was sie tun? Professionalisierung im Heimalltag*. Opladen: Budrich.
Winkler, M. (2021). Eine Theorie der Sozialpädagogik. Weinheim: Beltz Juventa.

Falko Müller Prof. Dr. phil., Dipl. Päd., seit 2023 Professor für kritisch-reflexive Soziale Arbeit an der Fakultät für Sozialwesen der Hochschule Mannheim. 2017 Promotion an der Goethe-Universität mit einer Ethnografie ambulanter Palliativversorgung. Von 2007 bis 2011 pädagogische Fachkraft in den ambulanten Hilfen zur Erziehung und im ambulant betreuten Einzelwohnen für Menschen „mit Abhängigkeitserkrankung". Arbeitsschwerpunkte: Professionalisierung und Professionalität Sozialer Arbeit auf Arbeitsbeziehungen und Institutionalisierungsformen.
E-Mail: f.mueller@hs-mannheim.de

Teams in unterschiedlichen professionellen Handlungsfeldern und organisationalen Kontexten

Professionelle Teams und das Theorie-Praxis-Problem in der Sozialen Arbeit

Zwischen empirischer Werkstatt und theoretischer Modellbildung

Manuel Arnegger

1 Einführung

Vielleicht lesen Sie diesen Beitrag, weil er einen Begriff im Titel hat, der bei Ihnen Assoziationen auslöst, die mit bestimmten Wahrnehmungen aus Ihrem Alltag verbunden sind: Sie studieren Soziale Arbeit und fragen sich, wie Sie das, was Sie an der Hochschule hören, später umsetzen können; Sie lehren Soziale Arbeit und vermitteln Ihren Studierenden, dass die Auseinandersetzung mit Texten hilfreich für die spätere Praxis ist; Sie haben ein Forschungsprojekt abgeschlossen, interessante Erkenntnisse gewonnen und denken darüber nach, was Sie tun können, damit diese Erkenntnisse auch bei denjenigen ankommen, für deren Handeln sie relevant sein könnten; Sie arbeiten in einem der vielen Arbeitsfelder der Sozialen Arbeit, und fragen sich, welche Fort- oder Weiterbildung Sie wählen sollen, um neue Impulse zu erhalten, die Ihnen helfen, die Adressat:innen Ihrer Arbeit besser zu unterstützten; Sie haben Leitungsverantwortung und müssen die Konzeption für Ihren Zuständigkeitsbereich überarbeiten; Sie arbeiten in der stationären Kinder- und Jugendhilfe und werden im Rahmen eines Forschungsprojekts von Studierenden gefragt, welche Theorie Sie Ihrer Arbeit zugrunde legen.

M. Arnegger (✉)
Gundelfingen, Deutschland
E-Mail: arnegger@skf-freiburg.de

Es geht um den häufig verwendeten Begriff des *Theorie-Praxis-Problems* (exemplarisch: Becker-Lenz 2018; Dewe 2012; Sehmer et al. 2019; Sommerfeld 2006; Staub-Bernasconi 2018). Die Beispiele sollen veranschaulichen, wie vielfältig und vieldeutig dieser Begriff ist. Mein Beitrag stellt einen Versuch dar, für bestimmte Anforderungen, die im Zusammenhang mit dem Theorie-Praxis-Problem stehen, einen Lösungsweg anzubieten. Dies geschieht aus einer spezifischen Perspektive heraus – einer, die der Praxis-Seite zugeordnet werden kann – und unter besonderer Berücksichtigung dessen, was unter einem professionellen Team verstanden werden kann.

Zur Vorgehensweise: Im ersten Schritt sollen die genannten Anforderungen etwas genauer bestimmt werden. Die Frage ist hier: Wie lässt sich das Theorie-Praxis-Problem vielleicht doch etwas präziser fassen, um spezifischere Anforderungen benennen und an bestimmte Gruppen von Akteuren[1] adressieren zu können? Daran schließt sich die Formulierung der Ausgangsthese an, in der ausgewählte Anforderungen an die Instanz des Teams adressiert werden, als den Ort, der in besonderer Weise dazu geeignet erscheint, diese Anforderungen bewältigen zu können. Eine differenzierte Betrachtung und Begründung der Ausgangsthese führt zu einem theoretischen Modell des professionellen Teams als ontologische, semantische und erkenntnistheoretische Einheit. Dieser differenziertere Blick auf Teams ermöglicht ein Verständnis davon, welche Prozesse in einem Team ablaufen (können), die als ein Teil der Lösung des Theorie-Praxis-Problems betrachtet werden können. Im letzten Teil des Beitrags werden ausgewählte Erfahrungen und Erkenntnisse aus einem Praxisprojekt vorgestellt, in dem das zuvor skizzierte Modell mit der Realität konfrontiert wurde.

2 Warum das Theorie-Praxis-Problem so hartnäckig ist und welche Anforderungen sich daraus ergeben

Eine einführende These könnte lauten: Das Theorie-Praxis-Problem ist deshalb nicht lösbar, weil es selbst bereits Ausdruck einer Lösung ist. Diese Aussage verweist auf die funktional-systemtheoretische Perspektive einer strukturellen Differenzierung Sozialer Arbeit in ein Theoriesystem auf der einen Seite und ein Praxissystem auf der anderen Seite. Dabei handelt es sich um eine Form

---

[1] Der Begriff *Akteur* wird im vorliegenden Text als Funktionsbeschreibung verwendet und bezeichnet eine funktional eingebundene, handelnde Person. Diese Funktion kann von Personen jeglicher geschlechtlichen Identität ausgeübt werden.

von Spezialisierung, einhergehend mit wechselseitiger Handlungsentlastung aber gleichzeitigem Aufeinanderbezogensein: Die Theorieseite muss das von ihr entwickelte Wissen nicht anwenden, die Praxisseite muss keine Theorien entwickeln, aber beide Seiten müssen irgendwie zusammenkommen, um ihrer geteilten Aufgabe oder Funktion gerecht werden zu können. Die Aufgabe bestünde dann darin, „diese beiden Systeme durch die Gestaltung von Austauschbeziehungen höherer Ordnung so zu integrieren, dass bestmögliche Problemlösungen entstehen" (Sommerfeld 2006, S. 293).

Die Gefahr, die mit einer solchen Betrachtungsweise einhergeht, liegt darin, dass sie zu einer zu einfachen Theorie-Praxis-Dichotomie führen kann. Die folgenden Punkte stellen eine nicht abschließende Auswahl an weiteren notwendigen Differenzierungen dar:

- Die Unterscheidung in Systeme, die einerseits der Theorieseite und andererseits der Praxisseite zugeordnet werden, erscheint zunächst nachvollziehbar: Es lassen sich auf der Ebene von Organisationen recht klare Unterscheidungen treffen, worin deren Zweck besteht. Auf der einen Seite steht die Erbringung von Unterstützungsleistungen für spezifische Personen und Personengruppen als Adressat:innen der Sozialen Arbeit auf Grundlage (sozial-)gesetzlicher Normen im Vordergrund, auf der anderen Seite die Ausbildung von zukünftigen Fachkräften und/oder Forschungsaktivitäten.
Dieser Unterscheidung auf der Ebene von Organisationen entspricht jedoch nicht die Unterscheidung von Wissenschaft und Handeln oder Denken und Tun. Ersteres bezieht sich auf Organisationen als soziale Systeme und ihre jeweilige Funktion. Denkt man beim Systembegriff nicht zwangsläufig an Luhmann (einführend: Kneer & Nassehi 2000), dann können soziale Systeme als aus menschlichen Individuen bestehend betrachtet werden (dazu mehr im Abschnitt *Ontologie: Professionelle Teams als soziale Systeme*). Das führt zur banalen, aber weitreichenden Feststellung, dass auch Menschen als Komponenten des Theoriesystems handeln und Menschen als Komponenten des Praxissystems denken.
- Die funktionale Differenzierung, die zur Unterscheidung von sozialen Systemen der Theorieseite und der Praxisseite führt, legt die Frage nahe, worin die jeweilige (Teil-)Funktion besteht, wie eine gegenseitige Bezugnahme beschrieben werden kann und ob es eine geteilte Rahmung gibt. Hier zeigt sich zunächst, dass die Handlungsanforderungen der einen Seite nicht zum Auftrag der jeweils anderen Seite werden: Eine Fachkraft aus dem Arbeitsfeld der Frühen Hilfen hat nicht die Aufgabe, eine Lehrveranstaltung zu konzipieren oder ein Curriculum zu gestalten, das zukünftige Fachkräfte auf dieses Arbeitsfeld

vorbereitet (auch wenn ihr Wissen durchaus hilfreich sein könnte). Eine Professorin an einer Hochschule hat nicht die Aufgabe, eine Mutter-Kind-Gruppe zu koordinieren und Hausbesuche zu machen (auch wenn ihr Wissen durchaus hilfreich sein könnte).
- Daran schließt sich die Frage an, ob es überhaupt einen gemeinsamen Bezugspunkt gibt, so etwas wie eine im weitesten Sinne verstandene Arbeitsteilung, die z. B. nahelegen würde, dass das Wissen der Theorie- und das der Praxisseite zusammengeführt werden müssen. Eine in der Vergangenheit sehr einflussreiche Position als Antwort auf diese Frage wird in folgendem Zitat deutlich:

> In der konstruktivistischen Perspektive kann Wissenschaft weder neues, gegenstandsbezogenes Wissen in die Praxis einführen, noch bedient sich die Praxis selektiv aus der Wissenschaft. Allenfalls kommt es zu wechselseitiger Resonanz (vgl. Luhmann 1987). Wissenschaftliches Wissen und Handlungswissen stehen im Verhältnis der Komplementarität. Als Ergebnis der „Kontrastierung" oder „wechselseitigen Beobachtung" von Wissenschaft als einer bestimmten Sichtweise auf die Praxis, und Praxis als einer anderen, entsteht eine Relativierung der Perspektive, die nicht mehr versöhnt bzw. auf die eine oder andere Wissensform reduziert werden kann. (Dewe et al. 1992, S. 79)

In einer solchen Sichtweise gibt es keine geteilte Funktion, keinen gemeinsamen Bezugspunkt, auf den hin sich professionelles Handeln orientiert und dazu Wissen aus unterschiedlichen Quellen nutzt.
- Es gibt jedoch gute Gründe, die wechselseitige Beobachtung als nicht adäquate Beschreibung des Verhältnisses zwischen den sozialen Systemen der Theorie- und der Praxisseite zu betrachten. Einer davon ist, dass sich sehr wohl ein gemeinsamer Bezugspunkt benennen lässt: Er liegt darin, dass beide Seiten einen wesentlichen Beitrag dazu leisten können, für Menschen, die zu Adressat:innen der Sozialen Arbeit werden, die bestmögliche Unterstützung anzubieten. Eine solche Position lenkt den Fokus zum einen auf die Handlungserfordernisse, die sich aus dieser Aufgabe der bestmöglichen Unterstützung ergeben. Und sie führt zur Frage, welches Wissen für ein wirksames Handeln hilfreich und daher notwendig ist.
- Damit gehen weitere Differenzierungsnotwendigkeiten einher: Zunächst einmal stellt sich die Frage, welches Wissen können die Akteure entwickeln, die von der unmittelbaren Notwendigkeit, Menschen als Adressat:innen der Sozialen Arbeit durch ihr Handeln zu unterstützen, entlastet sind, aber nicht davon, ihren Beitrag zu einer bestmöglichen Unterstützung zu leisten. Das ist die Seite der Theorie und die semantische Dimension. Die Frage kann auch

so gestellt werden: Was machen die Akteure der Theorieseite zum Gegenstand ihrer Aktivitäten in Forschung und Lehre?
- Die Perspektive, die ich hier vertrete, ist jedoch die der Praxisseite, denn nur eine solche Perspektive kann ich mit dem dafür notwendigen Erfahrungshintergrund vertreten. Auch hier muss weiter differenziert werden, indem die folgenden Systeme zu unterscheiden sind: 1) Man könnte sagen, das, worauf es letztlich ankommt, sind soziale Systeme, die entstehen, wenn professionelle Akteure und Adressat:innen in Interaktion treten. Hier müssen Hilfsangebote zu Hilfe werden. Solche Systeme können auf kurze Zeit angelegt sein, z. B. in Form eines einmaligen Beratungssettings oder über Jahre hinweg bestehen, wie z. B. in stationären Hilfesettings. 2) Auch menschliche Individuen als professionelle Akteure sind komplexe Systeme, in denen individuelle Persönlichkeit und professionelle Funktion verbunden werden. 3) Das soziale System *Organisation* wurde bereits erwähnt. 4) Zwischen Organisation und professionellen Akteuren liegt das soziale System *professionelles Team*. Diese häufig übersehene Perspektive steht im Zentrum der folgenden Ausführungen.
- Eine letzte Differenzierung ist notwendig: Ob das Handeln professioneller Akteure als professionelles Handeln gekennzeichnet wird, ist abhängig vom jeweils zugrunde liegenden Verständnis von Professionalität. Eine Möglichkeit, hier etwas mehr begriffliche Schärfung einzuführen, ist, professionelles Handeln als rationales Handeln zu verstehen (vgl. Obrecht 1996). Verfügt man über einen differenzierten Rationalitätsbegriff (vgl. z. B. Bunge 2003, S. 240 f.) finden sich in der Analyse von Texten, die sich im Kontext von Sozialer Arbeit mit dem Thema Professionalität befassen, die folgenden Begründungsdimensionen (vgl. ausführlicher Arnegger 2023, 2022):

Konzeptionelle Rationalität

Eine konzeptionelle Begründung professionellen Handelns sollte eindeutig definierte Begriffe zugrunde legen, nachvollziehbare Schlüsse beinhalten, begründete und erfolgsversprechende Vorgehensweisen beschreiben sowie auf den aktuellen Stand des für dieses Feld relevanten Wissens rekurrieren.

Pragmatische Rationalität

Die pragmatische Rationalität ist auf den Handlungsvollzug ausgerichtet. Hierunter lassen sich bewertende, moralische und praktische Rationalitätsbegriffe subsumieren. Handeln, das sich vor diesem Hintergrund als wohlfundiert erweisen soll, muss sich entsprechend als ein Handeln ausweisen, das erstrebenswerte Ziele verfolgt, sich dabei als moralisch integer und praktisch wirksam erweist.

Rationalität der Anschlussfähigkeit
Professionelles Handeln im Kontext der Sozialen Arbeit muss anschlussfähig an das Wissen derjenigen sein, die professionelle Akteure mit ihrem Handeln als auf Kooperation und Koproduktion ausgerichtetem Handeln adressieren. Und es muss die Einzigartigkeit der jeweiligen Handlungssituationen berücksichtigen.

Diese Unterscheidung verweist auf weitere mögliche Dimensionen des Theorie-Praxis-Problems, indem z. B. das, was eine ausschließlich konzeptionelle Begründung nahelegen würde, nicht umsetzbar ist, weil die dafür notwendigen Ressourcen nicht vorhanden sind oder weil es für die Adressat:innen nicht anschlussfähig ist.

Damit ist der Strauß des Theorie-Praxis-Problems etwas weiter aufgefächert, allerdings nur, um genauer bestimmen zu können, welcher Ausgangspunkt und welche Perspektive gewählt werden: Es geht im Folgenden um Teams und Professionalität und insbesondere um die Aufgabe der Praxisseite, Wissenschaftlichkeit als Ausdruck von konzeptioneller Rationalität handlungswirksam werden zu lassen.

3 Ausgangsthese

Die Ausgangsthese lautet entsprechend:

> Dort, wo Soziale Arbeit in Teams organisiert ist, spielen diese Teams eine entscheidende Rolle, wenn es darum geht, Wissenschaftlichkeit als handlungsleitenden Bestandteil eines Professionsverständnisses zu realisieren.

Das bedarf einiger Erläuterungen: Der Verweis auf die konzeptionelle Rationalität, auf Wissenschaftlichkeit und letztlich auf wissenschaftliches Wissen kann sich auf unterschiedliche Quellen stützen. Die meisten davon sind normative Setzungen, z. B. in Form durchaus unterschiedlicher konzeptioneller Vorstellungen einer Profession der Sozialen Arbeit oder als Proklamationen des IFSW (International Federation of Social Workers 2014) und des DBSH (Deutscher Berufsverband für Soziale Arbeit e. V. 2016). Letztlich beziehen diese Setzungen ihre Legitimation aus der Annahme, dass wissenschaftliches Wissen in irgendeiner Form hilfreich oder notwendig ist, damit professionelle Akteure der Sozialen Arbeit ihrem Auftrag gerecht werden können. Ein solcher Anspruch wird offensichtlich auch von Fachkräften gesehen. Dafür sprechen die Ergebnisse einer nicht repräsentativen Befragung von 616 berufstätigen Sozialarbeitenden von Brielmaier und Roth (2019). Sie resümieren bei den Befragten „zwar grundsätzlich eine positive Haltung zu wissenschaftlichem Wissen, ein Einbezug in die Praxis aber lässt sich eher selten feststellen" (Brielmaier und Roth 2019, S. 44). Damit wird ein Phänomen beschrieben, das sicherlich unter den Sammelbegriff des Theorie-Praxis-Problems gefasst werden kann.

Die Notwendigkeit, professionelles Handeln im Kontext der Sozialen Arbeit wissenschaftlich zu fundieren, speist sich nicht nur aus professioneller Selbstvergewisserung. Sie ist nicht nur eine Frage, ob wir uns als Vertreter:innen dieser Profession auf ein professionelles Selbstverständnis einigen wollen oder können, das eine solche theoretisch-wissenschaftliche Fundierung beinhaltet oder vielleicht auch nicht. Es ist auch eine Verpflichtung gegenüber den Menschen, die als Adressat:innen der Sozialen Arbeit unsere Unterstützung in Anspruch nehmen. Eine Verpflichtung, die sich auch aus einer gesetzlichen Grundlage ableiten lässt: Im § 17 SGB I ist von einer zeitgemäßen Versorgung der Anspruchs- und Leistungsberechtigten mit Sozialleistungen die Rede. Es gibt demzufolge in den zentralen Arbeitsfeldern der Sozialen Arbeit so etwas wie eine gesetzlich angeordnete und damit demokratisch legitimierte State-of-the-Art-Klausel, die sowohl die Leistungsträger als auch die Leistungserbringer in die Pflicht nimmt, ihre Leistungen auf dem bestmöglichen Stand des verfügbaren Wissens zu gestalten – mit vielfältigen und weitreichenden Implikationen, die viel zu wenig diskutiert werden.

Zurück zur Ausgangsthese und dem abschließenden Teilsatz: „als handlungsleitenden Bestandteil eines Professionsverständnisses zu realisieren". Diese Formulierung beinhaltet die folgende Aussage: Es braucht das Team, um diesen Anspruch, nämlich das eigene professionelle Handeln wissenschaftlich begründen zu können, zu realisieren. Oder präziser, dafür aber erklärungsbedürftig formuliert:

> Damit Handlungen von menschlichen Individuen als professionellen Akteuren zurecht die relationale Eigenschaft *professionell* zugeschrieben werden kann, braucht es spezifische Interaktionen innerhalb des sozialen Systems, das wir als *professionelles Team* bezeichnen. Diese Interaktionen sind Teil der internen Struktur des sozialen Systems *professionelles Team*. Sie beinhalten schwerpunktmäßig sprachliche Kommunikation zwischen professionellen Akteuren, aufbauend auf deren mentalen Repräsentationen von Fakten, die sich durch ein hohes Maß an Übereinstimmung hinsichtlich ihres semantischen und ihres faktischen Bezugs auszeichnen und in Form von Artefakten explizit gemacht werden. Solche Prozesse sind der erste und grundlegende Schritt, um Wissen als wissenschaftliches Wissen qualifizieren zu können.

Das sind vier gehaltvolle Sätze, die in den folgenden Abschnitten ausführlicher zu erläutern sind.

4 Das Modell

Diese vier Sätze sind deshalb so gehaltvoll, weil sie ontologische, semantische und erkenntnistheoretische Implikationen enthalten. Um das theoretische Modell als Grundlage für auf Wissenschaftlichkeit ausgerichtete Wissensbildungsprozesse im Team zu erläutern, werden diese drei Perspektiven nun etwas genauer beleuchtet. Der erste Schritt dazu ist die Kennzeichnung von professionellen Teams als ontologische Einheiten.

4.1 Ontologie: Professionelle Teams als soziale Systeme

Professionelle Teams sind soziale Systeme. Soziale Systeme sind Systeme, deren Komponenten menschliche Individuen sind. Systeme lassen sich hinsichtlich ihrer Zusammensetzung, ihrer Umgebung und ihrer Struktur beschreiben. Eine ambitioniertere Analyse von Systemen beinhaltet noch zusätzlich eine Beschreibung von systemtypischen Prozessen. Letztere können auch als Mechanismen bezeichnet werden (vgl. Bunge & Mahner 2004, S. 72 ff.; Mahner & Bunge 2000, S. 27 ff.; Bunge 1979).

Zunächst die **Zusammensetzung**: Ein professionelles Team besteht aus menschlichen Individuen. Betrachten wir ein Team, dann sehen wir mehrere Menschen vor uns. Wir wissen aber auch, dass diese Menschen aufgrund bestimmter Eigenschaften miteinander verbunden sind und dass es häufig teamspezifische Konzeptionen, rechtliche und institutionelle Vorgaben gibt, die in einem Team eine Rolle spielen. Im hier betrachteten, idealtypischen Modell ist das Verbindende eine Ausbildung im Kontext der Sozialen Arbeit, die geteilte Zugehörigkeit zu einer Organisation und die Struktur der Organisation, verbunden mit der Gültigkeit bestimmter Artefakte, was z. B. ein Konzept oder auch eine Tagesstruktur im stationären Bereich sein kann.

Die **Umgebung** eines Systems ist eigentlich alles, was nicht Bestandteil des Systems ist, also die Komplementärmenge zur Zusammensetzung. Es ist jedoch nicht notwendig, bei der Darstellung eines Systems den gesamten Rest des Universums miteinzubeziehen. Deshalb wird die Umgebung eines Systems als das bestimmt, mit dem Systemkomponenten in Beziehung stehen können. Die jeweilige Umgebung ist damit relativ zu einem System (zu ermitteln) und wirkt nicht als Ganzes auf dieses ein; es sind einzelne Elemente der Umgebung, die mit dem betreffenden System oder seinen Teilen interagieren. Bei einem professionellen Team sind das z. B. andere Menschen innerhalb der Organisation als Mitglieder anderer Teams oder in Leitungsfunktionen aber auch Menschen außerhalb der Organisation, z. B. als Mitglieder des sozialen Systems Jugendamt oder eines Weiterbildungsinstituts.

Die **Struktur** des Teams setzt sich zusammen aus der internen und der externen Struktur. Die *interne Struktur* besteht aus der Umsetzung der teamspezifischen Regelungen, also Art, Umfang und Häufigkeit der Kontakte der Teammitglieder untereinander und der tatsächlichen Bezugnahme auf teamspezifische Artefakte. Ebenso Bestandteil der internen Teamstruktur ist die aktuelle Qualität und Ausgestaltung der persönlichen Beziehungen. Die *externe Struktur* setzt sich zusammen aus den Relationen, die die Teammitglieder mit anderen Individuen der Umgebung eingehen. Darunter fallen auch die Beziehungen, die entstehen, wenn die professionellen Akteure und Adressat:innen in Interaktion treten.

Die Zusammensetzung und die Umgebung eines Systems bestimmen die strukturell angelegten Möglichkeiten und Grenzen, die sich im Handeln der Menschen als tatsächliche Struktur des Systems aktualisieren und gleichzeitig auf Zusammensetzung und Umgebung des Systems zurückwirken. Die Gesamtstruktur ist damit gleichzeitig Bedingung und Ergebnis des Handelns seiner Komponenten. Das stellt das analytische Instrumentarium zur Verfügung für eine genauere Bestimmung des Verhältnisses von Vorgaben und Gestaltungsmöglichkeiten in professionellen Teams.

Abschließend zu den **Mechanismen:** Von Interesse sind hier vor allem solche teamspezifischen Prozesse, die – sei es aufgrund von Vorgaben oder als Nutzung vorhandener Gestaltungsmöglichkeiten – dazu dienen, Wissenschaftlichkeit als eine Grundlage (unter mehreren) professionellen Handelns zu realisieren. Entsprechend sind es semantisch und erkenntnistheoretisch fundierte, in das Team eingebettete, individuelle Wissensbildungsprozesse, die genauer betrachtet werden müssen.

4.2 Professionelle Teams als semantische Bezugsgemeinschaften

Die semantische Perspektive übernimmt in meiner Darstellungsweise so etwas wie eine Scharnierfunktion zwischen der ontologisch motivierten Frage danach, was existiert und der noch folgenden erkenntnistheoretisch motivierten Frage danach, wie wir bestmögliches Wissen darüber erlangen können. Semantik, so wie ich sie hier in Anlehnung an Bunge (vgl.1974a, b) verstehe, lässt sich entsprechend nicht losgelöst von Ontologie und Erkenntnistheorie betrachten. Rafael Ferber definiert Semantik als die Lehre von dem, was Ausdrücke bezeichnen (vgl. Ferber 1998, S. 39 f.). Sprache spielt dabei insofern eine Rolle, weil wir sie benötigen, um etwas zu bezeichnen. Was wir brauchen, um dieselben Objekte in unterschiedlichen Sprachen bezeichnen zu können, sind semantische Konstrukte. Bei Bunge sind das Begriffe, Prädikate als Konzepte von Eigenschaften, Propositionen und Theorien. Wir benötigen diese semantischen Konstrukte, um Bedeutungen erzeugen zu können; sie sind notwendig um in irgendeiner Sprache etwas über etwas aussagen zu können.

Die enge Verwobenheit von Ontologie und Semantik möchte ich mithilfe einer Gegenüberstellung von semantischem Bezug – also dem, worauf sich semantische Konstrukte z. B. in Form einer Aussage oder eines Gedankens beziehen – und faktischem Bezug verdeutlichen. Faktischer Bezug steht für das, womit professionelle Akteure sich in ihrem Arbeitsalltag tatsächlich beschäftigen. Das sind im Kontext der Sozialen Arbeit in der Regel Menschen, die zu Adressat:innen des Handelns der professionellen Akteure werden. Daneben sind das aber auch die Bedingungen und Umstände, die den Arbeitsalltag und das eigene Handeln bestimmen. Es liegt auf der Hand, dass professionelle Akteure gar nicht anders können als über das, womit sie sich tagtäglich über viele Stunden hinweg befassen, Wissen aufzubauen – eine spezifische Art von Wissen, wie wir gleich noch sehen werden. Der Begriff *faktischer Bezug* soll verdeutlichen, wie breit und in gewisser Weise passgenau zu den alltäglichen Erfordernissen diese Wissensbestände professioneller Akteure sind. Aber auch wie eng, isoliert und wenig überprüft sie sein können.

Hervorgehoben werden soll im nächsten Schritt sprachlich kodiertes Wissen. Das ist Wissen, das von Menschen in Form von Sprache ausgedrückt wird – sei es verbal oder schriftlich. Besonders Letzteres erweitert die Möglichkeiten der (mittelbaren) Weitergabe von Wissen enorm und ist eine wichtige Grundlage für den Wissenstransfer im Kontext von Wissenschaft und Professionalität – oder sollte das zumindest sein, wenn man auf die einführend nur kurz erwähnten normativen Konzepte von Professionalität blickt. Wissen wird dabei von einer Person in Form von Informationen kodiert (z. B. in Form von Texten). Diese Informationen sind es dann, die weitergegeben werden können und – wenn sie wieder zu Wissen werden sollen – vom Empfänger zunächst dekodiert und in bestehendes Wissen integriert werden müssen.

Das Begriffspaar semantischer und faktischer Bezug ermöglicht es unter anderem, das, womit sich professionelle Akteure in ihren Arbeitsfeldern befassen, mit dem in ein Verhältnis zu setzen, worüber Texte, insbesondere solche, die für sich in Anspruch nehmen wissenschaftlich zu sein, Aussagen treffen. Auf diese Weise könnte das enge, isolierte und wenig überprüfte Wissen der Fachkräfte mit dem explizit formulierten, weiteren, vernetzten und überprüften Wissen der „Wissenschaft" verbunden werden.

Die Voraussetzung dafür mag zunächst banal klingen, ist sie aber nicht: Die genaue und explizite Benennung des faktischen Bezugs, also dessen, worauf sich das jeweilige professionelle Handeln bezieht bzw. eines in den Aufmerksamkeitsfokus gerückten Ausschnitts dieses faktischen Bezugs. Das ist eine nicht zu unterschätzende Aufgabe, die zunächst geleistet werden muss, um entscheiden zu können, welches in Texten und in Form von semantischen Konstrukten kodierte Wissen für dieses Team und Arbeitsfeld überhaupt Relevanz entfalten kann.

Teams können deshalb als semantische Bezugsgemeinschaften verstanden werden, weil sie aufgrund ihrer ontologischen Eigenschaften über ein hohes Maß an geteilten Wissensbeständen verfügen: Das, was die professionellen Akteure wissen, das, worüber sie sich sprachlich verständigen können, bezieht sich zum Teil auf Dasselbe oder sehr Ähnliches. Man kann auch sagen, dass der Erfahrungsraum gleich oder ähnlich ist und deshalb unter gleichen oder ähnlichen Außenbedingungen Wissen entsteht.

4.3 Professionelle Teams als epistemische Gemeinschaften

Ein oder vielleicht sogar der zentrale Begriff im Kontext von Erkenntnistheorie wurde bereits mehrfach genutzt: der des Wissens. Aus der bisherigen Verwendung dieses Begriffes wurde deutlich, dass hier nicht die traditionell-philosophische Definition Verwendung findet, die Wissen als *wahre, gerechtfertigte Meinung* bzw. als *justified true belief* bestimmt (vgl. Detel 2018, S. 51; Ichikawa & Steup 2018). Ich beziehe mich vielmehr auf die Definition von Bunge in der Formulierung von Mahner und Bunge: Wissen wird hier definiert als „die Menge aller i) sensomotorischen Fähigkeiten oder ii) perzeptiven Fähigkeiten und Wahrnehmungen oder iii) Begriffe und Aussagen, die es [ein menschliches Wesen] bis dahin gelernt und behalten hat" (Mahner & Bunge 2000, S. 61).

Mit dieser Definition wird der Wissensbegriff von wesentlichen Implikationen des traditionell-philosophischen Wissensbegriffs befreit: Es kann dann auch Wissen geben, das nicht oder nur teilweise wahr ist und es kann in unterschiedlicher Weise, also auch als implizites Wissen vorliegen. Die Folge ist, dass das, was als Wissen bezeichnet werden kann, sehr breit angelegt ist und – um präzisere Aussagen treffen zu können – genauer spezifiziert werden muss. Das führt im nächsten Schritt zu der Frage, welche Kriterien Wissen erfüllen muss, um zurecht als wissenschaftliches Wissen gekennzeichnet werden zu können. Die Antwort auf diese Frage setzt wiederum eine genauere Bestimmung des Attributes *wissenschaftlich* voraus. Folgt man auch hier Bunge, dann wäre Wissen dann als wissenschaftliches Wissen zu bezeichnen, wenn es sich dadurch auszeichnet, dass es einen berechtigten Anspruch auf Wahrheit erheben kann. Konkreter: Indem es a) präzise formuliert ist, b) mit dem Großteil der einschlägigen wissenschaftlichen Erkenntnisse vereinbar ist und c) zusammen mit Indikatorhypothesen und empirischen Daten empirisch überprüfbare Konsequenzen beinhaltet (vgl. Bunge 2003, 262).

Eine erste Folge daraus ist, dass wissenschaftliches Wissen weder dadurch gekennzeichnet werden kann, dass es sich auf bestimmte nur der „Wissenschaft" zugängliche Gegenstände oder Inhalte bezieht, noch dadurch, dass es nur von bestimmten Personen erzeugt werden kann. Es zeichnet sich vielmehr dadurch aus, dass es aufgrund seiner Genese mit einem begründeten Wahrheitsanspruch versehen ist. Bunges Ansatz ist hier der Folgende: Methodologie ist angewandte Erkenntnistheorie. Das bedeutet, dass auch wissenschaftliche Erkenntnis eine Form der menschlichen Erkenntnis ist. Unser Wissen über das menschliche Erkenntnisvermögen hinsichtlich seiner Zuverlässigkeit und vor allem auch seiner Grenzen ist die Grundlage, um Regeln aufzustellen zu können, wie Menschen in bestmöglicher Weise zu sicherer Erkenntnis gelangen – die zwar stets vorläufig, aber auch verbesserbar ist (Fallibilismus und Meliorismus). Die Folge ist, dass wissenschaftliches Wissen überall da entstehen kann, wo menschliche Erkenntnisvorgänge entsprechend wissenschaftlich-methodologischer Vorgaben ausgestaltet werden können.

Eine zweite Konsequenz ist, dass die Qualität des Wissens, das uns hier interessiert, sich als ein Kontinuum verstehen lässt, an dessen einem Pol Wissen situiert ist, das nicht bewusst, daher unreflektiert und vage ist, und an dessen anderem Pol Wissen angesiedelt ist, das mittels wissenschaftlicher Methoden gewonnen wurde und deshalb – so weit wie eben möglich – präzise und wahr ist. Innerhalb dieses Kontinuums gibt es jedoch eine sehr klare Schwelle, unterhalb derer es sehr schwer oder sogar unmöglich sein dürfte von wissenschaftlichem Wissen zu sprechen. Um ein semantisch unsauberes Sprachbild zu nutzen: Die *Explizitheit* von Wissen ist so etwas wie das Eintrittsticket in die Arena der Wissenschaftlichkeit. Dort kann es sich dann dadurch weiterqualifizieren, dass es sich als kohärent zu anderem Wissen erweist und empirisch bestätigt wird.

Professionelle Teams können vor diesem Hintergrund als epistemische Gemeinschaften betrachtet werden, weil auch unmittelbar handlungsrelevantes und handlungsleitendes Wissen als mehr oder weniger zuverlässiges oder wahres Wissen qualifiziert werden kann. Für dieses Vorgehen lassen sich idealtypisch zwei Varianten unterscheiden, die als epistemologische und methodologische Wissenschaftlichkeit bezeichnet werden können (vgl. Bunge 1983b, S. 263):

Epistemologische Wissenschaftlichkeit
Die Teammitglieder befassen sich mit Wissen, das als wissenschaftlich qualifiziert gelten kann, das an anderen Orten entstanden ist, aber gleichzeitig anschlussfähig an die gemeinsamen, aus dem geteilten faktischen Bezug resultierenden, Wissensbestände ist. Es ist die Suche nach und Entscheidung für die Verwendung verfügbarer wissenschaftlicher Artefakte, z. B. in Textform oder durch den Austausch mit Expert:innen.

Methodologische Wissenschaftlichkeit
Das im unmittelbaren Arbeitskontext entstehende Wissen wird anhand wissenschaftlicher Kriterien ausgestaltet, indem es von Einzelnen explizit formuliert, im professionellen Team intersubjektiv geteilt und auf Kohärenz geprüft sowie im weiteren Verlauf empirisch getestet wird. Es ist die Entwicklung und Überprüfung von Theorien kleinster Reichweite oder von Wirkungslogiken, die sich durch unmittelbare Handlungsrelevanz auszeichnen.

5 Die Realisierung

Damit ist das theoretische Modell eines professionellen Teams in aller Kürze skizziert: Es handelt sich um ein soziales System, bestehend aus professionellen Akteuren, die als jeweils mit einem eigenen Erkenntnisapparat ausgestattete Individuen ein hohes Maß an geteiltem faktischem Bezug aufweisen und deshalb mit geteiltem Wissen ausgestattet sind. Das Team ist dann die entscheidende Instanz, um Wissen aus unterschiedlichen Quellen explizit zu machen, eine erste, basale Kohärenzprüfung bzw. Konsistenzprüfung der individuellen Wissensbestände vorzunehmen, die dann zudem empirisch getestet werden können.

So betrachtet wären durch das Vorhandensein eines professionellen Teams einige zentrale Faktoren gegeben, um das Theorie-Praxis-Problem angehen zu können. Allerdings müssten in der Folge die Fragen etwas anders gestellt werden. Es geht dann nicht in erster Linie darum, – um es unspezifisch und alltagssprachlich auszudrücken – wie Theorien in der Praxis angewendet werden können, so als wären die Theorien das Höherwertige und etwas, das der Praxis vorausgeht. Das stellt sich zwar in Ausbildungskontexten meist so dar, wenn Studierende mittels des Studiums von Theorien auf die Praxis vorbereitet werden sollen. Aber die Fragen im Anschluss an das theoretische Modell eines professionellen Teams müssten vielmehr lauten:

- Warum das Privileg und Potenzial wissenschaftlich-methodologischer Erkenntnisprozesse nicht auch für diejenigen erschließen, für die auf solche Weise erzeugtes Wissen hoch anschlussfähig und potenziell auch handlungsrelevant ist?
- Warum nicht das Wissen, das tagtäglich in professionellen Handlungsvollzügen entsteht und zur Anwendung kommt nicht weiter in Richtung wissenschaftlichen Wissens verschieben?

So wird aus dem Theorie-Praxis-Problem ein Praxis-Theorie-Problem, indem gefragt wird, wie bestmögliches, das heißt mit Bezug auf eine konkrete Aufgabe möglichst vollständiges und möglichst verlässliches, Wissen verfügbar gemacht und gewonnen werden kann, um genau diese eine Aufgabe zu bearbeiten. Hier wird noch einmal die Perspektive deutlich: Es geht nicht darum, die von Sommerfeld so bezeichneten Austauschbeziehungen zwischen der Theorie- und der Praxisseite von einer übergeordneten Instanz aus zu betrachten und zu organisieren (Was könnte eine solche übergeordnete Instanz auch sein?), sondern aus der Perspektive der Praxisseite heraus und der dort auftretenden Anforderungen an professionelles Handeln diese Austauschbeziehungen zu gestalten.

Damit entsteht eine zusätzliche und übergeordnete Gestaltungsaufgabe für professionelle Akteure als Mitglieder von Organisationen, die in ihrem Organisationszweck oder in ihrer Funktion auf die Erbringung von Unterstützungsleistungen für Menschen als Adressat:innen der Sozialen Arbeit ausgerichtet sind. Und zur Bewältigung dieser Aufgabe braucht es Ressourcen. Einmal in Form von Wissen. Das hier skizzierte Modell kann als ein möglicher Ausgangspunkt herangezogen werden, in dem Wissen über grundlegende Gesetzmäßigkeiten zum Ausdruck kommt, also nomologisches Wissen. Die Frage, wie eine durch dieses Wissen fundierte Vorgehensweise aussehen könnte, ist eine technologische Frage: Wenn wir etwas darüber zu wissen glauben, wie professionelle Teams funktionieren, wie können wir dieses Wissen nutzen, um auf ein anerkanntes Ziel ausgerichtete Aktivitäten zu entwickeln? Die Entwicklung dieser Art von Wissen und die dadurch fundierten Aktivitäten setzen in der Regel weitere Ressourcen voraus, z. B. in Form von Zeit und Geld.

Was das technologische Wissen angeht, existieren mit den Arbeiten von Obrecht (1996, 2013), Staub-Bernasconi (2012), Gredig und Sommerfeld (2008, 2010) jeweils exemplarisch mit Ausführungen zur *Allgemeinen normativen Handlungstheorie*, zum *Transformativen Dreischritt*, zur *Kooperativen Wissensbildung* und zum *Praxis-Optimierungs-Zyklus* ausdifferenzierte technologische Grundlagenarbeiten, die in hohem Maße anschlussfähig an das hier skizzierte theoretische Modell sind. Auch in den Arbeiten von Dewe und seinen Mitautoren (ebenfalls exemplarisch Dewe et al. 1992, 2011; Dewe 2014) finden sich viele Anschlüsse (vgl. Arnegger 2023, S. 241 ff.).

Was dagegen die Zeit und das Geld angeht, sind solche übergeordneten Gestaltungsaufgaben sehr schwer im Arbeitsalltag und den Regelabläufen einer Organisation unterzubringen. Auch wenn es letztlich nicht darum geht, grundsätzlich alles anders zu machen, sondern möglichst nah an den in gewisser Weise bewährten und eingespielten Regelabläufen neue Impulse zu setzen, ist der Aufwand für die Entwicklung einer passenden Vorgehensweise einschließlich der Beteiligung möglichst vieler Personen und Perspektiven nicht zu unterschätzen.

5.1 Das Projekt

Diese Überlegungen waren in ihren Vorläufern der Ausgangspunkt, um ein Projekt zu konzipieren. Im Zentrum dieses Praxisprojekts stand das Vorhaben, innerhalb von drei Jahren zehn Praxis-Optimierungs-Zyklen (vgl. Gredig 2005, 183 ff.) mit zehn unterschiedlichen Teams durchzuführen.

Letztlich konnten neun solcher Praxis-Optimierungs-Zyklen initiiert werden, die zum Teil abgeschlossen wurden, zum Teil aber auch immer noch aktiv sind. Unterstützt wurde das Projekt, das ein finanzielles Gesamtvolumen von rund 630.000,- EUR hatte, mit knapp 480.000,- EUR im Rahmen der SKala-Initiative, einer Art Förderprogramm, mittels dessen die Unternehmerin Susanne Klatten 100 Mio. EUR ihres Privatvermögens für soziale Zwecke zur Verfügung gestellt hat (vgl. Wikipedia 2023).

Für die wissenschaftliche Begleitung und vor allem die externe Evaluation des gesamten Projekts konnten wir das Institut für Sozialarbeit und Sozialpädagogik in Frankfurt (ISS) gewinnen (https://www.iss-ffm.de). Im Abschlussbericht des ISS sind die Ergebnisse der externen Evaluation gebündelt dargestellt (vgl. Dubiski 2022). Sie basieren u. a. auf acht Gruppendiskussionen mit Fachkräften sowie Interviews mit Leitungskräften und dem Koordinationsteam.

Das Material, die Erfahrungen und Geschichten, die rund um diese neun Projekte entstanden sind, lässt sich hier in der ganzen Fülle und Vielfalt natürlich nicht darstellen. Was ich im Folgenden vorstellen kann, ist zunächst eine etwas genauere Beschreibung dessen, wie ein solcher Praxis-Optimierungs-Zyklus in der von uns beim *Sozialdienst katholischer Frauen (SkF) Freiburg* interpretierten Variante idealtypisch abläuft (Abb. 2). Diese Beschreibung speist sich aus dem ursprünglichen Modell von Gredig (Abb. 1), erweitert, angereichert und veranschaulicht mit den Erfahrungen aus den neun Praxis-Optimierungs-Zyklen.

Ich verzichte an dieser Stelle auf eine systematisch-erkenntnistheoretische Einordnung des Praxis-Optimierungs-Zyklus als Modell eines ganzheitlichen Erkenntnisprozesses, das in unterschiedlichen Kontexten, auf unterschiedlichen ontologischen Niveaus und in unterschiedlichen Akzentuierungen in Erscheinung tritt (eine kleine Auswahl, die die Bandbreite andeutet: Bunge 1983a; Kolb 1984; van der Donk et al. 2014; von Weizsäcker 1992). Stattdessen möchte ich anschaulich und konkret den im Projektkontext relevanten Teil des Vorgehens beschreiben. Und das beginnt bei der genauen Formulierung einer Ausgangsfrage oder eines Themas. Wichtig war uns dabei, dass dieser Ausgangspunkt vom Team selbst bestimmt wird. Das war in allen Zyklen ein eigener Prozess, der in unterschiedlichem Umfang Zeit in Anspruch nahm.

Wir haben gute Erfahrungen damit gemacht, die zuständigen Leitungskräfte sehr eng in sämtliche Prozesse, also auch dem der Formulierung der Ausgangsfrage, miteinzubeziehen, sie aber nur zu ausgewählten Treffen einzuladen. In

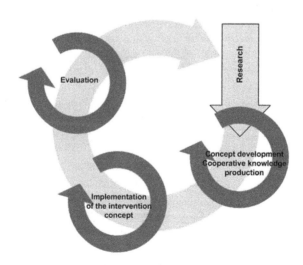

Abb. 1 Praxis-Optimierungs-Zyklus (Gredig 2005, S. 185)

Professionelle Teams und das Theorie-Praxis-Problem ...

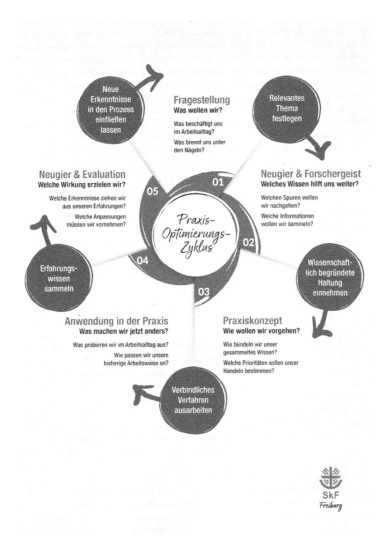

Abb. 2 Praxis-Optimierungs-Zyklus in der Variante des SkF Freiburg. (Quelle: Eigene Abbildung)

den Interviews mit den Leitungskräften wurde dieses Vorgehen grundsätzlich bestätigt, es wurde aber auch dem Thema Vertrauen in den oder die jeweilige Koordinator:in des Praxis-Optimierungs-Zyklus ein besonderer Stellenwert eingeräumt. Die Tatsache, dass der oder die Koordinator:in nicht Teil des Teams und auch nicht Teil des jeweiligen Arbeitsbereiches des Teams war, scheint ein wesentlicher Faktor dafür zu sein, das ausgewählte Thema in einer gewissen Kontinuität bearbeiten zu können.

Zur Veranschaulichung zähle ich vier Beispiele für Themen auf, die von den Teams bearbeitet wurden:

1. Das Team der Frühen Hilfen hat sich mit der Frage befasst, welche Entwicklungsrisiken mit dem Konsum von Bildschirmmedien für Kinder von 0 bis 3 Jahren einhergehen und wie die Mütter, mit denen sie es regelmäßig im Rahmen ihrer Gruppen- und Einzelangebote zu tun haben, für diese Risiken sensibilisiert werden können. Ausgangspunkt waren vermehrte Beobachtungen, dass bereits Kinder in diesem Alter mit Smartphone, Tablets und Fernsehen Umgang haben und diese Geräte zudem in der Eltern-Kind-Beziehung sehr präsent sind.
2. Das Inobhutnahme-Team hat sich in einem ersten Durchgang mit dem Thema der Zusammenarbeit mit den Eltern während einer Inobhutnahme befasst. In einem zweiten Durchlauf geht es aktuell darum, wie mit den vorhandenen Informationen und hier vor allem Beobachtungen aus begleiteten Umgängen eine transparente und verlässliche Aussage über die Qualität der Eltern-Kind-Beziehung möglich sein kann.
3. Das Team der Schwangerschaftsberatung hat sich die Gestaltung der persönlichen Erstkontakte zum Thema gemacht.
4. Eine Projektgruppe hatte im Kontext der stationären Jugendhilfe die Ausgangsfrage, wie junge Menschen, die einen therapeutischen Bedarf haben, aber nicht für Einzeltherapien zu gewinnen sind, trotzdem gut unterstützt werden können. Das führte über den Begriff des therapeutischen Milieus zur konkreteren Frage, wie die Vertrauensbeziehung zwischen Kindern und Fachkräften gestärkt werden kann.

Ist die Formulierung eines Themas abgeschlossen, steht im nächsten Schritt die Auseinandersetzung mit für das Thema relevantem Wissen im Vordergrund. Dazu werden unterschiedliche Wissensquellen erschlossen. Das ist in jedem Fall Fachliteratur, die hinsichtlich ihrer Relevanz für das zuvor formulierte Thema ausgewählt wird. In fast allen Praxis-Optimierungs-Zyklen gab es zudem unterschiedlich intensiven Austausch mit Expert:innen, die aktuell zu den Themen forschen oder einen guten Überblick über aktuelle Forschung haben. In vier Fällen wurden vom Team oder der Projektgruppe auch eigene kleinere Erhebungen durchgeführt. So wurden z. B. Kinder und Jugendliche in der stationären Jugendhilfe hinsichtlich ihrer Einstellung zu Therapie befragt.

Die Auseinandersetzung mit diesen unterschiedlichen Informationen verfolgt einerseits das Ziel, dass die beteiligten Fachkräfte differenzierteres Wissen hinsichtlich eines ihnen bereits im Alltag vertrauten Themas entwickeln können. Andererseits steht als Abschluss dieser Phase etwas, das wir zunächst als Wirkungslogik später dann als gemeinsam getragenes Situationsverständnis bezeichnet haben. Es geht darum, dass sich das Team oder die Projektgruppe auf eine explizite d. h. schriftlich fixierte Darstellung verständigt, die einige zentrale Aussagen bezüglich der vermuteten Wirkungszusammenhänge zu dem ausgewählten Thema beinhaltet. Wenn man so möchte, könnten diese Aussagensysteme auch als Theorien kleiner oder kleinster Reichweite bezeichnet werden.

Diese letzten beiden Sätzen verweisen auf eine sehr anspruchsvolle Aufgabe. Deshalb ist es vermutlich nachvollziehbar, dass uns sowohl in den einzelnen Praxis-Optimierungs-Zyklen als auch in unserem kleinen Team der POZ-Koordinator:innen dieser Schritt sehr intensiv beschäftigt hat. Letztlich geht es um die Frage, welches verlässliche Wissen sich in hochkomplexen Konstellationen überhaupt gewinnen lässt, das dieser Komplexität einerseits gerecht wird ohne aber andererseits das menschliche Verarbeitungsvermögen zu übersteigen. Beim Thema Evaluation wird das nochmals aufgegriffen.

Der nächste Schritt ist der der Implementierung. Auf der Grundlage des gemeinsam getragenen Situationsverständnisses gibt es eine Entscheidung im Team darüber, was geändert werden soll. Diese Entscheidung ist jedoch lediglich eine Entscheidung dafür, was im Rahmen des Praxis-Optimierungs-Zyklus in die Erprobung geschickt werden soll. Das erscheint mir eine wichtig Differenzierung, um die mögliche Enttäuschung darüber, falls es auf Anhieb nicht so funktioniert, wie erhofft, auch oder vielleicht sogar zuallererst als Erkenntnisgewinn betrachten zu können. Der Realitätscheck steht dann nicht am Ende eines linearen Entwicklungs- und Implementierungsprozesses, sondern ist ein wichtiges Element eines zyklisch voranschreitenden Erkenntnisprozesses.

Das heißt auch, dass es eine Vorstellung braucht, was durch das zuvor ermittelte professionelle Handeln erreicht werden soll und woran erkennbar sein könnte, dass dies auch gelingt. Das ist hier zunächst bewusst alltagssprachlich formuliert, denn die Grundlage eines solchen Vorgehens sollte so etwas wie die natürlich Neugier sein, ob das, was man sich zuvor überlegt hat, auch so funktioniert, wie erhofft. Wenn man möchte, kann man es auch anders formulieren, dann geht es um zielgerichtetes, rationales Handeln, Evaluation, Wirkung und Indikatoren. Oder man dreht das Rad noch ein Stück weiter und landet bei Begriffen wie Determinismus, Kausalität, Ursachen, Gründe, Willensfreiheit usw.

Um anschaulich zu bleiben: Das Team der Frühen Hilfen hat sich – wie bereits erwähnt – mit dem Thema *Kleine Kinder und Bildschirmmedien* auseinandergesetzt. Folgendes wurde schnell klar: Es gibt Studien, die bei Kindern unter drei Jahren eine Verbindung von Medienkonsum und Entwicklungsrisiken aufzeigen. Der Umfang, in dem diese Kinder Medienkonsum ausgesetzt sind, ist abhängig von Entscheidungen der Eltern. Und das Handeln der Fachkräfte ist letztlich darauf ausgerichtet, dass Kinder sich gut entwickeln können. Allein anhand dieser drei Sätze wird deutlich, dass es keine einfache lineare Kausalität zwischen dem Handeln der Fachkräfte und dem Ziel geben kann, die Kinder besser vor Entwicklungsrisiken durch Medienkonsum zu schützen. Aber auf der anderen Seite haben die Fachkräfte wöchentlichen Kontakt zu den Müttern, häufig auch eine vertrauensvolle Beziehung. Und die Mütter sind meistens diejenigen, die den Alltag der Kinder organisieren und daher in hohem Maße Einfluss auf die Lebenssituation der Kinder haben (vgl. Arnegger et al. 2021).

Es lassen sich also durchaus allgemeine deterministische Zusammenhänge abbilden, die im Grunde einfach nur verdeutlichen, dass das Maß, in dem die Kinder Medien ausgesetzt sind, nicht etwa gottgegeben ist oder durch den Lauf der Dinge seit Anbeginn der Welt schon unverrückbar feststeht, sondern von – wenn auch komplexen – Zusammenhängen abhängig ist und dadurch und solange die Fachkräfte ein – wenn auch kleiner – Bestandteil dieses Gefüges sind, von diesen mit beeinflusst werden kann. *Grundlage* der Evaluation ist dann zunächst, einzelne vermutete Wirkungsstränge in diesem Gefüge explizit zu machen, vor allem aber solche, die von den Fachkräften mit beeinflusst werden können. *Gegenstand* der Evaluation sind entsprechend die Einflüsse der Fachkräfte in diesem Gefüge und vor allem die Frage, wie diese Einflüsse zu gestalten sind, damit sie in diesem deterministischen Gefüge als Impulse in die gewünschte Richtung wirksam werden können. Und *Ziel* der Evaluation ist ein erweitertes Verständnis oder ein ausdifferenziertes Wissen in Bezug auf das gewählte Thema – und nicht etwa unzulässig vereinfachende Aussagen, dass bestimmte und als positiv definierte Veränderungen bei der Zielgruppe kausal auf das Handeln der Fachkräfte zurückzuführen sind.

Mit der Frage, welche Erkenntnisse aus der Evaluation wichtig zu berücksichtigen wären, endet der Kreis des Zyklus und ein neuer Durchlauf eines prinzipiell endlos verlaufenden Prozesses kann beginnen.

5.2 Ergebnisse

Ein erstes Ergebnis des Projekts schließt unmittelbar an den letzten Satz an und beinhaltet die Antwort auf die Frage, wo ein im Prinzip unendlicher Prozess ein notwendiges Ende findet oder finden muss. Hier ist die folgende Unterscheidung wichtig: Das Modell des Praxis-Optimierungs-Zyklus ist Ausdruck einer technologischen Theorie, die ihre Fundierung in erkenntnistheoretischen Grundlagen hat. Das bedeutet, es geht um so etwas wie die „methodische Wendung" (Gredig und Sommerfeld 2010, S. 94) von erkenntnistheoretischem Wissen. Während Erkenntnisprozesse immer stattfinden, ja geradezu unvermeidbar sind, braucht es für die gezielte Ausgestaltung oder Ausrichtung von Erkenntnisprozessen einen explizit gesetzten Rahmen, der – wenn er praktikabel sein soll – auch durch die vorhandenen Ressourcen bestimmt wird. Es ist deshalb notwendig innerhalb des steten Flusses von Handlungserfordernissen und Erkenntnisprozessen, einen expliziten und für alle Beteiligten transparenten Rahmen aufzuspannen.

Die Chance, die für solche Entscheidungen notwendigen Erfahrungen zu sammeln, bot uns das Projekt: Wir hatten die Möglichkeit, die Praxis-Optimierungs-Zyklen zunächst ohne Zeitbeschränkung beginnen zu können. Mittlerweile wissen wir, wie viel zeitliche Ressourcen notwendig sind (bei uns waren es zwischen zwei und fünf Stunden pro Monat und Fachkraft und etwa die doppelte Zeit für die Koordination), wie wichtig eine gemeinsame Auswahl und Eingrenzung des Themas ist und dass es möglichst schon zu Beginn klare Absprachen mit allen Beteiligten braucht. Ein Teil dieser Absprachen bezieht sich auf die geplante Dauer des Praxis-Optimierungs-Zyklus.

Eine weitere Auswahl zentraler Erkenntnisse beinhalten die folgenden drei Punkte:

- Ganz grundsätzlich lässt sich sagen, dass der Praxis-Optimierungs-Zyklus, so wie wir ihn eingesetzt haben, sich als verlässliches Instrument herausgestellt hat, um mit ganz unterschiedlichen Teams und Projektgruppen zu unterschiedlichen Ergebnissen zu kommen. Es gab lediglich einen Fall, in dem der Prozess abgebrochen wurde, weil das Team aufgelöst werden musste. Zudem zeigte sich, dass die personelle Kontinuität in einem Team oder einer Projektgruppe nicht als Regelfall, sondern sogar eher als Ausnahme anzusehen ist. Das gibt der Notwendigkeit, sowohl den Prozess als auch die Ergebnisse explizit zu machen – also gut zu dokumentieren – ein zusätzliches Gewicht. Die Universalität der Vorgehensweise im Rahmen eines Praxis-Optimierungs-Zyklus trifft dabei auf sehr unterschiedliche Teams und Rahmenbedingungen. Unter Verwendung der oben entwickelten ontologischen Begrifflichkeiten kann das wie folgt formuliert werden: Abhängig von Zusammensetzung, Umgebung sowie interner und externer Struktur des professionellen Teams finden dieselben Mechanismen in unterschiedlicher Ausprägung und mit unterschiedlichen Ergebnissen statt: So hat sich ein Team sehr ausführlich mit wissenschaftlicher Literatur befasst, auch weil aufgrund einer geringen Auslastung phasenweise viel Zeit verfügbar war (Inobhutnahmen), während ein anderes Team mehr Wert auf die gemeinsame Reflexion der je individuellen Erfahrungen legte (Schwangerschaftsberatung). In einem dritten Team (Frühe Hilfen) ergaben sich vielfältige Möglichkeiten zur externen Vernetzung.

- Mit der Notwendigkeit, die Praxis-Optimierungs-Zyklen zu koordinieren, entstand eine neue Funktion im Organisationsgefüge. Diese Spezialisierung oder auch organisationale Differenzierung scheint ein wichtiger Gelingensfaktor zu sein, weil er zum einen die Teams und Projektgruppen von zusätzlichen Aufgaben befreit (z. B. Terminkoordination, Moderation und Dokumentation) und gleichzeitig die Mitglieder der Teams oder Projektgruppen in ihrer Rolle als Expert:innen stärkt. Die Expertise, die von den POZ-Koordinator:innen eingebracht wird, kann als erkenntnistheoretisch-methodologische, also auf Prozesse der kollektiven und kooperativen Wissensbildung ausgerichtete, bezeichnet werden. Sie trifft auf die Expertise der Fachkräfte aus deren faktischen Bezug (vgl. die Ausführungen im Abschnitt *Professionelle Teams als semantische Bezugsgemeinschaften*).

- Die POZ-Koordinator:innen hatten in den von uns durchgeführten Praxis-Optimierungs-Zyklen noch eine weitere Funktion: Sie übernahmen nicht nur die Verantwortung für die Prozessgestaltung sondern fungierten auch als eine Art „Lückenfüller": In Teams oder Projektgruppen, in denen bestimmte, für den Prozess wichtige Aufgaben, (zunächst) nicht von einzelnen oder mehreren Mitgliedern übernommen wurden (z. B. Literaturrecherche, Auseinandersetzung mit relevanten Texten, Explizieren bzw. Verschriftlichen des Gruppenkonsens usw.), oblag es den Koordinator:innen, entweder weitere Unterstützung anzubieten oder auch selbst solche Aufgaben zu übernehmen. Das stellt an die Koordinator:innen nicht nur hohe Anforderungen hinsichtlich ihrer Fähigkeiten zu wissenschaftlichem Arbeiten sondern auch daran, dass das Ergebnis am Ende etwas sein sollte, das vom jeweiligen Team oder der jeweiligen Arbeitsgruppe in deren Kompetenz- und Entscheidungsbereich realisiert werden kann.

5.3 Resümee

Betrachtet man das ominöse Theorie-Praxis-Problem aus der Perspektive einer Organisation, die in einer herkömmlichen Unterscheidung von Theorie und Praxis der Praxisseite zugeordnet wird, dann zeigt sich, dass aus dem Theorie-Praxis-Problem eher so etwas wird wie ein Praxis-Theorie-Problem: Die Anforderungen, bestmögliche Unterstützung für Menschen als Adressat:innen der Sozialen Arbeit verfügbar zu machen, äußern sich hier in konkreten Handlungsaufgaben. Die Frage, die sich aus dieser Perspektive stellt, ist zweigeteilt: 1) Welches Wissen gibt es bereits, das von anderen Personen entwickelt und verfügbar gemacht wurde, das uns hilft, einzelne ausgewählte Aufgaben zu lösen? 2) Wie können wir unser bestehendes, vor allem in Erfahrungen gründendes, Wissen so organisieren, dass es sich als verlässliches Wissen zur Lösung dieser Aufgaben erweist? Die Wir-Form ist hier bewusst gewählt, weil solche Fragen wiederum Personen voraussetzen, die sich diese Fragen stellen können, aber diese Personen in aller Regel in professionellen Teams organisiert sind, sodass es sich um geteilte Fragen mit Bezug auf einen geteilten Gegenstandsbereich handelt.

Um sich diese Fragen nicht nur stellen zu können sondern auch Antworten zu finden ist eine erkenntnistheoretisch fundierte Vorgehensweise oder methodologische Technologie nötig. Und eine weitere Voraussetzung ist der für die Umsetzung notwendige organisationale Rahmen. Der vorliegende Beitrag zeigt exemplarisch, wie beides ausgestaltet werden kann und dass das professionelle Team eine entscheidende Instanz dafür ist, wie diese Anforderungen bewältigt werden können.

Literatur

Arnegger, M. (2022). Die ombudschaftliche Methodik: Zur Rationalität ombudschaftlichen Handelns. In A. Len, M. Manzel, L. Tomaschowski, B. Redmann, & P. Schruth (Hrsg.), *Ombudschaft in der Kinder- und Jugendhilfe: Grundlagen – Praxis – Recht* (1. Auflage, S. 149–163). Beltz Juventa.

Arnegger, M. (2023). *Die Anreicherung professionellen Handelns mit wissenschaftlichem Wissen: Eine explorative Fallstudie in Handlungsfeldern der Sozialen Arbeit.* Dissertation. Pädagogische Hochschule Freiburg. Online verfügbar unter: https://doi.org/10.60530/opus-3186.

Arnegger, M., Uhler, C., Vogler, J., & Wenzler, K. (2021). Kleine Kinder und Bildschirmmedien. Ein Sensibilisierungskonzept im Kontext Frühe Hilfen als Ergebnis eines Prozesses der Kooperativen Wissensbildung. *frühe Kindheit, 5,* 18–25.

Becker-Lenz, R. (2018). Die Professionskultur der Sozialen Arbeit. In S. Müller-Hermann, R. Becker-Lenz, S. Busse, & G. Ehlert (Hrsg.), *Professionskulturen – Charakteristika unterschiedlicher professioneller Praxen* (S. 63–84). Springer Fachmedien.
Brielmaier, J., & Roth, G. (2019). Zur Relevanz wissenschaftlichen Wissens in der Praxis der Sozialen Arbeit. *FORUM sozial, 2*, 40–45.
Bunge, M. (1974a). *Treatise on Basic Philosophy Volume 1: Semantics I: Sense and Reference.* Reidel.
Bunge, M. (1974b). *Treatise on Basic Philosophy Volume 2: Semantics II: Interpretation and Truth.* Reidel.
Bunge, M. (1979). *Treatise on Basic Philosophy Volume 4: Ontology II: A World of Systems.* Reidel.
Bunge, M. (1983a). *Treatise on Basic Philosophy Volume 5: Epistemology & Methodology I: Exploring the World.* Reidel.
Bunge, M. (1983b). *Treatise on Basic Philosophy Volume 6: Epistemology & Methodology II: Understanding the World.* Reidel.
Bunge, M. (2003). *Philosophical dictionary* (Enl. ed). Prometheus Books.
Bunge, M., & Mahner, M. (2004). *Über die Natur der Dinge. Materialismus und Wissenschaft.* Hirzel.
Detel, W. (2018). *Erkenntnis- und Wissenschaftstheorie* (3., vollst. durchges. und erw. Aufl). Reclam.
Deutscher Berufsverband für Soziale Arbeit e.V. (DBSH). (2016). *Deutschsprachige Definition Sozialer Arbeit des Fachbereichstag Soziale Arbeit und DBSH.* https://www.dbsh.de/profession/definition-der-sozialen-arbeit/deutsche-fassung.html (7.4.2023).
Dewe, B. (2012). Akademische Ausbildung in der Sozialen Arbeit – Vermittlung von Theorie und Praxis oder Relationierung von Wissen und Können im Spektrum von Wissenschaft, Organisation und Profession. In R. Becker-Lenz, S. Busse, G. Ehlert, & S. Müller-Hermann (Hrsg.), *Professionalität Sozialer Arbeit und Hochschule* (S. 111–128). VS Verlag für Sozialwissenschaften.
Dewe, B. (2014). Transformation wissenschaftlicher Informationen in Praxisdeutungen: Über die Wirkung von sozialen und kognitiven Strukturen zur Herstellung von Wissenseffekten in professionellen Beratungszusammenhängen. In U. Unterkofler & E. Oestreicher (Hrsg.), *Theorie-Praxis-Bezüge in professionellen Feldern: Wissensentwicklung und -verwendung als Herausforderung* (S. 177–197). Budrich Uni-Press Ltd.
Dewe, B., Ferchhoff, W., & Radtke, F.-O. (1992). Das „Professionswissen" von Pädagogen. Ein wissenstheoretischen Rekonstruktionsversuch. In B. Dewe, W. Ferchhoff, & F.-O. Radtke (Hrsg.), *Erziehen als Profession: Zur Logik professionellen Handelns in pädagogischen Feldern* (S. 70–91). Springer Fachmedien.
Dewe, B., Ferchhoff, W., Scherr, A., & Stüwe, G. (2011). *Professionelles soziales Handeln: Soziale Arbeit im Spannungsfeld zwischen Theorie und Praxis* (4. Aufl). Juventa-Verl. (Erstmals veröffentlicht 1992).
van der Donk, C., van Lanen, B., & Wright, M. T. (2014). *Praxisforschung im Sozial- und Gesundheitswesen* (1. Aufl). Huber.
Dubiski, J. (2022). *Bericht zur wissenschaftlichen Begleitung und Evaluation des SkF-Projekts „Das Beste für die Menschen erreichen! Der SkF Freiburg als evidenz- und wirkungsorientierte Organisation"* [Abschlussbericht]. Institut für Sozialarbeit und

Sozialpädagogik e. V. Online verfügbar unter: https://www.skf-freiburg.de/wp-content/uploads/2023/02/Abschlussbericht-SkF-Freiburg.pdf

Ferber, R. (1998). *Philosophische Grundbegriffe. Eine Einführung* (4., überarb. und erw. Aufl., limitierte Sonderaufl). Beck.

Gredig, D. (2005). The co-evolution of knowledge production and transfer. Evidence-based intervention development as an approach to improve the impact of evidence on social work practice. In P. Sommerfeld (Hrsg.), *Evidence-based social work: Towards a new professionalism?* (S. 173–198). Peter Lang.

Gredig, D., & Sommerfeld, P. (2008). New Proposals for Generating and Exploiting Solution-Oriented Knowledge. *Research on Social Work Practice, 18*(4), 292–300.

Gredig, D., & Sommerfeld, P. (2010). Neue Entwürfe zur Erzeugung und Nutzung lösungsorientierten Wissens. In H.-U. Otto, A. Polutta, & H. Ziegler (Hrsg.), *What works—Welches Wissen braucht die soziale Arbeit? Zum Konzept evidenzbasierter Praxis* (S. 83–98). Budrich.

Ichikawa, J. J., & Steup, M. (2018). The Analysis of Knowledge. In E. N. Zalta (Hrsg.), *The Stanford Encyclopedia of Philosophy* (Summer 2018). Metaphysics Research Lab, Stanford University. https://plato.stanford.edu/archives/sum2018/entries/knowledge-analysis/ (7.4.2023).

International Federation of Social Workers (IFSW). (2014). *Global Definition of Social Work*. https://www.ifsw.org/what-is-social-work/global-definition-of-social-work/ (7.4.2023).

Kneer, G., & Nassehi, A. (2000). *Niklas Luhmanns Theorie sozialer Systeme: Eine Einführung* (4. unveränderte Auflage). W. Fink. (Erstmals veröffentlicht 1993).

Kolb, D. A. (1984). *Experiential learning: Experience as the source of learning and development*. Prentice-Hall.

Mahner, M., & Bunge, M. (2000). *Philosophische Grundlagen der Biologie*. Springer.

Obrecht, W. (1996). Ein normatives Modell rationalen Handelns. Umrisse einer wert- und wissenstheoretischen Allgemeinen normativen Handlungstheorie für die Soziale Arbeit. In Schweizerische Arbeitsgemeinschaft der höheren Fachschulen für Soziale Arbeit (SASSA) (Hrsg.), *Das Theorie-Praxis-Problem als Problem der Ausbildung in Sozialer Arbeit* (S. 31–70).

Obrecht, W. (2013). Die Struktur professionellen Wissens. Ein integrativer Beitrag zur Theorie der Professionalisierung. In R. Becker-Lenz, S. Busse, G. Ehlert, & S. Müller-Hermann (Hrsg.), *Professionalität in der Sozialen Arbeit* (3. Auflage, S. 49–75). VS Verlag für Sozialwissenschaften. (Erstmals veröffentlicht 2009).

Sehmer, J., Marks, S., & Thole, W. (2019). Wissen im Dialog. *Sozial Extra, 43*(4), 259–262.

Sommerfeld, P. (2006). Das Theorie-Praxis-Problem. In B. Schmocker (Hrsg.), *Liebe, Macht und Erkenntnis: Silvia Staub-Bernasconi und das Spannungsfeld Soziale Arbeit* (S. 289–312). Interact, Verl. für Soziales und Kulturelles.

Staub-Bernasconi, S. (2012). Der „transformative Dreischritt" als Vorschlag zur Überwindung der Dichotomie von wissenschaftlicher Disziplin und praktischer Profession. In R. Becker-Lenz, S. Busse, G. Ehlert, & S. Müller-Hermann (Hrsg.), *Professionalität Sozialer Arbeit und Hochschule* (S. 163–186). VS Verlag für Sozialwissenschaften.

Staub-Bernasconi, S. (2018). *Soziale Arbeit als Handlungswissenschaft: Soziale Arbeit auf dem Weg zu kritischer Professionalität* (2., vollständig überarbeitete u. aktualisierte Ausgabe). Verlag Barbara Budrich.

Weizsäcker, C. F. von (1992). *Zeit und Wissen*. Hanser.

Wikipedia. (2023). *SKala-Initiative.* https://de.wikipedia.org/w/index.php?title=SKala-Initiative&oldid=230412141 (8.3.2023).

Manuel Arnegger Sozialarbeiter, Master of Social Work und Dr. phil. mit langjähriger Praxiserfahrung vor allem in der Kinder- und Jugendhilfe; seit 2012 tätig beim Sozialdienst katholischer Frauen Freiburg, dort u. a. zuständig für die Entwicklung und Durchführung von Projekten. Themenschwerpunkt: Die Verknüpfung von Theorie und Praxis unter besonderer Berücksichtigung der Perspektive von Praxisorganisationen; Promotion an der Pädagogischen Hochschule Freiburg zum Thema „Die Anreicherung professionellen Handelns mit wissenschaftlichem Wissen".

E-Mail: arnegger@skf-freiburg.de

Teamresilienz im Sozialen Dienst der Jugendämter

Karl Friedrich Bohler und Tobias Franzheld

Soziale Arbeit findet in sogenannten sozialen, personenbezogenen Dienstleistungsorganisationen statt (vgl. Klatetzki 2010), die den Handlungsrahmen für die Tätigkeit der sozialpädagogischen Fachkräfte in der Kinder- und Jugendhilfe vorgeben. Diese Tätigkeit ist erwartbar und immer wieder mit psychosozialen Krisen konfrontiert. Der Umgang mit Krisen zwingt Fachkräfte zu besonderen Bewältigungsleistungen. So werden sie häufig zu den vulnerablen Berufsgruppen gerechnet und viele Fachkräfte zählen sich, danach befragt, auch dazu (vgl. Schwarz et al. 2016). In der Professionsforschung werden solche Sachverhalte als ernstzunehmende Hinweise auf einen Trend zur Deprofessionalisierung der Sozialen Arbeit wahrgenommen, selbst wenn Professionalität durch eine starke Organisationsbindung – wie im Bereich des Jugend*amts* – verwaltungsförmig abgestützt werde (vgl. exempl. Münkler 2010).

Dies wirft die Folgefrage nach einer angemessenen institutionellen und beruflichen Belastungs-Ressourcen-Balance auf. Darauf macht das Resilienzkonzept auch im Kontext von Organisationen aufmerksam (vgl. Niehaus 2019; Bentner und Jung 2022). Bei der Frage nach Ressourcen zur Bewältigung berufstypischer

K. F. Bohler (✉)
Bad Soden, Deutschland
E-Mail: bohler@soz.uni-frankfurt.de

T. Franzheld
Erfurt, Deutschland
E-Mail: tobias.franzheld@uni-erfurt.de

Krisen, wie bspw. in den Sozialen Diensten, wird im Fachdiskurs hauptsächlich auf drei Faktoren hingewiesen: die institutionelle Kultur einer Organisation, die Möglichkeiten der professionellen Selbstorganisation in Teams und die Professionalität der Fachkräfte (vgl. Klomann et al. 2019, S. 21).

Die Konfiguration dieser Faktoren konnten wir im Rahmen eines Sonderforschungsbereichs zwischen 2001 und 2012 näher untersuchen (vgl. Bohler et al. 2012). Unser Projekt hatte die Transformation der Sozialen Arbeit nach 1990 zum Thema, als das neue Kinder- und Jugendhilfegesetz (heute SGB VIII) in Kraft trat. Als Teilprojekt in einem Sonderforschungsbereich (SFB) mit langer Laufzeit war es uns möglich, vier Jugendämter über sieben bis elf Jahre zu begleiten. Die Ausgangsfragen unserer damaligen Untersuchung waren: Wie gelang es den unterschiedlich eingebundenen Sozialen Diensten innerhalb ihrer Organisationen eine neue Fachkultur einzuüben? Und welche Rolle spielten dabei regionalspezifische Entwicklungspfade in den Kommunalverwaltungen?

Betrachten wir rückblickend die Entwicklungen im Untersuchungsfeld, so fielen uns vor allem in den 2000er Jahren wichtige Unterschiede bei der inneren Strukturierung des jeweiligen Allgemeinen Sozialen Dienstes (ASD) auf. Wir trafen auf ein Jugendamt mit vier Fachteams und hoher Selbstorganisation des ASD. In einem anderen Fall stießen wir auf ein Jugendamt, dessen Entwicklung und Praxis durch eine institutionelle und professionelle Unsicherheit geprägt war. Das waren die von uns am längsten untersuchten Jugendämter, die in Vielem maximal kontrastierten. Die beiden anderen Jugendämter dagegen zeigten im Vergleich weniger deutliche Unterschiede. Wir werden uns deshalb schon aus Platzgründen in diesem Beitrag auf die beiden kontrastiv strukturierten Jugendämter konzentrieren.

Inhaltlich gingen wir bei den Analysen zum Thema früh von der strukturhypothetischen Erwartung aus, dass die habitualisierten fachlichen Haltungen und die damit korrespondierenden Organisationsentwicklungen und Teambildungen das Fundament für die Bewältigung beruflicher Anforderungen und den Umgang mit kritischen Ereignissen darstellen, die das professionelle Handeln herausfordern, aber auch die Organisation Jugendamt öffentlich infrage stellen, was wir beim Kinderschutzthema seit Mitte der 2000er Jahre nachverfolgen konnten. Wir sahen im Verlauf unserer Untersuchung, dass die innere Verfassung der Jugendamtsorganisation und die Stellung der Teams im Arbeitsablauf entscheidende Rahmenbedingungen waren, die positiv oder negativ auf die Bewältigung von Krisensituationen bei sozialpädagogischen Interventionen zurückwirkten.

Die fehlende Unterstützung eines Teams bspw. wirft Fachkräfte im ASD auf ihr individuelles Professions- und Resilienzpotenzial zurück. Die Qualität der Fallarbeit und Interventionspraxis weist in einer solchen Jugendamtsorganisation eine hohe Spannbreite auf. Eine kollegiale Einbettung in gleichsam lebendige ASD-Teams stellt dagegen einen institutionellen Schutzfaktor gegen drohende oder manifeste Risikofaktoren der Sozialen Arbeit bei Erziehungshilfen und im Kinderschutz dar. Die Fallarbeit wird in dieser Jugendamtsorganisation ein gutes Stück weit durch kollegiale Beratung und Kontrolle auf ein gemeinsames professionelles Niveau gehoben.

Wir skizzieren in unserem Beitrag erstens das Resilienzkonzept und zeichnen zweitens in einer typologischen Betrachtung zwei kontrastierende Organisationsformen eines Jugendamts nach. Dabei spielen die Schlagworte enge versus lose Kopplung und linearer versus nicht-linearer Aufbau eine Rolle. Wir befragen in diesem Zusammenhang drittens die Fachliteratur, was diese Differenzierung für Teambildung und professionelle Autonomie bedeutet. Viertens stellen wir die Organisationsentwicklung und Teambildung in den beiden angeführten Jugendämtern vor und beziehen dabei den Kinderschutz mit ein. Danach stellen wir aufschlussreiche statistische Befunde zu den Sozialen Diensten beider Jugendämter und zu ihrer Fallarbeit vor. Ein Resümee mit praktischen Implikationen beschließt unsere Ausführungen.

1 Der Resilienzbegriff sowie seine Verwendung in sozialpädagogischen und institutionellen Kontexten

Wir beginnen unseren Beitrag mit der Erläuterung des Resilienzbegriffs in sozialpädagogischen und organisationalen Kontexten. „In Bezug auf Menschen bedeutet Resilienz gleichermaßen Beweglichkeit und Widerstandskraft, die es ermöglichen, auf beeinträchtigende, schwierige oder sogar traumatische Situationen und Krisen so zu reagieren, dass die Betroffenen sie ohne nachhaltige Beschädigungen durchstehen und nach kurzer Zeit ohne fremde Hilfe zu ihrem gewohnten Leben zurückkehren können" (Bentner und Jung 2022, S. 74). Resilienz wird erforderlich bei Menschen, die von Krisen (traumatischen Ereignissen, Katastrophen) betroffen sind, sowie bei Berufstätigen, die mit Situationen, die durch erhöhte Risiken und Ungewissheit geprägt sind (etwa als Folge familialer Desorganisation), umgehen müssen (vgl. Bentner und Jung 2022, S. 74). Aus humanwissenschaftlicher Sicht gründet das Resilienzpotenzial in persönlich und sozial vermittelten Ressourcen, die ein gelingendes Coping, die Regeneration nach erlebten Krisen oder, wenn es besonders gut läuft, eine transformative Entwicklung ermöglichen (vgl. Bentner und Jung 2022, S. 75; Leipold 2015, S. 18; Welter-Enderlin 2006, S. 13).

Diese Perspektive hebt hervor, dass es sich bei Resilienz um ein kontextabhängiges Phänomen handelt (vgl. Fröhlich-Gildhoff und Rönnau-Böse 2015, S. 10). Darauf hat die neuere Resilienzforschung reagiert „und spricht nicht von einer universellen Resilienz, sondern von für verschiedene Lebensbereiche spezifischen Resilienzen" (Bentner und Jung 2022, S. 77). Auf diese spezifischen Resilienzen nehmen psychosoziale und organisationale Faktoren entscheidend Einfluss, die es Handelnden bzw. Berufstätigen „erst ermöglichen, bestimmte Bewältigungsstrategien zu erproben und fördernde Ressourcen aufzubauen" (Bentner und Jung 2022, S. 74). Bei der Resilienzbildung hilft die Erfahrung von Selbstwirksamkeit und eines positiven Selbstwertgefühls sowie eine soziale Unterstützung durch familiale oder berufliche Bezugspersonen (vgl. Bentner und Jung 2022, S. 102).

Letzteres gilt insbesondere für die Einbindung in ein an Ressourcen und stabilen Bindungen reiches Familien- bzw. Bezugssystem (vgl. Bentner und Jung 2022, S. 115). Diesen Gesichtspunkt gilt es bei der Analyse der Organisation Sozialer Dienste und ihrer Teambildung im Auge zu behalten. Ebenfalls von Relevanz sind die Teile der sozialen Umwelt und die sozialen Netzwerke, die für Familien- und Gruppenmitglieder eine konkrete Handlungsbedeutung haben. In den sozialpädagogischen und therapeutischen Kontexten wird deshalb zwischen personaler, familialer und sozialer Resilienz unterschieden. Fragen wir nach Resilienzfaktoren und -strategien in den Organisationen der Jugendhilfe, so liegt es nahe, diese entsprechend auf den Ebenen der Fachkräfte, der Teams mit Zügen einer kollegialen Bezugsgruppe und des sozialen Rahmens der institutionellen Binnen- und Umwelt zu suchen.

Im Resilienzkonzept wird zwischen Risiko- und Schutzfaktoren unterschieden (vgl. Bentner und Jung 2022, S. 87 ff.). Unter Risikofaktoren werden krisenerhöhende und entwicklungshemmende Merkmale von Persönlichkeit und Lebenswelt gefasst, von denen eine Gefährdung für Befindlichkeit und menschliches Gedeihen ausgeht. Schutzfaktoren sind dagegen persönliche Merkmale und soziale Elemente, die das Auftreten einer Störung oder nicht bewältigten Krise verhindern oder abmildern und die Wahrscheinlichkeit für eine günstige Entwicklung erhöhen (vgl. Bentner und Jung 2022, S. 87ff.). Bei Einrichtungen der Kinder- und Jugendhilfe führt diese Kontrastierung zweier Faktorenbündel nach unseren Erfahrungen zu folgender Hypothese: Professionelle Fachkräfte, autonome und Resilienz fördernde Teams sowie eine fachliche Organisationskultur bilden eine Kette von Schutzfaktoren gegen unangemessene Interventionen im Rahmen erzieherischer Hilfen und im Kinderschutz. Fehlende Resilienz und Fachlichkeit – im Prinzip auf allen Ebenen – dagegen stellen Risikofaktoren für eine falladäquate Soziale Arbeit dar.

2 Zwei Organisationstypen auf der Basis enger, linearer oder bloß loser Kopplung

Ob und in welchem Maße institutionelle Risiko- und Schutzfaktoren für angemessene sozialpädagogische Interventionen in der Bezirkssozialarbeit vorhanden sind, hängt stark vom Organisationstyp des Jugendamts und seiner Arbeitskultur ab. Ämter als Teil der Kommunalverwaltung verkörpern eine Organisationsform, die nach rechtlichen und fachlichen Regeln arbeitet und mit eigens geschultem Personal öffentliche Aufgaben erfüllt (vgl. Seibel 2017, S. 15). Das gilt sowohl für die reguläre Vollzugsverwaltung (bspw. Bürgerbüro, Finanzamt usw.) als auch für die besonderen Fachverwaltungen (z. B. Bau-, Gesundheits- oder Jugendamt), die auf kommunaler Ebene in die allgemeine Verwaltung eingegliedert sind (vgl. Seibel 2017, S. 59).

Als Fachbehörde zählt das Jugendamt typologisch nicht zu den reinen bürokratischen Organisationen, sondern zu den professionellen (vgl. Klatetzki und Tacke 2005, S. 12). Das Jugendamt ist im Kern seiner Tätigkeit keine Verwaltung, sondern hat eine Verwaltung(sstruktur). Professionelle Organisationen sind insgesamt dadurch definiert, dass sie ihre Aufgaben zu einem erheblichen Anteil nicht mit Verwaltungsfachleuten erledigen, sondern dazu professionell ausgebildete Fachkräfte benötigen. Der Begriff der Fachbehörde verweist darüber hinaus bereits auf eine strukturelle Spannung in diesem Organisationstypus hin: Die zwischen fachlicher Autonomie und Leistungsverantwortung sowie bürokratischer Hierarchie und Leitungsverantwortung. Je nachdem, welches dieser beiden Momente überwiegt, können wir typologisch kontrastierende Organisationsmodelle konstruieren bzw. uns an solchen Modellen orientieren, wie sie u. a. Henry Mintzberg (1989; 2010) und Karl Weick (1985; Weick und Sutcliffe 2003) vorgelegt haben.

Wir beginnen unsere typologische Konstruktion mit dem Fall, dass in einer professionellen Organisation die fachliche Orientierung und Leistungsverantwortung überwiegt. Dann haben wir es mit einer eher nicht-linearen, wenig hierarchischen Kette an Positionen, an Anforderungen und Vorgaben „von oben nach unten" zu tun (vgl. Mintzberg, der die „archetypische Konfiguration der professionellen Organisation" ausführlich beschrieben habe, so Klatetzki und Tacke 2005, S. 16). Fachlich orientierte Sonderverwaltungen sind aus Gründen der notwendigen Autonomie nur lose mit der allgemeinen Verwaltung gekoppelt (vermutet Weick, der das Konzept der losen Kopplung entworfen hat, so Wolff 2010, S. 286 f.). Jugendämter bspw. seien aus Gründen der fachlichen Spezialisierung und notwendigen kollegialen Kontrolle besonders auf starke Teams angewiesen. Ein teamgestützter Sozialer Dienst arbeitet idealtypisch mit professionell qualifiziertem Personal, hat verbindliche Zuständigkeitsregeln für Teams und Fachkräfte, koordiniert und erledigt seine unterschiedlichen Aufgaben auf wirksame Weise zu einem großen Teil selbst; er ist reaktionsfreudig gegenüber neuen Bedürfnissen und Hilfebedarfen und zeigt sich insofern als lernfähig (vgl. Seibel 2017, S. 21).

In der Verwaltungslehre laufen die präferierten Strategien und Empfehlungen zur Verbesserung der Effektivität und Effizienz von Organisationen dagegen generell auf eine engere Verkopplung der Teileinheiten hin. Durch formale Verfahren – von Ablaufplänen bis hin zu Zielvereinbarungen – und hierarchische Steuerung werde versucht, „das organisatorische System in enger Kopplung an den vorgegebenen Zwecken bzw. Bedingungen auszurichten und so Ungewissheiten möglichst gering zu halten, diffuse Situationen in überschaubare Entscheidungsalternativen zu überführen und Mechanismen einzubauen, die eine zeitnahe Korrektur von aufgetretenen Zielabweichungen erlauben" (Wolff 2010, S. 290). In eng gekoppelten Jugendamtsorganisationen lebt sich die „Natur einer institutionalisierten Verwaltung" besonders intensiv aus, die darin besteht, „dass sie sich weitgehend mit sich selbst beschäftigt" – gerade deswegen aber auch „gut eingespielt und stabil" erscheine (vgl. Seibel 2017, S. 23; was uns von einem sehr erfahrenen Bezirkssozialarbeiter im Interview fast wortwörtlich so bestätigt wurde).

Die Praxis in den Jugendämtern zeige jedoch, so Wolff (2010, S. 294) weiter, dass auch professionelle Organisationen offenbar lose und enge Kopplung zugleich benötigen und die zentrale Aufgabe in jeder Einrichtung darin bestehe, „ein brauchbares Verhältnis" der beiden Komponenten zueinander zu finden. Eine organisationspraktisch plausible Form der Verknüpfung in einem ASD scheint in einer engen internen Kopplung der Teams bei gleichzeitig loser Kopplung mit anderen dezentralisierten Abteilungen im Jugendamt zu liegen (vgl. Wolff 2010, S. 294). Sinnvoll lose gekoppelte Fachteams der Sozialen Dienste verfügten eher über autonom erprobte Wahrnehmungs- und Interpretationsmuster des Ausschnitts der sozialen Wirklichkeit, für den sie verantwortlich sind, und seien so in der Lage, komplexe Welten (bspw. eines sozialen Brennpunkts) und ambige Fälle (etwa im Kinderschutz) in facettenreichen Bildern angemessen zu erfassen (vgl. Wolff 2010, S. 292).

Legt eine fachliche Leitung in einem Jugendamt, wie wir es erlebt haben, Wert darauf, dass sich die Fachkräfte im ASD an lokale Bedingungen und Besonderheiten ihrer Bezirke anpassen, dann bekommen Teams in der Bezirkssozialarbeit eine große institutionelle Relevanz. Wichtig bei der Teambildung wird dann, dass seine Mitglieder einen sozial relativ homogenen Kreis- oder Stadtteil betreuen. Derart fachlich eingebettet sind sie in der Lage, gemeinsam neue Chancen für soziale Hilfen zu entdecken und mit diesem Rückhalt vor Ort nach sinnvollen

Lösungen zu suchen (vgl. Wolff 2010, S. 293). Die Suche nach neuen Lösungen gelinge im Allgemeinen besser, wenn sich diese ASD-Teams auf ihre eigenen fachlichen Möglichkeiten und Relevanzgesichtspunkte konzentrieren können und bspw. nicht auf Anweisungen warten müssen (vgl. Wolff 2010, S. 293). Arbeitssoziologische Untersuchungen schließlich haben einen positiven Zusammenhang von loser Kopplung und Arbeitszufriedenheit gefunden. „Entscheidend dafür sei das Gefühl, seine Absichten im eigenen Arbeitsfeld umsetzen zu können, das Bewusstsein gemeinsamer Aufgabenerfüllung und Rücksichtnahme in überschaubaren Abteilungen und Teams" (Wolff 2010, S. 293).

3 Autonomie und Resilienz von Teams sowie Organisationskultur im Jugendamt und Professionalität der Fachkräfte

Fachteams können sich in Jugendämtern bzw. Sozialen Diensten entfalten, wenn zum einen die Fachkräfte eine professionelle Haltung teilen und wenn zum anderen Leitung und Organisationskultur der Teambildung und der Autonomie professionellen Handelns förderlich sind. Die Beobachtung dieses Sachverhalts in unseren ethnografischen Organisationsstudien wurde durch eine quantitative Untersuchung in 77 der 95 Jugendämter im Rheinland bestätigt (vgl. Klomann 2014; Klomann et al. 2019, S. 23). Die Auswertung der Befragung von 484 dortigen Fachkräften hatte ebenfalls zum Ergebnis, dass die professionelle Haltung, der kollegiale Austausch im Team sowie eine fachlich orientierte Leitung von entscheidender Bedeutung für die Gestaltung der Kinder- und Jugendhilfe und die Qualität der Leistungserbringung vor Ort sind (vgl. Klomann et al. 2019, S. 22). Der im Wesentlichen übereinstimmende Befund hat insoweit große Bedeutung, als Zeitpunkt, Untersuchungsraum und das methodische Vorgehen differierten.

Eine einfache systemtheoretische Erklärung für das Ergebnis der beiden Untersuchungen wäre: Ein professionelles Team benötigt notwendige Elemente (= passende Fachkräfte), um sich bilden zu können. Ein solches Team benötigt aber auch eine ermöglichende organisationale Umwelt (= passender Leitungsstil und institutionelle Kultur), um sich entfalten zu können. Die Leitung eines lose gekoppelten Jugendamts gibt diesem Modell zufolge für die Fallarbeit orientierende Entscheidungsprämissen vor und lässt dadurch bei den Fachkräften professionelle Verhaltensweisen erwartbar werden, ohne das Handeln im Einzelfall zu determinieren (vgl. Klomann et al. 2019, S. 22). Lose gekoppelte Strukturen öffnen damit für die Fachkräfte und ihre Teams Handlungs- und Entscheidungsspielräume, die durch kollegiale Zusammenarbeit, Unterstützung und Kontrolle gefördert und abgesichert werden (vgl. Klomann et al. 2019, S. 23).

Eine professionelle, teamgestützte Organisationskultur in den Sozialen Diensten lässt sich vor allem durch vier Merkmale charakterisieren: 1) Eigeninitiative und Beteiligung der Fachkräfte sind erwünscht und werden akzeptiert; 2) die Entscheidungsfindung des ASD orientiert sich am Hilfebedarf und wird aufgrund fachlicher Argumente kollegial getroffen; 3) es besteht eine wertschätzende Atmosphäre, die durch ein Gefühl des sicheren kollegialen Rückhalts gekennzeichnet ist (vgl. oben den Hinweis auf Studien zur Arbeitszufriedenheit); 4) schließlich ermöglichen eine fachliche Leitung und eine gemeinsame professionelle Grundhaltung im Team eine konstruktive Fehler- und Feedbackkultur (vgl. Klomann et al. 2019, S. 23). Das zusammen fördert eine professionelle Ausprägung des Selbstkonzepts der Fachkräfte und leistet einen wichtigen Beitrag zur Belastungs-Ressourcen-Balance im ASD.

4 Organisationsentwicklung und Teambildung in zwei Jugendämtern und ihre Folgen für die Resilienz der Fachkräfte

Den alltäglich gelebten Teamstrukturen, die sich jeweils im ASD ausgebildet haben, kommt für die Qualität der Leistungserbringung eine wesentliche Bedeutung zu (stellen Klomann et al. 2019, S. 25 fest). Wir können aufgrund unserer ethnografischen Untersuchungen dafür konkrete Beispiele anführen. Und wir können durch die Rekonstruktion zweier institutioneller Verlaufskurven ziemlich detailliert nachzeichnen, wie es zu den ausgeprägten Kontrasten in der Organisationsentwicklung der beiden Jugendämter kommen konnte.

(1) Wir beginnen mit Jugendamt H. Bereits in den 1980er Jahren regte sich der Teamgedanke in den bundesdeutschen Jugendämtern (vgl. Olk 1986). In einer Untersuchung von Feldmann (1991, S. 65) gaben 1990 bereits etwa 80 % der 36 befragten westdeutschen Jugendämter – 22 aus Städten, 16 aus Landkreisen – an, auf irgendeine Weise „Teamstrukturen institutionalisiert" zu haben. Auch im Jugendamt H wurde das Teamkonzept von einer ersten Arbeitsgruppe Mitte der 1980er Jahre aufgegriffen, die sich informell traf, Probleme zu Fallarbeit und Koordination der Tätigkeiten besprach, aber auch Vorschläge zur Organisation des Sozialen Dienstes und seiner Abteilungen sowie zu den Ablaufmustern bei sozialpädagogischen Interventionen machte.

Die fachliche Leitung interpretierte dieses Vorgehen des Personals nicht amtshierarchisch als Beleg für Insubordination, sondern nahm sie zum Anlass, mit den Fachkräften eine gemeinsame Interpretation der Arbeitssituation im Jugendamt und der Abläufe in der Fallarbeit auszuhandeln.

In dieser Pionierphase der Entwicklung von Teamstrukturen wurden im Jugendamt H erste Teams im ASD „bottom up" und nicht „top down" gegründet. In der folgenden Konsolidierungsphase in den 1990er Jahren erweiterte man einvernehmlich ihre Zuständigkeit als Regionalteams für vier relativ homogene Sozialräume und es wurden professionelle Fallarbeit und kollegiale Kooperation als erwartete Regelformen der Sozialen Arbeit im ASD institutionalisiert. Man bildete zudem Fachteams in den Sonderdiensten des Pflegekinderwesens, der Jugendgerichtshilfe oder zu intensiven Betreuungen. Diese Regional- und Fachteams entwickelten schnell beruflich-kollegiale Bindungseffekte. Manche Mitglieder fühlten sich, so ihre Aussage in den SFB-Interviews aus den 2000er Jahren, in ihren Teams „heimisch" – ein Begriff, der sich alltagsweltlich vor allem auf den familialen Lebensort bezieht, aber so etwas wie berufliche Geborgenheit zum Ausdruck bringt. Fachteams hatten im Jugendamt H insgesamt die Aufgabe, die Alltagspraxis im Sozialen Dienst und in den Sonderdiensten zu begleiten, kollegial zu unterstützen und zu kontrollieren. Gebildet wurde schließlich ein spezielles Entscheidungsteam, das die Aufgabe hatte, als kollegiale Einrichtung erzieherische Hilfen jenseits der Arbeit des ASD zu bewilligen.

Was bedeutete das in der Praxis? Betrachten wir dazu einen typischen Fallverlauf. Wurde in einer Beratung eines Regionalteams des ASD für einen Fall eine erzieherische Hilfemaßnahme ins Auge gefasst, so hatte das Entscheidungsteam über die Angemessenheit zu befinden und die Maßnahme zu bewilligen. Vertreten waren im Entscheidungsteam neben der fallverantwortlichen Fachkraft durch je eine Person die Amts- und ASD-Leitung, das zuständige Team und die Wirtschaftliche Jugendhilfe. Die am Verfahren Beteiligten hatten ihre Sicht auf den Fall und mögliche Hilfen zu koordinieren und eine fachlich tragfähige Entscheidung auszuhandeln. Trotz kleiner Verschiebungen – die wiederum als Lebenszeichen einer lernenden Organisation interpretiert werden können – blieb dieses Grundmuster drei Jahrzehnte in Kraft.

Die Dauer dieses institutionellen Arrangements weist darauf hin, dass sich Teamresilienz im Jugendamt H nicht auf einen Akt der Selbstgründung und eine autonome Praxis in der alltäglichen Bezirkssozialarbeit reduziert, sondern sie sich fortwährend in Situationen der Herausforderung und Bewährung reproduziert. Diese Situationen werden zur professionellen Routine, wenn den Teams von der

Jugendamtsleitung mehr fachliche Verantwortung übertragen wird. Und die Fallverantwortung sich bei Interventionen vor einem Entscheidungsteam bewähren muss. Denn ausgehend von der Interpretation des Falls durch Fachkraft und Team müssen die anderen an der Entscheidung Beteiligten überzeugt werden. Kommt es zu keiner Entscheidung für eine Maßnahme, bleibt der Fall in der Zuständigkeit der Bezirkssozialarbeit (darauf werden wir bei unserem statistischen Profil der Fallarbeit zurückkommen).

Um die lose gekoppelten Teams koordinieren zu können, bilden seit den 1990er Jahren die Leitung von Jugendamt H und seinem ASD, von den diversen Fach- und vier Regionalteams eine kollegiale, aber nach drei Ebenen differenzierte Leitungsrunde. Im Alltag werden hier rechtliche Veränderungen der Kinder- und Jugendhilfe oder fachliche Anstöße besprochen und gegebenenfalls über die wöchentlichen Teamrunden an die Fachkräfte weitergegeben. Nur grundlegende Fragen werden in „großen Dienstbesprechungen", wie es im Amt heißt, diskutiert. Typischerweise wird eine neue Anforderung mit der Frage des die Sitzung Leitenden eingeführt: „Was bedeutet das für uns?" Mit der anschließenden Diskussion beginnt ein Prozess der professionellen Aneignung institutioneller Vorgaben – einschließlich des Versuchs, professionelle Selbstorganisation bei den Fachkräften tiefer zu verankern und damit einen wesentlichen Baustein für die Resilienz der gesamten Organisation bei der Bewältigung ihrer Aufgaben zu stärken.

Organisationale Resilienz als hinreichende Kompetenz zur Bewältigung institutioneller Krisen bildet sich vor allem, wenn alle Ebenen und Gruppen der Mitarbeitenden im Vorgehen einbezogen werden (vgl. Niehaus 2019, S. 23), wenn Erfahrungen autonomer Berufspraxis helfen, eine professionelle Habitusform auszubilden. Ein solches an Autonomie orientiertes Strukturmuster reproduzierte sich im Jugendamt H bei der Umsetzung neuer Richtlinien im Kinderschutz. Die Orientierung an Autonomie schlug sich inhaltlich im Aufbau einer präventiven Hilfeinfrastruktur nieder, also dem Versuch, den Möglichkeitsraum für eine autonome Lebenspraxis früh zu verbessern.

Auf der Organisationsebene stand das Jugendamt H vor der Herausforderung, einerseits die Autonomie der Freien Träger im Landkreis anzuerkennen, welche die Angebote Früher Hilfen im Wesentlichen entwickelten, und diese Angebote in die bestehenden Konzepte des Jugendamts zu integrieren. Was geschah? Im Vorfeld der Bundesgesetzgebung zum Kinderschutz (Bundeskinderschutzgesetz BKiSchG von 2012) wurde 2007 vom Land der Aufbau lokaler Netzwerke im Bereich Früher Hilfen vorgeschrieben. Der Landkreis gründete daraufhin vier Familienzentren mit unterschiedlicher Trägerschaft, deren regionaler Zuschnitt sich an der Zuständigkeit der bestehenden Teams im ASD orientierte – was die institutionelle Bedeutung der ASD-Teams im Jugendamt H verdeutlicht.

In den Familienzentren übernahmen die Freien Träger eigenständig die Koordination und Vergabe niedrigschwelliger Unterstützungsangebote (Familienbegleitungen, Familienhebammen und Familienhelferinnen). Schnittstellen zwischen den Familienzentren und den Fachkräften des Jugendamts ergeben sich im Rahmen dieser Konzeption bei akuten Krisenfällen oder bei längerfristigen Hilfemaßnahmen. Bei den damit einhergehenden Hilfeverfahren übernehmen Fachkräfte des Sozialen Dienstes die Fallsteuerung. Im Rahmen dieser dezentralen Regelung ging es bei Absprachen zwischen Freien Trägern und Jugendamt vorrangig darum, Präventionsangebote Früher Hilfen mit dem Schutzauftrag des Sozialen Dienstes abzustimmen. Als problematisch wurden von den dazu interviewten Fachkräften im ASD jene Fallkonstellationen beschrieben, die in gewisser Weise die Hilfekultur der Regionalteams infrage stellen – beispielsweise wenn Familienzentren die Organisation von Hilfe für sich beanspruchen und die Bezirkssozialarbeit auf die Rolle eines Kriseninterventionsdienstes im Gefährdungsfall einengen (zur Schnittstellenproblematik vgl. Franzheld 2017).

Trotz der öffentlichen Aufmerksamkeit wurde dem Kinderschutzthema im Jugendamt H mit organisationaler Beharrlichkeit begegnet. Weder wurden hektisch neue Verfahrensvorschriften in Kraft gesetzt (es gab nämlich schon welche, die sich bewährt hatten) oder vermeintlich effizientere Handlungsmethoden (die damals im Feld propagiert wurden), noch wurde das lose gekoppelte, relativ autonome System der Teams im Sozialdienst durch besondere Rechenschaftspflichten gegenüber den Leitungsebenen von ASD und Jugendamt infrage gestellt. Es galt in den Jahren nach 2005 die erfahrungsgestützte Annahme, dass nach einer Phase des öffentlichen Bewusstseins für den Kinderschutz die Zahlen gemeldeter Verdachtsfälle schnell wieder auf ein Vorkrisenniveau fallen würden. Die Zahl der einschlägigen Fälle, die zwischen 2006 und 2009 bearbeitet wurden, haben diese fachliche Einschätzung bestätigt.

(2) Anders sieht es in eher hierarchisch gekoppelten Jugendämtern aus. Zweimal wurde uns aus der Geschichte einer Einrichtung berichtet, dass ein Landrat früher jede Heimeinweisung persönlich bewilligte. Dazu zählt auch das Jugendamt T. Der „Aufbruch" nach Einführung des neuen Kinder- und Jugendhilfegesetzes auf der Ebene der Fachkräfte wurde in diesem Fall durch bürokratische Verwaltungsakte und die Berufung zweier relativ fachfremder Leitungskräfte schnell wieder eingedämmt. Die Entwicklung des ASD litt beispielsweise ein Jahrzehnt lang unter der Bevorzugung der Jugendarbeit. Bei der Entwicklung des Sozialen Dienstes konzentrierte man sich auf den Umbau der Verwaltungsstruktur, um sicherzustellen, dass die im KJHG/

SGB VIII geforderten Hilfemaßnahmen auch formal gewährt werden konnten. Fachliche Mindeststandards der Fallarbeit im ASD waren kein Thema der Organisationsentwicklung im Jugendamt. Die Fachkräfte dort waren dementsprechend verunsichert. Sie hatten zudem andauernd Verwaltungstreffen zuzuarbeiten, auch auf Kosten der Fallarbeit. Fachteams bildeten sich vor 2000 im Jugendamt T nicht.

Das passierte nach 2001 in einem Top-down-Verfahren. Modelle zur Teambildung im ASD wurden von einer dritten Leitungskraft aufgegriffen, die sich an der Konzeption der Lebensweltorientierung sozialer Hilfen und an der Vorstellung eines regionalisierten Jugendamts mit dezentralem Sitz orientierte. Darüber hinaus wurde den Fachkräften im Jugendamt T nun ein Mitspracherecht eingeräumt, ihr Verantwortungsbereich sollte erweitert werden. Durch die Teamorganisation, so die Planung und Erwartung, sollte die professionelle Selbstkontrolle gegenüber der formalen Amtskontrolle gestärkt werden. Um dafür bessere Grundlagen zu schaffen, war vorgesehen, viele Fachkräfte weiter zu qualifizieren und fachlich fortzubilden – u. a. auf dem Gebiet systemischer, lösungsorientierter Beratung, um in den erzieherischen Hilfen der Tendenz zu einem zu schnellen Eingreifen entgegenzuwirken. Doch für die konsequente Realisierung dieser Ziele fehlte zuerst der kommunalpolitische Rückhalt (über den das Jugendamt H immer verfügte). Und nach 2007 sorgte der nächste Leitungswechsel dafür, dass die aufholende Organisationsentwicklung und Professionalisierung ins Stocken geriet und abbrach (Jugendamt H hatte die ganze Zeit denselben Amtsleiter).

Sichtbar wurde diese Entwicklung im Jugendamt T weg von Professionalisierung und institutioneller Resilienzbildung in den 2010er Jahren, als die neue Leitung eine Rücknahme der Dezentralisierung der Regionalteams an zwei Standorten anordnete und den ASD erneut unter ein „Verwaltungsdach" zusammenlegte. Diese Zerschlagung von Regionalteams wurde mit einer besseren Steuerung und der Aufwertung des Jugendamts als zentralem Ort der Hilfegewährung begründet – letztlich eine Chiffre für eine durchgreifende Amtsleitung im Sinne des linearen, hierarchischen und eng gekoppelten Organisationsmodells. Zudem wurde – im Gegensatz zum fachlichen Leitbild der Sozialraum- und Lebensweltorientierung – ein System rotierender Bezirkssozialarbeit eingeführt. Regelmäßige Bezirkswechsel sollten mehr Distanz organisieren und durch Standardverfahren mehr Fachlichkeit in der Fallarbeit etablieren.

Professionalisierung der Sozialen Arbeit mit einer einseitigen Distanzierung aus räumlichen und persönlichen Nahbeziehungen gleichzusetzen, ist eine im Feld der sozialen Hilfe nicht unübliche Argumentationsfigur, führt aber immer wieder zu fachlich kritikwürdigen Entwicklungen (vgl. Dörr und Müller 2019).

Insbesondere, wenn der Wunsch nach Steuerung durch Anweisung und Top-down-Verfahren hinter der Reorganisation steht oder ein institutionalisiertes Misstrauen gegenüber der Fachlichkeit des Personals in den Sozialen Diensten eine Rolle spielt. Eine solche zentralistische Steuerungsstrategie zeigte sich im Jugendamt T darüber hinaus im Kinderschutz. Wie überall waren die kommunalen Träger auch hier im Bundesland aufgefordert, neue Kinderschutzdienste aufzubauen. So wurde im Jugendamt T dem ASD ein mit dem Kinderschutz beauftragter Sonderdienst zugeordnet. Kernargument hierfür war die Stärkung des Jugendamts bei der Übernahme von Kinderschutzaufgaben. Die Verantwortung des Kinderschutzdienstes lag im Bereich der konkreten Gefahrenabwehr, also bei der Risikoabschätzung von Gefährdungen und der Begleitung von Abklärungsvorgängen.

Für die Bezirkssozialarbeit ergab sich daraus einerseits eine Entlastung. Im Zuge dieser Entwicklung wurde aber andererseits die „Sicherheitsmentalität" im ASD massiv verstärkt. Bei Kinderschutzverfahren zeigte sich eine gering ausgeprägte professionelle Verantwortungsübernahme, die Einhaltung formaler Abklärungsschritte hatte Vorrang und zum Teil wurden Bereitschaftsdienste außerhalb der Öffnungszeiten des Jugendamts nicht mehr übernommen. Vor dem Hintergrund dieser Entwicklung überrascht es nicht, dass auf ein anderes Deutungsschema zur Kinderschutzarbeit zurückgegriffen wurde als im Jugendamt H (das professionell den Rückgang der Verdachtsmeldungen nach einer Phase öffentlich-politischer Skandalisierung erwartete). Gängig war im Jugendamt T eine für den Kinderschutz nicht untypische „Dunkelzifferargumentation", die den Anstieg von Gefährdungsmeldungen im Sinne einer Kultur des Misstrauens als realistischere Wahrnehmung des Geschehens interpretierte. In diesem Kontext stieg die Anzahl an Verdachtsfällen im Landkreis bis 2010, dem Ende der Untersuchung, kontinuierlich an (führte gewissermaßen zu einer „self-fullfilling prophecy").

Es gibt hierzu Untersuchungen, in denen darauf hingewiesen wird, dass die Strategie, die Kinderschutzproblematik durch eine formale Vereinheitlichung des Vorgehens in Form von Prozessbeschreibungen zu bewältigen, in der Praxis eher misslingt (vgl. die entsprechenden Ergebnisse einer Untersuchung (Klomann et al. 2018) zu dem Thema, die in Klomann et al. 2019, S. 24 referiert werden). Es liegt nahe, dass sich dieses Misslingen weniger in lose gekoppelten, professionell orientierten Jugendämtern findet. Denn hier schätzen Fachkräfte familiale Krisen im Sinne eines Zweckprogramms sozialpädagogischer Hilfe ein. Das müssen sie sich zutrauen (können). Wofür eine Qualifizierung der Fachkräfte und eine gelungene Teambildung wie im Jugendamt H von entscheidender Bedeutung sind. Dagegen gehen in eng und linear gekoppelten Jugendämtern die Fachkräfte „stärker auf die

Einladung ein, die mit einer formalen Prozessbeschreibung verbunden ist" (Klomann et al. 2019, S. 24). Die Güte der Einschätzung und Intervention werden eher vom korrekten Vollzug des Verfahrens im Sinne eines Konditionalprogramms abhängig gemacht statt von der Spezifik des Einzelfalls. Eine Bezirkssozialarbeit wie im Jugendamt T kann zudem die Verantwortung an Spezialdienst und Formalprogramm delegieren. Bei Regulierungslücken sind sie stärker auf konkrete Anweisungen der Vorgesetzten angewiesen (vgl. Klomann et al. 2019). Hilfe- und Schutzmaßnahmen werden in diesem Strukturmuster dann oft nicht von denjenigen gesteuert, die den Fall „am besten kennen".

5 Auffallende Unterschiede der beiden Jugendämter in der Sozialstatistik

In der folgenden Übersicht interessieren uns einige statistische Befunde im Vergleich von Jugendamt H und Jugendamt T. In beiden Jugendämtern wurden von uns zu zwei unterschiedlichen Zeitpunkten Totalerhebungen eines kompletten Jahrgangs der vergebenen Erziehungshilfen durchgeführt. Auf der Grundlage der Fallakten konnten wir wichtige Kennzahlen der Hilfepraxis erheben. Unter anderem waren das die Anzahl der Vollzeitstellen, Fallbelastung pro Fachkraft und Turnover-Quoten (Verbleib von Fachkräften auf den ASD-Stellen bei der Zweiterhebung), die Relation zwischen ambulanten und stationären Hilfen und die Jugendhilfequote im Landkreis gemessen am Bevölkerungsanteil von Jugendlichen (siehe Abb. 1). Insbesondere zeigten sich Unterschiede bei der Bewilligung ambulanter und stationärer Maßnahmen sowie geringe Haltekräfte der Jugendamtsorganisation, wenn hohe Fallbelastung und prekäre Teamstrukturen aufeinandertreffen.

Im Quervergleich der beiden Jugendämter stechen drei Kontraste besonders hervor: die Fallzahlen pro Fachkraft, die Häufigkeitsverteilung innerhalb der Hilfemaßnahmen und die Verbleiberate der Fachkräfte im ASD. Kommen wir zum ersten Punkt, dann fällt die vergleichsweise geringe Fallzahl erzieherischer Hilfen im ASD des Jugendamts H ins Auge. Jede ASD-Fachkraft bearbeitete in den untersuchten Jahrgängen durchschnittlich 9 bis 11 bewilligte Fälle in den erzieherischen Hilfen. Demgegenüber steht im Jugendamt T eine geringfügig rückläufige Entwicklung von einer Fallbelastung von erst 30 (2001) auf dann 23 Fälle in der Zweiterhebung (2008). Begründen lässt sich dieser doch erhebliche Kontrast über die jeweilige Arbeitsorganisation. Das Jugendamt H orientiert sich an einem Muster professioneller Bezirkssozialarbeit, wonach ambulante Hilfen zuerst durch die

	Jugendamt H		Jugendamt T	
Erhebungszeitraum	2004	2009	2001	2008
Vollzeitstellen ASD	11	10	9	8
Fallbelastung (pro Fachkraft)	9	11	30	23
Turnover-Quote (Verbleiberate)	8 von 11		3 von 9	
Anzahl der Fälle pro 100 Jugendliche im LK	0,9	0,8	1,7	1,9
ambulante/teilstationäre vs. stationäre Hilfe durch Freie Träger (in %)	21,9 : 78,1	37,6 : 62,4	32,4 : 67,6	48,1 : 51,9

Abb. 1 Eigene Erhebung und Berechnung

Fachkräfte des ASD selbst erbracht und erst nach einem Beschluss des Entscheidungsteams nach außen, an Freie Träger vergeben werden. Jugendamt H stellte so eine fachlich begründete Ausnahme vom damals dominanten Leitbild des Fallmanagements dar (vgl. Kleve 2006). Das Jugendamt T orientierte sich dagegen an der Vorstellung, dass alle erzieherischen Hilfen von Freien Trägern erbracht werden und sich die ASD-Fachkräfte schwerpunktmäßig auf die Bedarfsfeststellung und Koordination von Hilfen konzentrieren. Entsprechend groß ist die Zahl der statistisch erfassten Fälle. Es ist also die Differenz zwischen einer Hilfekultur und einer Behördenkultur zweier Organisationen, die sich in der signifikant unterschiedlichen Quote bewilligter Hilfefälle niederschlägt.

Diese Differenz im Arbeitsstil beider Jugendämter schlägt sich zweitens in den Zahlen zur Vergabe ambulanter und (teil-)stationärer Maßnahmen an Freie Träger versus Bewilligung stationärer Maßnahmen nieder. Im Jugendamt H lässt sich der relative Überhang stationärer Maßnahmen wieder mit der eigenen, teamgestützten Fallbetreuung der Bezirkssozialarbeit erklären. Dieser Teil ambulanter Hilfen, eigentlich eine erhebliche Mehrarbeit der Fachkräfte im ASD, taucht in der vorliegenden Fallstatistik nicht auf, weil sie sich auf die Maßnahmen beschränkt, die an Freie Träger vermittelt wurden. Demgegenüber haben wir die hohen Fallzahlen stationärer Hilfen im Jugendamt T als Folge einer behördlichen Sicherheitsmentalität aus Gründen fachlicher wie institutioneller Unsicherheit wahrgenommen. Die ins Stocken geratene Fachkräftequalifizierung, aber auch die schwache Stellung des Jugendamts gegenüber Freien Trägern und die fehlende Rückendeckung des Jugendamts in der Kommunalpolitik spiegelt sich in der hohen Bereitschaft im ASD, Hilfefälle im Zweifel stationär versorgen zu lassen. Die Verteilung der Zahlen an dieser Stelle zeigt die Problematik statistischer Erhebungen zur Fallarbeit in den Sozialen Diensten. Wenn sie sich an formalen Kategorien, wie z. B. hier an der Bewilligung einer Hilfe nach §§ 27 ff. SGB VIII, orientieren, kommt es dazu, dass bspw. die Mehrarbeit im Jugendamt H gleichsam übersehen wird. Ohne Kenntnis der Organisationsspezifik kann somit ein völlig falsches Bild von der Arbeitsleistung eines ASD nahegelegt werden.

Und drittens noch kurz zur Verbleiberate des ASD-Personals: Die erhobenen Kennzahlen bestätigen eine bei einer losen Kopplung und professionellen Orientierung eher zu erwartende langfristige Organisationsbindung der Fachkräfte. Die hohe Verbleiberate des Personals im Jugendamt H kontrastiert mit einer raschen Abwanderung im Fall des hierarchisch strukturierten, eng gekoppelten Jugendamts T. Der Halteeffekt gut integrierter und unterstützender Teams zeigt sich so in unserer Erhebung statistisch signifikant.

6 Resümee: Teamresilienz und Interventionspraxis

Die Teamresilienz in den beiden untersuchten Jugendämtern unterscheidet sich grundlegend und wirkt sich entsprechend aus. Das ist letztlich der Befund unseres Organisationsvergleichs. In Krisenfällen der Erziehungspraxis handeln und intervenieren die Fachkräfte in einer Zone erhöhten Risikos. Sie sehen sich hoch belastet in der Rolle einer öffentlichen Instanz zur Gefahrenabwehr. Geboten erscheinen an dieser Stelle professionell und organisatorisch nachhaltige Resilienzstrategien gegen Fehleinschätzungen von Fällen aus Unwissenheit und Ungewissheit (fachliche Qualifizierung, unterstützende Fach- und kompetente Entscheidungsteams, eine lernende Organisationskultur). Sie ermöglichen eine Bewältigung der institutionellen und beruflichen Krisensituationen durch eine konstruktive Fallarbeit und eine von Teams getragene, unterstützende Arbeitskultur, wie am Jugendamt H zu sehen. Fehlen solche Resilienzstrategien, insbesondere bei fachlicher Qualifizierung und Teambildung, reagieren Fachkräfte nach unseren Erfahrungen im Jugendamt T weniger mit „voice" (d. h. sie widersprechen, leisten Widerstand), sondern hauptsächlich durch die beiden Formen von „exit" (sie scheiden durch explizite Kündigung aus oder vollziehen eine innere Kündigung; vgl. zu den beiden Kategorien: A. Hirschman 1993, S. 168 ff.). Für nichtresiliente Organisationen in der öffentlichen Trägerlandschaft der Kinder- und Jugendhilfe wie Jugendamt T scheinen Fachkräfte- und Qualifizierungsmangel, hohe Fluktuation beim Personal und „bad governance" durch überforderte Leitungskräfte geradezu typisch zu sein. Für die Fachkräfte in solchen Einrichtungen resultiert daraus ein höheres Stressniveau, das merklich über die Belastung durch krisenhafte Fälle hinausgeht, und oft chronifizierte Konflikte innerhalb der Abteilungen und Arbeitsgruppen einschließt (die keine Teams mehr sind). Das führt regelmäßig zu einer „negativen Stimmung" in der Organisation (vgl. Bentner und Jung 2022, S. 103). Eine wesentliche Grundlage für Resilienzstrategien in der Kinder- und Jugendhilfe gegen eine negative Belastungs-Ressourcen-Balance der Fachkräfte sind stabile, im Alltag gelebte professionelle Teamstrukturen in einer lose gekoppelten Jugendamtsstruktur. Ihr Vorhandensein oder Fehlen schlägt sich noch im Interventionsmuster der erzieherischen Hilfen nieder, wie eben gesehen.

Unsere Erfahrungen mit Teamstrukturen im Sonderforschungsbereich zwischen 2001 und 2012, ergänzt und bestätigt durch die Ergebnisse der Analysen der Arbeitsgruppe um Verena Klomann zwischen 2014 und 2019, lassen es zu, abschließend einen institutionellen Idealtyp zu bilden. Danach ist die fachlich qualifizierte Leitung eines Jugendamts relativ eng mit der relevanten organisationalen Umwelt rückgekoppelt und übersetzt neue, oft auch rechtliche Anforderungen in professionelle Aufgaben, die in den eher lose gekoppelten Fachkräfteteams abgearbeitet werden. Krisenfälle in den Sozialen Diensten zu bewältigen gelingt in dem Maße besser, als dass Teams fachliche Verantwortung Einzelner abfedern und Fachkräfte durch kollegiale Bindungseffekte integrieren. Dabei hilft schließlich, wenn bei den Teammitgliedern eine professionelle Haltung eng an die Berufsrolle gekoppelt ist. Bezogen auf diesen Idealtypus trägt Teamresilienz entscheidend dazu bei, institutionelle und berufliche Krisensituationen in einem Jugendamt angemessen zu bewältigen.

Literatur

Bentner, Ariane/Jung, Jan P. (2022): Resilienz durch Krisen. Wie Führungskräfte und Teams schwierige Zeiten bewältigen. Heidelberg: Carl-Auer.
Bohler, Karl Friedrich/Engelstädter, Anna/Franzheld, Tobias/Hildenbrand, Bruno (2012): Transformationsprozesse der Kinder- und Jugendhilfe in Deutschland nach 1989. In:

Best, Heinrich/Holtmann, Everhard (Hrsg.): Aufbruch der entsicherten Gesellschaft. Frankfurt/New York: Campus, S. 280–302.
Dörr, Margret/Müller, Burkhard (2019): Nähe und Distanz. Ein Spannungsfeld pädagogischer Professionalität, 4. Auflage. Weinheim/Basel: Beltz Juventa.
Feldmann, Ursula (1991): Der Allgemeine Soziale Dienst in der Bundesrepublik Deutschland – Bestandsaufnahme und Weiterentwicklung. In: Institut für Soziale Arbeit e. V. (Hrsg.): ASD – Beiträge zur Standortbestimmung. Münster: Votum, S. 64–77.
Franzheld, Tobias (2017): Schnittstellenprobleme im Kinderschutz. Die Bedeutung sozialökologischer Perspektiven. In: Sozial Extra, Heft 6/2017, S. 20–23.
Fröhlich-Gildhoff, Klaus/Rönnau-Böse, Meike (2015): Resilienz. München: Ernst Reinhardt.
Hirschman, Albert O. (1993): Entwicklung, Markt und Moral. Abweichende Betrachtungen. Frankfurt a. M.: Fischer Taschenbuchverlag.
Klatetzki, Thomas (Hrsg.) (2010): Soziale personenbezogene Dienstleistungsorganisationen. Soziologische Perspektiven. Wiesbaden: VS Verlag.
Klatetzki, Thomas/Tacke, Veronika (Hrsg.) (2005): Organisation und Profession. Wiesbaden: VS Verlag, S. 7–30.
Kleve, Heiko (2006): Case-Management: Eine methodische Perspektive zwischen Lebensweltorientierung und Ökonomisierung in der Sozialen Arbeit. In: Kleve, Heiko/Haye, Britta/Hampe, Andreas/Müller, Andreas (Hrsg.): Systemisches Case-Management. Falleinschätzung und Hilfeplanung in der Sozialen Arbeit. Heidelberg: Carl-Auer, S. 40–56.
Klomann, Verena (2014): Zum Stand der Profession Soziale Arbeit. Empirische Studie zur Präsenz reflexiver Professionalität in den Sozialen Diensten der Jugendämter im Rheinland. Diss. Universität Bielefeld.
Klomann, Verena/Schermaier-Stöckl, B./Breuer-Nyhsen, J./Grün, A. (2018): Professionelle Einschätzungsprozesse im Kinderschutz. In: Das Jugendamt. Fachzeitschrift für Jugendhilfe und Familienrecht, Heft 10/2018, S. 11–15.
Klomann, Verena/Mohr, Simon/Ritter, Bettina (2019): Organisationskultur und Professionalität in der Sozialen Arbeit. In: FORUM sozial 2/2019, S. 21–26.
Leipold, Bernhard (2015): Resilienz im Erwachsenenalter. München/Basel: Vieweg.
Mintzberg, Henry (1989): Mintzberg on Management. New York: Free Press.
Mintzberg, Henry (2010): Managen. Offenbach: Gabal.
Münkler, Herfried (2010): Strategien der Sicherung: Welten der Sicherheit und Kulturen des Risikos. Theoretische Perspektiven. In: Münkler, Herfried/Bohlender, Matthias/Meurer, Sabine (Hg.): Sicherheit und Risiko. Über den Umgang mit Gefahr im 21. Jahrhundert. Bielefeld: transcript, S. 11–35.
Niehaus, Ursula (2019): Organisationale Resilienz in volatilen Strukturen. Ein ganzheitliches Modell. Heidelberg: Carl-Auer.
Olk, Thomas (1986): Abschied vom Experten. Sozialarbeit auf dem Weg zu einer alternativen Professionalität. Weinheim/Basel: Juventa.
Schwarz, Andreas/Rothenberger, Liane/Schleicher, Kathrin/Srugies, Alice (2016): Krisenmanagement aus interner Perspektive. Analyse der Krisenkommunikation in deutschen Jugendämtern. In: Huck-Sandhu, Simone (Hrsg.): Interne Kommunikation im Wandel. Theoretische Konzepte und empirische Befunde. Wiesbaden: VS Verlag, S. 225–246.
Seibel, Wolfgang (2017): Verwaltung verstehen. Eine theoriegeschichtliche Einführung. Berlin: Suhrkamp.

Weick, Karl E. (1985): Der Prozess des Organisierens. Frankfurt a. M.: Suhrkamp.
Weick, Karl E./Sutcliffe, Kathleen M. (2003): Das Unerwartete managen. Wie Unternehmen aus Extremsituationen lernen. Stuttgart: Klett-Cotta.
Welter-Enderlin, Rosmarie (2006): Resilienz aus Sicht von Beratung und Therapie. In: Welter-Enderlin, Rosmarie/Hildenbrand, Bruno (Hrsg.): Resilienz – Gedeihen trotz widriger Umstände. Heidelberg: Carl-Auer, S. 7–19.
Wolff, Stephan (2010): Soziale personenbezogene Dienstleistungsorganisationen als lose gekoppelte Systeme und organisierte Anarchie. In: Klatetzki, Thomas (Hrsg.): Soziale personenbezogene Dienstleistungsorganisationen. Soziologische Perspektiven. Wiesbaden: VS Verlag, S. 285–335.

Karl Friedrich Bohler PD Dr. phil, Soziologe; war wissenschaftlicher Mitarbeiter u. a. bei Ulrich Oevermann und Bruno Hildenbrand; forschte u. a. am ISS in Frankfurt a. M. und im SFB 580 in Jena zur Entwicklung der Kinder- und Jugendhilfe; lehrte u. a. als Vertretungs- und Gastprofessor an Universitäten in Berlin, Frankfurt a. M., Jena und Hildesheim; zurzeit noch mit einem Lehrauftrag an der Universität Frankfurt a. M. tätig.
E-Mail: bohler@soz.uni-frankfurt.de

Tobias Franzheld JProf. für Sozialpädagogik an der erziehungswissenschaftlichen Fakultät der Universität Erfurt. Schwerpunkte: Kinderschutz, Kinder- und Jugendhilfe, Transformation von Wohlfahrtsstrukturen, Fallrekonstruktionen
E-Mail: tobias.franzheld@uni-erfurt.de

Teamarbeit ohne Teams?! Irritationen professionellen Handelns in der stationären Kinder- und Jugendhilfe

Thomas Harmsen

1 Einblicke in die Praxis

„Ohne mein Team könnte ich hier nicht arbeiten". Wer in der stationären Kinder- und Jugendhilfe unterwegs ist, dem wird dieser Satz sicherlich in den unterschiedlichsten Varianten bereits begegnet sein.[1] Auf Fortbildungen, in Supervisionen oder im Rahmen von Qualitätsentwicklungsprozessen wird immer wieder die Bedeutung von Teams und professioneller Teamarbeit betont, ohne genauer zu benennen, wieso sie in diesem Arbeitsfeld so wichtig sind. Die Arbeit im Team scheint unverzichtbarer Kern des sozialpädagogischen Alltags zu sein, nicht frei von Ambivalenzen und Spannungen, wie Sarah Henn in ihrer Studie zur Professionalität und Teamarbeit in der stationären Kinder- und Jugendhilfe feststellt:

> „Ausgangspunkt ... waren Beobachtungen und Berichte, nach denen in der pädagogischen Praxis häufig nicht die Adressat*innen die größte Herausforderung darstellten, sondern das Abstimmen und Zurechtkommen mit den Kolleginnen und Kollegen im Team. Gleichzeitig wollte aber kaum jemand auf diese Abstimmungsprozesse verzichten" (2020, S. 11).

---

[1] Der Verfasser war 21 Jahre in der Kinder- und Jugendhilfe als Diplomsozialarbeiter tätig und supervidiert seit über 25 Jahren schwerpunktmäßig Teams in der Kinder- und Jugendhilfe.

T. Harmsen (✉)
Neuenkirchen, Deutschland
E-Mail: th.harmsen@ostfalia.de

Teamarbeit lässt sich auf zwei unterschiedlichen Ebenen verorten. Zunächst ist ein Team Teil einer sozialpädagogischen Organisation mit ihren Hierarchien, Zuständigkeiten und strukturierten Arbeitsabläufen. Die Wohnformen können dabei einen sehr unterschiedlichen Charakter haben. Sie lassen sich grob unterteilen in Diagnose- oder Clearinggruppen, 5-Tage-Gruppen, sozialpädagogisch betreutes Jugendwohnen, klassische Wohngruppen und Intensivgruppen. Wohngruppen im Kontext geschlossener Unterbringung haben aufgrund ihres Zwangscharakters eine ganz eigene Teamdynamik und sollen daher im Folgenden nicht weiter berücksichtigt werden. Die personelle Ausstattung variiert je nach Wohnform zwischen vier und sechs Vollzeitkräften entsprechend dem Fachkräftegebot des SGB VIII und weiteren Honorarkräften, Hauswirtschaftskräften sowie Praktikant:innen und Bundesfreiwilligendienstler:innen. Teams und Teamleitungen sind zunächst verantwortlich für den Alltag einer Wohngruppe, für die Organisation von Dienstplänen und Außenkontakten (Schule, Ausbildungsstellen, Behörden etc.). Die Planung von Gruppenaktivitäten wie Ferienfreizeiten, Festen oder der gemeinsame Besuch von Veranstaltungen gehören ebenfalls zu den alltäglichen Teamaufgaben.

Die zweite Ebene der Teamarbeit bezieht sich auf die Reflexion sozialpädagogischer Fallarbeit mit Kindern und Jugendlichen sowie deren Herkunftsfamilien. Das Team ist der Ort, an dem im Idealfall konzeptionell die sozialpädagogischen Rahmenbedingungen der Organisation umgesetzt werden. Fälle werden reflexiv bearbeitet, Hilfepläne vorbereitet und Aufnahme- und Ablöseprozesse in partizipativen Prozessen mit Bewohner:innen gestaltet.

Nun finden sich in der Praxis Teams, deren Strukturen und Aufgaben nicht so eindeutig sind, wie es organisationslogisch und sozialpädagogisch sinnvoll wäre. In vielen Teambesprechungen nehmen Fachbereichsleitungen, Fachkräfte aus dem psychologisch-therapeutischen Sektor oder andere Dienstvorgesetzte teil. Sie sind sowohl in den organisatorischen Teil der Teamsitzung wie auch in die sozialpädagogische Fallbearbeitung involviert. Autonome Teamentscheidungen werden dadurch tendenziell unwahrscheinlicher. Fallverantwortliche Teammitglieder im Sinne eines Bezugsmitarbeiter:innensystems stehen oft unter erheblichen Legitimationsdruck, wenn ökonomische Erwägungen sozialpädagogische Einschätzungen dominieren. Fachbereichsleitungen sind strukturell nicht Teil von Wohngruppenteams, sondern Vorgesetzte mit Weisungsbefugnis. Gleichzeitig sind sie für Belegung und Wirtschaftlichkeit verantwortlich, orientieren sich an der trägerseitig vorgegebenen Organisationslogik. Auf der Teamebene finden sich zwar Teamleitungen, jedoch ist deren Rolle nicht unproblematisch und oftmals nur vage in Stellenbeschreibungen definiert. Einerseits sind sie vollwertiges Teammitglied mit entsprechenden Diensten, andererseits Vorgesetzte der Teammitglieder.

Diese beiden unterschiedlichen Rollen müssen früher oder später zu Konflikten führen, wenn Teamleitungen sich nicht rechtzeitig klar als Leitung definieren und entsprechend handeln. Der oft gehörte Satz *„Ich bin zwar Leitung, aber eigentlich brauchen wir die hier nicht"* führt regelmäßig zu Konflikten. Sarah Henn weist auf diesen widersprüchlichen Anforderungscharakter von Teamsitzungen bzw. Dienstbesprechungen hin. Sie sind ein

> „…Ort der Systematisierung der Erlebnisrationalität, an dem die Arbeit als gemeinsam zu verantwortende konstruiert wird" (2020, S. 85).

Teamsitzungen sind nicht unbedingt gleichzusetzen mit Dienstbesprechungen, an denen idealerweise Mitarbeiter:innen aus der gesamten Organisation teilnehmen, jedoch verweist diese Passage auf den strukturellen Doppel- bzw. Triplecharakter von Teamarbeit. Einerseits muss der sozialpädagogische Alltag kollegial organisiert und gestaltet werden, andererseits fehlt in vielen Fällen die notwendige Handlungsautonomie in zentralen sozialpädagogischen und wirtschaftlichen Fragen. Gleichzeitig soll Teamarbeit die Rekonstruktion von Fällen gewährleisten und ein Ort individueller professioneller Reflexion sein. Inwieweit diese hohen Ansprüche umsetzbar sind, welche Paradoxien und Irritationen ihnen innewohnen und welche möglichen Konsequenzen sich für die unterschiedlichen Akteur:innen der Kinder- und Jugendhilfe ergeben, soll im Folgenden einer kritischen Analyse unterzogen werden.

2 Paradoxien und Irritationen

Teamsitzungen sind eine der wenigen Gelegenheiten, zu denen sich **alle** Mitarbeiter:innen einer Wohngruppe regelmäßig sehen und intensiveren Kontakt zueinander haben. Die Betonung auf **alle** muss aber eingeschränkt bleiben, da durch Urlaub, Krankheit oder Fortbildungen nicht immer alle Teammitglieder anwesend sein können. Im Schichtdienst sind zwar im Tagesdienst durchaus Doppeldienste möglich, aber im Früh-, Spät- oder Nachtdienst sind die Mitarbeiter:innen in der Regel allein tätig, bestenfalls unterstützt durch Praktikant:innen, Bundesfreiwilligendienstler:innen oder Honorarkräfte. Ein Sozialarbeiter einer Intensivgruppe beklagte dieses Dilemma dem Verfasser gegenüber:

> *„Am wenigsten sehe ich auf der Arbeit meine Kolleg:innen, manchmal sehe ich die monatelang nicht, wenn unsere Urlaube ungünstig nacheinander liegen."*

Nicht nur gruppendynamisch und organisatorisch erscheinen die wenigen Kontaktmöglichkeiten problematisch. Im Grunde bildet ein Team bestenfalls den Rahmen, organisatorische Angelegenheiten und Dienstpläne zu besprechen. Der Anspruch, reflexive Fallbearbeitungen oder kollegiale Fallbereitung zu leisten, findet dort seine Grenzen, wo es um das konkrete Erziehungshandeln und um Beziehungsgestaltung zu Kindern und Jugendlichen geht. Teammitglieder erleben sich aufgrund des Schichtdienstes wenig im konkreten sozialpädagogischen Alltag, wissen wenig über sozialpädagogische Vorstellungen und Intentionen ihrer Kolleg:innen. In der Folge leben die einzelnen Teammitglieder ihre unterschiedlichen subjektiven Vorstellungen von Sozialpädagogik, ohne dass diese im Team systematisch reflektiert würden. Nun kann gegen diese Sichtweise der Einwand erhoben werden, dass jede gute Einrichtung, jedes Team eine schriftliche Konzeption, ein Qualitätsmanagementhandbuch oder sonstige Teamvereinbarungen hat, an denen sich alle Beteiligten orientieren sollten. Im Rahmen von Qualitätsentwicklungsprozessen werden entsprechende Dokumente regelmäßig entwickelt und überprüft – im Alltag sozialpädagogischer Wohngruppen fehlt es allerdings nicht selten an systematisch gestalteten Prozessen, die vorliegenden Konzepte und Qualitätsstandards umzusetzen und im sozialpädagogischen Alltag zu leben. Werden den Teams Qualitätsanforderungen ohne partizipative Prozesse aufoktroyiert, sind Umsetzung und Ausgestaltung dieser Vorgaben von Anfang an zum Scheitern verurteilt. Auf Teamebene und bei den Mitarbeiter:innen entstehen massive Widerstände, da sowohl die kollektive Teamautonomie wie deren subjektive Selbstverständnisse bedroht sind.

Aufgrund der paradox gestalteten Strukturbedingungen für Teamarbeit fokussieren die sozialpädagogischen Mitarbeiter:innen ihren Alltag auf die Gestaltung der Arbeitsbeziehungen zu ihren Bezugskindern- und Jugendlichen. Sie sehen diese aber aufgrund des Schichtdiensts ebenfalls nur punktuell und nicht so kontinuierlich, wie es notwendig wäre. Zusätzlich erschwert wird die Teamarbeit durch unterschiedliche disziplinäre und professionelle Verortungen der Mitarbeiter:innen.

3 Disziplinäre und professionelle Verortungen

Nicht zuletzt durch den Fachkräftemangel bedingt gibt es in der stationären Kinder- und Jugendhilfe unterschiedliche Berufsgruppen und Professionen. Hier arbeiten Sozialarbeiter:innen, Sozialpädagog:innen, Erzieher:innen, Heilpädagog:innen, Heilerziehungspfleger:innen und Mitarbeiter:innen aus fachfremden Branchen, die kaum den Anforderungen des Fachkräftegebots im SGB VIII entsprechen. Je nach fachlichem Hintergrund finden sich in den Wohngruppen sehr heterogene, individualisierte Arbeitsweisen und Methoden. Ein unvollständiger, subjektiver Überblick verdeutlicht die Spannbreite disziplinärer und professioneller Ausrichtungen:

- Lebensweltorientierung
- Subjektorientierte Soziale Arbeit
- „Sich am Jugendlichen orientieren"
- Psychoanalytische Pädagogik
- Systemisches Handeln
- Heilpädagogik
- Verhaltenstherapie
- Familientherapeutisch orientierte Wohngruppen
- Psychodrama
- Gestaltberatung
- Neue Autorität
- Situationsansatz
- Gendersensible Sozialpädagogik

Einen gewissen fachlichen Rahmen bieten zunächst Konzeptionen und Konzepte. Deren Umsetzung ist sehr stark von den individuellen Motivationen und Vorlieben der Teammitglieder abhängig. Es kommt durchaus vor, dass in einem Team mit unterschiedlichen Konzepten gearbeitet wird, die sich fundamental widersprechen. Exemplarisch sei hierfür auf den Widerspruch zwischen „Lebensweltorientierung" und „Neuer Autorität" verwiesen. Irritationen und Missverständnisse sind dann vorhersehbar, wenn die unterschiedlichen konzeptionellen Vorstellungen nicht bekannt sind oder aber nicht problematisiert werden. Teamkonflikte sind in diesem Fall vorprogrammiert, werden aber als Beziehungskonflikte gedeutet und in Supervisionen eingebracht, obschon es sich bei genauerer Betrachtung um fehlende disziplinäre und professionelle Verständigungen handelt. Neben aller Kritik am Konstrukt „Teamarbeit" lassen sich in der stationären Kinder- und Jugendhilfe aber durchaus gelingende Ansätze bzw. sozialpädagogische Orte von Teamarbeit ausmachen.

4 Sozialpädagogische Orte der Teamarbeit

Einen zentralen Ort gelingender Teamarbeit bilden kollegiale Fallberatungen, die sich an dem ursprünglich von Heinrich Fallner und Hans-Martin Grässlin (1990) entwickelten Prozessschema orientieren. Mittlerweile ist dieses Modell vielfach kopiert und in leicht veränderter Form publiziert worden. Kollegiale Fallberatung bietet durch seine Systematik Struktur und Orientierung in komplexen Fallkonstellationen, da die Rollen klar verteilt sind: Falleinbringende Mitarbeiter:in, Moderator:in und beratendes Team. Bestimmte Beratungsphasen müssen durchlaufen werden. Im Gegensatz zu herkömmlichen Fallbesprechungen wechseln sich Falleinbringer:in und beratendes Team mit ihren Fragen und Einschätzungen ab, sodass ein sehr fokussierter Beratungsprozess entstehen kann. Die Beratung endet erst, wenn die falleinbringende Person mit Ihrem Anliegen signalisiert, dass sie für sich Klarheit gewonnen und weitere Handlungsoptionen für den sozialpädagogischen Alltag entwickelt hat.

Kurt Hekele (2014) verknüpft in seinem Konzept einer subjektorientierten Sozialen Arbeit die kollegiale Beratung mit der von ihm so benannten „Team als Methode". Er bleibt dabei in seiner Beschreibung von Teamqualität allerdings eher vage:

> „Team ist hier mehr als nur eine Gruppe von Menschen, die gemeinsam Themen diskutieren oder eine Aufgabe erledigen. Mit dem Begriff 'Team als Methode' soll deutlich gemacht werden, die Kommunikation in einem Team nicht einem zufälligen beziehungsmäßigen Zusammenspiel zu überlassen, sondern die vielfältigen Ressourcen durch ein zielorientiertes methodisches Vorgehen zu nutzen. Dazu gehört auch, Team als professionelle Einheit mit weitreichender Entscheidungskompetenz zu verstehen" (2014, S. 138).

In seinen weitgehend pragmatisch-kurz gehaltenen Ausführungen zur Teamarbeit beschreibt er Aspekte gelingender Teamarbeit. Er zählt dazu Teamstruktur, Grundhaltung, Teambeziehung, Teamfindung, Teambesprechung, Evaluation, Praxisberatung und Supervision (vgl. Hekele 2014, S. 133 ff.). Weitgehend ausgeblendet bleibt bei ihm die geringe Kontakthäufigkeit der Teammitglieder mit den bereits erwähnten Folgen wie Organisationsdefiziten, unklaren geteilten sozialpädagogischen Vorstellungen und daraus resultierenden Beziehungskonflikten im Team.

Eine weitere Form teamorientierter Fallarbeit im weitesten Sinne können das „Reflecting Team" bzw. „Reflektierende Positionen" sein. Sie stammen ursprünglich aus der systemischen Familientherapie (vgl. Anderson 1990). Reflecting

Team und reflektierende Positionen werden nicht nur in der Beratung von Familiensystemen genutzt werden, sondern bieten auch hilfreiche Unterstützung bei der Reflexion von eingebrachten Fällen in Teamsitzungen. Arist von Schlippe und Jochen Schweitzer beschreiben sehr anschaulich, welchen Gewinn reflektierende Positionen in der Teamberatung haben:

> „Es geht darum, Perspektivität einzuführen und dem Rat suchenden System zu helfen, in eine selbstreferentielle Position einzutreten. So verläuft der Beratungsprozess anfänglich so wie gewohnt: ein/e BeraterIn führt ein Interview und für ein bis drei Reflexionsphasen wird das Gespräch unterbrochen. Und da hier der/die BeraterIn allein einer größeren Gruppe gegenübersitzt, kann mit Reflektierenden Positionen (RP) gespielt werden. Eine Möglichkeit, dies zu tun, liegt darin, die Betroffenen selbst einzuladen, in die Reflektierenden Positionen einzusteigen, sich im Raum an einen anderen Ort zu setzen und das Gespräch aus dieser neuen Perspektive zu kommentieren" (2010, S. 86).

Bei entsprechender Anzahl an Teammitgliedern können während der Falldarstellung zwei Mitarbeiter:innen zusätzlich als Reflecting Team mit einem gewissen räumlichen Abstand die Fallarbeit des Teams beobachten und reflektieren. Durch diese zusätzliche Beobachtungsform entstehen weitere Deutungs- und Verstehensmöglichkeiten eines Falles, werden unterschiedliche Sichtweisen und Wirklichkeitskonstruktionen der Teammitglieder über Kinder und Jugendliche der eigenen Gruppe sichtbar.

Ferienfreizeiten sind weitere Orte gelingender Teamarbeit. Sie bilden eine Ausnahme vom schichtdienstorientierten Gruppenalltag und ermöglichen ein kontinuierliches Zusammenarbeiten im Team. Kinder und Jugendliche erfahren in Ferienfreizeiten intensivere Beziehungen zu Mitarbeiter:innen als im Gruppenalltag, lernen sie von einer ganz anderen, persönlicheren Seite kennen, da sie dauerhaften Kontakt zu ihnen haben. Sie erfahren im Idealfall ein abgestimmtes einheitliches Erziehungsverhalten und müssen sich nicht mehrmals am Tag auf unterschiedliche sozialpädagogische Handlungsweisen einstellen. Nicht von ungefähr berichten Mitarbeiter:innen nach Ferienfreizeiten von sehr guten Erfahrungen mit Kindern und Jugendlichen. Die kontinuierliche Zusammenarbeit im Team wird als sehr wertvoll und entlastend erlebt und unterscheidet sich erheblich vom dienstplanfixierten Schichtdienst im „normalen" Gruppenalltag.

Eine relativ neue Form gelingender Teamarbeit findet sich in einigen Wohngruppen im Kontext von Krisenintervention. Mitarbeiter:innen sind vor allem im Abend- und Nachtdienst regelmäßig alleine im Dienst, zur Unterstützung gibt es lediglich Rufbereitschaften oder gar Sicherheitsdienste. Für Kinder und Jugendliche sind diese Zeiten jedoch emotional besonders wertvoll, ermöglichen sie doch individuelle Entfaltungs- und Freizeitmöglichkeiten und Gelegenheiten zu informellen, intensiven Gesprächen mit Mitarbeiter:innen. Gleichzeitig sind diese Tageszeiten mit Erinnerungen positiver wie negativer Art verbunden, lösen im Extremfall retraumatisiernde Trigger aus, die bewältigt werden müssen. Aggressionen, Gewalt oder Suchtmittelabusus können die Folge sein und lassen sich nur schwer von einer einzigen Mitarbeiter:in alleine auffangen. Gute Teamarbeit zeichnet sich nun dadurch aus, dass im Krisenfall alle Teammitglieder sofern irgendwie möglich vor Ort erscheinen, um die Situation als Team gemeinsam zu lösen. Die einzelne Mitarbeiter:in wird dadurch entlastet und die angespannte Beziehungsdynamik zu Kindern und Jugendlichen lässt sich leichter deeskalieren. Das Team sendet zudem der Gruppe die Botschaft *„wir handeln gemeinsam und wir nehmen eure Problem auch zu ungewöhnlichen Zeiten ernst"*. Diese Form nächtlicher Teamarbeit ist eine sehr hilfreiche Alternative zu Sicherheitsdiensten oder Polizeieinsätzen bei Übergriffen und Gewalt in den Abend- und Nachtstunden. Persönliche Berichte von Sozialarbeiter:innen und Erzieher:innen, die so arbeiten, sind sehr erfolgsversprechend. Die Anzahl von nächtlichen Krisen ist in den entsprechenden Wohngruppen deutlich zurückgegangen, da die Bewohner:innen wissen, dass im Krisenfall das gesamte Team vor Ort erscheint. Derartiges professionelles Handeln ist wenig dienstplankompatibel und bedarf individueller Überstunden- und Freizeitregelungen, für die es derzeit noch keine wirklichen Lösungen gibt. Langfristig profitieren aber alle Beteiligten, sodass es sich lohnt, diese Form gelingender Teamarbeit einzuführen.

5 Folgen für Kinder und Jugendliche

Kinder und Jugendliche in stationären Wohnformen erleben täglich unterschiedlichste Erziehungsvorstellungen, unterschiedliche Beziehungsangebote sowie Mängel bei der Organisation ihres Alltags. Irritationen und Verunsicherung sind die Folgen und müssen konstruktiv verarbeitet werden. Der Verfasser hat in unterschiedlichen Wohngruppen ein bemerkenswertes Phänomen beobachtet, das zunächst wie ein singuläres Ereignis aussah. In einer Intensivgruppe für Jugendliche konnte beobachtet werden, dass sich die Jugendlichen in regelmäßigen Abständen zu einer, wie sie es ausdrücklich nannten, „Teambesprechung" trafen. Auf Nachfrage erzählten sie, dass es für sie immer wieder schwierig sei, mit den unterschiedlichsten Haltungen und Erziehungsvorstellungen der Mitarbeiter:innen umzugehen, sich täglich immer wieder neu auf widersprüchliche Beziehungsangebote einzulassen und in Konflikten keine Sicherheit darüber zu haben, wie die sozialpädagogischen Fachkräfte reagieren würden. Lediglich der

Zusammenhalt in der Gruppe würde sie stark machen und nur gemeinsam könnten sie ihre berechtigten Wünsche und Interessen durchsetzen. Bei genauerem Hinsehen konnte festgestellt werden, dass dieses „Teambuilding" von Jugendlichen auch in anderen stationären Wohngruppen vorzufinden war, es sich daher wohl um ein strukturelles und gruppendynamisches Phänomen handeln muss. Die Jugendlichen reagieren kreativ und konstruktiv auf die Irritationen, die misslingende Teamarbeit auf ihren Alltag hat. Ohne Übertreibung kann festgestellt werden: Die Jugendlichen sind die eigentlichen Experten für Gruppenprozesse und Teamarbeit! Das grundlegende Paradox in der stationären Jugendhilfe besteht genau in diesem Dilemma: Die Jugendlichen leben 24 h am Tag zusammen, kennen die Gruppenprozesse und organisationsbezogenen Schwächen viel besser als die Mitarbeiter:innen, die sich gegenseitig ja nur punktuell in ihrer Arbeit erfahren können. Dieses Dilemma wird sich nur durch radikal veränderte Arbeitszeitmodelle und tatsächlich gelebte Partizipation lösen lassen. Was spricht eigentlich dagegen, Teamsitzungen mit Jugendlichen gemeinsam durchzuführen, gemeinsam mit ihnen wirtschaftliche oder organisatorische Themen zu besprechen? In Zeiten von Fachkräftemangel scheinen derartige Überlegungen illusionär – aber sie sind es wert, ausprobiert zu werden, auch wenn Gewerkschaften und Berufsverbände sich mit veränderten Arbeitszeitmodellen extrem schwertun dürften. Bei einigen Trägern scheint es aber durchaus die Bereitschaft zu geben, entsprechend umzudenken, auch wenn die Umsetzung noch dauern wird.

6 Professionstheoretische Einordnung

Die beschriebenen Irritationen lassen sich auf dem Hintergrund ausgewählter Professionstheorien analysieren und einordnen. Einen ersten Zugang bietet die Professionstheorie von Ulrich Oevermann. Für ihn haben professionalisierungsbedürftige Berufe, zu denen er die Soziale Arbeit zählt, die

> „... Aufgabe der stellvertretenden Krisenbewältigung für einen Klienten auf der Basis eines expliziten methodischen Wissens" (2013, S. 113).

Kern professionellen Handelns ist dabei die Gestaltung von Arbeitsbündnissen. In der Kinder- und Jugendhilfe gibt es das im § 36 SGB VIII vorgeschriebene Hilfeplanverfahren, das zumindest auf dem Papier Partizipation und Beziehungsgestaltung für Adressat:innen ermöglichen soll. Unabhängig von der Qualität solcher Hilfeplanverfahren sind diese aber nicht notwendigerweise gleichzusetzten mit einem Arbeitsbündnis. Im Regelfall gibt es ein Bezugsbetreuungssystem, durch das Kinder und Jugendliche kontinuierliche Ansprechpartner:innen haben. Ein Arbeitsbündnis kann nur auf freiwilliger Basis gestaltet werden, jedoch verhindern Personalstärke und Gruppenbelegung oft die tatsächliche Wahl von Bezugsmitarbeiter:innen. Problematisch erweist sich darüber hinaus ein bislang wenig thematisiertes Versäumnis: Arbeitsbündnisse von Mitarbeiter:innen mit Kindern und Jugendlichen, die nicht deren Bezugssozialarbeiter:in sind, werden nicht ausgehandelt und vereinbart. Es wird stillschweigend davon ausgegangen, dass sie auch ohne Vereinbarungen den anderen Mitarbeiter:innen vertrauen und sich in den Gruppenalltag mit all seinen Regeln integrieren. Ein fataler Irrtum, der sich in Äußerungen von Jugendlichen widerspiegelt:

> *„Du hast mir gar nichts zu sagen!"* oder auch: *„Welcher Erzieher hat heute Dienst? Wann kommt X endlich wieder?"*

Professionelles Handeln zeichnet sich nach Ulrich Oevermann durch das verbindliche Eingehen von Arbeitsbündnissen aller Mitarbeiter:innen mit allen Adressat:innen aus. Die Arbeit in Wohngruppen ist intensive Beziehungsarbeit, muss sich immer wieder der vielfältigen Übertragungs- und Gegenübertragungsprozesse vergewissern, traumasensibel reagieren und alltagspragmatisch handeln können. Ulrich Oevermann versteht darunter aus psychoanalytischer Sicht

> „…die Transposition von Reaktionen, Konstellationen und Szenen aus der Unmittelbarkeit der familiären Prototypen von diffusen Sozialbeziehungen, d.h. von Beziehungen zwischen ganzen Menschen, auf die Ebene von spezifischen, rollenförmigen Sozialbeziehungen, insbesondere von Konstellationen aus der frühen Kindheit auf die Ebene der rollenförmigen Praxis des Erwachsenenlebens" (2013, S. 124).

Folgt man seinen Überlegungen, so finden unbewusste Übertragungs- und Gegenübertragungsprozesse von Kindern und Jugendlichen im Wohngruppenalltag permanent statt. Mitarbeiter:innen nehmen in der Übertragung Rollen aus der Biografie von Kindern und Jugendlichen ein und müssen sich reflexiv mit den damit verbundenen Rollenanforderungen auseinandersetzen. Gute Teams wissen um die Übertragungsproblematik und nutzen sie konstruktiv in ihrer Arbeit. Schwieriger wird es, wenn in Teamkonstellationen Übertragung und Gegenübertragungen nicht angesprochen werden. Hier finden sich unbewusste Teamrollen in Form von Übervätern (oft als Vorgesetzte), abwesenden Vätern und Müttern (burnout, cool-out, Fortbildungen, Krankheit), emotional und materiell versorgenden Ersatzmüttern (z. B. als Versorgerin bei Teamsitzungen) sowie unterschiedlichste Geschwisterrollen (z. B. großer Bruder, kleine Schwester, Sündenbock). Bei der Gestaltung und in Teamsitzungen von Arbeitsbündnissen müssen die biografisch erworbenen Rollenmuster immer reflektiert werden. Ulrich Oevermann weist darauf hin, dass nicht nur mit Bewohner:innen Arbeitsbündnisse zu schließen sind, sondern unbedingt auch mit den Eltern:

> „Kinder und Jugendliche sind aber nie allein Klienten, dazu sind sie noch zu wenig autonom. Ihre Eltern oder andere Erziehungsberechtigte sind immer mit betroffen und in diesen Klientenstatus einbezogen, damit auch in das Arbeitsbündnis mit dem professionalisierten Experten" (2013, S. 140).

Für die gute Teamarbeit bedeutet ein so verstandenes Arbeitsbündnis, das alle Mitarbeiter:innen mit den Herkunftsfamilien entsprechende Vereinbarungen verbindlich treffen und im Wohngruppenalltag leben.

Silke Gahleitner beschreibt aus interdisziplinärer Perspektive Soziale Arbeit als Beziehungsprofession (2017, 2020). Ihr Forschungsanliegen ist es,

> „Einflussfaktoren für eine gelingende professionelle Beziehungsgestaltung und soziale Einbettung" (Gahleitner 2017, S. 12)

herauszuarbeiten. Beziehungsgestaltung ist für sie mehr als ein Arbeitsbündnis. Auf der Basis sekundäranalytischen Materials von Studien aus den Arbeitsfeldern „Krankenhaus", „stationäre Kinder- und Jugendhilfe" sowie „Beratung und Begleitung gewaltbetroffener Frauen" (Gahleitner 2017, S. 142 ff.) entwickelt Silke Gahleitner ein Modell professioneller Beziehungsgestaltung, das auch für Teamarbeit in der stationären Kinder- und Jugendhilfe bedeutsam ist. Sie formuliert fünf Voraussetzungen für eine professionelle Beziehungsgestaltung in psychosozialen Arbeitsfeldern:

- „1.Voraussetzung: Problemlagen wie Ressourcen auf der Basis von Bindungs- und Beziehungsstrukturen verstehen
- 2. Voraussetzung: Nicht nur sozial, sondern auch persönlich einbetten
- 3. Voraussetzung: Bindungsphänomene in ihrer Tragweite und Eingebundenheit
- 4. Voraussetzung: Tragfähige Netzwerke schaffen Veränderungsprozesse
- 5. Voraussetzung: Vertrauensvolle, professionelle Umgebungsmilieus fördern" (Gahleitner 2017, S. 297)

Auf dieser Basis entsteht ein fünfstufiges Prozessmodell professioneller Beziehungsgestaltung für die Arbeit in psychosozialen Arbeitsfeldern:

- „Diagnostisches Fallverstehen

- Schützende Inselerfahrung" (authentische, emotional tragfähige, persönlich geprägte und dennoch reflexiv und fachlich durchdrungene Beziehungsgestaltung)
- Chancen zur Selbstevaluation und Selbstreflexion sowie zu Identitäts- und Transformationsvorgängen
- Vertrauensvolles professionelles Umgebungsmilieu
- Tragfähige, zukunftsstabile Basis für das spätere Leben" (Gahleitner 2017, S. 305)

Ihr Modell hat das Potenzial in stationären Wohngruppen gelebt zu werden, sofern die Beziehungsgestaltung nicht nur durch Bezugsmitarbeiter:innen erfolgt, sondern das gesamte Team einbindet. Ausreichend Zeit und Raum für Reflexionsprozesse im Team sowie eine entsprechende materielle Ausstattung, die Bindung und Beziehung unterstützen hilft, sind unabdingbar. Bindung und Beziehung sind für Silke Gahleitner nicht nur wichtige Bestandteile der Arbeit in Wohngruppen, sondern zentrale Elemente professionellen Handelns in der stationären Kinder- und Jugendhilfe:

„Bindungs- und Beziehungsarbeit sowie soziale Unterstützung und Netzwerkintervention lassen sich folglich nicht etwa als wichtige Aspekte in der Arbeit begreifen, sondern das ganze Geschehen fließt durch die Qualität von Bindungs- und Beziehungsbezügen sowie durch die Erfahrung sozialer Unterstützungs- und Netzwerkprozesse hindurch, auf primärer, sekundärer wie tertiärer Ebene" (Gahleitner 2017, S. 197).

Ihre Analyse von Interviews mit Jugendlichen und Mitarbeiter:innen lässt sie zu dem Schluss kommen, dass „Beziehungsprofession" mehr beinhaltet als „Lebensweltorientierung":

„Die Lebensweltorientierung ist ein wichtiger und bedeutsamer Anteil, jedoch funktioniert sie in stationären Jugendhilfezusammenhängen nur mithilfe von – für die Jugendlichen häufig mühsam völlig neu erworbenen – Vertrauensbeziehungen. Die Lebensweltorientierung muss daher um eine innerpsychische, beziehungsorientierte, dialogische Komponente bereichert werden, die die Qualität der psychosozialen Hilfe, letztlich den Kern des 'therapeutischen Milieus' ausmacht (Gahleitner 2017, S. 198).

Gelingende Teamarbeit ist so verstanden ein permanenter Beziehungs- und Reflexionsprozess. Die Beziehung und Bindung zu Kindern und Jugendlichen, die Beziehungsqualität im Team und gute Netzwerke für die Fachkräfte tragen zum

Gelingen professionellen Handelns bei, verhindern Irritationen und Paradoxien der beschriebenen Art. Lebensweltorientierung kann als die zentrale disziplinäre und professionelle Theorie in der Kinder- und Jugendhilfe gelten. Ihre Strukturmaximen sind handlungsleitend für die Organisation und mit dem Hilfeplan nach § 36 SGB VIII ist ein hohes Maß an Partizipation für Adressat:innen ermöglicht worden. Die Handlungsmaxime „Verstehen durch Verständigung" prägt den Alltag in den Hilfen zur Erziehung. Der Alltag wiederum ist strukturiert durch die Dimensionen „Zeit", „Raum" und „soziale Bezüge". Wie wirken sie sich nun auf Teamarbeit in stationären Settings aus? Kinder und Jugendliche bringen aus ihrer Biografie schwerste negative Erfahrungen wie Traumatisierungen, Gewalterfahrungen, Diskriminierungen und Ausgrenzungen mit. Wohngruppen sollen ein sicherer Ort sein, in dem sie von ihren Leiden erzählen können, einen gelingenderen Alltag erleben und Zukunftspläne entwickeln können. Sozialpädagogische Fachkräfte sollen sie dabei unterstützen, sind aber zeitlich durch die alltäglichen Organisationsanforderungen sehr eingeschränkt. Die notwendige Zeit zum Verstehen fehlt schlicht und dies wird von Kindern und Jugendlichen entsprechend wahrgenommen. Die Bearbeitung traumatisierender Erfahrungen wird in der Folge an hausinterne oder externe Therapeut:innen ausgegliedert statt in der Wohngruppe selbst thematisiert zu werden. Mitarbeiter:innen befinden sich so in einer paradoxen Zwickmühle: Einerseits wäre es notwendig, im Gruppenalltag die anstehenden sozialen Probleme anzugehen, andererseits zwingt die Organisationsstruktur Teams, an vermeintlich therapeutische Expertise zu verweisen. Ein ähnlicher Widerspruch findet sich bei den sozialen Bezügen. Sie können innerhalb der Wohngruppe bestehen, umfassen aber auch soziale Netzwerke im realen wie digitalen Leben. Bezugsmitarbeiter:innen stellen einen zentralen sozialen Bezug zu Kindern und Jugendlichen dar, können aber dem Wunsch nach ausschließlicher, intensiver Beziehung nie wirklich gerecht werden, da aufgrund von Dienstplänen Gespräche und Kontakte nur punktuell möglich sind. Konflikte und Irritationen auf der Beziehungsebene haben oft hier ihren Ursprung. Die lebensweltliche Dimension des Raums gelingt in der stationären Kinder-und Jugendhilfe nicht zuletzt aufgrund der Dezentralisierung großer Heime mittlerweile sehr gut. Für Kinder- und Jugendliche sind Wohngruppen sichere Orte, die sie sich selbst aneignen und gestalten können. Die Frage geeigneter Räumlichkeiten stellt sich für Teams immer wieder und kann symbolisch als ein Zeichen von Wertschätzung der sozialpädagogischen Arbeit gedeutet werden. Gibt es ausreichende Möglichkeiten für Teambesprechungen, Fallarbeit und administrative Tätigkeiten? Wie sind die Zimmer für den Nachtdienst gestaltet? Wirken sie ansprechend oder geben sie Mitarbeiter:innen das Gefühl, eher Nachwache als sozialpädagogische Fachkraft zu sein? Und nicht zuletzt: Gibt es für extreme Krisenfälle und körperliche Übergriffe ein Sicherheitskonzept?

Lebensweltorientierung als Leitlinie ist in Teams nur bedingt hilfreich, da es an zeitlichen Ressourcen fehlt, die für eine intensive Beziehungsarbeit notwendig sind. Die subjektive Zeitstruktur von Mitarbeiter:innen und Adressat:innen weicht derart stark voneinander ab, dass wirkliches Verstehen im Wohngruppenalltag nur eingeschränkt ermöglicht wird.

In der Professionstheorie Sozialer Arbeit von Fritz Schütze finden sich einige der bislang beschriebenen Paradoxien ebenfalls wieder. Zu nennen wäre an erster Stelle die Verlaufskurvenproblematik. Hilfepläne können zunächst als eine Form von Arbeitsbögen verstanden werden. Trotz vereinbarter Bezugssysteme von Bewohner:innen und Mitarbeitenden ist eine vollständige Bearbeitung der Arbeitsbögen im Sinne Fritz Schützes nur schwer möglich. Im stationären Setting werden sie arbeitsteilig durch verschiedene Gruppenmitarbeiter:innen und im Einzelfall externe Dienstleister (Therapeut:innen, Logopäd:innen, Ergotherapeut:innen etc.) umgesetzt. Ungewiss bleibt dabei, wie ein „Fall" sich entwickeln wird und ob die im Hilfeplan ausgehandelten, prognostizierten Entwicklungsschritte und Ziele tatsächlich eintreten.

Weitere Paradoxien, die Fritz Schütze formuliert, lassen sich ebenfalls sehr gut im Gruppenalltag festmachen. Zentrales Paradoxon ist dabei das

> „pädagogische Grunddilemma: exemplarisches Vormachen und die Gefahr, den Klienten unselbstständig zu machen" (2021, S. 247).

Wie viel Unterstützung brauchen Kinder und Jugendliche, wie selbstständig leben sie und wo wird aus Unterstützung Abhängigkeit? Diese und ähnliche Fragen müssen sich Teams immer wieder stellen. Unterschiedliche, teilweise sich widersprechende Vor- und Rollenbilder erschweren Kindern und Jugendlichen Orientierung im Gruppenalltag. Hinzu kommt trotz aller partizipatorischer Anstrengungen die Einschränkung der Entscheidungsfreiheit von Kindern und Jugendlichen aufgrund „professioneller Ordnungs- und Sicherheitsgesichtspunkte" (Schütze 2021, S. 247), die Fritz Schütze schon 1992 für die Heimerziehung beschreiben hat:

> „Man denke etwa an eine unter Erziehungsaufsicht gestellte Jugendliche, die mehrfach aus Heimen geflohen ist und sich nunmehr entschlossen hat, mit einem Freund zusammenzuleben, der selbst in seiner Entwicklung gefährdet ist. Die Entscheidung kann der produktive Anfang einer Lebensstabilisierung sein; sie erhöht nach traditioneller Sozialwesenauffassung aber auch die persönlichen Entwicklungsrisiken der

Betroffenen. Die Sozialarbeiterin kann das eigene Risiko laufen, dafür von der Öffentlichkeit und von ihren Vorgesetzten kritisiert oder gar im juristischen Sinne verantwortlich gemacht zu werden, daß sie sich auf diese Risikoentscheidung ihrer Klientin eingelassen hat, falls deren Entwicklung – nachlandläufigen Maßstäben – nicht so positiv verläuft wie erwartet (sie ihre Ausbildung abbricht, etwas Anderes zu lernen versucht oder eine ungelernte Arbeit aufnimmt; sie schwanger wird; usw.). Die Sozialarbeiterin versucht dann – vor der Entscheidung stehend, ob sie den Plan einer gemeinsamen Wohnung ihrer jungen Klientin mit dem Freund akzeptieren soll oder nicht -, die Gefahren, die mit dem Planverbunden sind, gegenüber der Jugendlichen soweit zu dramatisieren, daß seine Durchführbarkeit unmöglich erscheint. Oder sie weist die Klientin auf angeblich bindende Bestimmungen hin, die den Plan rechtlich unmöglich und ihr verhinderndes Eingreifen zwingend machen. Auf diese Weise leitet sie dann natürlich massiveinen hoheitsstaatlichen Kontrollprozeß ein, der die biographische Änderungsinitiative der Klientin mit all den damit verbundenen Entwicklungschancen verhindert" (1992, S. 158).

Das Beispiel stammt offensichtlich noch aus der Zeit des Jugendwohlfahrtgesetzes, ist aber sicher heute noch vielfach anzutreffen. Verschleiert werden Kontroll- und Machtansprüche von Teams, Organisationen und Jugendämtern unter dem Deckmantel vermeintlicher sozialpädagogischer Fürsorglichkeit. Fritz Schütze sieht Organisationen daher einerseits als „notwendiges und erleichterndes Instrument der professionellen Sozialen Arbeit", andererseits aber „als Kontrollinstanz, die einen Orientierungs- und Handlungsdruck in Richtung auf äußerliche Effektivitätskriterien und Machtausübung erzeugt..." (2021, S. 247). Die Ökonomisierung kann mittlerweile als das größte Paradoxon der Kinder- und Jugendhilfe gelten. Im Zweifelsfall haben wirtschaftliche Sachzwänge Vorrang vor ausgehandelten sozialpädagogischen Zielen und Konzepten. Kinder und Jugendliche spüren in der Folge, dass sie in ihren Wünschen nicht ernst genommen werden, reagieren möglicherweise mit systemsprengendem Verhalten, was ihnen paradoxerweise als individuelle Problematik zugeschrieben wird – ein fataler Kreislauf ohne Ende. Ökonomisch motivierte Macht- und Kontrollaspekte werden in Teams und Organisationen nicht weiter problematisiert, bestenfalls in Supervisionen individuell reflektiert – grundsätzliche Änderungen erfolgen in der Regel nicht.

Welche Handlungsoptionen ergeben sich abschließend aus den Überlegungen für professionelle Teamarbeit in stationären Settings der Kinder- und Jugendhilfe? Zunächst kann festgehalten werden, dass der Mythos „professionelle Teamarbeit" an der ein oder anderen Stelle einer Entmystifizierung bedarf. Ein wenig Bescheidenheit im Sinne Fritz Schützes wäre angesichts der geschilderten Paradoxien und Irritationen durchaus angebracht. Im Kern lassen sich dennoch einige hilfreiche Bedingungen für gelingende professionelle Teamarbeit in der Kinder- und Jugendhilfe formulieren:

- Professionelle Teamarbeit verfügt über ein verbindliches Bildungs- und Erziehungsverständnis und entsprechende Wissensbestände.
- Professionelle Teamarbeit bedarf einer professionellen Gesamtorganisation, die eine Kultur professioneller, wissens- und beziehungsbasierter Wertschätzung fördert.
- Professionelle Teamarbeit reflektiert und bearbeitet „Fälle" regelmäßig mit anerkannten Methoden des Fallverstehens.
- Professionelle Teamarbeit beschränkt sich nicht auf wöchentliche Organisations- und Dienstplanbesprechungen, sondern schafft sozialpädagogische Orte und Gelegenheiten professionellen Handelns und Reflektierens (z. B. in Professionszirkeln).
- Professionelle Teams verstehen ihr professionelles Handeln als Beziehungsarbeit und reflektieren ihre Arbeitsbeziehungen permanent.
- Professionelle Teamarbeit versteht Kinder und Jugendliche als Expert:innen für das Gruppengeschehen und bindet sie daher konsequent in Teamprozesse ein.
- Professionelle Teamarbeit entwickelt innovative Arbeitszeitmodelle, die intensive professionelle Beziehungsarbeit ermöglichen.
- Professionelle Teamarbeit ist sich der Tatsache bewusst, dass sie nur punktuell Teil der Lebenswelt „Wohngruppe" sein können.
- Professionelle Teams wissen um ihre strukturelle Eingebundenheit in die Gesamtorganisation einer Jugendhilfeeinrichtung, leben den Wohngruppenalltag aber weitgehend autonom und professionell.

Paradoxien und Irritationen in der Teamarbeit lassen sich nicht vollständig vermeiden, können aber unter den beschrieben Prämissen konstruktiv reflektiert und bearbeitet werden. Notwendig ist dabei nicht eine Distanzierung vom Handlungsdruck des Wohngruppenalltags, wie ihn Sarah Henn als ein Ergebnis ihrer Studie beschreibt (vgl. 2020, S. 249 ff.). Eine intensivere Beziehungsarbeit, die Paradoxien, Irritationen und strukturell-organisatorische Defizite in Jugendhilfeeinrichtungen aufgreift, kann einen wesentlichen Beitrag zur weiteren professionellen Entwicklung von Teamarbeit in der stationären Kinder- und Jugendhilfe leisten.

Literatur

Fallner, Heinrich/Grässlin, Hans-Martin (1990/2001): Kollegiale Beratung. Eine Systematik zur Reflexion des beruflichen Alltags. Hille: Ursel Busch.

Gahleitner, Silke Birgitta (2017): Soziale Arbeit als Beziehungsprofession. Bindung, Beziehung und Einbettung professionell ermöglichen. Weinheim, Basel: Beltz Juventa.

Gahleitner, Silke (2020): Soziale Arbeit als Beziehungsprofession. In: Völter, Bettina/Cornel, Heinz/Gahleitner, Silke Brigitta/Voß, Stefan (Hg.): Professionsverständnisse in der Sozialen Arbeit. Weinheim, Basel: Beltz Juventa, S. 101–111.

Hekele, Kurt (2014): Sich am Jugendlichen orientieren. Ein Handlungsmodell für subjektorientierte Soziale Arbeit. 2. Auflage. Weinheim, Basel: Beltz Juventa.

Henn, Sarah (2020): Professionalität und Teamarbeit in der stationären Kinder- und Jugendhilfe. Eine empirische Untersuchung reflexiver Gesprächspraktiken in Teamsitzungen. Weinheim, Basel: Beltz Juventa.

Oevermann, Ulrich (2013): Die Problematik der Strukturlogik des Arbeitsbündnisses und der Dynamik von Übertragung und Gegenübertragung in einer professionalisierten Praxis von Sozialarbeit. In: Becker-Lenz, Roland/Busse, Stefan/Ehlert, Gudrun/Müller, Silke (Hg.): Professionalität in der Sozialen Arbeit. Standpunkte, Kontroversen, Perspektiven. 3. Auflage, Wiesbaden: Springer VS, S. 113–143.

Schütze, Fritz (1992): Sozialarbeit als „bescheidene" Profession. In: Dewe, Bernd/Ferchhoff, Wilfried/Radke, Frank-Olaf (Hg.): Erziehen als Profession. Zur Logik professionellen Handelns in pädagogischen Feldern, Opladen: Leske + Budrich. S. 132–170.

Schütze, Fritz (2021): Professionalität und Professionalisierung in pädagogischen Handlungsfeldern: Soziale Arbeit. Opladen & Toronto. Verlag Barbara Budrich.

Von Schlippe, Arist/Schweitzer, Jochen (2010): Systemische Interventionen. 2. Auflage. Göttingen: Vandenhoeck & Ruprecht.

Thomas Harmsen Prof. Dr. phil., Jahrgang 1961, Professor für Sozialarbeitswissenschaft an der Ostfalia Hochschule in Wolfenbüttel seit 2008. Diplom-Sozialarbeiter; M.A. – Sozialwissenschaftler; Supervisor (SG); Systemischer Familienberater; Dialogischer Qualitätsentwickler (Kronberger Kreis). 21-jährige Tätigkeit als Sozialarbeiter in der Kinder- und Jugendhilfe in unterschiedlichen Bereichen und Funktionen. 30 Jahre Supervisor im gleichen Feld mit dem Schwerpunkt Intensivgruppen.
E-Mail: th.harmsen@ostfalia.de

(«Erfolg, es zeichnet sich Erfolg ab» – Zur Bedeutung der (inter-) professionellen Teamarbeit für nachhaltig wirksame Problemlösungen in der Sozialen Arbeit

Lea Hollenstein

1 Einleitung

Beim vorliegenden Text handelt es sich nicht um einen empirischen Beitrag im engeren Sinne, in dem das Forschungsdesign und die Erkenntnisse einer wissenschaftlichen Studie systematisch vorgestellt werden. Vielmehr intendiert der Beitrag, der als empirie- und theorieinspiriert definiert werden kann, auf der Grundlage von zwei maximal kontrastierenden Fall- und Beratungsverläufen (Meret und Ursula) aus einem Forschungsprojekt zur Beratung gewaltbetroffener Frauen einerseits, theoretischer Reflexion andererseits die folgende These herzuleiten und zu begründen: Die professionelle Unterstützung nachhaltig wirksamer Problemlösungen durch die Soziale Arbeit erfordert, insofern es dazu weiterer Akteur:innen des professionellen Hilfesystems bedarf, in der Regel eine spezifische Form der (inter-)professionellen Kooperation. Diese lässt sich mit dem Modell des «integrierten Prozessbogens» (IPB) der forschungsgestützten Theorie der Sozialen Arbeit «Integration und Lebensführung» (TIL) (Sommerfeld et al. 2011) fassen, insofern die für diesen notwendige Kooperation als (inter-)professionelle Teamarbeit im Sinn von Loer (2009) konzipiert wird, auf den ich durch Becker-Lenz) in diesem Band aufmerksam wurde. Eine solche ist dann nötig, wenn die Problemlösung im Unterstützungsprozess eine permanente

L. Hollenstein (✉)
Uster, Schweiz
E-Mail: hoet@zhaw.ch

Abstimmung der Teilbeiträge der mit unterschiedlichem Know-how ausgestatteten professionellen Akteur:innen untereinander und mit der sich entwickelnden Falldynamik voraussetzt (ebd.). Weil Problemlösungen in der Sozialen Arbeit über die Koproduktion von Adressat:innen und Professionellen entstehen (Hochuli Freund 2017, S. 97–98), muss die Konzipierung von (inter-)professioneller Teamarbeit nach Loer (2009) ergänzt werden um Überlegungen, wie die für die Koproduktion notwendige Kooperation mit den Adressat:innen hergestellt werden kann. Der Fall Meret, der später vertieft wird, legt die Schlussfolgerung nahe, dass dafür nicht nur der Aufbau einer von Vertrauen getragenen stabilen professionellen Beziehung gelingen muss, sondern auch darüber nachgedacht werden muss, in welcher Position, Art und Weise die Adressat:innen so in die Teamarbeit und Abstimmungsprozesse einbezogen werden können, dass sie über ihre Entscheidungen und Teilbeiträge zur Gesamtlösung beitragen können.

Um dem Anspruch der TIL auf forschungsbasierte Theoriebildung in der Sozialen Arbeit im Sinne der «Grounded Theory» in der Tradition von Strauss und Corbin (1996, 2016) gerecht zu werden, muss die hiermit formulierte These über zukünftige Forschung und forschungsbasierte Theoriebildung empirisch überprüft, gesättigt, verdichtet und konzeptionell weiterentwickelt werden (Sommerfeld et al. 2011). Der Anspruch des vorliegenden Textes begrenzt sich daher darauf, Impulse für die Weiterentwicklung des Modells des IPB und damit der TIL zu geben. Damit komme ich zum Aufbau des Beitrags: Im Folgenden werden zuerst die empirischen Grundlagen eingeführt, die mich zu diesem Beitrag inspiriert haben, indem die zwei maximal kontrastierenden Fälle von Meret und Ursula sowie das Design des Forschungsprojektes, aus dem diese stammen, kurz skizziert werden (Abschn. 2). Danach wird das Modell des IPB sowie dessen Verortung in der TIL und der dieser zugrunde liegenden Metatheorie, die Synergetik (Haken und Schiepek 2010), erläutert (Abschn. 3). Anhand von Loer (2009) sowie einer vertieferten Analyse der interprofessionellen Kooperation im Unterstützungsprozess von Meret wird sodann die oben aufgeworfene These begründet (Abschn. 4). Der Beitrag endet mit einer Synthese der Ergebnisse der Abschnitte 3 und 4 und einem Ausblick (Abschn. 5), die deutlich machen, dass (inter-)professionelle Teamarbeit, soll sie Bedeutung für die professionelle Unterstützung nachhaltig wirksamer Problemlösungen entfalten, hoch voraussetzungsvoll ist.

2 Empirische Grundlagen aus der Opferhilfestudie

Die zwei kontrastierenden Fall- und Beratungsverläufe von Meret und Ursula, an welchen die eingangs aufgeworfene These anschließt, stammen aus dem vom Schweizerischen Nationalfonds (SNF) geförderten und von mir geleiteten Forschungsprojekt «Möglichkeiten und Grenzen professionellen Handelns in Opferhilfeberatungsstellen für gewaltbetroffene Frauen» (u. a. Hollenstein 2013, 2014, 2022) der Fachhochschule Nordwestschweiz.[1] Im Folgenden wird zuerst das Forschungsdesign des Projektes, das ich «Opferhilfestudie» nenne, dargelegt (Abschn. 2.1). Danach werden die Ausschnitte der zwei Fall- und Beratungsverläufe eingeführt (Abschn. 2.2), die mich veranlasst haben, mich vertiefter mit professionellen Teams und Teamarbeit zu befassen.

Eine vollständige, dem Kriterium der intersubjektiven Nachvollziehbarkeit genügende Darlegung der zwei Fallrekonstruktionen ist hier nicht möglich. Es werden daher nur die für die Argumentation relevanten Ausschnitte aus dem Daten- und Ergebniskorpus aufgegriffen. Der Fall Meret wird im Abschnitt 4 für die Begründung der Relevanz interprofessioneller Teamarbeit für nachhaltig wirksame Problemlösungen vertieft. Der Fall Ursula wird vor allem als Kontrastfall für einen Fall- und Beratungsverlauf herbeigezogen, in welchem eine solch interprofessionelle Teamarbeit nicht gelungen ist. Eine detaillierte Rekonstruktion des Fall- und Beratungsverlaufs von Ursula, inklusive der festgestellten Kooperationsprobleme, findet sich in Sommerfeld und Hollenstein (2011).

2.1 Forschungsdesign Opferhilfestudie

Die Studie untersuchte für einen Schweizer Kanton, wie sich veränderte gesellschaftliche Rahmenbedingungen auf Opferhilfeberatungsstellen[2] für gewaltbetroffene Frauen und ihre Professionalität auswirken. Anlass dazu gaben u. a. die

---

[1] Mitgearbeitet haben in dem Projekt Peter Sommerfeld (Gesuchsteller), Daniela Berger, Eva Büschi, Raphael Calzaferri, Regina Klemenz und Marcel Krebs der Hochschule für Soziale Arbeit sowie Christoph Minnig der Hochschule für Wirtschaft.

[2] 1993 wurde in der Schweiz das «Bundesgesetz über die Hilfe an Opfer von Straftaten (OHG)» in Kraft gesetzt. Dieses besagt, dass Personen, die in der Schweiz durch eine Straftat eine physische, psychische oder sexuelle Integritätsverletzung erfahren haben, Anspruch auf Beratung sowie finanzielle, medizinische, psychologische und/oder juristische Hilfe haben. Um dem Beratungsauftrag nachzukommen, mussten die Kantone Opferhilfeberatungsstellen einrichten.

Einführung eines neuen staatliche Finanzierungsmodells sowie rechtliche Reformen im gesellschaftlichen Umgang mit häuslicher Gewalt (vgl. u. a. Hollenstein 2014, 2022). Zur Untersuchung dieser Frage wurde ein zweistufiges Mixed-Methods-Design (vgl. Green et al. 2010) mit zwei Bausteinen gewählt (vgl. Hollenstein 2020, S. 201–212):

a) *Qualitativ-ethnografische Organisations-Handlungsfeldanalysen* in den drei Beratungsstellen des Handlungsfeldes der Opferhilfe für gewaltbetroffene Frauen im untersuchten Kanton
b) Eine q*ualitative Längsschnittstudie zu Fall- und Beratungsverläufen* der drei untersuchten Beratungsstellen (vier bis fünf Fälle pro Organisation, total 14 Fälle)

Den Daten- und Ergebniskorpus der qualitativ-ethnografischen Organisations-Handlungsfeldanalysen habe ich in meiner Dissertation zum Verhältnis von Gesellschaft, Organisation und Professionalität in der Sozialen Arbeit (Hollenstein 2020) detailliert analysiert. Die Fälle Meret und Ursula, um die es hier geht, stammen aus der Längsschnittstudie, weshalb deren Design hier genauer erläutert wird. Die Längsschnittstudie zielte darauf, genauer in Erfahrung zu bringen, inwieweit das innerhalb der festgestellten organisationsinternen und -externen Rahmenbedingungen realisierte professionelle Handeln zum Bedarf im Einzelfall passt und den Problemlösungsprozess nachhaltig wirksam unterstützt. Die 14 Fall- und Beratungsverläufe wurden über ein Jahr hinweg mit folgender Methodenkombination untersucht: 1) Narrative Interviews (vgl. Schütze 1983) mit den zuständigen Beraterinnen zur Fallgeschichte am Anfang und Ende des Untersuchungszeitraums (respektive bei Beratungsabschluss); 2) retrospektive Erfassung des Lebenslaufs, der Problemgenese und -dynamik sowie des bisherigen Unterstützungsprozesses über biografisch narrative Interviews (vgl. ebd.); 3) Untersuchung des Fall- und Beratungsverlaufs über ein Jahr hinweg aus der Perspektive der Adressat:innen über eine Kombination von zweimonatlichen klinischen Interviews und einem quantitativen Zeitreihenverfahren. Bei diesem handelt es sich um das «Real-Time Monitoring» (RTM) (vgl. Schiepek et al. 2003, 2007), welches den Verlauf der psychischen Dynamik anhand verschiedener Items (z. B. «Heute habe ich mich in meinem Umfeld sicher und unterstützt gefühlt») auf einer Skala von null bis sechs («trifft überhaupt nicht bzw. trifft voll und ganz zu») täglich anhand eines Onlinefragebogens erfasst, in Echtzeit auswertet und in Form von Zeitreihen grafisch darstellt (vgl. nächster Abschnitt). In den klinischen Interviews wurde über ein Leitfadeninterview mit narrativem Einstiegsimpuls zunächst der Fall- und Beratungsverlauf der letzten zwei Monate erfasst und anhand der Grafiken der Zeitreihen verschiedener Items des RTM reflektiert. Danach folgte ein Ausblick auf die nächsten Monate, anstehende Herausforderungen, Ziele und Handlungspläne. Über die Kombination des RTM mit den klinischen Interviews konnte nicht nur die psychische Dynamik, sondern auch deren Zusammenspiel mit Ereignissen in relevanten sozialen Systemen erfasst und rekonstruiert werden.

Die Auswertung erfolgte in Anlehnung an die Grounded Theory nach Strauss und Corbin (1994, 1996, 2016), einerseits aufgrund des gewählten Mixed-Methods-Designs und der Notwendigkeit der Triangulation der mit unterschiedlichen Methoden erhobenen und ausgewerteten Daten, andererseits weil ich mit meiner Dissertation, die am Daten- und Ergebniskorpus des Projektes anschließt, eine – forschungsbasierte – Erweiterung der TIL aus professions-, organisations- und gesellschaftstheoretischer Perspektive anstrebte (Hollenstein 2020). Um latente Fallstrukturen systematisch herausarbeiten zu können, wurde in der Auswertung der Interviews darüber hinaus punktuell (v. a. narrative Eingangssequenzen) auf die Objektive Hermeneutik (Wernet 2009) zurückgegriffen.

2.2 Meret und Ursula – zwei maximal kontrastierende Fall- und Beratungsverläufe

«Ich habe wirklich sehr viel, sehr viel erreicht. […] Also mit einem Wort würde ich sagen, Erfolg, es zeichnet sich Erfolg ab. […] Ich denke, ich bin das erste Mal an die alten Muster [Dynamik sexuelle Ausbeutung in der Kindheit] herangekommen.» (klinisches Interview mit Meret)

«Wir sind am Ende des Suchprozesses angekommen […]. Jetzt geht es darum, einen Korb zu kaufen und die vielen Ressourcen und Möglichkeiten, die Meret hat, in dem Korb zu sammeln, so dass sie diese zur Verfügung hat, d. h. Einübung im Alltag.» (Interview mit der Beraterin von Meret).[3]

Die zwei exemplarischen Zitate stammen aus den letzten Interviews mit Meret und ihrer Beraterin am Ende des Untersuchungszeitraums. Meret, die massive sexuelle Gewalt nach der Trennung durch den Ex-Ehemann erfahren hat, war zu Beginn des Untersuchungszeitraums bereits seit sieben Jahren in Beratung. Die

---

[3] Die eckigen Klammern sind entweder für Auslassungen oder enthalten ergänzende Informationen. Die Zitate wurden auf Wunsch der Beraterinnen sprachlich angepasst, insofern dies die Aussagekraft nicht einschränkt.

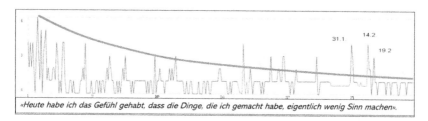

Abb. 1 Zeitreihe Rohdaten Meret zu Item «Erleben von Sinnhaftigkeit»

Rekonstruktion des Fall- und Beratungsverlaufs bestätigt die sich in den Zitaten abbildende positive Bilanz, wie die Zeitreihe des RTM exemplarisch zeigt (Abb. 1).

Die Horizontale in der Abbildung bildet die Zeitachse, die Vertikale die Skala 0 bis 6. Die Rohwerte in der abgebildeten Zeitreihe sinken nach anfänglichen Fluktuationen auf ein Pendeln zwischen 0 und 1, das von Ausschlägen auf 3 und 4 unterbrochen wird. Diese hängen, wie die klinischen Interviews zeigen, mit belastenden sozialen Ereignissen zusammen (z. B. Täter trifft Tochter), die Meret allerdings – unterstützt vom Hilfesystem – erfolgreich bewältigen kann. Einen ähnlichen Verlauf zeigen auch die Zeitreihen der anderen Items. Meret erlebt sich als selbstwirksam, ihr Erleben von Sicherheit und Sinnhaftigkeit steigt. In maximalen Kontrast dazu steht die Dynamik des Fallverlaufs von Ursula, die aufgrund physischer, psychischer und sozialer Folgen häuslicher Gewalt nach einer Beratungspause die Opferhilfeberatungsstelle erneut aufsuchte (Abb. 2).

In der Abbildung finden sich mehrere Zeitreihen zum Verlauf von Ursula. Die grauen vertikalen Linien lassen vier Phasen erkennen, die roten Pfeile illustrieren die sich über den Untersuchungszeitraum in den Daten abbildende Richtung der Veränderung, ohne dabei den Schwankungen zwischen den Phasen zu folgen. In der ersten Phase der Zeitreihen lässt sich eine ähnliche Entwicklung wie bei Meret erkennen, dies zumindest bei den oberen drei Items. Nach anfänglichen Fluktuationen bildet sich eine positive Entwicklung ab. Das Erleben von Verletzlichkeit, Selbstwertproblemen und Einsamkeit sinken. Danach folgen zwei Phasen negativer Eskalationen über alle relevanten Items hinweg. Diese hängen mit Ereignissen in sozialen Systemen zusammen, die die traumatischen Erfahrungen triggern, die Ursula aber jeweils über längere Zeit weder allein, noch unterstützt durch die involvierten Professionellen (Beraterin, Psychiaterin, Sozialarbeiterin, u. a.m.), bewältigen kann. Auch wenn zwischen den Krisen eine

«Erfolg, es zeichnet sich Erfolg ab» – Zur Bedeutung ...

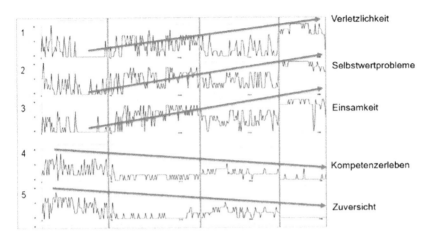

Abb. 2 Zeitreihen Ursula verschiedene Items

latente Verbesserung erkennbar ist, zeichnet sich bei Ursula eine Verlaufsdynamik ab, in der die Bewältigung der sich stellenden Probleme immer wieder nicht gelingt, wodurch die Zuversicht und das Kompetenzerleben einbrechen und sich sukzessive das Gefühl einstellt, verletzlich, einsam und wertlos zu sein (vgl. auch Sommerfeld und Hollenstein 2011, wo die Fallrekonstruktion von Ursula detailliert dargelegt ist).

Es stellt sich also die Frage, wie sich diese Differenz erklären lässt. Die Auswertung zeigte, dass die Form der Gestaltung der interprofessionellen und -organisationalen Kooperation ein wesentlicher Parameter ist, der die Kontraste erklärt. Anders als bei Ursula konnte bei Meret eine Form der Kooperation installiert werden, welche die Synchronisation der Teilleistungen der involvierten Professionellen des spezialisierten und segmentierten Hilfesystems untereinander und mit der biopsychosozialen Falldynamik über den ganzen Hilfeprozesses gewährleistet. Die Ergebnisse der Kontrastierung der zwei Fälle sättigen einerseits das Modell des IPB, mit dem wir diese Synchronisation in der TIL (vgl. Sommerfeld et al. 2011, 2016a, b) gefasst haben. Andererseits gehen sie darüber hinaus, indem sie erkennen lassen, dass die Gewährleistung eines IPB einer spezifischen Form der (inter-)professionellen Kooperation bedarf, die mit Loer (vgl. 2009) als professionelle Teamarbeit gefasst werden kann. Um dies begründen zu können, muss als nächstes das Modell des IPB erläutert werden.

3 Modell des integrierten Prozessbogens

Kennzeichnend für die TIL ist, dass sie als «Grounded Theory» (Strauss und Corbin 1996) der Sozialen Arbeit aus der Erforschung von Fall- und Hilfeverläufen von Adressat:innen der Sozialen Arbeit hervorgegangen ist. Wegweisend dafür war die SNF-Längsschnittstudie «Die Dynamiken von Integration und Ausschluss» (Sommerfeld et al. 2006, 2011, S. 13–17). Die Studie zielte darauf, in Erfahrung zu bringen, wie sich der Interventionsbereich der Sozialen Arbeit an der Schnittstelle von Individuum und Gesellschaft für die Theoriebildung und Praxis adäquat erfassen und bearbeiten lässt. Dazu wurde das dynamische Zusammenspiel zwischen individuellen Dispositionen/Aktivitäten und sozialen Systemen während des Re-Integrationsprozesses nach stationären Aufenthalten in psychiatrischer Klinik, Gefängnis, Frauen- und Mädchenhaus in 16 Fällen über einen Zeitraum von bis zu einem Jahr im Detail untersucht, inklusive der Parameter, die gelingende Re-Integrationsprozesse unterstützen bzw. behindern (vgl. Sommerfeld et al. 2006, S. 3–4.). Dies erfolgte über dasselbe Mixed-Methods-Design der Längsschnittanalyse von Fallverläufen, das danach auch in der Opferhilfestudie verwendet und in Abschnitt 2.1 erläutert wurde (ohne Interviews mit Professionellen). Die Studie zeigte unter anderem, dass die professionelle Unterstützung von Re-Integrationsprozessen a) aufgrund der Komplexität der (bio-)psychosozialen Falldynamik hoch voraussetzungsvoll ist, b) in der Mehrheit der Fälle nicht gelingt, weil diese Komplexität vom professionellen Hilfesystem nicht adäquat wahrgenommen wird (vgl. Sommerfeld et al. 2008). Die Problemlösungen bleiben unterkomplex, weil die (inter-)professionelle Diagnostikkompetenz mangelhaft ist und die Professionellen des segmentierten Hilfesystems den Fall entlang ihrer professionellen Perspektive und ihres (organisationalen) Auftrags auf einen Ausschnitt des Falles reduzieren (vgl. ebd.). Niemand hat den ganzen Fall im Blick. Die Chance, nachhaltig wirksame Problemlösungen zu unterstützen respektive Rückfälle und Chronifizierungen zu verhindern, die massenhaft gesellschaftliche Kosten und persönliches Leid verursachen, wird systematisch verpasst (vgl. ebd.), wie der Fall von Ursula eindrücklich zeigt (vgl. Sommerfeld und Hollenstein 2011). Dies gilt insbesondere dann, um hier an Obrecht (2006, S. 427) anzuschliessen, «wenn verschiedene Arten wechselwirksamer Prozesse und im Besonderen biologische, psychische und soziale Prozesse gleichzeitig kritisch verlaufen» und Probleme erzeugen, die weder von den Betroffenen und deren Umfeld selbst noch mit dem Know-how einer Profession allein bearbeitet werden können, es also für die Lösung des gesamten Falls eine interprofessionelle Kooperation braucht. Eine solche setzt, wie Obrecht (vgl. ebd., S. 409–410) zu Recht betont, eine effektive Verständigung voraus, die ihrerseits an soziale und kognitive Bedingungen gebunden ist: Erstens muss ein Weg gefunden werden, wie bestehende Statusdifferenzen zugunsten interprofessioneller Gleichwertigkeit in der Kommunikation aufgelöst werden können. Zweitens braucht es als kognitive Bedingung eine transdisziplinäre Theorie, welche die sich wechselwirksam beeinflussenden Prozesse über verschiedene Systemebenen (v. a. die biologische, psychische, soziale) hinweg erklären kann und die Professionellen des interprofessionellen Systems in die Lage versetzt, ihr spezifisches Wissen und Knowhow sinnvoll aufeinander zu beziehen und als Beitrag im Hinblick auf die Gesamtlösung des Problems durch das interprofessionelle System zu begreifen. Obrecht (vgl. ebd.) greift damit ein Ergebnis unserer eigenen Forschungsprojekte, v. a. aus dem Bereich der Sozialen Arbeit in der Psychiatrie auf (vgl. Hollenstein und Sommerfeld 2009; Sommerfeld et al. 2016b). Transdisziplinär meint, dass die Grenzen (sub-)disziplinären Wissens zugunsten transdisziplinärer Wissensentwicklung aufgebrochen werden, damit Phänomene umfassend mit all ihren Dimensionen und Bezügen erforscht und verstanden werden können. Die daraus hervorgehenden transdisziplinären Modelle müssen, um in der Praxis ihre Wirkung entfalten zu können, zum Ausgangs- und Fluchtpunkt der einzelfallbezogenen Integration und Abstimmung der Teilbeiträge in der interprofessionellen Teamarbeit werden.

Wenn also im Folgenden das Modell des IPB erläutert werden soll, muss zuerst die transdisziplinäre Metatheorie, auf die sich dieses Modell und die TIL beziehen, eingeführt werden. Das ist die Systemtheorie der Synergetik (vgl. Haken und Schiepek 2010), die es uns zusammen mit dem Modell des Lebensführungssystems (LFS) und dem Begriffspaar «Integration» und «Lebensführung» ermöglichte, den Interventionsbereich der Sozialen Arbeit an der Schnittstelle von Individuum und Gesellschaft von den Adressat:innen aus so zu fassen, wie wir ihn empirisch über die Analyse des dynamischen Zusammenspiels zwischen individuellen Dispositionen/Aktivitäten und sozialen Systemen bei Re-Integrationsprozessen rekonstruieren konnten (vgl. Sommerfeld et al. 2011). Im Folgenden wird daher zuerst in die der TIL zugrundeliegende Metatheorie, die Synergetik (Abschn. 3.1), und ins Modell des Lebensführungssystems (Abschn. 3.2) eingeführt. Auf dieser Basis folgt die Erläuterung des IPB (Abschn. 3.3).

3.1 Die transdisziplinäre Systemtheorie der Synergetik

Die Synergetik, auch «Lehre des Zusammenwirkens» (Haken und Schiepek 2010) genannt, hat ihren Ursprung in der Physik. Sie wurde von dem Physiker Hermann Haken entwickelt, um in der Empirie beobachtbare Prozesse der Ordnungsbildung und des Wandels über Selbstorganisation in thermodynamisch offenen und komplexen dynamischen Systemen theoretisch zu fassen. Zentral für Ordnungsbildung und -wandel über Selbstorganisation in diesen Systemen ist das Strukturprinzip der zirkulären Kausalität (Abb. 3).

Die Abbildung zeigt (vgl. Schiepek et al. 2003, S. 238–239): Ordnungsbildungsprozesse in komplexen dynamischen Systemen stellen sich dann ein, wenn die Systemelemente (z. B. Individuen mit ihrer Ausstattung und psychischen Struktur) auf der relativen Mikroebene über ihre Aktivitäten in Beziehung zueinander treten und sich über die dadurch entstehenden nichtlinearen Wechselwirkungen auf der relativen Makroebene (z. B. soziales System) bottom-up ein makroskopisches Muster herausbildet (= Emergenz), welches das Verhalten der Elemente (z. B. Individuen) auf der relativen Mikroebene seinerseits top-down mitstrukturiert (= Synchronisation). Der Spielraum der Selbstorganisation wird dabei durch systeminterne und -externe Rahmenbedingungen begrenzt. Wandel erfordert eine Destabilisierung des bestehenden makroskopischen Musters durch

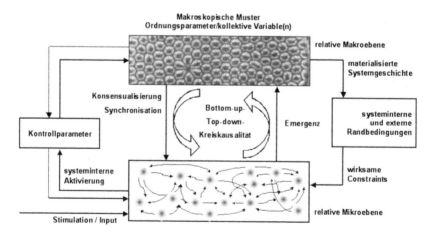

Abb. 3 Strukturprinzip zirkuläre Kausalität der Synergetik. (Quelle: Schiepek et al. 2003, S. 239)

eine hinreichende Energetisierung des Systems über sogenannte Kontrollparameter (z. B. kritische Lebensereignisse). Die Destabilisierung drückt sich, wie empirisch vielfach beobachtet, durch ein kritisches Fluktuieren zwischen verschiedenen Ordnungsmustern aus. Ein Wandel des makroskopischen Musters geht daher immer mit einer Phase kritischer Instabilität (der Krise) einher; danach entsteht und stabilisiert sich entweder ein neues Muster oder das System kippt ins frühere Muster zurück.

Ordnungsstrukturen (re-)produzieren sich also gemäß dem Strukturprinzip der zirkulären Kausalität der Synergetik innerhalb des verfügbaren Spielraums in einem fortlaufenden Prozess über nichtlineare Wechselwirkungen zwischen den Systemelementen auf der relativen Mikroebene einerseits, und dem kreiskausalen Zusammenspiel zwischen Bottom-up- und Top-Down-Prozessen der Emergenz und Synchronisierung zwischen der relativen Mikro- und Makroebene andererseits. Da die jeweils relative Mikroebene zugleich die relative Makroebene der nächsttieferen Systemebene ist (z. B. Gehirn), ermöglicht es die Synergetik als transdisziplinäre Systemtheorie, empirisch beobachtbare Prozesse der Ordnungsbildung und des Wandels über mehrere Systemebenen hinweg zu erklären (vgl. ebd.).

3.2 Das Lebensführungssystem (LFS)

Für ihr Überleben sind Menschen auf Sozialität angewiesen. Sie bilden daher auf unterschiedlichen gesellschaftlichen Aggregationsebenen soziale Systeme (Elias 2006, S. 101). Mit dem Begriff des LFS, den wir von Bourgett und Brülle (2000) übernommen haben, kann diese Sozialität von den ihr Leben führenden Menschen ausgehend konzipiert werden (vgl. Sommerfeld et al. 2011), was für personenbezogene Dienstleistungsprofessionen wie die Soziale Arbeit attraktiv ist (Abb. 4).

Das in der Grafik repräsentierte Modell des LFS setzt sich zusammen aus dem sein Leben führenden Individuum mit seiner Ausstattung und bio-psychischen Struktur in der Mitte einerseits und den rundherum angeordneten sozialen Systemen andererseits, in denen dieses Individuum sein Leben führt (vgl. Sommerfeld et al. 2016a, S. 275). Die sozialen Systeme werden in Anlehnung an Crozier und Friedberg (1993) als konkrete Handlungssysteme verstanden, in denen sich über die (Re-)Produktion und den Wandel permanent auch sozialer Sinn konstituiert. Das LFS wird als ein sich selbstorganisierendes Mehrebenensystem verstanden, dessen Funktionsweise sich mit der Synergetik erklären lässt (vgl. Sommerfeld

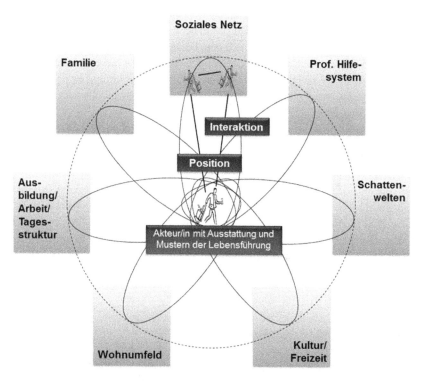

Abb. 4 Modell des Lebensführungssystem (Quelle: Sommerfeld et al. 2011, S. 287)

et al. 2011, S. 286 ff.): Das sein Leben mit seiner Ausstattung und biopsychischen Struktur führende Individuum wird von den sozialen Systemen in einer je spezifischen Form in die Positions- und Interaktionsstruktur integriert (Integration in das System). Gleichzeitig entsteht, reproduziert und wandelt sich im Zuge der Interaktion der Individuen, die ihre Leben mit ihrer Ausstattung in diesen sozialen Systemen führen, über nichtlineare Wechselwirkungen in den sozialen Systemen die Ordnungsstruktur (Integration des Systems). Der Mensch trägt also durch seine Lebensführung permanent zur Reproduktion bzw. zum Wandel der Ordnungsstrukturen in den für sein Leben relevanten sozialen Systemen bei, die ihrerseits die Freiheitsgrade seiner Lebensführung mitstrukturieren. Über die Bildung, Reproduktion und den Wandel von Ordnungsstrukturen über die Systemebenen hinweg fallen die Psycho- und Soziogenese zusammen, worauf bereits Elias (vgl. 2006, S. 101 f.) hingewiesen hat. Dies lässt sich, nimmt man die biologische Ebene der Ordnungsbildung im Gehirn hinzu, über physiologische bzw. neurobiologische Prozesse erklären (vgl. Sommerfeld et al. 2016a, b, S. 278). Die sozialen Systeme ihrerseits sind Teil der Gesamtgesellschaft, die sich in Anlehnung an Elias (vgl. 1970, 2006) als Gesamtheit ineinander verschachtelter sozialer Systeme (Figurationen) unterschiedlicher gesellschaftlicher Aggregationsebenen begreifen lässt, die über Interdependenzketten miteinander verbunden sind und sich so in ihrer Ordnungsbildung und Sinnkonstituierung gegenseitig beeinflussen.

Nachhaltig wirksame Problemlösungen erfordern aufgrund der Koppelung biologischer, psychischer und sozialer Ordnungsprozesse ein Re-Arrangement des gesamten LFS. Die Arbeit an biologisch-psychischen individuellen Strukturen muss mit Interventionen in die dafür relevanten sozialen Systeme kombiniert werden. Es braucht in den sozialen Systemen Erfahrungsräume, in denen neue individuelle Muster der Lebensführung auf Resonanz stoßen, erprobt und stabilisiert werden können (vgl. Sommerfeld et al. 2016a, S. 281 ff.). Ist dies aufgrund übergeordneter gesellschaftlicher (Ungleichheits-)Strukturen nicht bzw. nur begrenzt möglich, braucht es darüberhinausgehende professions-, handlungsfeld-, sozial- und gesellschaftspolitische Interventionen in die hierfür verantwortlichen sozialen Systeme höherer gesellschaftlicher Aggregationsebenen (vgl. Hollenstein 2020). Der IPB fokussiert Ersteres, ihn zu ermöglichen, erfordert allenfalls aber auch Letzteres.

3.3 Der integrierte Prozessbogen als Idealkonzept (inter-)professionellen Handels

Der integrierte Prozessbogen (IPB) schließt an der Synergetik und am Modell des LFS an. Als Idealkonzept (inter-)professionellen Handelns der Sozialen Arbeit gibt er Antwort darauf, wie ein Re-Arrangement des Lebensführungssystems über einen Wandel des problemverursachenden biopsychosozialen Musters zustande kommen kann. Der Begriff «Prozessbogen» verweist darauf, dass die Veränderung eines LFS Zeit beansprucht und die professionelle Unterstützung als längerfristiger Prozess der Begleitung ausgerichtet sein muss. Der Begriff «integriert» bringt die erwähnte Relevanz der Synchronisation der professionellen Leistungen untereinander und mit der biopsychosozialen Falldynamik zum Ausdruck (vgl. Sommerfeld et al. 2016a, b, S. 282). Doch was braucht es dazu? Die nachfolgenden Ausführungen orientieren sich an der TIL (vgl. Sommerfeld et al. 2011, S. 322 ff.):

Erstens: Beim LFS handelt es sich um ein sich selbst organisierendes System. Damit geht ein «Technologiedefizit» (Luhmann und Schnorr 1982, S. 112) einher. Verlauf wie Resultat professioneller Unterstützungsprozesse sind abhängig von der Koproduktion der Adressat:innen und der sich entfaltenden biopsychosozialen Dynamik im LFS. Dies setzt allfälligen Allmachtsfantasien der Professionellen von vornherein Grenzen. Sie können das LFS ihrer Adressat:innen nicht ohne deren Kooperation ändern. Ihre Aufgabe besteht vielmehr darin, mit ihren Mitteln dazu beizutragen, dass im LFS der Adressat:innen Bedingungen geschaffen werden, die einen Wandel des problemverursachenden biopsychosozialen Musters im LFS ermöglichen.

Zweitens müssen die dynamischen Wirkfaktoren berücksichtigt werden, die fallübergreifend als Voraussetzung für einen nachhaltigen Musterwandel im LFS rekonstruiert werden konnten: das Erleben von (a) *äußerer und innerer Sicherheit* durch eine stabile professionelle Beziehung, Existenzsicherung, Gewaltschutz und Strategien zur Kontrolle psychischer Krisen (z. B. Re-Traumatisierung) u.a.m. ist wichtig, um zu überleben sowie die Ängste, die mit einem Musterwandel einhergehen, in Schach halten zu können; das Erleben von (b) *Sinnhaftigkeit* und (c) *Selbstwirksamkeit* generiert die Motivation und den Selbstwert, die den Wandel mit der notwendigen Energie versorgen; das Erleben des (d) *(Sich-Selbst-) Verstehens* im Sinn des Verstehens der problemverursachenden biopsychosozialen Dynamik im LFS, der eigenen Muster der Lebensführung und der sozialen Dynamiken, mit denen diese zusammenhängen, ist Voraussetzung dafür, um mit den Professionellen begründet Ziele erarbeiten und Interventionen planen, organisieren und umsetzen zu können.

Drittens müssen im Verlauf des IPB in einem zyklischen Prozess folgende Schritte immer wieder durchlaufen werden:

1. Das problemverursachende biopsychosoziale Muster im LFS und dessen lebensgeschichtliche Entstehung muss von den zuständigen Professionellen in Kooperation mit den Adressat:innen adäquat erfasst, rekonstruiert und verstanden werden. Dies setzt voraus, dass adäquate (inter-)professionelle Diagnostikverfahren und ein geteiltes (trans-)disziplinäres Modell zur Verfügung stehen.

2. In einem dialogischen Prozess mit den Adressat:innen muss eine realisierbare attraktive Zukunftsvision im Sinne einer Vision subjektiv guten Lebens entwickelt werden, die die oben genannten dynamischen Wirkfaktoren berücksichtigt, und auf eine Veränderung der diagnostizierten biopsychosozialen Problemdynamik ausgerichtet ist.

3. Die Interventionsplanung in Kooperation mit den Adressat:innen und allfälligen anderen involvierten professionellen Leistungserbringenden muss begründet auf der Basis des identifizierten biopsychosozialen Problemmusters und der entwickelten Zukunftsvision erfolgen. Die Interventionen auf den verschiedenen Systemebenen (Arbeit an individuellen Mustern, Arbeit an den Ordnungsstrukturen der sozialen Systeme) müssen dazu systematisch auf die Falldynamik und von da aus aufeinander abgestimmt werden. Insbesondere muss geplant werden, wie in den sozialen Systemen Erfahrungsräume etabliert werden können, in denen neue Muster der Lebensführung auf Resonanz stossen, erprobt und stabilisiert werden können, so dass Sicherheit, Selbstwirksamkeit und Sinn erfahren werden können.
4. Die Umsetzung der Interventionen auf den verschiedenen Systemebenen des LFS durch die involvierten Professionellen in Kooperation mit den Adressat:innen muss aufgrund des «Technologiedefizits» über den ganzen Prozessbogen hinweg immer wieder überprüft und bei Bedarf re-justiert werden. Es braucht daher ein Fallmonitoring, über welches der Fallverlauf kontinuierlich beobachtet, die Interventionen neu ausgelotet, bei Bedarf angepasst, untereinander und mit der Falldynamik synchronisiert werden können.

Ein letzte Bemerkung scheint mir an dieser Stelle wichtig: Die Soziale Arbeit interveniert an der Schnittstelle von Individuum und Gesellschaft. Die Berücksichtigung der Koppelung individueller und sozialer Ordnungsbildungsprozesse gehört aufgrund ihres Interventionsbereichs per se zu ihrem Zuständigkeitsprofil. Theorien und Methoden professionellen Handelns der Sozialen Arbeit müssen dieser Koppelung und der damit verknüpften Komplexität Rechnung tragen können. Einer interprofessionellen Kooperation bedarf es daher nicht in allen Fällen, sondern nur dann, wenn die auf der biologischen und psychischen Ebene auftretenden Bewältigungsprobleme nicht von der Sozialen Arbeit mit den Adressat:innen und ihrer Umwelt allein bearbeitet werden können. Wie in der Einleitung dieses Kapitels dargelegt, geht die interprofessionelle Kooperation im IPB aufgrund der von Prozessen der Ausdifferenzierung und Spezialisierung im Wissenschafts- und Professionssystem mit besonderen Herausforderungen einher. Insbesondere braucht es eine transdisziplinäre Metatheorie, auf die sich Akteur:innen in den fallspezifischen interprofessionellen Teams beziehen können (vgl. Obrecht 2006). In der TIL wird hierzu, wie dargelegt, die Synergetik vorgeschlagen (vgl. Sommerfeld et al. 2011, S. 58 ff.).

4 Teamarbeit als Voraussetzung eines integrierten Prozessbogens

In diesem Abschnitt geht es nun darum, anhand von Loer (2009) (Abschn. 4.1) sowie Ausschnitten aus dem Fall Meret (Abschn. 4.2) die Form von (inter-)professioneller Teamarbeit zu erkunden, die – so die hier zu begründende These – für die Gewährleistung des IPB erforderlich ist.

4.1 Teamarbeit nach Loer (2009)

Nach Loer (2009, S. 43) reicht das Charakteristikum, dass ein Problem nur gemeinsam gelöst werden kann, nicht dafür aus, um von Teamarbeit zu sprechen. Die Frage, wann es eines Teams bedarf, begründet er vielmehr über die Art der Handlungsprobleme, die gemeinsam gelöst werden müssen (vgl. ebd., S. 42–43): Die Bearbeitung von Handlungsproblemen, die über Teilarbeitsprozesse bearbeitet werden können, die standardisiert über einen vorgegebenen Ablauf abgearbeitet werden können und so ineinander verzahnt sind, dass weder ein Handlungsspielraum noch ein Abstimmungsbedarf besteht bzw. dieser minimal ist, erfordern kein Team. Ein Team braucht es dort, wo die Akteur:innen ihre Teilarbeitsprozesse nicht standardisiert erbringen können und diese im Problemlösungsprozess fortlaufend aufeinander abstimmen müssen, damit ihre spezifischen Fähigkeiten und Kompetenzen für die Gesamtlösung optimal zusammenwirken können. Teams bzw. Teamarbeit sind daher nach Loer (vgl. ebd., S. 42 ff.) durch folgende Charakteristiken gekennzeichnet:

1. Die Teamkolleg:innen müssen so ausgewählt und in Relation zueinander positioniert werden, dass sie mit ihren spezifischen Fähigkeiten und Kompetenzen zu einer gelingenden Bewältigung der Gesamtaufgabe beitragen können.
2. Die Teamkolleg:innen müssen ihre Teilbeiträge aufgrund deren Nicht-Standardisierbarkeit permanent untereinander und auf den sich entfaltenden Prozess der gemeinsamen Bewältigung des Gesamtproblems abstimmen.
3. Um die für diese permanente Abstimmung notwendigen Entscheidungen agil treffen zu können, brauchen die Teamkolleg:innen einen hohen Grad an Autonomie. Diese ist aufgrund der gegenseitigen Abhängigkeit nicht absolut, sondern relativ.
4. Die Teamkolleg:innen müssen neben der für ihre Teilaufgabe notwendigen Expertise eine Sensitivität für die Teilbeiträge ihrer Teamkolleg:innen verfügen.

5. Es braucht «Kollegialität». Diese geht über eine rein formale, rollenförmige Beziehung hinaus und setzt gegenseitiges Vertrauen sowie wechselseitige Würdigung der Teamkolleg:innen als Personen und Teilleistungserbringende voraus.
6. Erforderlich ist ein «Teamgeist» im Sinne einer Identifikation mit der Organisation bzw. dem Netzwerk, in der/dem das Handlungsproblem gemeinsam gelöst werden soll.

Beim LFS handelt es sich um ein komplexes dynamisches System, dessen Veränderung einer permanenten Synchronisierung der verschiedenen professionellen Teilbeiträge bedarf. Wird Team und Teamarbeit in Anlehnung an Loer (vgl. ebd.) definiert, kann bereits hier der Schluss gezogen werden, dass ein IPB (inter-)professionelle Teamarbeit voraussetzt, insofern das vorliegende Problem nicht durch den:die Adressat:in selbst oder eine:n Professionelle:n in Kooperation mit dem:der Adressat:in allein gelöst werden kann. Folgen wir Loer (vgl. ebd.) bedeutet das auch, dass die (inter-)professionelle Kooperation im IPB an die Voraussetzung gebunden ist, dass die definierten sechs Charakteristiken gewährleistet sind.

4.2 Professionelle Teamarbeit im Fallbeispiel Meret

Meret, die sexuelle Gewalt durch den Ex-Ehemann erfahren hat, war zu Beginn der Datenerhebung bereits seit sieben Jahren in der Opferhilfeberatung. Das lang andauernde Strafverfahren gegen den Ex-Ehemann war bereits abgeschlossen; im Vordergrund standen die Traumaverarbeitung sowie die Entwicklung neuer Strategien der Lebensführung und damit gekoppelt die Veränderung ihrer Form der Integration in soziale Systeme (v. a. Familie, Arbeit). Meret hat in der Kindheit sexualisierte Gewalt durch den Großvater erfahren. Diese wurde im familiären Umfeld tabuisiert und bagatellisiert. Sie ist berufstätig und Mutter von zwei psychisch labilen Kindern; die Bewältigung ihres Alltags parallel zur Bewältigung der Herausforderungen aufgrund der erfahrenen Gewalt war für sie immer wieder eine Gratwanderung.

Zentral für das Gelingen des IPB und die für diesen nötige interprofessionelle Teamarbeit war die Entwicklung einer stabilen, von Vertrauen geprägten Beratungsbeziehung, über die sich für Meret in der Beratung und im interprofessionellen System ein alternativer Erfahrungsraum etablieren konnte, der sich radikal von der erfahrenen Gewalt und deren bisheriger Verleugnung unterschied und es ihr ermöglichte, neue Muster der Lebensführung zu erproben, festigen und

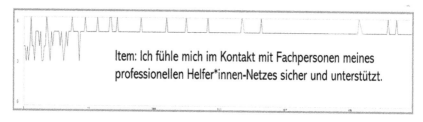

Abb. 5 Rohwerte Meret Item „Unterstützung professionelles Hilfesystem"

für die Integration in andere relevante soziale Systeme des LFS zu nutzen. Bevor auf die interprofessionelle Teamarbeit im Fall von Meret eingegangen wird, wird daher zuerst skizziert, wie eine stabile Beratungsbeziehung entstehen konnte, die als ein solch alternativer Erfahrungsraum den Problemlösungsprozess bei Meret unterstützt hat. Der Blick wird dabei auf den gesamten Prozessbogen der (inter-) professionellen Unterstützung von Meret gerichtet. Diejenigen Passagen, die dem Untersuchungszeitraum des Fall- und Beraterungsverlaufs über ein Jahr hinweg vorausgehen, wurden über das biografische Interview mit Meret und das narrative Interview zur Fallgeschichte mit der Beraterin rekonstruiert.

a) Beratungsbeziehung als alternativer Erfahrungsraum
Der Verlauf der Rohwerte des Items «Heute fühle ich mich im Kontakt mit Fachpersonen meines professionellen Helfer:innen-Netzes sicher und unterstützt» von Meret zeigt nach anfänglichen kleineren Schwankung ein durchwegs positives Bild (Abb. 5).

Meret deutet die Zeitreihe des Items wie folgt: *„Es hat in dem Sinne damit zu tun, dass mein Vertrauen natürlich mittlerweile auch sehr, sehr groß ist."* Dieses Vertrauen dehnt sich aus auf die ganze Beratungsstelle. Wenn sie in Not ist, weiß sie, dass sie dort anrufen kann und unterstützt wird, auch wenn die Beraterin abwesend ist. Dasselbe gilt auch für die von einer Beraterin professionell begleitete Selbsthilfegruppe. Die Qualität dieses Erfahrungsraum benennt sie so: *«Sie haben mich nie hängen gelassen»* oder *«ich kann mich in dieses Netz fallen lassen und dann bin ich nicht schwer verletzt».* Dass Meret soziale Systeme als sichere Orte erfahren kann, war für sie eine neue Erfahrung. Die in der Kindheit erlebte sexuelle Gewalt in der Familie wurde von dieser ebenso wie die spätere sexuelle Gewalt durch den Ex-Ehemann verleugnet und bagatellisiert. Es war für sie daher in der ersten Beratungsphase schwierig, sich auf den neuen Erfahrungsraum einzulassen: *„Auch meine Bereitschaft, Hilfe anzunehmen, […]. Also in den* *ersten Jahren wäre ich absolut nicht fähig gewesen dazu, weil ich das als Kind nicht erlebt habe."* Auf die Frage, was dazu beigetragen hat, dass sich das mit der Zeit änderte, antwortet sie in den Interviews u. a. so:

«Also, diese absolut klaren Strukturen haben mir erst ermöglicht, wieder Vertrauen haben zu können, in mich, und, es läuft ja meistens parallel, das Vertrauen in andere Leute.»

Ich *«werde ernst genommen»*, *«in meinen Gefühlen respektiert»*, *«als ganzer Mensch zur Kenntnis genommen»*, *«wertschätzt, anerkannt»*, *«ich konnte dort sein, wie ich bin, ob traurig, wütend und einem Haufen Wut»*.

«Mit jemandem zu sprechen, und zwar mit jemandem, von dem ich weiß, die verstehen etwas von dieser Sache, also das ist unschätzbar.»

«Ich bin eigentlich jedes Mal besser gegangen, oder ein wenig aufgeräumter, ein wenig geordneter.»

«Sie hat mich meine Schritte selbst machen lassen.»

Die Interviews mit der Beraterin ließen erkennen, dass die Beraterin die professionelle Beziehung gezielt als einen alternativen Erfahrungsraum zur erfahrenen Gewalt und deren Verleugnung in der Familie gestaltete. Dieser kennzeichnete sich – so die Beraterin – durch *«eine stabile Beratungsbeziehung [...], jemanden, der das Ganze mit durchgeht, und gleichzeitig außerhalb ist, [...] auch eine kritische Begleiterin, ein Gegenüber, wirklich ein Gegenüber, das Sicherheit gibt, dieses Gegenüber bleibt, also bleibt, ja, macht diesen Prozess mit.»* Mit dem *«gleichzeitig außerhalb»* lässt sie erkennen, dass es relevant ist, dass sie als Beraterin nicht in die Dynamiken der anderen sozialen Systeme des LFS von Meret verstrickt ist. Sie beschreibt im Interview in etwas anderen Worten das, was Meret oben als hilfreich bewertet hat: Einhalten des Beratungssettings (Dauer, Ort, Rolle); Klarheit, worum es gerade geht, Krisenintervention, Einordnung Gewalterfahrung, Hilfe zur Alltagsbewältigung, Traumaverarbeitung u. a. m.; klare Haltung, dass nicht richtig ist, was Meret geschehen ist; nichts versprechen, was sie nicht einhalten kann; nur sagen, was authentisch ist; ein kritisches Gegenüber sein; das eigene Wissen zur Verfügung stellen, um den Möglichkeitsraum von Meret zu erweitern; Meret entscheiden lassen; zeitliche Abstimmung der Interventionen auf die Phasen der Traumaverarbeitung; Einhalten der Schweigepflicht bzw. Transparenz in der interprofessionellen Kooperation, insofern Meret diese aufhebt.

Statt Gewalt, deren Verleugnung, Schutzlosigkeit, Einsamkeit kann Meret in diesem Erfahrungsraum Sicherheit und verlässliche Unterstützung erfahren. Sie wird gehört und ernstgenommen, sie kann sich zeigen, sie selbst sein und sich entdecken, behindernde Dynamiken in sozialen Systemen und individuelle Muster reflektieren, neue Muster entwickeln und erproben. Es entsteht ein von

Vertrauen getragenes Arbeitsbündnis und eine Koproduktion, die den Problemlösungsprozess und die interprofessionelle Kooperation unterstützen, die für die Gewährleistung des IPB bei Meret unerlässlich sind.

b) Interprofessionelle Teamarbeit als alternativer Erfahrungsraum

Für die Organisation der interprofessionellen Kooperation wurde bei Meret nicht ein Team installiert, in das alle professionellen Akteur:innen integriert waren und ihre Teilbeiträge über den Prozessbogen aufeinander und die Falldynamik abstimmten. Vielmehr bilden sich rund um die Beraterin und Meret zwei interprofessionelle Kooperationszusammenhänge, um die im Fallverlauf auftretenden Handlungsprobleme zu bearbeiten. Diese können, wie hier gezeigt werden soll, als Teams im Sinne von Loer (2009) bezeichnet werden, weshalb ich diesen Begriff für die zwei interprofessionellen Kooperationszusammenhänge im Folgenden verwenden werde, auch wenn diese sich selber nicht so bezeichneten und auch keinen festen Namen hatten. Der eine Kooperationszusammenhang war zuständig für das Strafverfahren (Meret, Beraterin, Polizei, Anwältin), weshalb ich ihn «Team Strafverfahren» nennen werde. Der zweite Kooperationszusammenhang war zuständig für die psychische Stabilisierung von Meret (Meret, Beraterin, Psychiaterin), weshalb ich ihn «Team psychische Stabilisierung» nennen werde. Die zwei Teams wurden von der Beraterin in Absprache mit Meret eingerichtet; es handelt sich also um fallspezifische Teams, deren Teilbeiträge die Beraterin zusammen mit Meret auf die Falldynamik und aufeinander abstimmte. Die Beraterin hatte den Fall in seiner gesamten biopsychosozialen Komplexität im Blick und sorgte zusammen mit Meret dafür, dass die aufeinander abgestimmten Teilbeiträge der zwei Teams den Problemlösungsprozess über den ganzen Hilfeprozess hinweg unterstützen. Gelöst werden mussten in diesem Prozess Handlungsprobleme, deren Lösung nach Loer (2009) eines Teams bedarf, weil sich die Teilleistungen nicht standardisieren liessen.

Da Meret sich gleich zu Beginn des Beratungsprozesses für eine Anzeige des Ex-Ehemanns entscheidet, wurde zuerst das Team «Strafverfahren» installiert. Ein solches kann nicht standardisiert durchlaufen werden, weil viele verschiedene Akteur:innen involviert sind, die mit ihrer Ausstattung (z. B. finanzielles und soziales Kapital) und ihrer psychischen Struktur miteinander interagieren und die Dynamik des Strafverfahrens permanent beeinflussen, die ihrerseits auf die Lebensführungssysteme der involvierten Akteur:innen, deren psychische Struktur, Bewältigungsstrategien und Aktivitäten zurückwirken. Es reicht daher in der Opferberatung für die Begleitung des Strafverfahrens meist nicht aus, die Möglichkeiten und Risiken mit einer Anwältin aus einer rechtlichen Perspektive auszuloten. Vielmehr muss gleichzeitig aus einer psychosozialen Perspektive (allenfalls auch medizinischen) abgewogen werden, wie sich die rechtlichen Möglichkeiten und Risiken auf die psychische Stabilität und das gesamte LFS der Adressatin auswirken. Dies war auch im Fall Meret so, deren durch die Gewalt und ihre Folgen bereits belastete psychische Stabilität und reduzierte Fähigkeit zur Alltagsbewältigung durch das Strafverfahren zusätzlich herausgefordert wurden. Die Anzeige versprach bei Erfolg zwar die ersehnte gesellschaftliche Anerkennung des erlittenen Unrechts, gefährdete aber aufgrund der Belastung durch die Einvernahmen (Erinnerung an die Gewalt, Re-Traumatisierungsgefahr), der langen Dauer und der Ungewissheit, ob der ersehnte Erfolg eintreten würde, auch ihre psychische Stabilität. Sexualisierte Gewalt ist schwer zu beweisen; steht Aussage gegen Aussage, greift die rechtliche Logik von «in dubio pro reo». Im Team Strafverfahren, das unmittelbar nach Beratungsbeginn installiert wurde, mussten daher die Chancen und Risiken der rechtlichen Optionen und Strategien über das gesamte Verfahren hinweg immer wieder sowohl aus rechtlicher als auch psychosozialer Perspektive gemeinsam von der Beraterin, Anwältin und Meret abgewogen und die rechtlichen Schritte sorgfältig mit psychosozialen Interventionen kombiniert werden. Dazu gehörten auch die Strategien im Rechtsverfahren selbst, für die Einvernahmen bei Polizei und Staatsanwaltschaft sowie die Gerichtsverhandlungen, inklusive der Vorbereitung von Meret darauf. Als besonders belastend erwies sich bei Meret, dass im Strafverfahren erstinstanzlich in ihrem Sinn entschieden, dieser Beschluss dann aber von der Gegenseite angefochten und zweitinstanzlich vom Obergericht revidiert wurde. Die Entscheidungsfindung, ob das Urteil ans Bundesgericht weitergezogen werden soll, erwies sich aufgrund des Risikos zu scheitern sowie den damit verknüpften finanziellen und psychischen Risiken als enorm belastend für Meret. Dasselbe gilt für das Durchstehen des Strafverfahrens, nachdem sich Meret entschieden hatte, dieses Risiko einzugehen, wodurch die Staatsanwaltschaft – nun auf Bundesebene – erneut aktiv und mit der Strafuntersuchung beauftragt wurde.

Um das Strafverfahren bewältigen zu können, aber auch aufgrund der erfahrenen Gewalt und deren Tabuisierung im sozialen Umfeld, musste Meret während des ganzen Hilfeprozesses von der Beraterin psychisch stabilisiert und in der Bewältigung des Alltags und der psychosozialen Folgen der Gewalt unterstützt werden. Dies war aufgrund der Doppelbelastung als berufstätige Frau und Mutter von zwei psychisch fragilen Kindern immer wieder eine Gratwanderung. Als die psychische Stabilität von Meret einzubrechen drohte, wurde eine Psychiaterin beigezogen und das «Team psychische Stabilisierung» installiert. Ein Klinikaufenthalt konnte verhindert und Meret psychisch so stabilisiert werden, dass sie ihren Alltag als berufstätige Frau mit zwei Kindern und das Strafverfahren wieder bewältigen konnte. Dass dies gelungen ist, hat wesentlich damit zu tun, dass es der Beraterin zusammen mit Meret gelungen ist, während des IPB eine interprofessionelle Teamarbeit im Sinne von Loer (2009) zu installieren, die all den von Loer genannten Charakteristiken entspricht, wenngleich die Teamarbeit über zwei «Teams» erfolgte, deren professionelle Leistungen über die Beraterin in Absprache mit Meret synchronisiert wurden: Die Akteur:innen trugen über ihre Teilleistungen und deren fortlaufende Abstimmung untereinander und auf die sich entfaltende biopsychosoziale Falldynamik über ihre je spezifischen Kompetenzen, aufgrund derer sie für die Teamarbeit ausgewählt und in Relation zueinander positioniert worden waren, zur Bewältigung des Gesamtproblems bei (1, 2, 3). Maßgebend dafür waren die beobachtete Sensitivität untereinander und in Bezug auf Meret (4) sowie – als Voraussetzung dazu – die «Kollegialität» (5) und der «Teamgeist» (6). Dieser etablierte sich in den zwei Teams über die gemeinsame Zugehörigkeit zur Frauenbewegung, inklusive des dort entwickelten Fachwissens zur Unterstützung gewaltbetroffener traumatisierter Frauen. Er dokumentiert sich in den nachfolgenden Zitaten, die auch die Relevanz eines längerfristig angelegten Unterstützungsprozesses nahelegen, über die Formulierungen «klare Positionen dort eingenommen» oder die «Klarheit von uns, dass wir das richtig und gut finden»:

«Ja, wie hat sie diese Stabilität wieder gewonnen, ja? Es ist zum Teil das Einordnen, wirklich die Einordnung, die Gewichtung von dem, was ihr passiert ist, und ich denke, also das denke ich bei ihr jetzt wirklich, die Kontinuität von der, einerseits der Beratung, aber auch die Kontinuität von der Begleitung durch die Psychiaterin, von der Begleitung von der Juristin, [...] und dass in all diesen Kontakten mit Professionellen, [...] sie konnte eine Erfahrung machen von, nicht dass man immer derselben Meinung gewesen ist oder nicht, dass es keine Auseinandersetzungen gehabt hätte, aber [...] dass klare Positionen dort, eingenommen worden sind.» (Beraterin).

«Und dort dieser Entscheid [ans Bundesgericht weiterziehen], ich glaube das war ein wichtiger Entscheid, sie macht es, sie macht es mit der, mit der Klarheit von uns, dass wir das richtig und gut finden, wenn sie das macht, und das [zweitinstanzliche] Urteil falsch finden, und gleichzeitig, sie trägt das Risiko, oder, nicht wir.» (Beraterin).

Ein gemeinsamer «Teamgeist» konnte aber auch in der Kooperation mit der Polizei festgestellt werden (v. a. Anzeige, Einvernahme). Dieser nährte sich nicht aus der Zugehörigkeit zur Frauenbewegung, sondern musste von Frauenprojekten hartnäckig über gesellschafts- und professionspolitisches Handeln errungen werden (vgl. Hollenstein 2020), wie die folgenden Zitate aus den Handlungsfeld-Organisationsanalysen illustrieren:

«Wir stehen nicht mehr allein auf weiter Flur, [...], sondern wir sind eingebettet in ein Netz. [...] Wir ziehen am gleichen Strick» (Beraterin).

«Und jetzt rufen wir uns gegenseitig an, [...]. Und man ist irgendwie einfach ein großes Team, eine große Organisation.» (Polizist).

Trotz der rechtlich-institutionellen Erfolge der Frauenbewegung (z. B. Gewaltschutzgesetz, Kooperationsgefäße) konnte im untersuchten Kanton zum Zeitpunkt der Datenerhebung (2008 bis 2010) nicht im ganzen professionellen Hilfesystem ein solcher «Teamgeist» rekonstruiert werden. Bei der Staatsanwaltschaft, Gerichten, der Kinder- und Jugendhilfe u.a.m. hing es von den zuständigen Personen ab, inwieweit gewaltbetroffenen Frauen opfergerecht und traumasensibel begegnet wurde. War dies nicht der Fall, wie bei Meret in der Jugendhilfe, griff in der Beratung bzw. im interprofessionellen Team eine Logik anwaltschaftlicher Vertretung der Interessen der beratenen gewaltbetroffenen Person(en). So auch bei Meret, wo es darum ging, die von der Jugendhilfe geplante Gegenüberstellung mit dem Täter zum Schutzes von Meret vor einer Re-Traumatisierung und erneuter Gewalt zu verhindern.

Die Fallrekonstruktion von Meret bestätigt einerseits die Relevanz von Teams im Sinn von Loer (2009) für die Lösung von Handlungsproblemen, die weder durch einzelne Professionelle noch über standardisierte Teilleistungen erbracht werden können. Sie lässt gleichzeitig eine Lücke in der Konzeption von Teamarbeit nach Loer (2009) erkennen, soll diese für den IPB genutzt werden: Problemlösungen entstehen in der psychosozialen Arbeit über eine gelingende Koproduktion mit den Adressat:innen. Es stellt sich daher die Frage, ob diese – innerhalb des verfügbaren Handlungsspielraums (z. B. bei Zwangsmaßnahmen) – nicht als aktiv mitentscheidende und mitwirkende Akteur:innen der (inter-)professionellen Teams konzipiert werden müssten, die über ihre Entscheidungen, ihr Handeln und ihre Teilleistungen ebenfalls zur Gesamtlösung beitragen, wenngleich sie in diesen Teams aufgrund ihrer Funktion, ihres Wissens und ihrer Kompetenzen in Relation zu den anderen Teammitgliedern anders positioniert sind. Dadurch könnte sich der alternative Erfahrungsraum – so die These, welche die Analyse des Falles Meret nahelegt – von der Beratungsbeziehung auf das gesamte (inter-)professionelle Gefüge ausdehnen und so die für einen nachhaltigen Ordnungswandel im LFS relevante Erfahrung von Verstehen, Sicherheit, Sinnhaftigkeit und Selbstwirksamkeit ermöglichen. Die Adressat:innen könnten so neue Formen sozialer Einbindung erfahren, neue Muster der Lebensführung entwickeln, erproben und stabilisieren, die ihnen sodann für die Integration und Lebensführung in anderen sozialen Systemen zur Verfügung stünden. Dies gelang bei Meret auch über den Erfolg beim Bundesgericht, für den die interprofessionelle Teamarbeit im rekonstruierten Sinn ausschlaggebend war.

5   Synthese und Ausblick

Um die Bedeutung und Tragweite eines professionellen Teams als erfolgskritisches Element für die Unterstützung nachhaltig wirksamer Problemlösungsprozesse durch einen IPB sichtbar zu machen, müssen die Erkenntnisse aus den dargelegten Ausschnitten der Fallrekonstruktion von Meret und deren theoretischer Einordnung über Loer (2009) auf das Modell des IPB zurückbezogen und mit diesem verschränkt werden (vgl. Sommerfeld et al. 2011, 2016a, b): Der Interventionsbereich der Sozialen Arbeit lässt sich mit dem LFS erfassen. Bei diesem handelt es sich um ein komplexes dynamisches System mit mehreren Ebenen (biologische, psychische, soziale), deren Prozesse über Wechselwirkungen miteinander gekoppelt sind. Ordnungsbildung erfolgt im LFS über die verschiedenen Ebenen hinweg über das Strukturprinzip der zirkulären Kausalität der Synergetik innerhalb der vorhandenen Handlungsspielräume selbstorganisiert. Nachhaltig wirksame Problemlösungen setzen aufgrund der Koppelung biologischer, psychischer und sozialer Prozesse eine mehrniveaunale[4] Transformation des problemverursachenden Musters im LFS voraus, ein Re-Arrangement des ganzen LFS also. Aufgrund der Spezialisierung und Segmentierung im Hilfesystem erfordert dies in vielen Fällen eine (inter-)professionelle und/oder (inter-)organisationale Kooperation. Weil es sich beim LFS um ein komplexes dynamisches System handelt, das nicht mechanisch von außen gesteuert werden kann, müssen die Teilleistungen der involvierten Professionellen (und der Adressat:innen) über den Arbeitsbogen hinweg immer wieder mit der Falldynamik und von da aus untereinander synchronisiert werden, damit die Fähigkeiten und das Know-how aller Beteiligten für die Gesamtlösung optimal zusammenwirken können. Es braucht daher einen IPB und – als Voraussetzung dafür – ein Team (Loer 2009), das diesen adäquat gestalten kann und die dafür erforderlichen Kriterien erfüllt. Um diese Kriterien, die in der folgenden Tabelle sichtbar sind, darlegen zu können, müssen die Charakteristiken eines Teams nach Loer (2009) um die Kriterien ergänzt werden, die in den vorangehenden Kapiteln über Obrecht (2006), das Modell des IPB und die Fallrekonstruktion von Meret herausgearbeitet wurden (Tab. 1)

---

[4] Das ist im deutschen Sprachraum der Schweiz übliche Wort meint hier, dass die Transformation über mehrere Systemebenen hinweg (= mehrniveaunal) erfolgen muss.

Tab. 1 Bedingungen der (inter-)professionellen Teamarbeit in der Sozialen Arbeit

Bedingungen Teamarbeit im Modell des integrierten Prozessbogens	Quellen
Auswahl und Positionierung Teamkolleg:innen zueinander im Hinblick auf deren je spezifische Expertise für die Gesamtlösung	Loer (2009), Fallbeispiel Meret
Permanente Synchronisierung Teilbeiträge in Bezug auf Falldynamik und untereinander für das Zusammenwirken der verschiedenen Expertisen zur Gesamtlösung	Loer (2009), Sommerfeld et al. (2011, 2016a, b), Fallbeispiel Meret
Hoher Grad relativer Autonomie der Teamkolleg:innen in der Erbringung ihrer Teilleistungen, damit diese permanent mit der Falldynamik synchronisiert werden kann	Loer (2009), Fallbeispiel Meret
Sensitivität für die Teilleistungen der anderen Teamkolleg:innen	
Kollegialität der Teamkolleg:innen durch gegenseitiges Vertrauen sowie gegenseitige Würdigung der Teilleistungen, Expertise und Person	
«Teamgeist» / Identifikation im Hinblick auf das kooperativ zu bewältigende Handlungsproblem in Organisation / Netzwerk	
Längerfristige Begleitung über stabile professionelle Beziehung(en) und Aufbau eines alternativen Erfahrungsraums im Hilfesystem	Fallbeispiel Meret, Sommerfeld et al. (2011, 2016a, b)
Geteilte (trans-)disziplinäre Theorie	Obrecht (2006), Sommerfeld et al. (2011, 2016a, b)

(Fortsetzung)

Tab. 1 (Fortsetzung)

Bedingungen Teamarbeit im Modell des integrierten Prozessbogens	Quellen
Konzepte, Methoden, Verfahren für die (inter-)professionelle und (inter-)organisationale Teamarbeit im IPB (Diagnose, Vision/Ziele, Planung und Umsetzung Intervention, Fallmonitoring), die systematisch an der (trans-)disziplinären Theorie und den Bedingungen eines IPB anschliessen, inkl. dynamische Wirkfaktoren	Sommerfeld et al. (2011, 2016a, b)
Rahmenbedingungen (v. a. Ressourcen, Aufträge) sowie Organisations-/Netzwerkstrukturen, die eine solch (inter-)professionelle und (inter-)organisationale Teamarbeit ermöglichen, inkl. Herstellung von Gleichwertigkeit in der Verständigung und Entscheidungsfindung	Hollenstein (2020), Fallbeispiel Meret, Obrecht (2006)

Die Tabelle zeigt: Eine (inter-)professionelle/(inter-)organisationale Teamarbeit im Rahmen eines IPB ist hoch voraussetzungsvoll. Beim vorliegenden Beitrag handelt es sich um eine erste Skizze, die empirisch noch gesättigt, theoretisch wie methodisch noch ausgearbeitet werden muss. Um in den Handlungsfeldern adäquate Rahmenbedingungen, Organisations- bzw. Netzwerkstrukturen zu schaffen, braucht es fallübergeordnet organisatorische, professions- und sozialpolitische Arbeit; dies v. a. auch angesichts der Gefährdung des erreichten Grads an Professionalität in der sozialen Arbeit durch die neoliberalen Transformation des Wohlfahrtsstaats. So zeigte die Opferhilfestudie, dass die im Fall Ursula festgestellten Professionalitäts- und Kooperationsdefizite auch Kapazitätsproblemen infolge der Einführung eines neuen staatlichen Finanzierungsmechanismus geschuldet sind (vgl. Hollenstein 2014, 2020, 2022).

Abschließen möchte ich den Beitrag mit zwei Entwicklungsimpulsen:

Erstens: Noch weitgehend unbeantwortet ist, wie die (inter-)professionelle Teamarbeit unter der Bedingung interprofessioneller und -organisationaler Kämpfe um Deutungshoheit, Zuständigkeit und Ressourcen so gestaltet werden kann, dass auf der Basis der geteilten (trans-)disziplinären Theorie während des IPB die für nachhaltig wirksame Problemlösungen erforderliche Synchronisation der Teilbeiträge und Expertisen in Bezug auf die Falldynamik und untereinander, die Integration also, gewährleistet werden kann. Ein Modell, das auf diese Frage Antworten liefern könnte, ist das Organisationsmodell der Soziokratie (vgl. Endenburg 1998, Strauch 2022). Weshalb? Die soziokratischen Prinzipien und Verfahren ermöglichen erstens Entscheidungen, die systematisch auf a) eine gemeinsame Vision, ein geteiltes Ziel, b) Gleichwertigkeit und Integration der verschiedenen (professionellen) Perspektiven ausgerichtet sind. Zweitens ermöglicht die Soziokratie durch einen hohen Grad an Selbstorganisation und Rückkoppelungen einen hohen Grad an relativer Autonomie und Agilität, ja, eine Art Prozessmonitoring, über das immer wieder überprüft werden kann, was in der Umsetzung funktioniert, was nicht, und inwieweit die Lösung angepasst werden muss. Es wäre daher wertvoll, diese Option weiter zu erkunden (z. B. in einem Experiment). Als besonders interessant erachte ich hierbei den Gedanken, dass es die Soziokratie ermöglichen könnte, die Adressat:innen systematisch als «Teammitglieder» mit spezifischer Funktion und Rolle in die Teamarbeit und die sich dort vollziehenden Prozesse der Entscheidungsfindung, Abstimmung der Teilleistungen und deren Evaluation zur Gewährleistung nachhaltig wirksamer Problemlösung einzubeziehen.

Zweitens: Traumasensible Ansätze der Sozialen Arbeit betonen die Relevanz «sicherer Orte» für die Bewältigung von Traumata und Traumafolgestörungen (vgl. z. B. Schulze et al. 2012; Scherwath und Friedrich 2016). Die Beraterin im Fall von Meret ist selbst sehr gut qualifiziert (Soziale Arbeit, Psychotherapie, Wissen zur Arbeit mit gewaltbetroffenen, traumatisierten Frauen), was dazu beigetragen hat, dass sie den IPB zusammen mit Meret und den anderen involvierten Professionellen als alternativen – sicheren – Erfahrungsraum gestalten konnte. Eine Verbindung der TIL mit Ansätzen der traumasensiblen Sozialen Arbeit könnte es ermöglichen, das Potenzial der Gestaltung der professionellen Beziehung und der Teamarbeit als alternativen Erfahrungsraum im IPB noch präziser zu fassen.

Literatur

Bourgett, J. & Brülle, H. (2000). Überlebenssysteme in Konkurrenz. Start zu einer notwendigen Debatte. In S. Müller. H. Sünker, Th. Olk, K. Böllert (Hrsg.), *Soziale Arbeit. Gesellschaftliche Bedingungen und professionelle Perspektiven* (S. 253–277). Luchterhand

Crozier, M. & Friedberg, E. (1993). *Die Zwänge kollektiven Handelns. Über Macht und Organisation.* Athenäum

Elias, N. (1970). *Was ist Soziologie?* München: Juventa.

Elias, N. (2006). Figurationen, sozialer Prozess und Zivilisation: Grundbegriffe der Soziologie. In derselbe (Hrsg.), *Gesammelte Schriften, Bd. 16. Aufsätze und andere Schriften* (S. 100–117). Suhrkamp

Endenburg, E. (1998). *Sociocracy. The Organization of Decision-Making, "no objection" as the principle of sociocracy.* (Erstausgabe auf Holländisch 1981). Eburon

Green, J. C., Sommerfeld, P. & Haigh, W. L. (2010). Mixing Methods in Social Work Research. In I. Shaw, K. Briar-Lawson, Ome, K. & R. Ruckdeschel (Hrsg.), *The SAGE Handbook of Social Work Research* (S. 315–331). Sage

Haken, H. & Schiepek, G. (2010). *Synergetik in der Psychologie. Selbstorganisation verstehen und gestalten.* (2., korr. Auflage). Hogrefe

Hochuli Freund, U. (2017). Kooperation und Multiperspektivität. In dieselbe (Hrsg.), *Kooperative Prozessgestaltung in der Praxis. Materialien für die Soziale Arbeit* (S. 97–105). Kohlhammer

Hollenstein, L. (2013). Nachhaltige Problemlösungen oder Krisenberatung? Forschungsbasierte Überlegungen zur Sozialen Arbeit mit von Gewalt betroffenen Frauen. In Stiftung Frauenhaus Aargau-Solothurn (Hrsg.), *Ein Haus verändert das Leben. Geschichten und Visionen* (S. 146–160). Aarau

Hollenstein, L. (2014). Vom Frauenprojekt zur Staatsaufgabe. Möglichkeiten und Grenzen professionellen Handelns in Beratungsstellen für gewaltbetroffene Frauen. In S. Voélin, M. Eser-Davalio & M. Lindenau (Hrsg.), *Soziale Arbeit zwischen Widerstand und Innovation* (S. 337–347). Edition ies, Interact Verlag

Hollenstein, L. (2020). *Gesellschaft, Organisation, Professionalität. Zur Relevanz von Professionspolitik in der Sozialen Arbeit.* Springer VS

Hollenstein, L (2022). Feministische Beratung für gewaltbetroffene Frauen im Kontext von Opferhilfegesetz, Intervention gegen häusliche Gewalt und neuen staatlichen Finanzierungsmodellen. In S. M. Weber & J. Elven (Hrsg.), *Beratung in symbolischen Ordnungen: Organisationspädagogische Analysen sozialer Beratungspraxis* (S. 103–124). Springer VS

Hollenstein, L. & Sommerfeld, P. (2009). Arbeitsfeldanalyse und Konzeptentwicklung in der Sozialen Arbeit in der Psychiatrie. In S.B. Gahleitner & G. Hahn (Hrsg.), *Jahrbuch klinische Sozialarbeit II* (S. 189–213). Psychiatrieverlag

Loer, T. (2009). Die Sozialform des Teams als besondere Form von Kollegialität. In U. Kaegi & S. Müller (Hrsg.), *Change auf Teamebene. Multiperspektivische Betrachtungen zu Teams in organisationalen Veränderungsprozessen* (S. 41–58). Verlag Neue Zürcher Zeitung

Luhmann, N. & Schorr, K.E. (1982). Das Technologiedefizit der Erziehung und die Pädagogik. In dieselben (Hrsg.), *Zwischen Technologie und Selbstreferenz: Fragen an die Pädagogik* (S. 11–41). Suhrkamp

Obrecht, W. (2006). Interprofessionelle Kooperation als professionelle Methode. In S. Staub-Bernasconi & B. Schmocker (Hrsg.), *Liebe, Macht und Erkenntnis. Silvia Staub-Bernasconi und das Spannungsfeld Soziale Arbeit* (S. 408–445). Interact, Lambertus

Scherwath, C. & Friedrich, S. (2016). *Soziale und pädagogische Arbeit bei Traumatisierung (3., aktualisierte Auflage).* Ernst Reinhardt Verlag

Schiepek, G., Weihrauch, S., Eckert, H., Trump, T., Droste, S. Picht, A. & Spreckelsen, C. (2003). Datenbasiertes Real-time-Monitoring als Grundlage einer gezielten Erfassung von Gehirnzuständen im psychotherapeutischen Prozess. In G. Schiepek (Hrsg.), *Neurobiologie der Psychotherapie* (S. 235–271). Schattauer

Schiepek, G., Tominschek, I., Eckert, H. & Conrad, C. (2007). Monitoring: der Psyche bei der Arbeit zuschauen. In *Psychologie heute, Januar,* S. 42–47

Schulze, H., Loch, U. & Gahleitner, S. B. (2012). *Soziale Arbeit mit traumatisierten Menschen. Plädoyer Plädoyer für eine Psychosoziale Traumatologie.* Schneider Verlag
Schütze, F. (1983). Biographieforschung und narratives Interview. In *Neue Praxis, 14(3)*, S. 283–293
Sommerfeld, P. & Hollenstein, L. (2011). Searching for Appropriate Ways to Face the Challenges of Complexity and Dynamics. *British Journal of Social Work, 41(4),* S. 668–688.
Sommerfeld, P., Calzaferri, R. & Hollenstein, L. (2006). Die Dynamiken von Integration und Ausschluss. Studie zum Zusammenspiel von individuellen Aktivitäten und sozialen Systemen nach Entlassung aus stationären Einrichtungen. Hochschule für Soziale Arbeit, Fachhochschule Nordwestschweiz.
Sommerfeld, P., Calzaferri, R. & Hollenstein, L. (2008). Die Dynamiken von Integration und Ausschluss. Zur Erfassung und Bearbeitung von Komplexität in der Sozialen Arbeit. In: C. Conrad & L. von Mandach (Hrsg.), *Auf der Kippe. Integration und Ausschluss in Sozialhilfe und Sozialpolitik* (S. 67–80). Seismo
Sommerfeld, P., Hollenstein, L. & Calzaferri, R. (2011). *Integration und Lebensführung. Ein forschungsgestützter Beitrag zur Theoriebildung der Sozialen Arbeit.* Springer
Sommerfeld, P., Hollenstein, L. & Calzaferri, R. (2016a). Integration und Lebensführung – Forschungsbasierte Theoriebildung zum Gegenstandsbereich der Sozialen Arbeit. In S. Borrmann, C. Spatschek, S. Pankofer, S. Sagebiel & B. Michel-Schwartze (Hrsg.), *Die Wissenschaft Soziale Arbeit im Diskurs – Auseinandersetzungen mit den theoretischen Grundlagen Sozialer Arbeit* (S. 270–290). VS Verlag für Sozialwissenschaften
Sommerfeld, P., Dällenbach, R., Rüegger, C. & Hollenstein, L. (2016b). *Klinische Soziale Arbeit und Psychiatrie: Entwicklungslinien einer handlungstheoretischen Wissensbasis.* Springer
Strauch, B. (2022). *Soziokratie. Organisationsstrukturen zur Stärkung von Beteiligung und Mitverantwortung des Einzelnen in Unternehmen, Politik und Gesellschaft.* Verlag Franz Wahlen
Strauss, A. L. & Corbin, J. (1994). Grounded Theory Methodology: An overview. In N. K. Denzin (Hrsg.), *Handbook of qualitative research* (S. 271–285). Sage
Strauss, A. L. & Corbin, J. (1996). *Grounded Theory. Grundlagen qualitativer Sozialforschung.* Beltz
Strauss, A. L. & Corbin, J. (2016). Methodical Assumptions. In C. Equit & C. Hohage (Hrsg.), *Handbuch Grounded Theory. Von der Methodologie zur Forschungspraxis* (S. 128–140). Beltz Juventa
Wernet, A. (2009). *Einführung in die Interpretationstechnik der Objektiven Hermeneutik (2. Aufl.).* VS Verlag für Sozialwissenschaften

Lea Hollenstein Dr.in phil., Jg. 1968, MA und Diplom Soziale Arbeit, Soziokratieberaterin, Dozentin an der Zürcher Hochschule für angewandte Wissenschaften, Departement Soziale Arbeit, Institut für Sozialmanagement, Schwerpunkte: Theorie Sozialer Arbeit «Integration und Lebensführung», soziale Diagnostik und Prozessgestaltung, interprofessionelle/-organisationale Kooperation, Profession(alität) und Organisation, Transformation des Wohlfahrtsstaates, Soziale Arbeit in der Psychiatrie, im Strafvollzug sowie im Kontext sexueller und häuslicher Gewalt.
E-Mail: hoet@zhaw.ch

Teambezogene Strategien der Reflexion von professionellem Handeln am Beispiel Schulsozialarbeit

Veronika Knoche

1. Reflexion als Bestandteil professionellen Handelns in der Schulsozialarbeit

Im vielschichtigen Diskurs um die Professionalisierung der Sozialen Arbeit geht es unter anderem um die Aspekte der Professionalität und des professionellen Handelns von Fachkräften der Sozialen Arbeit. (Staub-Bernasconi 2005; Busse und Ehlert 2006; Becker-Lenz et al. 2013; Müller 2016; Schütze 2021). Um diese Themen zu differenzieren, werden sie für die hier in Auszügen beschriebene Forschungsarbeit[1] folgendermaßen verstanden:

So ist mit **Professionalisierung** ein Prozess gemeint, in dem sich eine Berufsgruppe in Richtung einer Profession, d. h., einer „Berufsgruppe mit einer gewissen Autonomie der Leistungskontrolle", entwickelt (Mieg 2018, S. 452). Probleme der Professionalisierung sind „seit jeher ein zentrales Thema der Profession und der Wissenschaft der Sozialen Arbeit" (Obrecht 2013, S. 48). Der Professionalisierungsdiskurs der Sozialen Arbeit reicht von Flexners Essay „Is social work a profession?" (1915) bis in die Gegenwart hinein. Thole und Polutta

---

[1] Es handelt sich dabei um die Dissertationsschrift der Autorin, welche an der Otto-Friedrich-Universität Bamberg in Kooperation mit der Hochschule für angewandte Wissenschaften Landshut betreut und begutachtet wurde (vgl. Knoche 2023).

V. Knoche (✉)
Neubiberg, Deutschland
E-Mail: veronika.knoche@iu.org

liefern einen systematischen Überblick über die wichtigsten Positionen dieses Diskurses (Thole und Polutta 2011).

Professionelles Handeln wird verstanden als „Handeln von Angehörigen einer Profession bei der Erfüllung ihres gesellschaftlichen Mandats auf der Grundlage einer ihnen hierfür – in impliziter oder expliziter Form – erteilten Lizenz" (Kloha 2018, S. 383). Professionelles Handeln basiert also auf der gesellschaftlich erteilten formalen Berechtigung und des ebenfalls gesellschaftlich erteilten Auftrags, Handlungen an und mit Klient:innen durchzuführen. Für den Erwerb der formalen Berechtigung (Lizenz) ist spezifisches (Handlungs-)Wissen auf Seiten der Professionellen erforderlich, während für den gesellschaftlichen Auftrag (Mandat) vor allem das gesellschaftliche Wissen vorausgesetzt werden muss, welche Profession für welchen Lebensbereich zuständig ist (vgl. Berger und Luckmann 1970, S. 369; Müller 2012, S. 956).

Professionalität bezeichnet in ihrem reflexiven Verständnis die „Relationierung zweier differenter Wissens- und Handlungssphären" (Dewe und Otto 2012, S. 212). Dewe und Otto schlussfolgern daraus unter anderem, dass die Fähigkeit zur (Selbst-)Reflexivität als „jederzeit verfügbare[s] Wissen darüber, was man tut, die zentrale Komponente im beruflichen Handeln der Sozialen Arbeit" ist (Dewe und Otto 2012, S. 212). Sie heben damit die Bedeutung von Reflexion und Reflexionskompetenzen für ihre Ansätze der Reflexiven Professionalität und der Reflexiven Sozialpädagogik besonders hervor (Dewe 2009; Dewe und Otto 1996, 2012). Schütze argumentiert anders, kommt jedoch im Hinblick auf die Bedeutung von Reflexionskompetenzen zu ähnlichen Schlüssen: Aus seiner vom Interaktionismus geprägten Perspektive weist professionelles Handeln in hohem Maße „Fehlerpotentiale" auf (Schütze 1984, S. 329 ff.). Die mit diesen Fehlerpotentialen verbundenen „unaufhebbaren Probleme professionellen Handelns" bezeichnet Schütze als „paradox" (Schütze 1984, S. 328 f.). Seiner Ansicht nach erfordern diese „Paradoxien" professionellen Handelns (Pfadenhauer und Sander 2010, S. 368), dass Praktiker:innen in ihrer professionellen Beziehung zu Klient:innen eine „ethnographische Sichtweise" einnehmen müssen (Schütze 1994, S. 189–192), „um soziale Prozesse zu entdecken, die sonst in den Alltagsroutinen der Beteiligten verborgen blieben" (Pfadenhauer und Sander 2010, S. 368). Schütze schlussfolgert außerdem, dass Professionelle aufgrund der Fehleranfälligkeit ihres professionellen Handelns Unterstützung beispielsweise in Form von Supervision erhalten sollten, um eigene Fehler möglichst früh zu erkennen und ihnen rechtzeitig und adäquat begegnen zu können (vgl. Berger und Luckmann 1970, S. 369; Schütze 1984, S. 312; Knoche 2023). Im Handlungsfeld Schulsozialarbeit stellt sich aufgrund der Niedrigschwelligkeit des Angebots für die Praktiker:innen meist erst im Laufe eines Beratungsgespräches mit den Schüler:innen heraus, worum es sich in dem konkreten Fall handelt, wie komplex sich dieser darstellt und welche Handlungsmöglichkeiten die Schulsozialarbeiter:innen in Betracht ziehen. Das Potenzial für Fehler ist aufgrund des immer unvollständigen und vorläufigen Wissens über den Fall hoch. Zusätzlich ist die Einbindung der Schulsozialarbeit in schulische Strukturen für das professionelle Handeln von herausragender Bedeutung. Kloha sieht in diesem Zusammenhang große Herausforderungen im Hinblick auf Kooperation und Kommunikation aufgrund der hohen Zahl an weiteren professionellen Akteur:innen sowie komplexen und zum Teil diffusen hierarischen Strukturen (Kloha 2018, S. 383). Schulsozialarbeiter:innen sind aus seiner Sicht mit zum Teil widersprüchlichen Erwartungen an ihre Tätigkeit konfrontiert, was in langwierigen Aushandlungsprozessen ihres Mandats enden kann (Kloha 2018, S. 383). Aus diesem Grund erscheinen Reflexionskompetenzen in besonderer Weise für das Handlungsfeld Schulsozialarbeit unabdingbar. Auch der Kooperationsverbund Schulsozialarbeit weist auf die Notwendigkeit der Ausbildung von Reflexionskompetenzen für die Ausbildung von angehenden Schulsozialarbeiter:innen hin (Kooperationsverbund Schulsozialarbeit 2009, S. 40). Reflexionskompetenzen können auch als Teil der professionellen Handlungskompetenz (Heiner 2012, 2018) oder gar als „Schlüsselkategorie professionellen Handelns in der Sozialen Arbeit" (Ebert 2012) betrachtet werden. Dabei bezieht sich Reflexionskompetenz auf die „Steuerung und Überprüfung des eigenen Tuns und ist durch Selbstbezüglichkeit gekennzeichnet" (Heiner 2018, S. 67). Bis vor Kurzem fanden sich nur vereinzelt empirische Studien zur Reflexion professionellen Handelns von Sozialarbeiter:innen (Ebert 2012; Effinger o. J.). Einige Handlungstheorien, -modelle und Konzepte zum methodischen Handeln bzw. Handlungskompetenzen thematisieren zwar Reflexionskompetenzen, führen jedoch nicht näher aus, wie Reflexionsprozesse genau ablaufen (Ebert und Klüger 2018; Heiner 2018). Eine der wenigen Abhandlungen, die sich explizit mit Reflexionsprozessen auseinandersetzt, ist Schöns Modell des „Reflective Practicioner" (Schön 1983), in welchem er unterscheidet zwischen:

- Wissen-in-der-Handlung (Tacit-knowing-in-action),
- Reflexion-in-der-Handlung (Reflection-in-action) und
- Reflexion-über-die-Handlung (Reflection-on-action) (vgl. Schön 1983; Ebert und Klüger 2018, 74 ff.).

‚Wissen-in-der-Handlung' beschreibt das implizite, also unbewusst vorhandene Wissen („tacit knowledge", Polanyi 1985). Damit handelt es sich um eine

Vorstufe von Reflexion. Bei ‚Reflection-in-action' reflektieren Praktiker:innen Schön zufolge bereits während der Handlung, da sie fortwährend mit den akuten Problemen des beruflichen Alltags konfrontiert werden und unter situativem Handlungsdruck stehen. Sie „konstruieren eine neue Theorie für den Einzelfall" und beziehen dabei auch potenziell positive oder negative Folgen eines Handlungsschritts in ihre Überlegungen mit ein (Ebert und Klüger 2018, 76 ff.). Dabei rufen sie bewusst „vorhandenes Wissen ab, um Analogien zu anderen Situationen herstellen zu können" und so erste Hypothesen zu bilden (Ebert und Klüger 2018, 77). ‚Reflection-on-action' beginnt erst nach Abschluss der Handlung und losgelöst von akutem Handlungsdruck. Institutionalisierte Kommunikationsrahmen wie Teamgespräche bieten für diese Reflexionsart den strukturellen Rahmen (vgl. Ebert und Klüger 2018, 79 ff.).

Schöns Modell bietet mit den beschriebenen Reflexionsarten eine theoretische Rahmung von Reflexionsprozessen. Welche einzelnen Themen, Strategien sowie Rahmenbedingungen diesen jedoch zugrunde liegen und welche Konsequenzen sie nach sich ziehen, wurde bislang weder für die Soziale Arbeit im Allgemeinen noch für das Handlungsfeld der Schulsozialarbeit im Besonderen erforscht. Die Reflexion von professionellem Handeln tritt bislang eher als selbstverständlich implizierte Komponente von Professionalität in Erscheinung, deren Bedeutung für die professionelle Handlungskompetenz der Fachkräfte unbestritten ist. Die fehlende Explikation von Reflexionsprozessen und ihren Rahmenbedingungen steht dieser Implikation der Wichtigkeit von Reflexionskompetenzen für das professionelle Handeln gegenüber, was eine empirische Antwort erfordert. Dem so beschriebenen Forschungsdesiderat begegnete die im Folgenden in Auszügen dargestellte Empirie insofern, als sie die Frage nach der konkreten Ausgestaltung von Reflexionsprozessen am Beispiel der Jugendsozialarbeit an Schulen (JaS)[2] beantwortet. Sie formuliert mittels empirisch gewonnener Begrifflichkeiten erstmals aus, wie die Reflexion von professionellem Handeln im Handlungsfeld der Schulsozialarbeit stattfindet.

2. Ethnografische Erforschung von Reflexionsprozessen am Beispiel der Jugendsozialarbeit an Schulen in Bayern

Die Frage nach der konkreten Ausgestaltung von Reflexionsprozessen von Schulsozialarbeiter:innen zielt auf das Verstehen eines sozialen Prozesses, weshalb für

---

[2] Jugendsozialarbeit an Schulen gilt als Schulsozialarbeitsvariante (vgl. Spies und Pötter 2011, S. 13–14). Sie wird seit 2002 vom Freistaat Bayern als „intensivste Form der Zusammenarbeit von Jugendhilfe und Schule" gefördert (Bayerisches Staatsministerium für Familie, Arbeit und Soziales 2021). Sie bezieht sich auf § 13 Jugendsozialarbeit SGB VIII und ist damit auf benachteiligte Kinder und Jugendliche fokussiert.

ihre Beantwortung der Forschungsansatz der Grounded Theory gewählt wurde (vgl. Glaser und Strauss 1967; Strauss 1994; Strauss und Corbin 1996; Knoche 2023). Durch die Verwendung des Forschungsstils der Grounded Theory können im Gegensatz zu anderen qualitativen Forschungsansätzen nicht nur versprachlichte Inhalte analysiert, sondern zusätzlich auch die Handlungen der am Prozess beteiligten Individuen in die Analyse einbezogen werden. Die Ethnografie als Forschungsstrategie kann mit teilnehmenden Beobachtungen die Praktiken und Handlungen von Menschen in ihren kulturellen Lebenswirklichkeiten erfassen (vgl. Ziegler 2001, S. 139; Budde 2017, S. 69 f.), weshalb im Forschungsprojekt zur Reflexion von professionellem Handeln in der Schulsozialarbeit ethnografische teilnehmende Beobachtungen durchgeführt wurden (vgl. Breidenstein et al. 2015; Knoche 2023).

Beforscht wurden dabei insgesamt sechs Jugendsozialarbeiter:innen an Schulen in Bayern, die an Grund-, Mittel- und Berufsschulen sowie Sonderpädagogischen Förderzentren tätig waren. Sie wurden jeweils über einen längeren Zeitraum in zwei ethnografischen Feldphasen[3] in ihrem beruflichen Alltag begleitet (vgl. Knoche 2021; 2023). Aus diesen ethnografischen Beobachtungen entstanden 28 Beobachtungsprotokolle, die durch Fotodokumentationen der Forscherin und einrichtungsinterne Dokumente ergänzt wurden. Der Forschungs- und Analyseprozess wurde mithilfe von Forschungswerkstätten und Interpretationsgruppen begleitet, um die eigenen Beobachtungs-, Schreib- und Analysetätigkeiten einer systematischen Reflexion zu unterziehen (vgl. Strauss 1994; Streck et al. 2013). Das so entstandene ethnografische Material wurde gemäß den Vorgaben der Grounded Theory nach Strauss und Corbin (1996) offen, axial und selektiv kodiert. Das Ergebnis dieses Analyseprozesses ist die Grounded-Theory-Skizze der Interaktionalen Reflexion von professionellem Handeln in der Schulsozialarbeit (vgl. Knoche 2023).

3. Die Grounded-Theory-Skizze der Interaktionalen Reflexion von professionellem Handeln in der Schulsozialarbeit

---

[3] Die erste Feldphase fand an wiederkehrenden Wochentagen, abhängig von den Wochenarbeitstagen der Beforschten, von Januar 2019 bis Januar 2020 statt. Die zweite Feldphase erfolgte über einen zusammenhängenden Zeitraum von einer Woche kurz vor den Schulschließungen im Zuge der COVID-19-Pandemie im März 2020 und diente der Intensivierung der bis dahin gemachten Beobachtungen.

Die Forschungsfragen des im vorangegangenen Abschnitt skizzierten Forschungsprojekts wurden mithilfe einer Grounded-Theory-Skizze[4] beantwortet. Diese bezeichnet die „Interaktionale Reflexion von professionellem Handeln in der Schulsozialarbeit" (Knoche 2023) und beschreibt, wie Schulsozialarbeiter:innen ihr professionelles Handeln im beruflichen Alltag reflektieren. Von zentraler Bedeutung sind dabei die Interaktionen der Schulsozialarbeiter:innen, da sowohl ihre beruflichen Alltagssituationen als auch ihre Reflexionsstrategien in Interaktionen mit anderen Personen und mit sich selbst stattfinden. Auch die Reflexionsthemen der Schulsozialarbeiter:innen sind interaktionsbezogen, indem beispielsweise die Beziehungen zu anderen relevanten Personen behandelt werden. Die Reflexionsthemen und -strategien werden davon beeinflusst, in welcher Art und Weise die Schulsozialarbeiter:innen in unterschiedliche Relevanzstrukturen[5] eingebunden sind. Es kristallisierten sich zwei für die Schulsozialarbeit besonders bedeutsame Relevanzstrukturen heraus: Diejenige von Jugendamt und JaS, der hauptsächlich sozialpädagogische Tätigkeiten und Handlungslogiken zugrunde liegen und die Relevanzstruktur des Bildungsorts Schule als Ort der Tätigkeit von Schulsozialarbeiter:innen. Der Reflexionsprozess mündet in einer sogenannten Eigenrationalität der JaS, die sich in spezifischen Haltungen zu relevanten Akteur:innen sowie zu sich selbst in Form eines individuellen Selbstverständnisses[6] äußert. Wie Abb. 1 zeigt, bilden Interaktionen somit den roten Faden der Grounded-Theory-Skizze, welche sich als nichtfortschreitender Prozess mit hoch variablen Bedingungen darstellt (vgl. Strauss und Corbin 1996,

---

[4] Der Begriff der Grounded-Theory-Skizze findet bei Knoche (2023) in Anlehnung an Breuer (1999) Verwendung. Breuer nutzt ihn bei Forschungsprojekten, bei denen das epistemologische Ziel der Grounded Theory aufgrund von forschungspraktischen Rahmenbedingungen nicht sicher erreicht werden konnte (1999, S. 5). Damit soll zum Ausdruck gebracht werden, dass die hypothetisch gebildeten Modelle einer nochmaligen Überprüfung und ggfs. der Ausarbeitung bedürfen.

[5] Relevanzstrukturen bezeichnen im Rückgriff auf Berger und Luckmann soziale Gebilde, innerhalb derer Menschen sich „etwas Interessantes zu sagen haben" (Berger und Luckmann 1970, S. 47). Die Überschneidungen von Relevanzstrukturen einzelner Menschen und das Wissen um diese Überschneidung sind ein wichtiger Bestandteil des (beruflichen) Alltagswissens (vgl. Berger und Luckmann 1970, S. 47).

[6] Die Haltungen zu relevanten Akteur:innen konkretisieren sich beispielsweise in der Haltung zum Jugendamt oder der Schule. Das spezifische Selbstverständnis, das neben der Haltung zu relevanten Akteuren durch den Reflexionsprozess entsteht, zeigt sich beispielsweise im Idealbild, das die Jugendsozialarbeiter:innen an Schulen von sich in ihrer beruflichen Rolle als JaS entwickeln (ausführlich hierzu Knoche 2023, S. 144 ff.)

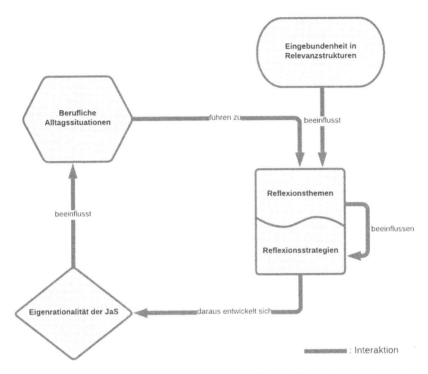

Abb. 1 Vereinfachtes Prozessmodell der Grounded-Theory-Skizze der Interaktionalen Reflexion von professionellem Handeln in der Schulsozialarbeit (Knoche 2023, S. 159)

126 ff.). Der vorliegende Beitrag fokussiert auf einen Aspekt der Reflexionsstrategien (siehe Abb. 1), für ein tieferes Verständnis der weiteren Aspekte der Grounded-Theory-Skizze sei auf Knoche (2023) verwiesen.

4. Teambezogene und weitere sozialpädagogische Reflexionsstrategien von Schulsozialarbeiter:innen

Bei der näheren Betrachtung von Reflexionsprozessen ergaben sich im Forschungsprojekt zwei wesentliche Ebenen ihrer Bewältigung: die Inhaltsebene, welche sich in den bearbeiteten Reflexionsthemen äußert und die Ebene der Bewältigungsmodi, welche sich in den Strategien der reflexiven Bearbeitung dieser Inhalte äußert (siehe Abb. 1). Während die Reflexionsthemen breit gefächert sind und von Selbstreflexion über Fallreflexionen der Schüler:innen als Hauptzielgruppe der JaS bis hin zur Reflexion der Kooperationsbeziehungen zu den für die tägliche Arbeit relevanten Akteur:innen reicht (vgl. Knoche 2023), können die Reflexionsstrategien in vier Gruppen eingeteilt werden. Schulsozialarbeiter:innen nutzen

- Sozialpädagogische Reflexionsstrategien (Strategien, die mit anderen Angehörigen der Profession der Sozialen Arbeit/Sozialpädagogik durchgeführt werden),
- Strategien der Selbstreflexion (Strategien, die in der Interaktion mit sich selbst stattfinden),
- wissenschaftsbezogene Reflexionsstrategien (Strategien, die im Austausch mit Akteur:innen der Disziplin durchgeführt werden) und
- schulbezogene Reflexionsstrategien (Strategien, die in Interaktionen mit Angehörigen der Bildungsinstitution Schule stattfinden; vgl. Knoche 2023).

Der vorliegende Beitrag fokussiert die sozialpädagogischen Reflexionsstrategien als von den beforschten Jugendsozialarbeiter:innen an Schulen neben den Selbstreflexionsstrategien bevorzugt genutzte Möglichkeit der Reflexion ihrer professionellen Handlungen. Innerhalb der sozialpädagogischen Reflexionsstrategien scheint die Reflexion im sozialpädagogischen Team[7] einen hohen Stellenwert für die Schulsozialarbeiter:innen einzunehmen. Daneben sind auch Supervision, Fort- und Weiterbildung sowie die in § 8b SGB VIII verankerte, institutionalisierte Form der Beratung zur Abklärung einer Kindeswohlgefährdung nach § 8a SGB VIII (Bundesministerium der Justiz und für Verbraucherschutz 2018) durch eine insoweit erfahrene Fachkraft als sozialpädagogische Reflexionsstrategien von Bedeutung.

Die Reflexion innerhalb des Teams stellt in der Grounded Theory der Interaktionalen Reflexion von professionellem Handeln, welche im hier in Auszügen skizzierten Forschungsprojekt entwickelt wurde, die wichtigste sozialpädagogische Reflexionsstrategie der Jugendsozialarbeiter:innen an Schulen dar. Darunter

---

[7] Das sozialpädagogische Team setzt sich in der Regel aus den JaS-Fachkräften und deren Leitung zusammen. Die konkrete Zusammensetzung des Teams vor Ort stellt sich jedoch stark heterogen dar: Die Teams bestehen teilweise aus Jugendsozialarbeiter:innen an Schulen, die an derselben Schule tätig sind, teilweise aus Kolleg:innen bei demselben Träger an unterschiedlichen Schulen oder auch aus Jugendsozialarbeiter:innen an Schulen, die in demselben Landkreis bzw. derselben kreisfreien Stadt, aber bei unterschiedlichen Trägern angestellt und an verschiedenen Schulen tätig sind (vgl. Knoche 2023, S. 122).

finden sich sowohl Reflexionsstrategien in formellen Teamsitzungen als auch mittels informeller Teamkontakte. Vor allem die Reflexionsstrategien in informellen Teamkontakten scheinen eine bedeutende Rolle in den Reflexionsprozessen einzunehmen, weshalb die einzelnen Strategien der informellen Teamreflexion in diesem Abschnitt besondere Beachtung erhalten.

Die Reflexionsmöglichkeiten innerhalb der Struktur der formellen Teamsitzung nutzen Jugendsozialarbeiter:innen an Schulen unterschiedlich intensiv, was unter anderem von der Häufigkeit der Termine dieser Sitzungen abhängt. In den Ergebnissen des Forschungsprojekts fanden sich Terminhäufigkeiten von einem 14-tägigen Abstand bis hin zu einem Abstand von sechs Wochen zwischen zwei Teamsitzungen. Auch hinsichtlich ihrer Zusammensetzung scheinen sich die Teams in der Jugendsozialarbeit an Schulen heterogen zu gestalten. So können die Teams aus Kolleg:innen bestehen, die an derselben Schule tätig, aber nicht notwendigerweise bei demselben Träger angestellt sind, oder sie bestehen aus Kolleg:innen desselben Trägers an unterschiedlichen Schulen oder auch aus Jugendsozialarbeiter:innen an Schulen, die im selben Landkreis bzw. derselben kreisfreien Stadt, aber bei unterschiedlichen Trägern angestellt und an verschiedenen Schulen tätig sind. Gemeinsam sind den Mitgliedern dieser Teams das Tätigkeitsfeld der Jugendsozialarbeit an Schulen und (größtenteils) eine sozialpädagogische Qualifikation[8]. Die Teamsitzung kann durch Schulsozialarbeiter:innen als Reflexionsstrategie genutzt werden, da hier kollegialer Austausch über verschiedene Themen stattfindet. Dabei werden beispielsweise Fälle besprochen und Sachverhalte bewertet, wie folgender Auszug aus einem Beobachtungsprotokoll des Forschungsprojekts zeigt:

Dann geht es im Team um Klassen-Chats und die Probleme zwischen Lehrkräften und Eltern diesbezüglich. Die Schulsozialarbeiter:innen werden sich einig, dass Lehrer:innen ihre private Handynummer nicht an Eltern herausgeben sollten, auch nicht, wenn sie sich einen problematischen Chatverlauf schicken lassen wollen. (Beobachtungsprotokoll 5-Fachkraft A., Pos. 9; Knoche 2023, S. 122)

Neben der Reflexionsstrategie der Nutzung der formellen Teamsitzung als strukturell vorgegebener Rahmen findet ein erheblicher Teil der Reflexion innerhalb der Teams im informellen Teamkontakt statt. Ein wesentlicher Bestandteil dieser Reflexion innerhalb des Teams durch informelle Teamkontakte besteht in der Gestaltung der Beziehung zwischen zwei oder mehreren Teammitgliedern. Diese Beziehungsgestaltung äußert sich

---

[8] Der Anteil an Beschäftigten in der Schulsozialarbeit mit einem einschlägigen Hochschulabschluss ist in den letzten Jahren immer weiter angestiegen und lag 2018 bei ca. 86 % (vgl. Rauschenbach 2019, S. 128).

- in der Suche nach Kontakt zu Kolleg:innen,
- in der Suche nach Unterstützung durch Kolleg:innen,
- im Verbringen gemeinsamer Mahlzeiten mit Kolleg:innen sowie
- in der Distanzierung von Kolleg:innen (Knoche 2023).

Jugendsozialarbeiter:innen an Schulen suchen immer wieder den Kontakt zu ihren Kolleg:innen. Da sie teilweise alleine an Schulen eingesetzt sind, stellt sich diese Suche nach Kontakt unterschiedlich dar: Während Jugendsozialarbeiter:innen an Schulen, die keinen Kollegen/keine Kollegin an derselben Schule haben, beispielsweise mit anderen Teammitgliedern telefonieren, hinterlassen sich Jugendsozialarbeiter:innen an Schulen, die ein Team innerhalb einer Schule bilden, auch gegenseitig Botschaften auf Haftnotizen oder statten sich wechselseitig Besuche im Büro ab. Ein Beispiel für die Strategie der Kontaktsuche zum Team findet sich in den Beobachtungsprotokollen. Fachkraft S. erzählt:

Mit ihrem Kollegen/ihrer Kollegin tausche sie sich viel aus. „Dann weiß man, was so beim anderen läuft." Der Kollege/die Kollegin hat sein/ihr Büro direkt nebenan und es existiert eine Verbindungstür zwischen den beiden Büros. (Beobachtungsprotokoll 10-Fachkraft S., Pos. 12) (Knoche 2023, S. 123)

Diese und andere Arten der Kontaktaufnahme können unter anderem dem Zweck der Suche nach Unterstützung und Rat dienen, wenn es beispielsweise um schwierige Fälle oder die Kooperationsbeziehung zu Lehrkräften geht. Manchmal benötigen die Jugendsozialarbeiter:innen an Schulen aber auch einfach ein Gegenüber, um nach belastenden Gesprächen oder Ereignissen emotional „*mal kurz durchschnaufen*" zu können. Auch in und nach Krisensituationen und -gesprächen geben sie sich gegenseitig Rückhalt und Rückendeckung, stimmen Meinungen ab und bewältigen so gemeinsam schwierige Situationen.

Andererseits balancieren Jugendsozialarbeiter:innen an Schulen die Nähe der Beziehung zu ihren Kolleg:innen auch immer wieder durch die Wahrung bzw. Schaffung von Distanz aus. Diese zu der eben erläuterten Suche nach Kontakt und Unterstützung komplementäre Strategie zeigt sich darin, dass sich Jugendsozialarbeiter:innen an Schulen von Kolleg:innen abgrenzen und eine eigene Meinung vertreten. Konkret äußert sich diese Abgrenzung, wenn Jugendsozialarbeiter:innen an Schulen beispielsweise ein Verhalten oder Handlungen von Kolleg:innen auf ihre Angemessenheit hin beurteilen, wenn sie anders handeln würden.

Auch die Beratung von Kolleg:innen im Hinblick auf ihr professionelles Handeln, beispielsweise bezüglich der Kooperation mit schulischen Akteur:innen, kann als teaminterne Reflexionsstrategie zum Einsatz kommen, wie der folgende Auszug aus einem Beobachtungsprotokoll zeigt:

Fachkraft S. ‚berät' ihren Kollegen/ihre Kollegin hinsichtlich seines/ihres Vorgehens, denn der Kollege/die Kollegin sieht manche Vorgehensweisen der Schule kritisch, hätte mal hier und da im Jour fixe etwas dazu fallen lassen, sagt sie. Aber Fachkraft S. meint, das sei eventuell nicht genug, die Schulleitung brauche klare Sätze und er/sie müsse deutlich sagen „Wann hast du Zeit? Ich würd' gern nochmal in Ruhe mit dir über das Thema/den Fall XY sprechen." Fachkraft S. meint weiter: „Ich hab' die Erfahrung gemacht, dass man damit am besten fährt. Die Schulleitung und ich haben früher zusammen eine Schulstunde zu Sozialkompetenzen gemacht, wir sind oft Freitags noch zusammen gesessen und haben Meinungen ausgetauscht, und da hat sie schon immer auch gesagt, also, als sie neu hier an der Schule war: „Fachkraft S., wenn dir was auffällt, dann sag' Bescheid!" Fachkraft S.s Kollege/ Kollegin wirkt recht kritisch, aber auch ein wenig hilflos. Fachkraft S. vermittelt ihm/ihr als ‚Neuling' an der Schule immer wieder die „Innenansicht" der Schule. (Beobachtungsprotokoll 26-Fachkraft S., Pos. 4) (Knoche 2023, S. 124)

Fachkraft S. reflektiert vor dem Hintergrund der Problematik des/der Kolleg:in ihre eigenen Erfahrungen mit der Kooperationsbeziehung zur Schulleitung. Sie kann dadurch den Kollegen/die Kollegin hinsichtlich der aus ihrer Sicht am besten geeigneten Vorgehensweise beraten, bei der Schulleitung kritische Themen anzusprechen. Die Beratung und Weitergabe von Informationen an Kolleg:innen kann so als teambezogene Strategie der Reflexion von impliziten Wissensbeständen (vgl. Polanyi 1985)[9] vor dem Hintergrund aktueller Fälle oder Fragestellungen darstellen.

Auch institutionalisierte Reflexionsstrategien in Form von Supervisionssitzungen finden in professionellen Teams statt. Schulsozialarbeiter:innen sollen nach den Leitlinien für Schulsozialarbeit die Möglichkeit gegeben werden, regelmäßig im dienstlichen Rahmen an Supervision teilzunehmen (vgl. Kooperationsverbund Schulsozialarbeit 2015, S. 16). Ähnlich der Heterogenität der Häufigkeit von Teamsitzungen scheinen auch in Bezug auf Supervisionssitzungen deutliche Unterschiede zu existieren. Während manchen Schulsozialarbeiter:innen nur vier Supervisionssitzungen pro Jahr genehmigt werden, scheint ein sechswöchiger Abstand zwischen zwei Supervisionssitzungen bei anderen Trägern die Regel

---

[9] ‚Implizites Wissen' bezieht sich hier auf dasjenige Wissen, welches dem Funktionieren von sozialen Ordnungen, ihren impliziten Regeln und Routinen zugrunde liegt (vgl. Budde 2017, S. 77). Dies betrifft im Fall der Jugendsozialarbeit an Schulen beispielsweise die impliziten Regeln der Kommunikation und Kooperation mit der jeweiligen Schulleitung. Diese äußerst relevanten Aspekte des Handlungswissens von Jugendsozialarbeiter:innen an Schulen werden (im beruflichen Alltag) nicht zwingend artikuliert (vgl. Budde et al. 2017, S. 11), können aber durch die Nutzung von Reflexionsstrategien wie der Nutzung der Teamsitzung verbalisiert und somit explizit verfügbar gemacht werden.

zu sein. Die Möglichkeit der Nutzung dieser teambezogenen Reflexionsstrategie hängt auch von der Höhe der Finanzierung von Supervisionssitzungen vonseiten des Trägers ab. Aber auch andere Rahmenbedingungen können die Möglichkeit der Nutzung der sozialpädagogischen Reflexionsstrategie der Supervision beeinflussen. Die Kompetenzen der Leitung der Supervisionssitzung und die Zusammensetzung der Supervisionsgruppe können die Nutzung dieser Reflexionsstrategie fördern oder hemmen. Terminliche Verhinderungen durch kurzfristig erforderliche, krisenhafte Beratungen von Schüler:innen können die Strategie der Nutzung der Supervisionssitzung zusätzlich beeinträchtigen. Die Zusammensetzung der Supervisionsgruppe als Team scheint ein bewusster Entscheidungs- und Gestaltungsprozess der Jugendsozialarbeiter:innen an Schulen zu sein. Dies zeigt sich darin, dass Supervision meist ohne Leitungspersonen stattfindet oder die Supervisionsgruppen teilweise bewusst teamübergreifend gestaltet werden. Fachkraft K. und ihr Kollege/ihre Kollegin begründen ihre Entscheidung, sich auf unterschiedliche Supervisionsgruppen innerhalb ihres Trägers aufzuteilen, wie folgt:

Im überregionalen Team hätten sie sich bewusst in unterschiedliche Supervisionsgruppen eingeteilt. Der Hintergrund wäre, dass sie sich sowieso austauschten und dann das Potential, einen Fall von verschiedenen Seiten aus zu betrachten, noch höher wäre. „Der Input von außen hat sich bewährt." (Beobachtungsprotokoll 1-Fachkraft K., Pos. 19; Knoche 2023, S. 125).

Innerhalb einer Supervisionssitzung können unterschiedliche Reflexionsstrategien beobachtet werden. Die Jugendsozialarbeiter:innen an Schulen schildern sich gegenseitig Fälle, in denen sie nicht weiterkommen oder die sie als problematisch empfinden. Sie versuchen, sich in die verschiedenen Akteur:innen hineinzuversetzen und die Beweggründe für ihr Verhalten oder ihre Gefühle nachzuvollziehen. Bereits die Fallschilderungen regen bei den Falleinbringer:innen reflektive Prozesse an, sodass sie beispielsweise soziale Diagnosen über die Beziehungen zwischen ihren Schüler:innen anstellen, wie folgender Auszug aus einem Beobachtungsprotokoll einer Supervisionssitzung zeigt:

„Von dieser Jungsgruppe geht massives Mobbing gegenüber der kleinen, lieben Jungsgruppe aus." (Beobachtungsprotokoll12-Fachkraft S., Pos. 41; Knoche 2023, S. 125)

Der Falleinbringer/Die Falleinbringerin resümiert seine/ihre Beobachtungen der Klasse (z. B. verbale oder körperliche Gewaltanwendung zwischen Schüler:innen) und beurteilt abschließend die Problematik als Mobbingsituation. Er/Sie nutzt die Supervisionssitzung damit als Strategie, um die eigenen Beobachtungen zu reflektieren, indem er/sie diese schildert, mit den anderen Teammitgliedern bespricht und anschließend beurteilt. Während einer Fallschilderung hören die anderen Teammitglieder aufmerksam zu und schlagen dem Falleinbringer/der Falleinbringerin im Anschluss konkrete Handlungsempfehlungen vor oder stellen kritische Fragen. Eine JaS-Fachkraft fragt: „Und wenn man den Papa anruft?" (Beobachtungsprotokoll12-Fachkraft S., Pos. 49; Knoche 2023, S.125). Jugendsozialarbeiter:innen an Schulen fragen ihre Teammitglieder in der Supervisionssitzung auch teilweise konkret um Rat, wie Fachkraft R., die einen Konflikt mit einer Drogenberatungsstelle hat. Sie berichtet von ihrer Vorgehensweise in diesem Konflikt:

Außerdem habe sich Fachkraft R. bei Kolleg:innen informiert, wie die Zusammenarbeit mit dieser Institution laufe, da sie dachte, vielleicht läge es an ihr. Den Kolleg:innen sei es öfter auch schon genauso gegangen, daher meint sie, das sei schon ein Thema für das Großteam des Trägers, da die Zusammenarbeit mit dieser Drogenberatungsstelle allgemein schwierig sei. Die Bereichsleitung möchte, dass sie selbst es im Großteam anspricht. Fachkraft R. stimmt dem zu. In der Supervision habe sie sich auch Rat bei den Kolleg:innen eingeholt, wie diese solche Situationen lösen. (Beobachtungsprotokoll 9-Fachkraft R., Pos. 18-19; Knoche 2023, S. 126).

Supervision scheint demnach eine weitere sozialpädagogische Reflexionsstrategie für Jugendsozialarbeiter:innen an Schulen zu sein, der durch die Einzelstrategien der Fallschilderung, des Perspektivwechsels und der Suche nach Rat und Unterstützung zu einer teambezogenen Reflexionsstrategie wird.

Insgesamt stellen sich die sozialpädagogischen Reflexionsstrategien der Jugendsozialarbeit an Schulen, die einen Teambezug aufweisen, als Reflexionsstrategien in der formellen Teamsitzung und in informellen Teamkontakten sowie der Nutzung der strukturell geschaffenen Reflexionsstrategie der Supervisionssitzung dar und bieten einen Einblick in die Möglichkeiten der teambezogenen Reflexion von professionellem Handeln.

5. Fazit: Interaktionale Reflexion innerhalb des Teams als Möglichkeit der Bewältigung praktischer Handlungsanforderungen

Die stetige Reflexion der eigenen professionellen Handlungen ist für die Professionalität von (Schul-)Sozialarbeiter:innen und Sozialpädagog:innen unabdingbar. Da bislang kaum theoretische oder empirische Abhandlungen darüber angestellt wurden, verfolgte das hier in Auszügen dargestellte Dissertationsprojekt das Ziel, Reflexionsprozesse nachzuzeichnen, neue Begrifflichkeiten für diese zu kreieren und damit professionalisierungstheoretische Bestimmungen im Handlungsfeld Schulsozialarbeit zu schärfen. Wenngleich sich das Forschungsprojekt auf das Handlungsfeld Schulsozialarbeit fokussierte, indem exemplarisch Reflexionsprozesse von Jugendsozialarbeiter:innen an Schulen in Bayern erforscht wurden, eröffnen die Ergebnisse Perspektiven für die professionelle Teamarbeit in der Sozialen Arbeit im Allgemeinen. Die Reflexionsprozesse, die in Interaktion mit den Mitgliedern des (sozialpädagogischen) Teams stattfinden, stellen eine von den Schulsozialarbeiter:innen bevorzugte Reflexionsstrategie dar. Besonders informelle Teamkontakte wie die Suche nach Kontakt und Unterstützung oder das Verbringen gemeinsamer Mahlzeiten erscheinen als wichtige Reflexionsstrategien. Daneben sind aber auch formelle bzw. institutionalisierte Reflexionssettings innerhalb des Teams, wie beispielsweise die Reflexion von Fällen in Supervisions- oder Teamsitzungen von Bedeutung. Die so ausgeführten, teambezogenen Reflexionsstrategien dienen in erster Linie der Erfüllung der Primäraufgabe der Teams (vgl. Busse in diesem Band), welche in der Schulsoziarbeit als Leistung der Kinder- und Jugendhilfe mit dem Ziel der Förderung der Entwicklung der Persönlichkeit der Kinder und Jugendlichen sowie dem Ausgleich von Benachteiligungen beschrieben wird (vgl. Speck 2020, S. 69–70). Die Sekundäraufgaben (vgl. Busse in diesem Band) der Schulsozialarbeiter:innen können als Reflexionsthema innerhalb des Teams in Erscheinung treten, wenn beispielsweise die Aufgabenverteilung oder anderweitige Organisation der Arbeit thematisiert wird (vgl. Knoche 2023). Wie sich die teambezogenen Reflexionsstrategien äußern, wie die Praktiker:innen darüber beispielsweise auch die Beziehung zu ihren Kolleg:innen gestalten, berührt die Tertiäraufgabe von Teams (vgl. Busse in diesem Band): Wie arbeiten wir als Team miteinander? Welche Haltung(en) vertreten wir gemeinsam? Wie gestaltet sich unsere organisationseigene Kommunikations(sub)kultur als Team (vgl. Jungbauer 2009)? Diese Art von Fragen treten in Erscheinung, wenn Praktiker:innen mithilfe von teambezogenen Strategien der Reflexion unterschiedliche Themen, beispielsweise Fälle, Kooperationsprobleme mit der Bildungsinstitution Schule oder auch teaminterne Kommunikationsschwierigkeiten reflektieren. Damit bewegt sich die teambezogene, interaktionale Reflexion von professionellem Handeln in der Schulsozialarbeit in der Triangulierung von Primär-, Sekundär- und Tertiäraufgaben von professionellen Teams (Busse in diesem Band). Sie kann so als eine Möglichkeit der Bewältigung dieser praktischen Handlungsanforderung im beruflichen Alltag von Praktiker:innen der (Schul-)Sozialarbeit betrachtet werden.

Literatur

Bayerisches Staatsministerium für Familie, Arbeit und Soziales. 2021. Jugendsozialarbeit an Schulen. https://www.stmas.bayern.de/jugendsozialarbeit/jas/index.php. Zugegriffen: 12. Nov. 2021.

Becker-Lenz, Roland, Stefan Busse, Gudrun Ehlert und Silke Müller-Hermann (Hrsg.). 2013. *Professionalität in der Sozialen Arbeit. Standpunkte, Kontroversen, Perspektiven:* Springer VS.

Berger, Peter L. und Thomas Luckmann. 1970. *Die gesellschaftliche Konstruktion der Wirklichkeit. Eine Theorie der Wissenssoziologie.* Conditio humana. Ergebnisse aus den Wissenschaften vom Menschen. Frankfurt am Main: S. Fischer Verlag GmbH.

Breidenstein, Georg, Stefan Hirschauer, Herbert Kalthoff und Boris Nieswand. 2015. *Ethnografie. Die Praxis der Feldforschung*, 2. Aufl. Konstanz, München: UVK Verlagsgesellschaft mbH.

Budde, Jürgen. 2017. Ethnographische Methoden. In *Handbuch Schweigendes Wissen: Erziehung, Bildung, Sozialisation und Lernen*, hrsg. Anja Kraus, Jürgen Budde, Maud Hietzge und Christoph Wulf, 69–78, 1. Aufl. Weinheim, Basel: Beltz Juventa.

Bundesministerium der Justiz und für Verbraucherschutz. 2018. Sozialgesetzbuch (SGB) – Achtes Buch (VIII) – Kinder- und Jugendhilfe – (Artikel 1 des Gesetzes v. 26. Juni 1990, BGBl. I S. 1163) § 13 Jugendsozialarbeit.

Busse, Stefan und Gudrun Ehlert. 2006. Professionalisierung und Professionalität des Personals in der Sozialen Arbeit. In *Soziale Arbeit zwischen Aufbau und Abbau: Transformationsprozesse im Osten Deutschlands und die Kinder- und Jugendhilfe*, hrsg. Birgit Bütow, Karl August Chassé und Susanne Maurer, 161–175. Wiesbaden: VS Verlag für Sozialwissenschaften; GWV Fachverlage GmbH.

Dewe, Bernd. 2009. Reflexive Professionalität. In *Soziale Arbeit zwischen Profession und Wissenschaft: Vermittlungsmöglichkeiten in der Fachhochschulausbildung*, hrsg. Anna Riegler, 47–63. VS research. Forschung und Entwicklung in der Sozial(arbeits)wissenschaft. Wiesbaden: VS, Verlag für Sozialwissenschaften.

Dewe, Bernd und Hans-Uwe Otto. 1996. *Zugänge zur Sozialpädagogik. Reflexive Wissenschaftstheorie und kognitive Identität.* Edition soziale Arbeit. Weinheim, München: Juventa-Verlag.

Dewe, Bernd und Hans-Uwe Otto. 2012. Reflexive Sozialpädagogik: Grundstrukturen eines neuen Typs dienstleistungsorientierten Professionshandelns. In *Grundriss Soziale Arbeit: Ein einführendes Handbuch*, hrsg. Werner Thole, 197–217, 4. Aufl. Wiesbaden: VS Verlag für Sozialwissenschaften.

Ebert, Jürgen. 2012. *Reflexion als Schlüsselkategorie professionellen Handelns in der Sozialen Arbeit*, 2. Aufl. Hildesheimer Schriften zur Sozialpädagogik und Sozialarbeit, Band 16. Hildesheim, Zürich, New York: Georg Olms Verlag.

Ebert, Jürgen und Sigrun Klüger. 2018. *Im Mittelpunkt der Mensch – Reflexionstheorien und -methoden für die Praxis der Sozialen Arbeit*, 3. Aufl. Hildesheimer Schriften zur Sozialpädagogik und Sozialarbeit, Band 23. Hildesheim, Zürich, New York: Georg Olms Verlag.

Effinger, Herbert. *Wissen was man tut und tun was man weiß*. Zur Entwicklung von Handlungskompetenzen im Studium der Sozialen Arbeit. Bundeskongress 2005.

Flexner, Abraham. 1915. *Is social work a profession?* Social Welfare History Project.

Glaser, Barney und Anselm L. Strauss. 1967. *Discovery of Grounded Theory. Strategies for Qualitative Research*, 1. Aufl. Somerset: Taylor and Francis.

Heiner, Maja. 2012. Handlungskompetenz und Handlungstypen: Überlegungen zu den Grundlagen methodischen Handelns. In *Grundriss Soziale Arbeit: Ein einführendes*

Handbuch, hrsg. Werner Thole, 611–624, 4. Aufl. Wiesbaden: VS Verlag für Sozialwissenschaften.
Heiner, Maja. 2018. *Kompetent handeln in der Sozialen Arbeit*, 3. Aufl. Handlungskompetenzen in der Sozialen Arbeit, Bd. 1. München: Ernst Reinhardt Verlag.
Jungbauer, Johannes. 2009. Organisationskulturen und -subkulturen. In *Kooperationsmanagement: Ein Lehr- und Arbeitsbuch für Sozial- und Gesundheitsdienste*, hrsg. Ulrich Deller, 138–156. Schriften der Katholischen Hochschule Nordrhein-Westfalen, Band 9. Opladen, Farmington Hills, MI: Verlag Barbara Budrich.
Kloha, Johannes. 2018. Professionelles Handeln in der Schulsozialarbeit. In *Lexikon der Schulsozialarbeit*, hrsg. Herbert Bassarak. Baden-Baden: Nomos Verlagsgesellschaft.
Knoche, Veronika. 2023. Interaktionale Reflexion von professionellem Handeln in der Schulsozialarbeit: Springer VS.
Knoche, Veronika. 2021. Ethnografische Qualifikationsarbeiten im Setting Schule – das Spannungsfeld zwischen Forschungsethik, Datenschutz und Forschungspraxis. *Soziale Passagen – Journal für Empirie und Theorie Sozialer Arbeit* (2). https://doi.org/10.1007/s12592-021-00386-1.
Kooperationsverbund Schulsozialarbeit. 2009. Berufsbild und Anforderungsprofil der Schulsozialarbeit. In *Profession Schulsozialarbeit: Beiträge zu Qualifikation und Praxis der sozialpädagogischen Arbeit an Schulen*, hrsg. Nicole Pötter und Gerhard Segel, 33–45. Wiesbaden: VS Verlag für Sozialwissenschaften.
Kooperationsverbund Schulsozialarbeit. 2015. Leitlinien für Schulsozialarbeit. Coburg.
Mieg, Harald. 2018. Professionalisierung. In *Handbuch Berufsbildungsforschung*, hrsg. Felix Rauner und Philipp Grollmann, 452–462, 3. Aufl. Bielefeld: wbv Media GmbH & Co. KG.
Müller, Burkhard. 2012. Professionalität. In *Grundriss Soziale Arbeit: Ein einführendes Handbuch*, hrsg. Werner Thole, 955–974, 4. Aufl. Wiesbaden: VS Verlag für Sozialwissenschaften.
Müller, Hermann. 2016. *Professionalisierung von Praxisfeldern der Sozialarbeit*. Rekonstruktive Forschung in der Sozialen Arbeit, Bd. 17. Opladen, Berlin, Toronto: Barbara Budrich.
Obrecht, Werner. 2013. Die Struktur professionellen Wissens: Ein integrativer Beitrag zur Theorie der Professionalisierung. In *Professionalität in der Sozialen Arbeit: Standpunkte, Kontroversen, Perspektiven*, hrsg. Roland Becker-Lenz, Stefan Busse, Gudrun Ehlert und Silke Müller-Hermann, 47–72: Springer VS.
Pfadenhauer, Michaela und Tobias Sander. 2010. Professionssoziologie. In *Handbuch Spezielle Soziologien*, hrsg. Georg Kneer und Markus Schroer, 361–378. Wiesbaden: VS Verlag für Sozialwissenschaften; GWV Fachverlage GmbH Wiesbaden.
Polanyi, Michael. 1985. *Implizites Wissen*, 1. Aufl. Suhrkamp Taschenbuch Wissenschaft, Bd. 543. Frankfurt am Main: Suhrkamp.
Rauschenbach, Thomas. 2019. *Kinder- und Jugendhilfereport 2018. Eine kennzahlenbasierte Analyse*. Opladen, Berlin, Toronto: Verlag Barbara Budrich.
Schön, Donald A. 1983. The reflective practitioner. How professionals think in action. New York: Basic Books.

Schütze, Fritz. 1984. Professionelles Handeln, wissenschaftliche Forschung und Supervision. In *Arbeitskonferenz Theorie der Supervision, WS 83/84*, hrsg. Norbert Lippenmeier, 262–389, 2. Aufl. Beiträge zur Supervision, Band 3. Kassel: Gesamthochschul-Bibliothek.

Schütze, Fritz. 1994. Ethnographie und sozialwissenschaftliche Methoden der Feldforschung: Eine mögliche methodische Orientierung in der Ausbildung und Praxis der Sozialen Arbeit? In *Modernisierung sozialer Arbeit durch Methodenentwicklung und -reflexion*, hrsg. Norbert Groddeck und Michael Schumann, 189–297. Freiburg im Breisgau: Lambertus.

Schütze, Fritz. 2021. *Professionalität und Professionalisierung in pädagogischen Handlungsfeldern: Soziale Arbeit*. Professionalität und Professionalisierung pädagogischen Handelns. Opladen, Toronto: Verlag Barbara Budrich.

Speck, Karsten. 2020. *Schulsozialarbeit. Eine Einführung*, 4. Aufl. München: Ernst Reinhardt Verlag.

Spies, Anke und Nicole Pötter. 2011. *Soziale Arbeit an Schulen. Einführung in das Handlungsfeld Schulsozialarbeit*. Wiesbaden: VS Verlag für Sozialwissenschaften.

Staub-Bernasconi, Silvia. 2005. Deprofessionalisierung und Professionalisierung der Sozialen Arbeit – gegenläufige Antworten auf die Finanzkrise des Sozialstaates oder Das Selbstabschaffungsprogramm der Sozialen Arbeit, München, 4. Mai 2005.

Strauss, Anselm L. 1994. *Grundlagen qualitativer Sozialforschung. Datenanalyse und Theoriebildung in der empirischen soziologischen Forschung*. Aus dem Amerikanischen von Astrid Hildenbrand. Mit einem Vorwort von Bruno Hildenbrand, 2. Aufl. München: Wilhelm Fink Verlag GmbH & Co. KG.

Strauss, Anselm L. und Juliet M. Corbin. 1996. *Grounded Theory. Grundlagen qualitativer Sozialforschung*. Weinheim: Beltz.

Streck, Rebekka, Ursula Unterkofler und Anja Reinecke-Terner. 2013. Das „Fremdwerden" eigener Beobachtungsprotokolle – Rekonstruktionen von Schreibpraxen als methodische Reflexion. *Forum Qualitative Sozialforschung* 14 (1).

Thole, Werner und Andreas Polutta. 2011. Professionalität und Kompetenz von MitarbeiterInnen in sozialpädagogischen Handlungsfeldern. In *Pädagogische Professionalität*, hrsg. Werner Helsper und Rudolf Tippelt, 104–121. Weinheim, Basel: Beltz Juventa.

Ziegler, Meinrad. 2001. Grundfragen der Ethnographie. In *Einführung in die Methodologie der Sozial- und Kulturwissenschaften*, hrsg. Theo Hug, 139–151. Wie kommt Wissenschaft zu Wissen?, Bd. 3. Baltmannsweiler: Schneider-Verlag Hohengehren.

Veronika Knoche Prof. Dr. phil., Sozialpädagogin, Professorin für Soziale Arbeit im Dualen Studium an der IU Internationale Hochschule in München, Promotion an der Otto-Friedrich-Universität Bamberg in Kooperation mit der Hochschule für angewandte Wissenschaften Landshut. Forschungsinteressen: Professionsentwicklung der Sozialen Arbeit, Schulsozialarbeit und Rekonstruktive Sozialforschung.
E-Mail: veronika.knoche@iu.org

Robotik und Soziale Arbeit – interdisziplinäre Teamentwicklungsprojekte

Gaby Lenz, Elisabeth Raß und Rita Braches-Chyrek

1 Interdisziplinäre Teamarbeit in der Sozialen Arbeit

Mit interdisziplinärer Teamarbeit[1] in der Sozialen Arbeit sind vielfältige Fragen verknüpft, bspw. welche Anforderungen für professionelles berufliches Handeln gelten sollen, um erfolgreich an einer gemeinsamen Aufgabe und an gemeinsamen Zielen arbeiten zu können und welche Qualifikationsangebote dafür notwendig sind und welche nicht. Gleichzeitig stellt sich die Frage, wie Fachkräfte die Zusammenarbeit in interdisziplinären Teams einordnen und bewerten. Sicherlich sollte neben wesentlichen Änderungen in den Arbeitsabläufen und Handlungsfolgen, die durch die interdisziplinären Teams hervorgerufen werden

---

[1] Teams, die sich aus verschiedenen Berufsgruppen zusammensetzen ähneln einander durch den „Aspekt des gemeinsamen Arbeitens an einem Problem" (Jungert 2014, S. 4). Sie können nach dem Grad sowie der Art und Weise der berufsgruppenübergreifenden Zusammenarbeit in multidisziplinäre,

G. Lenz (✉)
Kiel, Deutschland
E-Mail: gaby.lenz@fh-kiel.de

E. Raß
Leverkusen, Deutschland
E-Mail: elisabeth.rass@socio-informatics.de

R. Braches-Chyrek
Wermelskirchen, Deutschland
E-Mail: rita.braches@uni-bamberg.de

© Der/die Autor(en), exklusiv lizenziert an Springer Fachmedien Wiesbaden GmbH, ein Teil von Springer Nature 2024
S. Busse et al. (Hrsg.), *Professionelles Handeln in und von Teams*, Edition Professions- und Professionalisierungsforschung 16,
https://doi.org/10.1007/978-3-658-44539-3_12

auch der große Druck, der durch aufwendige Kooperationsverfahren, der Dokumentation und der Anwendung von neuen Arbeitstechniken, wie bspw. digitale Systeme, entstehen können, in den Blick genommen werden.

Da sich Soziale Arbeit in vielen Arbeits- und Tätigkeitsfeldern bisher noch nicht sehr intensiv mit den Fragen der Wirkung und Notwendigkeit von interdisziplinären Teams befasst hat, bleibt zu klären, wie alltägliche Arbeitsabläufe sich verändern und welche neuen Anforderungen an Professionalisierungsprozesse und das Selbstverständnis in den häufig sehr frauendominierten Beschäftigungsfeldern gestellt werden. Daher wird nachfolgend im Kontext von zwei ausgewählten Beispielen – einem interdisziplinären studentischen Projekt an der Fachhochschule Kiel „Soziale Arbeit und Robotik in der Altenpflege" an der Schnittstelle von Sozialer Arbeit und Informatik und dem interdisziplinären Praxislabor im Kontext des Forschungs- und Entwicklungsprojektes „ROBUST" – der Frage nachgegangen, wie interdisziplinäre Teamarbeit und Teamentwicklung ermöglicht und durch welche methodisch-wissenschaftliche Qualität interdisziplinäre Teamarbeit legitimiert werden kann.

2 Professionelle Teamarbeit – ein studentisches Projekt

Die Ausgangsfrage lautet: Was benötigen Studierende in den Studiengängen der Sozialen Arbeit und Informatik, um professionelle Teamarbeit zu entwickeln und wie kann dieser Prozess theoretisch fundiert werden? Hintergrund dieser Fragestellung bildet ein interdisziplinäres studentisches Projekt, in dem Studierende unterschiedlicher Fachbereiche interdisziplinäre Teams bilden, um Robotik-Anwendungen (Apps) für die stationäre Altenhilfe zu gestalten.

---

interdisziplinäre oder transdisziplinäre Teams unterschieden werden (vgl. Choi und Park 2006, S. 352; Kuziemsky et al. 2019, S. 82). Mitglieder interdisziplinärer Teams arbeiten berufsgruppenübergreifend zusammen (vgl. ebd.; vgl. Kuziemsky et al. 2019, S. 82). Für die Zielerreichung ist die gegenseitige Kommunikation und interaktive Kooperation der verschiedenen Gruppen erforderlich (vgl. Casimiro et al. 2015, S. 58).

In transdisziplinären Teams führen die Teammitglieder Aufgaben der verschiedenen Berufsgruppen aus, wodurch sich die Rollen- und Aufgabenverteilung vermischt und sich der ursprüngliche Beruf hierdurch transformiert (vgl. Choi & Park 2006, S. 359; vgl. Jungert 2014, S. 6 f.). Solche Teamstrukturen können v. a. dann erforderlich werden, wenn die jeweiligen Aufgaben der einzelnen Berufsgruppen nicht durch verschiedene Mitarbeitende ausgeführt werden können (vgl. Kuziemsky et al. 2019, S. 82).

Projektverlauf im Überblick

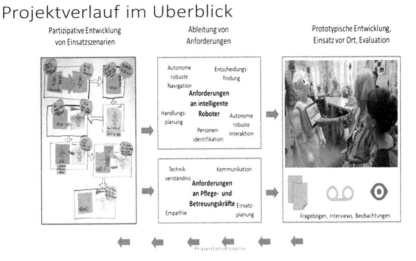

Abb. 1 Projektverlauf im Überblick. (eigene Darstellung)

2.1 Projektverlauf

Obwohl der Projektverlauf grob vorstrukturiert ist und die Lehrenden Inputs und Impulse geben, erweist sich die Aufgabenstellung und Entwicklung eines professionellen Teams als hochanspruchsvoll. Der Fokus liegt dabei auf der Aufgabenstellung „Entwicklung eines Prototyps" und entspricht somit der Entwicklung einer sozialen Innovation.[2] Um diese Aufgabenstellung bewältigen zu können, sind unterschiedliche Teilschritte erforderlich, die im Überblick zum Projektverlauf aufgezeigt werden (vgl. Abb. 1).

Nach Inputs der Lehrenden zu Grundlagen des Projektes, zur Funktionsweise des Roboters „Pepper" (Abb. 2) und zur Lebens- und Arbeitswelt „stationäre Altenhilfe" wird die Projektidee ausführlich erläutert (vgl. Lenz und Wachter 2020; Lenz et al. 2019; Lehmann et al. 2019).

---

[2] Zum Prozess der Entwicklung sozialer Innovationen an Hochschulen – CHE, vgl. Hachmeister und Roessner (2020).

In der ersten Phase lernen die Studierenden den Roboter und die Wünsche aus der Praxis kennen, sodass sie in eine partizipative Entwicklung von Einsatzszenarien einsteigen können.[3] Dazu bilden die Studierenden Gruppen, die sich aus verschiedenen Studiengängen zusammensetzen. In den Gruppen können sie relativ eigenständig ihre Teamarbeit gestalten. Es geht darum, sich die Projektidee anzueignen und im Rahmen der Vorgaben eigenständig umzusetzen. Sie entscheiden sich für eine teaminterne Kommunikation und Dokumentation.[4] In Anlehnung an die Wünsche aus der Praxis der stationären Altenhilfe (z. B. Musikmemory für Menschen mit Demenz, Geräuschuntermalung und Gestaltung eines Märchens, Verbesserung eines Spiels) entwickeln sie erste Ideen zu einer App und deren Nutzung in der Praxis. Somit sind sie aufgefordert die Human Computer Interaction (HCI), d. h. die Interaktionen zwischen Bewohner:innen, Mitarbeiter:innen und dem Roboter detailliert zu durchdenken und aufzuzeichnen. Die erste Dokumentation der Idee zur HCI erfolgt in Form einer User-Story. D. h. die einzelnen Schritte der Interaktion werden in einem Comic-Format aufgezeichnet (vgl. Abb. 1).

In der zweiten Phase dient die User-Story als Grundlage für die Programmierung. Es werden sowohl Anforderungen an den Roboter als auch an Pflege- und Betreuungskräfte und Bewohner:innen formuliert. Zur Spezifizierung der Anforderungen an Betreuungskräfte und Bewohner:innen in der stationären Altenpflege werden Personas entwickelt. Personas sind stilisierte ausgedachte potenzielle Nutzer:innen des Roboters und dienen dazu, dass sich das studentische Team die Lebens- und Arbeitswelt in der stationären Altenhilfe konkreter vorstellen kann (vgl. Blomkvist 2002; Grundin und Puitt 2002). Die ersten konkretisierten Ideen werden dann den Praktiker:innen der Altenhilfe in Zoom-Meetings zur Beratung vorgestellt. Im Anschluss geht es für die Teams um die Detailarbeit. Hierbei gelten für die iterativen Entwicklungen die Leitlinien: Machbarkeit, Partizipation und die Politik der kleinen Schritte. Die an den Roboter formulierten Anforderungen werden detailliert erfasst und arbeitsteilig vom Team umgesetzt. Je nach Vorhaben werden Bilder für die Apps gesucht, das Design entwickelt, einzelne Schritte programmiert und im Labor getestet. Dabei geht es sowohl um die Lautstärke, Tonlage und Geschwindigkeit der Stimme des Roboters als auch um Bilder auf dem Tablett (Größe, Farbe, Schrift usw.). Fragen, wie sich der Roboter (Abb. 2)

---

[3] Ein wesentlicher Schritt zur Entwicklung und Gestaltung sozialer Innovationen (vgl. online CHEde/publikationen, https://www.youtube.com/watch?v=yxtHjEmIXz0;
vgl. https://www.facebook.com/robotikinderaltenpflege/videos/1780812068893522.

[4] Z. B. melden Studierende sich im LMS, Confluence und bitbucket an, diese Entscheidungen sind wichtig zur Erfüllung der Tertiäraufgabe (vgl. Busse i. d. B.).

Abb. 2 Roboter „Pepper"
(Shop.technik 2023. https://
shop.technik-lpe.de/pepper/
123-pepper.html Zugriff:
26.5.2023)

bewegen soll, müssen ebenso beantwortet werden wie solche nach Gema- oder Datenschutzrechten.

Nach den Labortests erfolgt in der dritten Phase in Kooperation mit der Praxis der Praxistest in der Altenpflegeeinrichtung und die Evaluation der Anwendung mit den Bewohner:innen. Die Evaluation wird von den Teams unterschiedlich gestaltet. Hier kommen sowohl Interviews, Fragebögen oder teilnehmende Beobachtung und Videoaufzeichnungen zum Einsatz. In der Praxis zeigt sich häufig, dass die Realbedingungen noch einmal andere Herausforderungen bedeuten. Obwohl Räumlichkeiten und WLan-Zugang im Vorfeld abgeklärt werden können, sind die Reaktionen und Interaktionen der Bewohner:innen nicht vorhersehbar. Den Abschluss des studentischen Projektes, welches sich über ein Semester erstreckt, bildet die Präsentation der Ergebnisse ergänzt durch Videos des Praxistests und der Dokumentation des Entwicklungsprozesses in einem Projektbericht.

Aufgrund der Vielfalt der Aufgaben können sich die Teammitglieder mit ihren unterschiedlichen Fähigkeiten und Fertigkeiten einbringen. Der innovative Charakter des Projektes erfordert von den Studierenden eine hohe Flexibilität und die Bereitschaft, sich auf die Gegebenheiten und Menschen in der stationären Altenhilfe einzulassen. Es hat sich gezeigt, dass die Aufgabenstellung und Entwicklung eines Prototyps bewältigt wird, wenn die Studierenden ihre Zusammenarbeit in den Gruppen als professionelle Teamarbeit gestalten. Das heißt, dass sie zur Erfüllung ihrer Primäraufgabe ein professionelles verbindliches Miteinander entwickeln, bei der Deutung von Situationen und Anforderungen die Grenzen ihrer jeweiligen Disziplin überwinden und dass sie sich auf Überraschendes, insbesondere von den Praxispartner:innen einlassen.

2.2 Diskussion

Aus der Reflexion des interdisziplinären studentischen Projektes kann geschlossen werden, dass der Entwicklungsprozess und die Zusammenarbeit in den studentischen Gruppen unterschiedlich gelingt. Insbesondere die durch die Corona-Pandemie veränderten Rahmenbedingungen der Zusammenarbeit erschwerten eine Teambildung, da in dieser Zeit die Gruppen dazu übergingen, Arbeitsaufgaben zu verteilen und mehr oder weniger unabhängig voneinander zu bearbeiten. Diese additive Vorgehensweise entsprach dann eher einer Gruppenarbeit, ohne dass daraus eine Teamarbeit erwachsen konnte. Professionelle Teamarbeit wird erforderlich, wenn es gilt eine Aufgabe gemeinsam zu bewältigen, die eine gemeinsame Identität der Arbeitsgruppe voraussetzt (vgl. Becker-Lenz i. d. B.).

„Ein Team ist eine aktive Gruppe von Individuen, deren Gesamtleistung die Summe der Einzelleistungen aufgrund der Art ihrer Zusammenarbeit übersteigt. Die Teamarbeit ist ein Zustand, der das Zusammenwirken mehrerer Personen für eine gewisse Zeit beschreibt, die gemeinsame Interessen oder Ziele verfolgen" (Hintz 2016, S. 1). In einem interdisziplinären Team ist es wichtig, dass die Mitglieder untereinander um ihre Fähigkeiten und Fertigkeiten wissen, diese anerkennen und die Aufgaben im Team entsprechend verteilen. Die Entscheidungs- und Gestaltungsfreiheit im Team ermöglicht es komplexe Aufgaben, die nicht standardisierbar sind, zu lösen und flexibel auf Unvorhergesehenes oder Veränderungsbedarf zu reagieren (vgl. Becker-Lenz i. d. B.). Hintz (2016) stellt Merkmale von Gruppe und Team tabellarisch gegenüber und verdeutlich damit die hohen Anforderungen an Teams, wie in Tab. 1 ersichtlich wird.

Busse hingegen sieht als wesentlich für die Teamarbeit eine triadische Aufgabenstruktur. Er unterscheidet in Primär-, Sekundär- und Tertiäraufgabe und er geht davon aus, dass diese Aspekte erst bei Störungen relevant werden.

Tab. 1 Merkmale von Gruppe und Team (Hintz 2016, S. 1)

Merkmale	Gruppe	Team
Interessen	Die meisten Mitglieder haben eigene Interessen	Alle ziehen an einem Strang
Ziele	Unterschiedliche Ziele, eher Wünsche	Alle haben dasselbe klar definierte Ziel
Priorität	Die Zugehörigkeit zur Gruppe ist nachrangig	Die Zugehörigkeit zum Team hat Priorität
Organisation	Locker und unverbindlich	Geregelt und verbindlich
Motivation	Extrinsisch – man muss	Intrinsisch – man will selbst
Wer konkurriert mit wem?	Einzelne untereinander	Nur nach außen (das Innenverhältnis ist geklärt)
Kommunikation	Teils offen, teils verdeckt	Offen plus Feedback
Vertrauen	Gering	Ausgeprägt

Für die studentischen Teams besteht die Primäraufgabe mit der Frage „Wozu sind wir da, was ist unser Auftrag?" (Busse i. d. B.), in der Erfüllung des Auftrags: Apps für einen humanoiden Roboter zu entwickeln, der als Assistenz in einer stationären Altenpflegeeinrichtung eingesetzt wird. Die Entwicklung eines solchen Prototyps stellt eine Innovation dar. Sie erfordert von dem studentischen Team für die Kooperation mit den Mitarbeiter:innen und Bewohner:innen der stationären Altenpflege eine hohe Flexibilität, sowohl inhaltlich als auch organisatorisch. Die Frage, was ist zu tun, muss von den Teammitgliedern selbstständig in differenzierte Teilaufgaben „heruntergebrochen" werden. Damit ist die von Busse als Sekundäraufgabe beschriebene Tätigkeit angesprochen. Die Sekundäraufgabe mit der Frage: „Wie sind wir organisiert und wie müssen wir uns organisieren?" (Busse i. d. B.) erfordert von den Studierenden neben den Treffen zu den von den Lehrenden vorgegeben Zeitfenstern ein hohes Maß an verbindlicher Selbstorganisation. Welche Laborzeiten können sie wahrnehmen? Wie wird die teaminterne Kommunikation gesteuert? Wer übernimmt welche Teilaufgabe? Zur Erfüllung der Tertiäraufgabe und Beantwortung der Frage „Wie wollen und müssen wir miteinander arbeiten?" (Busse i. d. B.) zeigt sich ein wertschätzender Umgang miteinander als hilfreich. Da auch in Teams klassische Phasen der Gruppendynamik wirken, können diese durchaus eine Herausforderung darstellen, insbesondere, wenn sich die Studierenden ihrer jeweiligen Fachkultur verpflichtet fühlen. Erfahrungsgemäß entwickeln sich Gruppen zu produktiven innovativen

Teams, wenn sich die Studierenden sympathisch finden und Freude daran haben, inhaltlich miteinander zu arbeiten und arbeitsteilig einander zuzuarbeiten. Das impliziert Interesse an den Fertigkeiten und Fähigkeiten der anderen Teammitglieder und mit gegenseitiger Wertschätzung kann sich eine positive Teamatmosphäre einstellen. Dazu gehört es z. B. sich gegenseitig zuzuhören und die Bereitschaft die Anderen verstehen zu wollen. Echtes Interesse an der Sache und an der Zusammenarbeit mit den anderen Teammitgliedern bedeutet in der Regel für die Einzelnen sich mit anderen (fremden) Perspektiven auseinander zu setzen und um einen gemeinsamen Weg zu ringen.

Die Aufgabe eine App für einen humanoiden Roboter zu entwickeln ist so komplex, das unterschiedliche Kompetenzen aus verschiedenen Disziplinen und Berufsgruppen erforderlich sind. So gilt es, einerseits den Bedarf von Bewohner:innen und Betreuungskräften in der stationären Altenhilfe zu erfassen und zu rekonstruieren und den möglichen Nutzen für die Praxis der stationäen Altenhilfe zu antizipieren. Andererseits sind von den studentischen Teams auch die technischen Möglichkeiten und Grenzen der Programmierung und Funktionsweise eines Roboters zu berücksichtigen. Dazu muss idealerweise gemeinsam im Team eine Idee entwickelt werden, die dann als User-Story dokumentiert wird. Vom Grundsatz her sind die erforderlichen Kompetenzen in den verschiedenen Fachbereichen vorhanden. Jedoch sind hier zwei wesentliche Schwierigkeiten zu bewältigen. Studierende sind Noviz:innen und müssen sich die Kompetenzen ihres Faches erst aneignen. Die Studierenden und Lehrenden folgen i. d. R. der jeweiligen Fachkultur und die fachspezifischen Termini und Logiken sind nicht ohne Weiteres interdisziplinär verständlich.

So kann z. B. der im Bereich Sozialer Arbeit überwiegend gebräuchliche gendersensible Sprachstil bei den Informatiker:innen Befremden auslösen. Diese argumentieren, dass sie ohnehin eher englische Begriffe verwenden und eine sprachliche Differenzierung in der Dokumentation nicht notwendig sei. So gibt es sprachlich dann nur Bewohner und Mitarbeiter, obwohl diese überwiegend weiblich sind. Dagegen ist die Bezeichnung der Altenheimbewohner:innen als Patienten von Studierenden der Sozialen Arbeit schwer nachvollziehbar, da sie die stationäre Altenhilfe als Wohn- und Lebensort sehen und nicht analog zu einem Krankenhaus. Gleichzeitig überrascht die notwendige Detailliertheit von User-Storys, wenn diese als Vorlage zu einer App-Gestaltung und Programmierung dienen soll.

Hier gilt es die jeweiligen Perspektiven und daraus erwachsenden Anforderungen nicht zu bagatellisieren, sondern anzuerkennen. Auch wenn gendersensible

Sprache in der Informatik noch häufig vernachlässigt wird[5], wirkt es sich ausgesprochen positiv auf die Teamatmosphäre aus, wenn diesbezüglich im Team ein Kompromiss gefunden wird. Ebenso gilt es die für die Programmierung notwendige Detailarbeit zu beachten. Bereits die authentische Bereitschaft diese Detaillierungsnotwendigkeit verstehen zu wollen, führt zu Anerkennung und Wertschätzung.

Die notwendige Detaillierung zeigt sich am Beispiel von einer Mitarbeiterin der stationären Altenpflege mit dem Wunsch, der Roboter solle kichern, wenn man ihm über den Kopf streicht. Dieser vermeintlich einfache Wunsch erfordert eine deutliche Detaillierung, bevor er als Auftrag in einer User-Story so deutlich wird, dass er als Grundlage für die Programmierung genutzt werden kann. Wie soll der Roboter berührt werden? Soll an einer bestimmten Stelle über den Kopf gestrichen werden (mit Druck oder sanft)? Wer soll/darf dies tun, Mitarbeiter:innen und/oder Bewohner:innen? Soll der Roboter immer reagieren, wenn er eingeschaltet ist, auch wenn eine andere App läuft, oder nur dann, wenn er im Stand-By-Modus ist? Wie soll er kichern? Soll das Kichern in einem hohen Ton im Sinne von „hihi" erfolgen oder mit einem tiefen Ton „hohoho"? Wie wirkt ein hohes Kichern auf Bewohner:innen? Könnten diese sich ausgelacht fühlen? Oder wirkt das tiefe Kichern bedrohlich? Wie oft soll der Roboter kichern? Soll er dabei den Kopf bewegen und sollen die Augen dabei die Farbe wechseln? Usw.… Bereits an diesem kleinen Beispiel zeigt sich die Komplexität des iterativen Entwicklungsprozesses. Im Kern geht es darum, sich die Anwendung in der Praxis und damit die Roboter-Mensch-Interaktion möglichst genau vorzustellen und im Vorfeld die Anforderungen sowohl von der Technikseite als auch aus der Perspektive der Sozialen Arbeit zu formulieren und auszuhandeln. Viele Fragen können nur im Praxistest mit Bewohner:innen beantwortet werden. Auch wenn insbesondere durch die Mitarbeiter:innen eine große Nähe zu den Bewohner:innen und deren vermutlichen Empfindungen antizipiert werden, können nur reale Tests fundierte Evaluationsergebnisse liefern.

Da es darum geht bei der (Produkt-)Entwicklung humanoider Robotik keine Muster von sozialer Ungleichheit „einzuweben", bedarf es einer Reflexion von Ungleichheitsstrukturen. Barth bietet mit ihrem Konzept des De-Gendering informatischer Artefakte einen theoretischen Hintergrund für diese Reflexion (vgl. Barth 2009). Gender als Kategorie für Ungleichheit als Strukturkategorie wurde hinlänglich belegt. Auch wenn die „alten" binären heteronormativen Begriffe

---

[5] Hinweise dazu finden sich in Ahmadi et al. (2018). Gender als Faktor bei der partizipativen Softwaregestaltung in Living Labs (Dachselt und Weber 2018).

von „Mann" und „Frau" in der Theorieentwicklung überwunden scheinen, spielen diese für den Alltag von Menschen nach wie vor eine wesentliche Rolle. Darüber hinaus werden Fachkulturen i. d. R. vergeschlechtlicht wahrgenommen. Obwohl sich Wissenschaft zur Neutralität und Objektivität verpflichtet sieht, spiegeln sich in der Hochschule gesellschaftliche Macht- und Herrschaftsverhältnisse unabhängig von dem privilegierten Hochschulstatus. Insbesondere Doing-Gender-Prozesse in der Wissenschaft verschließen sich häufig einer bewussten Reflexion. Jedoch spielt der geschlechtlich konnotierte Habitus der Disziplinen (Informatik – männlich; Soziale Arbeit – weiblich) in der Teamkommunikation eine wichtige Rolle[6] (vgl. Bütow et al. 2016; Bath 2009, Rudolph et al. 2022).

Die Teamzusammensetzung und Diversität der studentischen Projektgruppen müssen in diesem Reflexionsprozess Berücksichtigung finden, denn Machtstrukturen im Team wirken sich auch auf die Gestaltung eines Prototyps und dessen Akzeptanz in der Praxis der stationären Altenhilfe aus. Die Akzeptanz von Technikinnovationen hängt stark davon ab, inwieweit sich diese in die normalen Arbeitsabläufe integrieren lassen und keinen zusätzlichen Zeitaufwand fordern. So berichten Pflegekräfte immer wieder, dass sie sinnvolle technische Geräte, wie z. B. einen Lifter häufig nicht nutzen, da der Zeitaufwand zu groß wäre.

Für die studentischen Teams lässt sich daraus folgern, dass sie nicht nur die teaminterne Zusammenarbeit professionalisieren müssen, sondern auch die Zusammenarbeit mit den Mitarbeiter:innen der stationären Altenpflege partizipativ gestaltet werden muss. Die Bewältigung der Primäraufgabe und prototypische App-Entwicklung kann nur gelingen, wenn die Organisation des Teams (Sekundäraufgabe) geregelt und die Zusammenarbeit (Tertiäraufgabe) wertschätzend gestaltet wird. Eine qualitativ hochwertige Produktentwicklung als soziale Innovation erfordert professionelle Teamarbeit.

3 Teamentwicklung in einem Praxislabor

Das Seminar der Studierenden spiegelt die spätere Berufspraxis der interdisziplinären Entwicklung von sozial-assistiver Robotik in realweltlichen Szenarien, wie das folgende Praxisbeispiel des Forschungs- und Entwicklungsprojekt „ROBUST

---

[6] Z. B. gehen Informatiker:innen von der Neutralität ihres Faches und der von ihnen produzierten Artefakte aus (vgl. Bütow et al. 2016).

Robotik-basierte Unterstützung von Prävention und Gesundheitsförderung in stationären Pflegeeinrichtungen[7]" zeigt, das vom Verband der Ersatzkassen e. V. (vdek) im Namen und Auftrag der Ersatzkassen gefördert wird.

Bei „ROBUST" werden robotikgestützte Gruppeninterventionen zur körperlichen, kognitiven und sozio-emotionalen Aktivierung für Bewohner:innen von Pflegeeinrichtungen entwickelt. Dies geschieht in sogenannten Praxislaboren, einer besonderen Form von „living labs". Bei Praxislaboren wird in der tatsächlichen Umgebung geforscht, in der das robotische System nachher zur Anwendung kommen soll (vgl. Meurer et al. 2015). Es handelt sich um einen nutzerzentrierten Forschungsansatz, d. h. die Nutzenden werden kontinuierlich in den Entwicklungsprozess partizipativ und auf Augenhöhe mit einbezogen (vgl. Eriksson et al. 2015).

Der Forschungsprozess in einem Praxislabor ist iterativ aufgebaut und besteht aus 4 verschiedenen Schritten: Kontext verstehen, Ideen generieren, iterativ designen und in Realwelt evaluieren (vgl. PRAXLABS 2021; Ognowski et al. 2018). An den Schnittstellen der einzelnen Abschnitte des iterativen Designprozesses kommt es wiederkehrend zu kommunikativen Deutungsprozessen der verschiedenen Anforderungen und Erwartungen zwischen Praxis, Forschung und Entwicklung (vgl. Becker-Lenz i. d. B.; Abb. 3).

Wichtig ist hierbei, dass stets mit und für die Praxis geforscht wird sowie der gegenwärtige und zukünftige Nutzen der robotikgestützten Anwendungen für Bewohner:innen und Fachkräfte als Ziel im Vordergrund steht (vgl. Meurer et al. 2015). Zudem sollen möglichst realistische Eindrücke von verschiedenen Situationen gewonnen werden und ein kontinuierlicher gegenseitiger Wissensaustausch zwischen Forschung, Entwicklung und Praxis stattfinden (vgl. Meurer et al. 2015; Ognowski et al. 2018). Im Projekt „ROBUST" bedeutet die Einrichtung eines Praxislabors für die Praxiseinrichtungen, dass das zu entwickelnde System (der Roboter und die robotikgestützten, gesundheitsfördernden Angebote) in die realweltliche Forschungsumgebung (die Pflegeeinrichtung) kommt. Hier sollen in Kooperation mit den Mitarbeiter:innen und den Bewohner:innen robotikgestützte Gruppeninterventionen zur Gesundheitsförderung und Prävention für die Bewohnerinnen stattfinden.

---

[7] Bei „ROBUST - Robotik-basierte Unterstützung von Prävention und Gesundheitsförderung in stationären Pflegeeinrichtungen" handelt es sich um ein dreijähriges Verbundprojekt der Fachhochschule Kiel und der Gesellschaft für digitale und nachhaltige Zusammenarbeit (DnZ) in Siegen sowie vier Pflegeeinrichtungen, das vom Verband der Ersatzkassen e.V. (vdek e.V.) auf Grundlage des GKV-Präventionsleitfaden zur Prävention und Gesundheitsförderung in stationären Pflegeeinrichtung gemäß §5 SGB XI gefördert wird. Weitere Informationen finden Sie auf der Homepage des Projektes: https://robust-vdek.de/.

Abb. 3 Methoden und Werkzeuge im Praxislabor (vgl. PRAXLABS 2021)

Zur Einrichtung und Durchführung der Praxislabore in den Pflegeeinrichtungen wird jeweils eine Teilzeitstelle pro Pflegeeinrichtung geschaffen, die über Projektmittel gegenfinanziert ist und eine Brücke zwischen Forschung, Entwicklung und der Praxis der Pflegeeinrichtung darstellt. Diese Fachkraft ist maßgeblich mitverantwortlich für die Konzeption und Durchführung der robotikgestützten Angebote für die Bewohner:innen mit Roboter. Dies geschieht im kontinuierlichen Dialog mit den jeweiligen Mitarbeiter:innen und weiteren Fachkräften (z. B. Physiotherapeut:innen, Ergotherapeut:innen, etc.) unter Berücksichtigung der tatsächlichen Bedarfe und Fähigkeiten der Bewohner:innen in enger Zusammenarbeit mit den zuständigen Mitarbeiter:innen aus Forschung und Entwicklung.

Zur Einrichtung des Praxislabors gehört weiter, dass die Einführung des robotischen Systems und sein Einfluss auf die Praxis kontinuierlich begleitet, beobachtet und evaluiert werden. Die alltägliche Begleitung und Beobachtung der

Effekte des Einsatzes des Roboters im Alltag der Pflegeeinrichtung ist ebenfalls eine Hauptaufgabe der Praxisstellen in den Pflegeeinrichtungen.

Zur Entwicklung eines Assistenzsystem zur sozialen Robotik müssen folglich verschiedene Berufsgruppen in einer interdisziplinären Weise miteinander zusammenarbeiten.

Bei dem Team des Forschungsprojekts „ROBUST" handelt es sich folglich um ein interdisziplinäres Team, wobei auf Ebene der Praxisstellen Aspekte einer Sozialen Gruppe im Sinne einer kollegialen Peer-Group zusätzlich eine eigene Dynamik entfalten, da die gleiche Tätigkeit in verschiedenen Einrichtungen ausgeführt wird (vgl. Busse i. d. B.; Klatetzki 2018, S. 461). Durch das Zusammenspiel von Forschung und Entwicklung wird die Gruppe der Mitarbeitenden des Projekts zum interdisziplinären Team mit geteilten Aufgaben und stetigen gegenseitigen Austausch zur gemeinsamen Zielerreichung. Der Aspekt der Deutung (vgl. Becker-Lenz i. d. B.) gewinnt in diesem Projektteam in mehrfacher Hinsicht an Relevanz. Die Tätigkeiten und Aufgaben des Teams werden interdisziplinär aus verschiedenen Blickwinkeln betrachtet und vor dem Hintergrund sowie den Aufgaben der eigenen Profession gedeutet: Was bedeuten die Anforderungen aus der Praxis für die technische Entwicklung? Was bedeuten die technischen Restriktionen und Möglichkeiten für die Umsetzbarkeit der Wünsche der Praxisstellen? Was bedeutet es für die eigene Beruflichkeit, wenn Teile der eigenen Tätigkeit von einem robotischen System umgesetzt werden? Was bedeutet es für die Teams der Pflegeeinrichtungen, wenn ein Roboter hinzukommt?

Bei der Frage der Deutung können verschiedene Schwierigkeiten auftreten, wobei Verständigungsprobleme eine zentrale Rolle spielen können. Neben der Frage, was gedeutet wird, stellt sich die Frage wie gedeutet wird – wobei der jeweilige berufliche Hintergrund eine entscheidende Rolle spielt.

Ähnlich wie bei dem interdisziplinären Projekt der Studierenden treffen mit den unterschiedlichen Berufsgruppen, die zur Entwicklung sozial-assistiver Robotik erforderlich sind, verschiedene Sprachen und berufliche Kulturen (bspw. Besprechungsstrukturen) aufeinander, was mitunter problematisch werden kann. Dies tritt beispielsweise in gemeinsamen Besprechungen zutage und kann zu kommunikativen sowie beruflichen Missverständnissen führen. Dies erfordert von den Mitarbeitenden eine ausgesprochen hohe Ambiguitätstoleranz und wird häufig über Humor und die ironische Markierung der jeweiligen beruflichen Stereotype gelöst bspw. „Der Informatiker", „die Sozialarbeiterin" oder „wir aus der Praxis". Professionalisierung eines Teams bedeutet hier ebenfalls, dass ein gemeinsamer Modus zur Deutung gefunden wird – vor allem hinsichtlich des Problems wie gedeutet wird – um die unterschiedlichen Deutungen in den Entwicklungsprozess des robotischen Systems zu integrieren.

Eine gemeinsame Verständigung fällt leichter, wenn die Mitglieder vor allem an der Primäraufgabe des Teams – in diesem Fall robotikgestützte Gruppeninterventionen zur Gesundheitsförderung in Pflegeeinrichtungen – interessiert sind (vgl. Busse i. d. B.). Gleichzeitig bringen insbesondere interdisziplinäre Missverständnisse besondere Herausforderungen für die Sekundäraufgabe der Organisation der Teams und die Tertiäraufgabe von Kommunikationskultur und professioneller Beziehungsarbeit innerhalb des Projektteams von „ROBUST" mit sich (vgl. Busse i. d. B.). Erschwert werden diese Teamaufgaben durch das örtlich vereinzelte, remote Arbeiten in unterschiedlichen Kontexten der Mitarbeitenden. Um diesen Herausforderungen zu begegnen, finden tägliche kurze Frühstücksmeetings zum niedrigschwelligen Austausch mit freiwilliger Teilnahme statt sowie regelmäßige Besuche in den Pflegeeinrichtungen und Projekttreffen.

Die Einführung und Entwicklung sozial-assistiver Robotik bringt darüber hinaus vielfältiges Veränderungspotenzial für die berufliche Praxis in den Pflegeeinrichtungen mit sich.

Insbesondere die Mitarbeitenden in den Praxisstellen stehen vor der Herausforderung einer hybriden beruflichen Tätigkeit zwischen Forschung und Praxis, bei der sie gleichzeitig zu dem „Team" bzw. der sozialen Gruppe der jeweiligen Pflegeeinrichtung, als auch zu dem Team des Forschungsprojekts gehören. Die Mitarbeitenden stehen hier unter anderem vor dem Problem diverser beruflicher Doppelaufträge seitens der Pflegeeinrichtung und des Forschungsprojektes, die in einigen Fällen in Konflikt oder Konkurrenz zueinanderstehen können.

Gleichzeitig verändert sich ihre bisherige berufliche Tätigkeit durch den Einsatz des Roboters. Diese Veränderungen ihrer eigenen Beruflichkeit müssen die Mitarbeitenden im Rahmen des Forschungsprojekts ebenfalls mitentwickeln, dokumentieren und reflektieren. Professionalisierung bedeutet hier auch eine Veränderung bzw. Erweiterung ihrer ursprünglichen Professionen, die mit Rollenkonflikten mit ihrer ursprünglichen bzw. anderen beruflichen Tätigkeit in den Pflegeeinrichtungen einhergehen kann. Zwar kann der Einsatz eines Roboters eine mögliche Aufwertung der beruflichen Rolle bedeuten, was wiederkehrend als Argument für den Einsatz digitaler Technologien in helfenden Berufen angeführt wird (vgl. Pijetlovic 2020, S. 110).[8] Allerdings kann die Mitarbeit in dem Forschungsprojekt mit einer möglichen Abwertung und einer teilweisen „De-Professionalisierung" im Sinne eines „Unlearning" der bisherigen beruflichen Tätigkeit einhergehen. Letzteres wird besonders deutlich im Fall einer Führungskraft, die im Projekt auf der Position einer Praxisstelle mitarbeitet. In ihrer ursprünglichen Funktion muss sie schnell, pragmatisch und lösungsorientiert

---

[8] Dies ist vor dem Hintergrund patriarchaler Wertestrukturen zu reflektieren.

arbeiten. Die langsamere, beobachtende und verstehende Herangehensweise in der Tätigkeit der Praxislabore stellt für sie einen herausfordernden Gegenentwurf dar.

Eine andere Mitarbeiterin berichtet von Konflikten im bestehenden Team der Einrichtung gegenüber ihrer neuen beruflichen Tätigkeit, bei denen ihr vorgeworfen wird, dass sie sich mit dem Roboter wichtig machen wolle und hinter denen sie Neid vermutet. Von ähnlichen Dynamiken innerhalb der Pflegeeinrichtung berichtet eine weitere Mitarbeiterin und beschreibt Frustration infolge fehlender Wertschätzung durch Kolleg:innen.[9]

Es zeigt sich, dass der partizipative Forschungs- und Entwicklungsprozess sozial-assistiver Robotik innerhalb der Teams der kooperierenden Pflegeeinrichtungen ebenfalls zu neuen Dynamiken und Aufträgen im Sinne der triadischen Aufgabenstruktur nach Busse (vgl. i. d. B.) dahingehend zu Fragen führen kann, welche Tätigkeiten wie von wem mit oder ohne robotische Unterstützung durchgeführt werden können.

Was braucht Professionalisierung in Teams? Oder: „Kontext ist doch wichtig!"

Die Professionalisierung eines Teams in Praxislaboren benötigt eine kontinuierliche Begleitung dieser mitunter herausfordernden Prozesse. Besonders relevant erscheint eine gegenseitige Wissensvermittlung über die jeweils anderen Berufe und sowie über die fachspezifische Kommunikation. Neben der Reflexion und Sensibilisierung der Kriterien der eigenen Fachlichkeit („Was mach ich da und warum?") erfordert es eine Grundhaltung, das Gegenüber und die andere Beruflichkeit verstehen zu wollen („Was machst du da und warum?" oder „Ich verstehe dich nicht, aber kannst du es mir bitte erklären?").

Diese Reflexion braucht Möglichkeit, Zeit und Raum. Hierzu empfiehlt sich das Konzept des „hybriden Raumes" nach Sommerfeld (Gredig und Sommerfeld 2010). Da innerhalb der Projektstrukturen weitestgehend remote miteinander zusammengearbeitet wird, ist dieser Raum wortwörtlich hybrid und eröffnet sich oftmals in Videokonferenzen oder Telefonaten.

Besonders deutlich wird die Notwendigkeit und Bereitschaft zum Erlernen neuer fachlicher Wissensbestände sowie verschiedener interprofessioneller Deutungsmuster an der Kommunikation zwischen einer Praxisstelle und einem

---

[9] Zitat aus einer Gruppendiskussion: „Jetzt läuft die noch mit so einem Roboter hier durch die Gegend und steht noch mehr oder weniger im Weg rum. Das sind nur einige, das sind nur einige, nicht die meisten, aber es ist es ist kein schönes Gefühl, wenn man nicht für das wertgeschätzt ist, was man im Haus leistet und macht. Also das hat ja immer auch was, so ein bisschen damit zu tun, dass man dadurch irgendwie abgewertet wird" (Mitarbeiterin im Praxislabor).

Mitarbeiter der technischen Entwicklung, als die Mitarbeiterin der Praxisstelle ein Storyboard vorstellt. Die Mitarbeiterin ist Sozialarbeiterin und erklärt präzise den Kontext und die Rahmenbedingungen, in denen die bestimmte robotische App zur Anwendung kommen soll. Ihr ist es wichtig, dass der Mitarbeiter aus der technischen Entwicklung versteht, warum der Roboter bestimmte Handlungen ausführen soll und woher sie diese ableitet. Sie will ihr eigenes Handeln intersubjektiv überprüfbar machen und anhand des Kontexts sowie anhand der Bedarfe der teilnehmenden Bewohnenden begründen. Der Mitarbeiter aus der technischen Entwicklung wiederholt mehrfach, dass er den Kontext nicht bräuchte und nur die konkreten technischen Anforderungen haben wolle. Es benötigt eine kurze Vermittlung eines anderen Teammitglieds darüber, warum die intersubjektive Überprüfbarkeit der Anwendungen die Professionalität der Sozialarbeiterin unterstreicht und das dementsprechende Kontextverständnis sinnvoll und von Bedeutung ist – wenn vielleicht auch nicht für die technische Entwicklung. Einige Wochen später bemerkt der Kollege aus der technischen Entwicklung, dass er festgestellt habe, dass der Kontext doch wichtig sei. In einem Gespräch darüber, wie er zu diesem Sinneswandel gekommen sei, erklärt der Kollege, dass der Kontext wichtig sei, um Probleme einzuordnen, Ideenvorlagen zu klassifizieren und Cluster zu bilden. Dafür seien die Abläufe (Sind diese in verschiedenen Pflegeeinrichtungen gleich oder verschieden?) und Strukturen (Kommt der Roboter in Einzel- oder Gruppensettings zur Anwendung? Soll der Roboter ein fortlaufendes Programm abspielen oder werden die Anwendungen einzeln ausgewählt? Was passiert vorher, währenddessen und nachher? etc.) relevant. Für die Zielsetzung in der technischen Entwicklung sei ebenso entscheidend, wie die Menschen sich in der Zeit der robotikgestützten Anwendung verhielten und nicht bloß die Anforderungen an die Softwareentwicklung. Damit rückt die Logik eines Arbeitsbündnisses in den Vordergrund und ergänzt die technisierte Handlungslogik, die ansonsten im Arbeitsfeld der Informatik häufig praktiziert wird.

Der Kollege beschreibt hier eine Diskrepanz zu der gängigen Praxis in seinem beruflichen Feld, wo viel Wert auf kontextunabhängige und insofern nicht interpretierbare Anforderungen an die Softwareentwicklung gelegt werde.

Die Komplexität der Aufgaben und der Settings, in denen das sozial-assistive System nachher zur Anwendung kommen soll, begründet für den Kollegen die Relevanz des Kontexts für die technische Entwicklung. Vor dem Hintergrund, dass in Designprozessen technischer Unterstützungsarrangements zur kollaborativen Arbeit von Menschen mit robotischen Systemen eine stärkere Standardisierung von sozio-emotionalen Tätigkeiten gefordert wird (vgl. Kuziemsky et al. 2019, S. 84 f.), erscheint die Bedeutung eines reziproken Erkenntnisgewinns wichtig, um einer einseitigen Technisierung sozialer bzw. helfender Berufe vorzubeugen. Eine stärkere Standardisierung sozial-emotionaler Tätigkeiten macht diese zwar leichter übersetzbar für die Softwareentwicklung eines robotischen Systems, läuft allerdings gleichzeitig Gefahr, gerade die Vorteile eines nichtstandardisierten Vorgehens, dass die Möglichkeit eröffnet, sensibel und offen auf neu entstehende Probleme zu reagieren sowie situativ angemessen und flexibel zu reagieren, unterminiert (vgl. Becker-Lenz i. d. B.).

4 Fazit

Diese hier vorgenommene Skizzierung der Herausforderungen sowie relevanter Problem- und Konfliktlagen in interdisziplinären Teams führt zur Diskussion von Fragen der Vermittlung und vorstellbarer Qualitätskriterien für Teamleistungen. Zukünftig sollten in der Sozialen Arbeit nicht nur Auseinandersetzungen über die Rahmenbedingungen von veränderten Arbeitsbedingungen und -perspektiven durch die Bildung von interdisziplinären Teams geführt werden, sondern auch darüber, wie Wissen, Kenntnisse und Fähigkeiten über Kommunikations- und Interaktionsprozesse in Teamleistungen vermittelt werden können. Durch die organisierte Zusammenarbeit ändern sich die Anforderungen an Professionalität (vgl. Becker-Lenz et al. 2013; Völter et al. 2020), d. h. im Team muss sich immer wieder gemeinsam dem „Unbekanntem" geöffnet werden, neue Anforderungen sollten kritisch hinterfragt und Möglichkeiten kreativen Handelns ausgelotet werden. Zudem verlangt die normative Setzung „gut" mit anderen Menschen zusammenarbeiten zu können, also ein interdisziplinäres Team zu realisieren, bislang unwahrscheinliche Formen der Organisation von Komplexität. Auch in diesem Zusammenhang werden veränderte Anforderungen an professionelles Handeln gestellt (vgl. Becker-Lenz et al. 2022, S. 20). Somit sind alle Qualifikationsstufen in der Sozialen Arbeit in den Blick zu nehmen, um die sozialen und kulturellen Veränderungen der veränderten Arbeitswelten in den verschiedenen Berufsfeldern aufzugreifen und die Chancen der Entstehung von neuen Sozialitäten durch die Zusammenarbeit von interdisziplinären Teams zu nutzen. Somit gilt es all jene Kompetenzanforderungen in den Blick zu nehmen, die für die Gestaltung von interdisziplinären Teams in den sozialen Arbeitswelten als notwendig erachtet werden, wie bspw. Umgang mit dem Ressourcenrahmen (zeitlich, örtlich, personell usw.), Ausloten von Belastbarkeiten und Erwartungen, nutzbare Wissensbestände aktivieren, Erfahrungs- und Netzwerkressourcen.

Noch orientiert sich die Wissensaneignung in der Sozialen Arbeit sehr stark an einer realisierbaren Passung zu Berufsbildern und an einem wenig gestaltbaren

Arbeitsumfeld. Interdisziplinäre Kooperationen zwischen Praxis und Forschung, wie es die hier aufgezeigten Beispiele zeigen, bieten erweiterte Perspektiven Wissensbestände, Grundhaltungen und Kompetenzen sowie gewünschte Anpassungs- und Entwicklungsfähigkeiten der professionell Tätigen in den Berufsfeldern der Sozialen Arbeit noch einmal neu zu betrachten (vgl. Braches-Chyrek 2021, S. 233 ff.). Vielfach ist ein Spagat erforderlich, um das Verhältnis von forschungsbasiertem Wissen und dem Erfahrungsfundus der Praxis neu auszutarieren und um die Möglichkeiten der kreativen Nutzung von kooperativer Wissensbildung ausloten zu können. Durch die größere Bandbreite an Problemwahrnehmungen und Deutungen, dem unterschiedlichen professionellen Wissen und der Netzwerkverbindungen können Innovationen durch interdisziplinäre Teams in vielfältiger Weise angestoßen werden.

Gleichzeitig muss aber auch die Wissensproduktion in interdisziplinären Teams kritisch betrachtet werden. Sie kann auch zu einem Ort der Konkurrenz um freien Informationsfluss und Informationszugang, um professionsbezogene Positionierungen und Status- bzw. Einflussunterschiede, wie bspw. zwischen Frauen und Männern, werden. Die Grenzen zwischen denkbaren Teamkommunikationsprozessen, den Teamleistungen und Faultlines, also den professions- und geschlechterbezogenen Trennlinien, können auch zu dysfunktionalen Prozessen führen. Diese sollten als Projektionsflächen für die Debatten um die Weiterentwicklung des Informations- und Kommunikationsaustausches in interdisziplinären Teams und deren Auswirkungen auf die Organisation und professionellen Handlungsstrukturen in der Sozialen Arbeit angestoßen werden. Die Fähigkeit Interessen zum Ausdruck zu bringen, und dies nicht nur im Rahmen der organisationalen Verortung, zeigt, dass in den Arbeits- und Tätigkeitsfeldern der Sozialen Arbeiten durch interdisziplinäre Teams neue Versicherungs- und Zulassungsbewegungen entstehen und gleichzeitig die Schließungs- und Enteignungseffekte zunehmen.

Förderung
Das Projekt „ROBUST" wird vom Verband der Ersatzkassen e. V. (vdek e. V.) im Namen und Auftrag der Ersatzkassen auf Grundlage des GKV-Präventionsleitfaden zur Prävention und Gesundheitsförderung in stationären Pflegeeinrichtung gemäß § 5 SGB XI gefördert.

Literatur

Agraz, Celia Nieto, Max Pfingsthorn, Pascal Gliesche, Marco Eichelberg, und Andreas Hein. 2022. A Survey of Robotic Systems for Nursing Care. *Frontiers in Robotics and AI*, 9.

Bath, Corinna. 2009. *De-Gendering informatischer Artefakte: Grundlagen einer kritisch-feministischen Technologiegestaltung.* Dissertation Universität Bremen. Online unter: http://nbn-resolving.de urn:nbn:de:gbv:46–00102741–12.

Becker-Lenz, Roland, Stefan Busse, Gudrun Ehlert, und Silke Müller-Hermann (Hrsg.). 2013. *Professionalität Sozialer Arbeit und Hochschule,* Wiesbaden: SpringerVS.

Becker-Lenz, Roland, Rita Braches-Chyrek, und Peter/Pantucek-Eisenbacher. 2022. Befunde zur Professionalisierung und Akademisierung Sozialer Arbeit in der Schweiz, der Bundesrepublik Deutschland und Österreich – unter besonderer Berücksichtigung des Verhältnisses zu Laien und sozialen Bewegungen. In *Europäische Gesellschaften zwischen Kohäsion und Spaltung,* ed. Florian Baier, Stefan Borrmann, Johanna Hefel, und Barbara Thiessen, 18–22. Opladen: Barbara Budrich.

Blomkvist, Stefan. 2002. Persona – an overview. *Retrieved November,* 22, 2004.

Braches-Chyrek, Rita. 2021. Soziale Arbeit und das Digitale. In *Care Work 4.0. Digitalisierung in personenbezogenen Dienstleistungsberufen,* ed. Marianne Friese, 233–244. Bielefeld: wbv.

Bütow, Birgit, Lena Eckert und Franziska Teichmann. 2016. Fachkulturen als Ordnung der Geschlechter. Praxeologische Analysen von Doing Gender in der akademischen Lehre. Opladen, Berlin, Toronto: Barbara Budrich.

Casimiro, Lynn M., Pippa Hall, Craig Kuziemsky, Maureen O'Connor, und Lara Varpio. 2015. Enhancing patient-engaged teamwork in healthcare: An observational case study. *Journal of interprofessional care,* 29(1), 55-61.

Choi, Bernard CK und Anita WP Pak. 2006. Multidisciplinary, interdisciplinarity and transdisciplinarity in health research, services, education and policy: 1. Definitions, objectives, and evidence of effectiveness. *Clin Invest Med.* 29(6): 351–64.

Dachselt, Raimund und Gerhard Weber. 2018. Mensch und Computer 2018 – Workshopband. Bonn: Gesellschaft für Informatik e.V.. https://doi.org/10.18420/muc2018-ws02-0448.

Eriksson, Mats, Veli-Pekka Niitamo, and Seija Kulkki. 2005. *State-of-the-art in utilizing Living Labs approach to user-centric ICT innovation-a European approach.* Lulea: Center for Distance-spanning Technology. Lulea University of Technology Sweden: Lulea.

Gredig, Daniel und Sommerfeld, Peter. 2010. Neue Entwürfe zur Erzeugung und Nutzung lösungsorientierten Wissens. In What Works. Welches Wissen braucht die Soziale Arbeit? Zum Konzept evidenzbasierter Praxis, ed. Hans Uwe Otto, Andreas Polutta, and Holger Ziegler, 83–98. Opladen: Barbara Budrich.

Grudin, Jonathan, and John Pruitt. 2002. Personas, participatory design and product development: An infrastructure for engagement. In *Proc. PDC.* Vol. 2: 144-152.

Hachmeister, Cort-Denis, und Roessler Isabel. 2020. *Soziale Innovationen aus Hochschulen Prozesse, Phasen und Wege.* Online unter: http:www.che.de/publikationen. Zugriff: 26.11.2022

Hintz, Asmus J.. 2016. *Erfolgreiche Mitarbeiterführung durch soziale Kompetenz,* 3. Auflage Springer Fachmedien Wiesbaden: OnlinePLUS Zusatzinformationen Springer Gabler www.springer.com.

Jungert, Michael. 2014. Was zwischen wem und warum eigentlich? Grundsätzliche Fragen der Interdisziplinarität. In *Interdisziplinarität,* ed. Michael Jungert, Thomas Sukopp, Elsa Romfeld und Uwe Voigt, 1–12. Darmstadt, WBG.

Klatetzki, Thomas. 2018. Soziale Arbeit in Organisationen: Soziale Dienste und Einrichtungen. In Soziale Arbeit – eine elementare Einführung, ed. G. Graßhoff, A. Renker und W. Schröer, 457-470. Wiesbaden: Springer VS.

Kuziemsky, Craig E., Joanna Abraham, und Madhu C. Reddy. 2019. "Characterizing Collaborative Workflow and Health Information Technology." *Cognitive Informatics*, Cham: Springer, 81-102.

Lehmann, Jasmin, Felix Carros, David Unbehaun, Rainer Wieching und Jens Lüssem. 2019. Einsatzfelder sozialer Robotik in der Pflege. In *Digitale Transformation im Krankenhaus. Thesen, Potentiale, Anwendungen*, ed. Christian Stoffers, Niclas Krämer, und Christian Heitmann, 88–113. Kulmbach.

Lenz, Gaby, Jens Lüssem, Hannes Eilers, und Hannah Wacher. 2019. Soziale Robotik in der Altenpflege- Zwischen Unbehagen und Neugier. In: DZI Soziale Arbeit, Zeitschrift für soziale und sozialverwandte Gebiete, November 2019, 68. Jg.: 402–409.

Lenz, Gaby und Hannah Wacher. 2020. Soziale Roboter, Soziale Arbeit und Gender. In Wandel der Arbeitsgesellschaft. Soziale Arbeit in Zeiten von Globalisierung, Digitalisierung und Prekarisierung, ed.: Claudia Steckelberg und Barbara Thiessen, 223–224. Opladen, Berlin, Toronto: Barbara Budrich.

Meurer, Johanna, Lorenz Erdmann, Justus von Geibler, und Laura Echternacht. 2015. *Arbeitsdefinition und Kategorisierung von Living Labs. Arbeitspapier im Arbeitspaket 1 (AP 1.1c) des INNOLAB Projekts*. Universität Siegen Wirtschaftsinformatik und Neue Medien, Siegen.

Ogonowski, Corinna, Tobi Jakobi, Claudia Müller und Jan Hess. 2018. Praxlabs: A Sustainable Framework for User-Centered Information and Communication Technology Development—Cultivating Research Experiences from Living Labs in the Home. In *Socio-Informatics. A Practice-based Perspective on the Design and Use of IT Artefact*, ed. Volker Wulf, Volkmar Pipek, Dave Randall, Markus Rohde, Kjeld Schmidt und Gunnar Stevens, 319–360. Oxford: University Press.

Pijetlovic, Denis. 2020. Erfolgslogik der Pflege-Robotik für die Pflegewirtschaft. In *Das Potential der Pflege-Robotik:* 71–114. Wiesbaden: Springer Gabler.

PRAXLABS. 2021. PRAXLABS. https://praxlabs.de/praxlabs/. Zugriff: 26.11.2022

Reber, Anne. 2022. Intersektionalität und Heterogenität als Grundsatz und Herausforderung für Hochschulen. In *Geschlechtergerechtigkeit und MINT: Irritationen, Ambivalenzen und Widersprüche, Clarissa* Rudolph, Anne Reber und Sophia Dollsack. Opladen, Berlin, Toronto: Barbara Budrich.

Völter, Bettina, Heinz Cornel, Silke Birgitta Gahleitner und Stephan Voß (Hrsg.). 2020. Professionsverständnis in der Sozialen Arbeit, Weinheim: BeltzJuventa.

Gaby Lenz Prof.in Dr.in phil., Professorin für Soziale Arbeit, lehrt und forscht am Fachbereich Soziale Arbeit und Gesundheit der Fachhochschule Kiel. Studium der Pädagogik an der Universität Frankfurt, Promotion zu Frauenansichten in der administrativen Sozialen Arbeit, langjährige Praxiserfahrungen in der Verwaltung und Beratungsarbeit. Themenschwerpunkte: Professionalisierung Sozialer Arbeit, Qualitative Sozialforschung, Beratung, Familie und Jugendhilfe (HzE), Demenz/Robotik in der Altenhilfe und Genderperspektiven. E-Mail: gaby.lenz@fh-kiel.de

Elisabeth Raß M.A. Bildung und Soziale Arbeit, wissenschaftliche Mitarbeiterin, Begleitforschung im vdek-Präventionsprojekt ROBUST im Bereich Soziale Robotik in Pflegeeinrichtungen. Forschung: Technologieauswirkungen auf soziale Dienste sowie Strukturänderungen von Angeboten und Arbeitsbedingungen, Dissertation zum Thema: Personalfluktuation in Betreuungssettings für Menschen mit Beeinträchtigung und herausforderndem Verhalten. E-Mail: elisabeth.rass@socio-informatics.de

Rita Braches-Chyrek Prof.in Dr.in für Sozialpädagogik, Otto-Friedrich-Universität Bamberg. Arbeits- und Forschungsschwerpunkte: Theorie und Geschichte Sozialer Arbeit, Generationen, Geschlechter- und Kindheitsforschung. E-Mail: rita.braches@uni-bamberg.de

# Funktion(en) von „Team" für die Bearbeitung von Arbeitsalltag – ein Blick in das Unterleben eines Jugendzentrums

Katharina Zink

1   Einleitung

Professionelle Teams in der Sozialen Arbeit haben als Gegenstand wissenschaftlicher Auseinandersetzung bisher wenig Aufmerksamkeit erfahren. Schon im Aufruf zur Tagung, in deren Folge dieser Band erscheint, wurde festgestellt, dass professionstheoretische Konzeptionalisierungen von sozialarbeiterischem Handeln in der Regel teamblind sind und Teams theoretisch wie empirisch kaum untersucht werden (vgl. Vorwort der Herausgeber:innen in diesem Band).

Gleichzeitig wird in Bezug auf das Feld der Offenen Kinder- und Jugendarbeit für das professionelle Team eine voraussetzungsvolle Aufgabe formuliert: Im Handbuch Offene Kinder- und Jugendarbeit bestimmt Balz (2021) „besondere Herausforderungen" für die Teamarbeit, die „in der Organisations- und Arbeitsstruktur, den Kontextbedingungen und der Heterogenität der Mitarbeitenden" begründet liegen (Balz 2021, S. 262):

„Es gilt, Freizeit-, Sport-, und Bildungsangebote für wechselnde Adressat*innengruppen anzubieten und die häufig wechselnde Finanzierung von Projekten auf der Basis freiwilliger und zusätzlicher Budgets von Kommunen, Trägern und Sponsoren zu managen. Bei den Mitarbeitenden sind hauptberuflich und ehrenamtlich mitarbeitende Personen, vollzeit- und teilzeitbeschäftigte

K. Zink (✉)
Frankfurt am Main, Deutschland

© Der/die Autor(en), exklusiv lizenziert an Springer Fachmedien Wiesbaden GmbH, ein Teil von Springer Nature 2024
S. Busse et al. (Hrsg.), *Professionelles Handeln in und von Teams*, Edition Professions- und Professionalisierungsforschung 16,
https://doi.org/10.1007/978-3-658-44539-3_13

Mitarbeitende, unbefristete Beschäftigte in Regelangeboten und zeitlich befristete Projektmitarbeitende zu vernetzen und zu einem Gesamtangebot einer Einrichtung zu verbinden" (Balz 2021, S. 262).

Zwar wird die Vernetzung der Mitarbeitenden als „Team" und damit als Verbindung zu einem Gesamtangebot der Einrichtung als Anforderung beschrieben – vor allem die Teamleitung adressierend –, wie genau „Team" dann (und unter solchen Bedingungen) hervorgebracht und wie es in der Offenen Kinder- und Jugendarbeit praktiziert wird, bleibt dabei offen. Außerdem stellt sich die Frage, was „Team" dann ‚ist' oder ‚wird', wenn man sich nicht zuvorderst für die auf den Arbeitsgegenstand „Kinder- und Jugendarbeit" bezogenen Besprechungs- und Handlungsweisen der Mitarbeitenden als „Team" im Jugendzentrum interessiert, sondern vielmehr für das „Unterleben" (Goffman 2016 [1961], S. 169 ff.) eines professionellen Teams; bzw., um in Anlehnung an Dorothy Smith (1998) zu formulieren: für die erstmal oder scheinbar unsichtbaren, nicht als „Arbeit" oder als relevante Handlungs-, Deutungs- und Interaktionsweisen geltenden Praktiken in und um „Team"[1]. Was tun die Mitarbeitenden eigentlich (mitunter sonst noch so alles), wenn sie „Team" ‚machen'? Und wieso machen sie das (so) und was könnte das mit (welchen) Bedingungen zu tun haben, die den Arbeitsalltag im Jugendzentrum, organisational, institutionell, strukturell, prägen? Was soll also „Team" im Alltag leisten? Und für wen?

Diese Fragen, denen im Folgenden nachgegangen wird, ergaben sich aus der direkten Situation einer ethnografischen Feldforschung in einem Jugendzentrum[2] aufgrund der dort vorherrschenden Omnipräsenz des Themas „Team": während es bei der Forschung (eigentlich) um Arbeitsbedingungen im Feld der Jugendarbeit ging, wurde „Team" als Schlüsselmoment für die Arbeit mit und an den Bedingungen vor Ort explizit – und zwar nicht um zuvorderst der formalen Arbeitsaufgabe bzw. dem -auftrag (Arbeit mit Kindern und Jugendlichen)

---

[1] Ich setze den Begriff im Folgenden in Anführungszeichen, um ihn als vorerst nicht genau bestimmt oder definiert, sondern spezifisch im Forschungsfeld gefüllt und ausgestaltet zu kennzeichnen. Diese Füllung und Ausgestaltung soll im Folgenden herausgearbeitet werden. Zudem zeigt sich der Begriff im Forschungsfeld als so dominant, dass er auch als immer wiederkehrendes Zitat aus der Empirie verstanden werden kann.

[2] Die Empirie entstand im Rahmen einer siebenmonatigen ethnografischen Feldforschung zum Thema Arbeitsbedingungen in der Offenen Kinder- und Jugendarbeit, die 2018 und 2019 stattfand. Fokus der Forschung waren die Bearbeitungsweisen von Arbeitsbedingungen, wie sie im Alltag des Jugendzentrums von den verschiedenen Akteur:innen vorgenommen werden. Dazu wurde der Blick sowohl auf Bearbeitungsweisen von Jugendzentrumsalltag durch Fachkräfte und Mitarbeiter:innen als auch durch Kinder und Jugendliche, die das Jugendzentrum nutzen, gerichtet.

nachzukommen, was zunächst Irritationen hervorrief. „Team" zeigte sich als vielbesprochenes Thema verschiedener Akteur:innen im Jugendzentrum, als etwas, das keine Selbstverständlichkeit für Mitarbeitende und Leitung darstellt und insofern immer wieder als Besonderes hervorgehoben wurde. Von „Team" wurde dort geradezu idealisierend gesprochen.

Das Irritierende an „Team" in diesem Jugendzentrum lässt sich auch anhand seiner spezifischen und zwar sichtbar aufwendigen, gezielten und geförderten Organisierungsweise illustrieren. Einerseits durch den Einsatz einer Vielzahl von Instrumenten, um Team als „Team" zu organisieren. Neben regulären Teamsitzungsterminen etwa ein tägliches „Briefing", gestaltet als gemeinsamer Brunch oder Mittagessen, bei dem die Teammitglieder sich unter einem eigenen Themenpunkt gegenseitig das jeweilige Befinden mitteilen und ein „Energielevel" angeben, um einander über ihre tagesaktuelle „Energie" für den anstehenden Arbeitstag zu informieren; andere Instrumente dienen der Anleitung von Teammitgliedern und verfassen dokumentenförmig Art und Durchsetzungsweise von Regeln, die für die Besucher:innen des Jugendzentrums gelten und ihnen gegenüber durch „Team" vertreten werden (sollen). Andererseits konnten „Team"-Herstellungspraktiken wie ein häufiges ‚Sich-gegenseitig-Aufziehen' und ‚Späße-Machen' beobachtet werden. Kurzum und zugespitzt, dieses Team verbringt viel Zeit mit der aktiven Hervorbringung von „Team" und ist insofern auch ‚viel' mit sich als „Team" beschäftigt.

Mit Blick auf diese regen eigenen (und in gewisser Weise eigensinnigen) Praktizierungsweisen, mit Goffman (2016 [1961], S. 169 ff.) gesprochen das „Unterleben", um, in und von „Team" mag so auf den ersten Blick der Eindruck entstehen, es handle sich im beforschten Jugendzentrum um Umnutzungen oder verfremdende, gar zweckentfremdende Bedeutungs- und Nutzungsweisen von professioneller Teamarbeit in der Sozialen Arbeit; während der Analyse wurde jedoch sichtbar, dass diese Funktionen für die Organisation der Erbringungsmöglichkeit des Angebots des Jugendzentrums dergestalt relevant sind, als dass sie für die Mitarbeiter:innen und deren Arbeitskraft eine besondere, geradezu notwendige Rolle spielen.

Im folgenden Beitrag wird dieser Rolle von „Team" anhand von empirischem Material nachgegangen, das aus der ethnografischen Feldforschung im Jugendzentrum gewonnen wurde und aus leitfadengestützten Interviews und Feldinterviews mit Fachkräften der Einrichtung, aus protokollierten teilnehmenden Beobachtungen und Felddokumenten besteht, anhand derer im Folgenden Alltagsfunktionen von „Team" und „Team"-Praktiken nachgezeichnet werden.

Um diesen Alltagsfunktionen auf die Spur zu kommen, bietet sich ein erweiterter Arbeitsbegriff an, wie er bei Smith (1998), bei Bareis, Kolbe und

Cremer-Schäfer (2018) und auch in der Care- oder der Reproduktionsarbeitsdebatte gefasst wurde und wird. Alle drei Perspektiven auf Arbeit sind für den hier eingenommenen Blick auf „Team" relevant und werden nachfolgend knapp skizziert.

Im Anschluss daran wird das Feld näher beschrieben, in dem sich das Geschehen in und um „Team" abspielt, um in einem nächsten Schritt die Funktion(en) von „Team" exemplarisch anhand eines Interviewausschnitts zu zeigen und dies mittels Hinzuziehung von Analyseergebnissen aus Interpretationen von Beobachtungsprotokollszenen zu (re)kontextualisieren.

2 Auf „Team" blicken: Theoretische Ausgangspunkte

Theoretisch-perspektivischer Ausgangspunkt ist die Untersuchung des Feldes als *Arbeits*feld. Das mag erstmal trivial klingen, dennoch, das Arbeitsfeld als solches zu verstehen, hat eigene Voraussetzungen: Es soll gerade jenseits bereits fest definierter Begriffe der Offenen Kinder- und Jugendarbeit („Bildungsarbeit"; „Lebensweltorientierung" etc.) betrachtet werden, als offene Frage davon, was dort Arbeit ist und wie diese genau aussieht. Arbeit soll anhand der konkreten Praktiken und Deutungsweisen der Akteur:innen betrachtbar werden und es soll zuvorderst danach gefragt werden, was das Unterleben dieser offiziellen begrifflich gefassten Beschreibungen, Arbeitsanforderungen und -aufgaben mitsamt aller Ideen, Vorannahmen und Wissen bereithält.

Mit Smith (1998) gesprochen findet man sich mit diesen normierten Begriffen innerhalb „institutioneller Ideologien" (vgl. Smith 1998, S. 108) wieder, also institutionell und spezifisch abgesteckter herrschender Definitionen dessen, was dann (auch) in Lohnarbeitsverhältnissen als Arbeit zählt – und was nicht. Ihr geht es mit der Institutional Ethnography u. a. darum, diese Definitionen aufzubrechen und einen Blick auf die alltägliche Arbeit zu richten, vor allem auf die Arbeiten, die als nicht wertschöpfend, nicht verwertbar (oder eben nicht als Arbeit) gelten, die unsichtbar bleiben bzw. vielmehr unsichtbar gemacht werden: sie argumentiert, dass die tatsächliche Arbeitsorganisation in ihrer Beobachtbarkeit „nicht mit den Kategorien und Begriffen der institutionellen Ideologie definiert und analysiert werden darf" (Smith 1998, S. 112), da diese selektiv nur „ausgewählte Aspekte" von Arbeitsprozessen in der institutionellen Ordnung darstellbar machen (vgl. Smith 1998, S. 109):

„Indem wir die institutionelle Ethnographie in der von Menschen verrichteten Arbeit ansiedeln, wollen wir weniger eine Grenze zwischen Arbeit und Nicht-Arbeit ziehen als vielmehr einen Begriff entwickeln, der uns darauf zurückführt, was die Menschen Tag für Tag unter bestimmten Bedingungen und in bestimmten Situationen tun." (Smith 1998, S. 112 f.)

Smith fasst ihren Arbeitsbegriff in Bezugnahme auf die Lohn-für-Hausarbeits-Debatte in einer Ausweitung „auf menschliche Tätigkeiten […], die einigen Aufwand erfordern, die beabsichtigt sind und die erworbene Fähigkeiten zur Anwendung bringen." Mit diesem Arbeitsbegriff verweist sie darauf, dass diese Tätigkeiten, diese Arbeit „in materiellen Bedingungen und Mitteln wurzeln und in der ‚wirklichen Zeit' verrichtet werden" (Smith 1998, S. 112).

Mit einer solchen Öffnung des Verständnisses von und für Arbeit lässt sich die Praxis und die Art von Arbeit vor Ort aus einem ethnografischen Blick heraus auch jenseits formal(isiert)er oder verordneter Arbeitsschritte und -prozesse erschließen; jenseits dessen, was institutionell bereits „beobachtbar-berichtbar" (Smith 1998, S. 108) gemacht wurde.

Das Forschungsinteresse setzt damit an der gesamten Arbeitsorganisation an. Um gleichzeitig die Widersprüche der Eingebundenheit Sozialer Arbeit in und ihrer Vermitteltheit durch Herrschaftsverhältnisse mitdenken zu können, wird der *Alltag* – hier der professionelle Arbeitsalltag – zum Ausgangspunkt gewählt. Alltag, nach Bareis, Kolbe und Cremer-Schäfer (2018) durchzogen von „Routinen und Begrenzungen durch institutionalisierte Ungleichheits- und Herrschaftsverhältnisse" und geprägt durch „Verfügungs- und Definitionsmacht" ist dadurch „borniert und verdinglicht" wie zugleich diese Grenzen überschreitend (Bareis et al. 2018, S. 258). Das, was Leute in ihrem Alltag, bzw. im „institutionalisierten Alltag" tun, verortet Ott (2021) dementsprechend „‚irgendwo' zwischen der Stabilisierung von Machtverhältnissen und Widerständigkeit", und dieses Tun ist nicht ohne die institutionalisierten gesellschaftlichen Verhältnisse denkbar (vgl. Ott 2021, S. 73). Alltag bedarf und ist dabei Ort von Arbeit bzw. von Bearbeitung insofern, als dass auf der einen Seite aus Perspektive der Nutzer:innen sozialer Dienstleistungen „eine Menge und sehr spezifische (Mehr-)Arbeit" von Nöten ist, „um wohlfahrtsstaatlich organisierte Ressourcen im Alltag und für den Alltag nutzbar zu machen" (Bareis et al. 2018, S. 262). Auf der anderen Seite werden für Fachkräfte sozialer Dienstleistungen spezifische Bearbeitungsweisen notwendig, um mit (widersprüchlichen) Anrufungen, Aufträgen, Anforderungen, die ihren Arbeitsalltag prägen, umzugehen. Um dabei zu verstehen, wie die erbrachten Dienste oder Dienstleistungen konkret ablaufen, so Bareis, Kolbe und Cremer-Schäfer (2018), muss man sich die Arbeitsbedingungen anschauen, unter denen die Arbeit der Fachkräfte stattfindet: „Was können die Fachkräfte tun, unter den

Bedingungen, der Infrastruktur, die ihnen zur Verfügung steht?" (vgl. Bareis et al. 2018, S. 260).

Diese theoretische Perspektive auf das Arbeitsfeld ist eng verbunden mit Goffmans Blick auf das „Unterleben" in Organisationen (Goffman 2016 [1961], S. 169 ff.), um eigenwillige und informelle, nicht vorgesehene Praktiken in den Blick zu nehmen, die in der Einrichtung vorgenommen werden und die hier als Bearbeitungsweisen verstanden werden; also was die Akteur:innen im Jugendzentrum an eigenen Umgangs- und Bearbeitungsweisen der Situationen produzieren, soll Aufschlüsse über die „Erbringbarkeit des Sozialen" (Bareis et al. 2018, S. 259) geben.

Die Bearbeitungsweisen der Fachleute werden Lau und Wolff (1982) folgend entgegen „idealisierte[n] Vorstellungen über mögliche Praxis" (Lau und Wolff 1982, S. 261) als „praktische und kompetente Lösungsversuche der alltäglichen Arbeitsprobleme" (Lau und Wolff 1982, S. 262 f.) verstanden, oder, mit Nadai (2012) gesprochen: entgegen einer „Vermessung der Fallhöhe zwischen dem idealtypische[n] Modell und der unschönen Realität des faktischen Handelns, das an der normativen Vorgabe nur scheitern kann" (vgl. Nadai 2012, 150).

Zusammengefasst bezieht sich die Analyse auf Bearbeitungsweisen von „Team" vor Ort und fragt nach den (Funktions-)Be-Deutungen von „Team" aus und für den Arbeitsalltag aus Sicht der Mitarbeiter:innen und der Einrichtungsleitung. Dadurch wird die Arbeit an „Team" in ihrem Verhältnis zur Organisation und Organisationsweise von Jugendzentrum verstehbar.

Die Debatte um Care- oder Sorgearbeit (in der deutschen Begrifflichkeit bei Aulenbacher und Dammayr 2014) spielt eine eigene Rolle für den Blick auf das Material: sie diente ursprünglich der theoretischen Grundlegung für das Forschungsprojekt zu Arbeitsbedingungen in der Offenen Kinder- und Jugendarbeit, um sich Prozessen von Rationalisierung, also Zugriffs- und Anwendungsweisen von betriebswirtschaftlicher bzw. verwertungsorientierter Rationalität und entsprechender Instrumente auf dieses Arbeitsfeld und deren Bearbeitungen seitens der Akteur:innen im Feld empirisch annähern zu können. Sie ermöglicht es, gesamtgesellschaftliche (unsichtbar gemachte) Arbeitsteilung zwischen Produktion und Reproduktion als (kapitalistisches Herrschafts-)Verhältnis zu betrachten. Für den Blick auf „Team" allerdings zeigte sie sich nochmal für die Interpretationsergebnisse des empirischen Materials von besonderer Bedeutung.

Auch wenn die Debatten und die theoretischen Ansätze verschieden sind[3], bezieht sich ein Anliegen der Care- oder Sorge- bzw. Reproduktionsarbeitsdebatte darauf, jenseits der gesellschaftlichen Vormachtstellung von Lohn- oder Erwerbsarbeit (und vor allem Lohnarbeit im wertschöpfungsstarken Sektor (vgl. Soiland 2017, S. 21)), Arbeit zu verstehen als solche, derer es notwendig für die Reproduktion von Menschen bedarf. Haus- und Sorgearbeit für andere und sich selbst werden hier insbesondere in den Fokus gerückt (bspw. prägnant zusammengefasst bei Schrader 2014). In der Care-Arbeitsdebatte wird vermerkt, dass es keine abschließenden Bestimmungen von „Care" gebe, darauf verweisen mehrere Autor:innen (etwa Madörin 2007, S. 143; Chorus 2013, S. 33). Madörin (2007) fasst „Care-Tätigkeiten" als unbezahlte und bezahlte personenbezogene Dienstleistungen, die wichtig „für das Überleben und das tägliche Wohlbefinden von Menschen" sind, womit ein engerer Begriff von Care-Arbeit verbunden ist (Arbeit für von Sorgearbeit abhängigen Personen) sowie einen weiter gefassten („Care-Tätigkeiten, die für alle wichtig sind") (vgl. Madörin 2007, S. 143).

Diese Unbestimmtheit und Offenheit eines weiten Care- oder Sorgearbeitsbegriffs als Sorge für andere und sich selbst soll in Verbindung mit einem offenen Arbeitsbegriff insgesamt genutzt werden, um auszuloten, was sich dadurch an Bearbeitungs- und Nutzungsweisen von „Team" erkennen lässt.

3 Zum Kontext: Ein Jugendzentrum im prekären Wohngebiet

Das beforschte (Kinder- und) Jugendzentrum befindet sich abgelegen in einer Art Gewerbegebiet einer Stadt und in einem von sozialen Ausschließungsprozessen betroffenen (Wohn-)Viertel. Es ist in unmittelbarer Nähe zu einem Teil der städtischen Unterkünfte für Wohnungslose als auch zu Unterkünften für Geflüchtete angesiedelt. Beide Unterkünfte sind jedoch längerfristig von den Bewohner:innen bewohnt, es handelt sich also durchaus um ein (prekäres) Wohngebiet. Die Einrichtung ist als Jugendzentrum konzipiert (und auch finanziert), aufgrund des Wegfalls einer nebenan angesiedelten Einrichtung der Kinderbetreuung wird sie

---

[3] An dieser Stelle kann die Breite der Debatte um Sorge-, Care- oder Reproduktionsarbeit sowie soziale Reproduktion nur erwähnt werden. Die unterschiedlichen Ansätze finden sich zwischen verschiedenen wissenschaftlichen Fachrichtungen, theoretischen Zugängen und Schwerpunkten bei der Analyse des gesellschaftlichen Verhältnisses von Produktion und Reproduktion (dazu etwa der Beitrag der PROKLA-Redaktion, Dück und Hajek (2019)). Im Folgenden werden lediglich die für die hier vorgenommene empirische Analyse relevanten Aspekte knapp skizziert.

mittlerweile jedoch auch von Nutzer:innen ab 6 Jahren besucht. Sie ist die einzige Einrichtung für Kinder und junge Menschen im direkten Umkreis und hat eine langjährig bestehende Tradition bzw. ist eine Selbstverständlichkeit im Viertel: man geht dort selbstverständlich hin, wenn man das entsprechende Alter erreicht hat. Geprägt ist das alltägliche Geschehen im Jugendzentrum und der Alltag aller Beteiligten insofern von Platzmangel, der Nutzung durch Kinder und Jugendliche mit einer Altersspanne zwischen 6 bis ca. 25 Jahren bis hin zu jungen Erwachsenen in ihren späten 20ern oder auch frühen 30ern, hier vor allem junge Erwachsene, die in den Unterkünften für Geflüchtete wohnen sowie ehemalige jugendliche Nutzer:innen, die nun erwachsen sind, jedoch noch immer die Einrichtung besuchen. Die verschiedenen Nutzungsweisen des Jugendzentrums geben ihm dadurch die verschiedensten Gestalten, von der Stadtteilkneipe übers Verleihzentrum (Werkzeug, Fahrradpumpen etc.), zum Copy-Shop, dann zur allgemeinen Sozialberatung, bis hin zum Sportverein, um nur einige aufzuzählen. Es treffen insofern eine Vielzahl von Nutzer:innen in verschiedenen Nutzer:innengruppen auf eine räumlich recht kleine, einstöckige Einrichtung, die von der Raumstruktur nicht so recht für das angelegt ist, was darin stattfindet; Improvisation seitens aller Akteur:innen (sowohl der Fachleute als auch der Kinder, Jugendlichen und jungen Erwachsenen) ist Teil der Erbringung und Nutzbarmachung des Jugendzentrums.

Während all dies das alltägliche Geschehen in diesem Feld prägt, wird dieser Alltag seitens des „Teams" über eine regulierte Struktur mit fest geregelten Zeiten und Abläufen organisiert, wann wer oder welche Gruppe von Kindern oder Jugendlichen, Mädchen oder Jungen, das Jugendzentrum nutzen können und dürfen, was verschiedene Konflikte und Kämpfe um die Zugänglichkeit der Einrichtung seitens der Nutzer:innen sowie um die Realisierbarkeit der Angebotsstruktur seitens der Mitarbeitenden hervorruft.

Das Team besteht im Feld aus Einrichtungsleitung, drei hauptamtlichen Fachkräften, zwei Hilfskräften mit geringerem Teilzeitanteil, sowie immer jeweils einer:m Praktikant:in und zu Beginn der Erhebung einem Bundesfreiwilligendienstleistenden. 6 bzw. 7 Personen, die sich auf insgesamt 3,25 bezahlte Personalstellen verteilen. In der Stadt seien 2,5 Personalstellen für ein Jugendzentrum, so der Einrichtungsleiter, eigentlich üblich; eine Stelle wurde zum Zeitpunkt der Erhebung über eine größere eingeworbene Spende finanziert.

Im Folgenden geht es darum, exemplarisch und verdichtet zu zeigen, wie „Team" im durchaus kollektiven Narrativ der Mitarbeitenden in der Einrichtung unterlebt wird, wie es also im und für den Arbeitsalltag genutzt wird bzw. nutzbar gemacht wird – und was das mit den Arbeitsbedingungen vor Ort zu tun hat.

4 „Team" unterlebt: eine notwendige Arbeitsbedingung und -ressource

Eingangs wurde bereits auf die irritierende Omnipräsenz von „Team" in diesem Jugendzentrum hingewiesen. Die Vielbesprochenheit von „Team" als Thema für die Mitarbeiter:innen als auch für die Fachkräfte der Sozialen Arbeit, die mit dem Jugendzentrum zusammenarbeiten, zeigte sich schon zu Beginn der Erhebungsphase. So wurde von einem Erziehungshelfer, der mit dem Jugendzentrum kooperiert, berichtet, dass die Fachkräfte im Jugendzentrum „einiges aushalten mussten" und „[d]ie machen das halt über ein Team, das total zusammenhält, das füreinander einsteht, wenn einer nen Fehler macht, dann nehmen das alle auf eine Kappe. 'N toller Chef, der in den Jahren, wo ich jetzt hier bin, glaub ich noch nie den Chef hat raushängen lassen. Wenn des nicht wäre im Team, dann wär das nicht so." (Feldtagebuch_Tag_4, Z.419–422). Phillip[4], ein hauptamtlicher Mitarbeiter erzählte zum Thema schwierige Arbeitszeiten, dass er „aber [...] das Team [liebe], die Leute, mit denen er arbeite, ,aber ich kann mir vorstellen, wenn des nicht wär, würde das hier auch nicht so gut laufen'" (Feldtagebuch_Tag_6, Z. 593–596).

„Team" zeigt sich im Datenmaterial als auch im beforschten und erlebten Feld als Arbeitsbedingung und als Arbeitsressource. Wie sich das genau darstellt, wird im Folgenden an einem Interviewausschnitt mit Phillip näher betrachtet.

Der Interviewte kommt an verschiedenen Stellen im Interview auf „Team" und dessen Bedeutung für ihn zurück. In diesem Ausschnitt erzählt er auf die feststellende Frage der Interviewerin hin, dass das Team ja eine große Rolle spiele, und welche das für ihn sei, das Folgende:

„Ganz zentral ist des auf jeden Fall! Alsooo ich glaube, also das- also nee, ich bin mir sehr sicher, wenn das Team nich so wär wies wär (.) m-m weiß

---

[4] Alle Eigennamen wurden pseudonymisiert. Zur Einordnung der Erzählungen der Akteur:innen ist das „Arbeitsbündnis" (Resch 1998) außerdem relevant, das zwischen den Akteur:innen im Feld und der Forscherin bestand. In den Gesprächen während der Erhebung als auch im Interview mit Phillip etwa spiegelt sich analytisch gesehen ein kollegial geprägtes Arbeitsbündnis, sprich: die Interviewsituation wurde hier nicht wie eine Aufforderung zur Demonstration von „Professionalität" o. ä. (wie etwa ein Vortrag vor dem Jugendhilfeausschuss oder eine Antragstellung auf Spendenmittel) durch den Interviewten behandelt. Sie gleicht eher einer Erzählung gegenüber einer vertrauten Kollegin, die erstens den Arbeitsalltag und die alltäglichen Bedingungen kennt und die zweitens (daher) auch weiß, wie das Erzählte einzuordnen ist. Es finden sich seitens des Interviewten insofern auch keine ausschweifenden Erklärungen darüber, was für eine (fachliche) Arbeit vor Ort alltäglich wie gemacht wird. Dies wird bereits als geteiltes Wissen vorausgesetzt, nachdem die Forscherin über ein halbes Jahr hinweg im Feld anwesend war.

ich net ob ich die Arbeit hier (.) machen würde. Muss ich ehrlich sagen, weil se schon frustrierend ist, weils schon ne Sisyphusarbeit ist, ((holt Luft)) und oft, was du erreichst, drei Tage später wieder (.) drei Meter unter dem Boden gegraben worden sind, so //I: mhm// und des Team (.) motiviert, des Team baut auf, des Team fängt auf." (Interview_Hauptamtlicher, Z. 689–694).

Mit der Einordnung der Rolle von Team als „ganz zentral", bestätigt der Befragte nicht nur, sondern er verstärkt die Feststellung und Frage der Interviewerin und spezifiziert daraufhin die Zentralität von „Team" für sich, indem er es auf existentielle Weise rahmt: er beginnt damit, dass er glaube, verbessert sich dann, um zu betonen, er sei sich „sehr sicher", dass er nicht wüsste, ob er „die Arbeit hier machen würde", wäre das Team nicht so wie es ist, das müsse er „ehrlich sagen". Das Team bzw. das „So"-Sein des Teams, also die Teamspezifik, setzt er damit als notwendige Bedingung für sich, um überhaupt in der Einrichtung (weiterhin) zu arbeiten und er begründet diese Aussage anschließend mit der Arbeit selbst: der Teamspezifik und dessen zentraler Rolle (für ihn) setzt er die Arbeit als „frustrierend[e]", als „Sisyphusarbeit" entgegen. Das „ehrlich sagen" zu „m[ü]ss[en]" liest sich als Entschuldigung und Anklage dahingehend, wie die Arbeit charakterisiert wird. Dass er das Team in dieser Relevanz pointiert, hat in diesem Narrativ dann etwas mit einer Arbeit zu tun, die man, will man ehrlich sein, als „frustrierend", als unbefriedigend bezeichnen „muss". Das Bild einer Arbeit wird aufgeworfen, die bestimmte Ziele habe, die „erreich[bar]" seien, jedoch nur temporär, da dieses „[E]rreicht[e]" oft wieder „ein paar Tage später unter den Boden gegraben" werde. Er beschreibt eine Arbeit, die vergeblich getan wird oder wurde, die von Verlust geprägt ist, da das ‚Arbeitsergebnis' nicht (längerfristig) zustande kommt. Phillips Formulierungsweise dieses „Sisyphus"-haften liest sich als negativer Effekt. Wer (oder was) die Arbeitsergebnisse begräbt, bleibt unklar; interpretierbar ist hier jedoch, dass die Nutzer:innen die Ergebnisse der (mit oder an ihnen) verrichteten Arbeit der Mitarbeiter:innen begraben: Das Begräbnis selbst scheint einerseits gerahmt als Charakteristikum der Arbeit („weils schon ne Sisyphusarbeit *ist*"), andererseits aber als eine Verfehlung, ein Scheitern, wenn auch nur temporär.

Schließlich kommt es zu einer näheren Bestimmung der Rolle von „Team", wenn Phillip diesem mehrere Qualitäten bzw. Funktionen zuspricht – und zwar für die einzelnen Mitarbeitenden: „[M]otiv[ation]", „[A]uf[bau]" und „[A]uf[fangen]". Dabei wird aus Mitarbeitendenperspektive ein Bild von „Team" als Ressource für sich selbst als auch füreinander gezeichnet (nicht für die Nutzer:innen oder die Arbeitsinhalte), was explizit auf die verfehlten bzw. begrabenen Ziele der Arbeit hinweist: um das (temporäre) Scheitern aushalten und/oder bearbeiten zu können, so liest es sich, braucht es dieses Team. „Team" wird nicht als rein formale Arbeitsorganisation[5], sondern in einer spezifisch qualitativen Ausgestaltung (das Team so wie es ist) zur notwendigen Arbeitsbedingung; zur Ressource, um die Arbeit (dort) machen zu können bzw. sie immer wieder neu machen zu können. Oder um weitermachen zu können.

Mit der Metapher des Sisyphushaften als auch mit den Funktionen, die Phillip „Team" zuweist, nämlich Motivation, Aufbau und Auffangen, scheint „Team" hier Kraft, und in diesem Rahmen Arbeitskraft zu spenden und aufrechtzuerhalten. Das Bild des Begräbnisses geht gewissermaßen auch einher mit einem Bild von „Team" als Trauer- oder Leidensgemeinschaft, die sich gegenseitig Trost und Halt spendet und zur gegenseitigen (Arbeits-)Kraftressource funktionalisiert wird.

Wenn „Team" für die einzelnen Teammitglieder neue Arbeitskraft spendet, übernimmt es eine Funktion, die auch als alltägliche individuelle Reproduktion der Arbeitskraft der Teammitglieder verstanden werden kann. Auch in der Care- bzw. Reproduktionsarbeitsdebatte wird darauf hingewiesen, dass Reproduktionsarbeit immer auch die (Wieder-)Herstellung der Ware Arbeitskraft für kapitalistische Verwertungslogiken bedeutet (etwa Schrader 2014, 53). Reproduktionsarbeit beschreibt dabei vor allem die Arbeit, die unbezahlt und unsichtbar im privaten Raum, im Haushalt, geleistet wird. Hier zeigt sich, wie diese Arbeit oder Aspekte von ihr zusätzlich und auch während der Lohnarbeit(-szeit) geleistet bzw. auf sie ausgeweitet oder übertragen werden.

Weitere Parallelen zu einem weiten Care- bzw. Sorgearbeitsbegriff zeigen sich: Wenn das Team sich gegenseitig „motiviert", „aufbaut" und „auffängt", dann kümmert es sich umeinander, es sorgt sich um- und es sorgt füreinander. Als kollektives Geschehen ließe sich auch interpretieren, dass „Team" ‚Self-Care' oder Selbstsorge praktiziert.

Im empirischen Material zeigt sich an dieser Stelle, dass die theoretische Perspektive, die Arbeit im Jugendzentrum mittels des weiten Care-Begriffs zu betrachten, auch für „Team" selbst gilt, für das, was die Teammitglieder hier

---

[5] Dass „Team" im empirischen Material auch als formales Element von Arbeitsorganisation und -weise relevant ist, zeigte sich, wie bereits kurz angedeutet wurde, hinsichtlich des Personalstellenschlüssels der Einrichtung. Ausbuchstabiert wird dies im Interview mit dem Einrichtungsleiter, der die finanzierten Personalstellen und vergangene sowie anhaltende Kämpfe darum darstellt. „Team" tritt hier also jenseits der Aufladung als rein formale Rahmenbedingung des Arbeitens auf, die an Personalstellenfinanzierung und sich daraus ergebender (Un-)Möglichkeiten dafür geknüpft ist und die die Bedingungen von und für Arbeitsteilung strukturiert. Wie bei Phillip nun sichtbar wird, spielt dies eine untergeordnete bzw. gar keine Rolle – oder ist eine Selbstverständlichkeit, bei der es nicht nötig ist, sie anzusprechen.

mit- und füreinander tun bzw. erarbeiten: nicht nur die Arbeit an und mit Nutzer:innen Sozialer Arbeit lässt sich (stellenweise) als Care-Arbeit begreifen, auch die Zusammenarbeitsform im „Team" erscheint als ‚kollegiale Sorgearbeit'. Diese Perspektive als Brille für das Material zu nutzen, kann dabei vor allem leisten, „Team", wie es hier dargestellt wird, nicht nur als eine notwendige Bedingung und Ressource für die Arbeit zu verstehen, sondern als eine Bedingung und Ressource, die selbst erst einmal durch die Teammitglieder erarbeitet werden muss: durch sorgende *Arbeit* und die Arbeit an der Reproduktion der Arbeitskraft der Teammitglieder. Darin wird auch deutlich, dass Arbeit im Jugendzentrum notwendiger Bedingungen bedarf, die eine so große und voraussetzungsvolle Rolle spielen, dass „Team" kaum anders beschrieben werden kann (etwa in seiner Bedeutung für Arbeit hinsichtlich der Nutzer:innen). „Team" fällt dabei ein defensiver Charakter zu: die sorgende Funktion des Teams scheint nicht vordergründig Handeln zu ermöglichen, sondern sie schützt vor bestimmten Erfahrungen der alltäglichen Arbeit (etwa der „Frustration") oder versucht dies zumindest.

5 Die „(Selbst-)Sorgefunktion" von Team im Alltag der Arbeitsorganisation

Die Funktion(alisierung) von „Team" als Reproduktionsstätte für Arbeitskraft und als zuständig gemachtes ‚(Selbst-)Sorge-Arbeitsprinzip' für die Teammitglieder hat gleichwohl etwas mit den organisationalen Bedingungen im Feld zu tun, was sich in den Beobachtungsprotokollen zeigt.

In ihnen spiegelt sich Alltag im Jugendzentrum in einer Reihe von routinisierten arbeitsorganisatorischen Abläufen. Vormittags trifft sich das Team, wenn die Einrichtung noch geschlossen hat. In diesem sogenannten „Briefing" werden u. a. die Zuständigkeiten der Mitarbeitenden für die verschiedenen Aufgaben abgesprochen und die Arbeitsteilung geplant: wer übernimmt die Aufsicht welcher Räume, wer „macht die Theke", etc., dabei wird gemeinsam gebruncht. Während der Öffnungszeiten zeigt sich dann, wie die Mitarbeitenden einzeln mit und an Kindern und Jugendlichen oder bestimmten Situationen arbeiten, es kommt zur Vereinzelung der Teammitglieder. Zudem besteht regelmäßig intensiver Andrang von besuchenden Kindern und/oder Jugendlichen, sodass sich die Mitarbeitenden gegenseitig aus den Augen verlieren („alle scheinen so beschäftigt, wenn wer durch [die Küche] läuft, sehen sich auch alle nicht" (Feldtagebuch_Tag_26, Z. 148 f.)). In den Beobachtungen schlägt sich das auch nieder, wenn protokolliert wurde, dass plötzlich die Akteur:innen „verschwunden" sind, „im Trubel untergehen" oder dass „ich nicht weiß", wo bestimmte Akteur:innen gerade hergekommen sind. Prägend für den Alltag sind auch das Eintreten von Ereignissen, von denen die Hälfte der Mitarbeiter:innen nichts mitbekommt, weil alle mit ihren eigenen Aufgaben und sich ergebenden neuen Aufgaben beschäftigt sind. Nach diesen, durch Unvorhersehbarkeit und Unübersichtlichkeit gekennzeichneten, Arbeitssituationen findet sich das Team nach dem „Briefing" erneut als „Team" zusammen, wenn das Jugendzentrum zwischen den „Programmpunkten" für eine Stunde geschlossen wird und bevor es für den abendlichen offenen Betrieb wieder öffnet. Es sind Momente, in denen die Nutzer:innen nicht mehr gegenwärtig sind, also das Team mit sich selbst allein ist und in denen einerseits alle erschöpft von der Arbeit während der Öffnungszeit sind oder sich andererseits erst einmal über die Ereignisse austauschen müssen, um überhaupt eine Übersicht über die vergangenen Geschehnisse zu bekommen. Zu dieser Zeit wird auch füreinander gekocht und dann gemeinsam zu Abend gegessen. „Team" entsteht also wieder in einem Moment, in dem die Reproduktion der Arbeitskraft notwendig wird. Die Funktion von „Team" als (Selbst-)Sorge-Arbeitsprinzip zur Reproduktion von Arbeitskraft bestimmt sich damit auch durch die Art und Weise der Arbeitsorganisation, da „Team" zu Momenten (wieder) entsteht, wenn die einzelnen Teammitglieder der Sorge und Versorgung sowie der Erholung bedürfen. Dies übernehmen sie in Form von Arbeit füreinander.

Diese Funktion von „Team" erfordert daher „Harmonie" und deren permanente Herstellung. Dies klang auch im betrachteten Interviewausschnitt an. Diese Harmonie wird, das wurde bereits angedeutet, gezielt gefördert bzw. technologisch durch Teamentwicklungs- und Coachingstrategien hergestellt, die der Leiter der Einrichtung als seinen Weg der Stabilisierung und der Aufrechterhaltung des Jugendzentrums beschreibt. Er erzählt seine Geschichte der Arbeit im Jugendzentrum als „schwierigen Kampf" um „Macht in Anführungszeichen", darum, „wer das Sagen im Jugendzentrum" hat, die Mitarbeiter:innen oder die Jugendlichen. In dieser Geschichte war man zu Zeiten unklarer Machtverhältnisse und durch ständige neue Regelverhandlungen „schon ziemlich fix und fertig abends" (Interview_Einrichtungsleitung, Z. 314–321). Die Konflikte ums Jugendzentrum führten in dieser Geschichte einerseits zu „Fluktuation" der Mitarbeitenden und wurden andererseits als Ergebnis von Mitarbeiter:innenfluktuation interpretiert: als entstandenes Machtvakuum, das dann durch die Nutzer:innen besetzt wurde. Die Herstellung von „Harmonie" und „Einheit" von „Team" dient damit auch dem Machterhalt von „Team" gegenüber den Nutzer:innen.

An dieser Stelle wird auch (Self-)Care – Sorgen für „Team" und Versorgung von „Team" – in seiner Verbundenheit mit neoliberalen (Selbst-)Optimierungstechniken sichtbar, mit der gezielten Steuerung des Zwischenmenschlichen für Zwecke jenseits des Zwischenmenschlichen. Als Ziel der

Teamfunktion als (Selbst-)Sorge und Reproduktionsermöglichung der Arbeitskraft der Teammitglieder zeigt sich die Verhinderung von Personalfluktuation in Form von Mitarbeiter:innenbindung. Wie dies wirkt, wird auch in den Aussagen eines Praktikanten deutlich, der von dem Team und dem guten Essen schwärmt, das täglich jeweils abwechselnd von den Mitarbeitenden zubereitet wird. „Team" und die reproduktiven Aufgaben, die es füreinander übernimmt, lassen sich damit auch als Praktikant:innenakquise und als deren Lohnersatz zugleich verstehen. Auch in der Konkurrenz um Arbeitskräfte mit anderen Trägern und Einrichtungen wird „Team" eingesetzt: wenn man sich dann gleich gut verstehe im Team, wisse, dass man dort gut aufgehoben ist und zusammenhalte, mache das die Arbeit im Jugendzentrum „interessant" für neue Mitarbeiter:innen, so der Einrichtungsleiter. Diese Herstellung von Harmonie zur Stabilisierung des Jugendzentrums durch und von „Team" schlägt an dieser Stelle von der Defensive – dem Schutz der einzelnen Teammitglieder vor frustrierenden oder des Ausgleichs benötigenden Arbeitsalltagserfahrungen – in eine Offensive um, die Konflikte nach innen, innerhalb von Team, einhegt und dadurch Stärke nach außen demonstriert. Kinder und Jugendliche, sowie stellenweise auch deren Eltern, werden zu einer Art Gegenspieler:innen, gegen die „Team" als „Einheit" – ebenfalls ein kollektiver Begriffsnarrativ dieses Teams – die Regeln durchsetzen soll und muss, wo alle an einem Strang ziehen und ein „Anecken" einzelner Teammitglieder (wie in der Vergangenheit vorgekommen, so wird seitens des Einrichtungsleiters erzählt) zur wahrgenommen Gefährdung der gesamten Einrichtung wird.

In diesem Umschlag zeigt sich „Team" als stark machtvoll und durchherrscht. Die harmonisch erscheinende (Self-)Care-Funktion von „Team" ist auch eine Programmatik, mit der Ordnung im Jugendzentrum und im Team aufrechterhalten wird. „Team" fungiert also auch als Machtinstrument. Demgegenüber stehen gleichzeitig Erfahrungen der Grenzen von Bearbeitbarkeit und Erbringbarkeit des Angebots Jugendzentrum, in einer Geschichte von „Team", die als Geschichte von Mitarbeiter:innenfluktuation, und Verausgabung der Arbeitskraft der Mitarbeitenden über die Grenzen der Reproduzierbarkeit hinaus erzählt wird. „Team" ist auch das Instrument eines Einrichtungsleiters, der diese Erfahrungen in seiner Arbeit mittels „Team" zu bearbeiten sucht.

Durch diese Besetzung und diese Konstruktionsweise von „Team" entsteht dabei ein Verhältnis, das Alltag im Jugendzentrum als sehr kleinen, isolierten Rahmen zeichnet, wodurch die Be- und Erarbeitung von „Team" wie ein Rückzug ins ‚Private' wirkt. Damit wird nicht nur ein Blick auf die Nutzer:innen als (bisweilen) Gegner:innen (mit-)produziert, auch Rahmenbedingungen der Arbeit und des Alltags, institutionelle und organisationale Strukturen verschwinden aus dem Sichtfeld. „Team" funktioniert dann als Ausblendungsmechanismus, mittels dessen Arbeitsbedingungen auf individualisierter, hier auf der Einrichtungsebene verbleibend bearbeitet werden.

Auch dies lässt sich kontextualisieren: mit dem Standort des Jugendzentrums in einem prekarisierten, abgelegenen Wohngebiet finden sich nicht nur die Nutzer:innen an ihrem Wohnort mit Isolation und Abgeschiedenheit konfrontiert, auch die Mitarbeiter:innen im Jugendzentrum sind in ihrem Arbeitsalltag davon betroffen. Das Kernteam des Jugendzentrums hat wenig bis kaum Kontakt zu anderen Teams oder Mitarbeiter:innen anderer Jugendeinrichtungen; an den übergeordneten Organisationszusammenschlüssen, wie sie etwa im Rahmen der Jugendhilfeplanung die verschiedenen Träger der Kinder- und Jugendarbeit zusammenbringt, nimmt lediglich der Einrichtungsleiter teil. In einigen Arbeitsgruppen arbeiten zwar einzelne Mitarbeiter:innen des Teams mit anderen Jugendzentrumsmitarbeiter:innen zusammen, diese Gelegenheiten sind jedoch selten. Arbeitsalltag im Jugendzentrum ist daher für die Mitarbeiter:innen zu großen Teilen ohne Kontakte nach ‚draußen' charakterisierbar. Dies lässt die Teammitglieder im Jugendzentrum aufeinander verwiesen bzw. angewiesen sein.

6 „Team" in ambivalenten Funktionen. Ein möglicher Ausblick

Zusammengefasst zeigt sich „Team" einerseits als notwendige Arbeitsbedingung, andererseits muss es selbst erarbeitet werden. „Team" soll unterstützen, motivieren, auffangen. „Team" kann, wenn es diese Funktionsweisen erfüllen soll, nicht über arbeitsteilige formale Organisation in der Einrichtung verwirklicht werden, sondern ist an eine spezifische und personenabhängige Ausgestaltung des Teams und an eine bestimmte, bereits hergestellte und immer wieder neu herzustellende *Weise* von „Team" gebunden. „Team" muss also permanent be- und erarbeitet werden.

Der Blick auf diese Art Unterleben zeigt, dass das professionelle Team gleichzeitig mittels Teamförmigkeit die Alltagserfahrungen der Teammitglieder bearbeitet; diese Alltagserfahrungen werden bezüglich ihrer Gefährdung für die Reproduktionsmöglichkeit der Arbeitskraft durch zusätzliche Arbeit, neben der Arbeit an den Aufgaben und der gesamten Angebotsermöglichung der Offenen Kinder- und Jugendarbeit, entschärft und die Verausgabung der Arbeitskraft, die im Arbeitsalltag geschieht, zu kompensieren versucht, die Arbeitskraft dadurch reproduziert. Diese Arbeit, die mit einem weiten Begriff von (Selbst-)Sorgearbeit des Teams füreinander interpretiert wurde, kann als zusätzliche unsichtbare bzw.

unsichtbar gemachte, negierte Arbeit von „Team" als „Team" verstanden werden. Mit der Verbindung der Perspektive auf Arbeit an und im Alltag bzw. im Arbeitsalltag von Fachkräften der Sozialen Arbeit (Bareis et al. 2018) und der Goffmans auf das Unterleben in Organisationen kann darüber hinaus jedoch auch sichtbar gemacht werden, wieviel entgegen der herrschenden oder verordneten Logik – hier an, in und mittels „Team" – gearbeitet werden muss, um Alltag für sich selbst sowie andere organisierbar zu machen.

Dies zeigt, wie voraussetzungsvoll professionelle Teamarbeit und das professionelle Team sind: es bedarf viel Arbeit, um die Bedingungen zu schaffen, sich alltäglich und immer wieder neu als „Team" zusammenzufinden und als „Team" die Erbringung des Angebots Jugendzentrum zu leisten. Gleichzeitig zeigt sich, welche Ambivalenzen und Umschläge, welche Eingebundenheiten in und damit auch Reproduktion von Herrschaftslogiken dies mit sich bringt – oder bringen kann.

Für die besondere Herausforderung von Teamarbeit in der Offenen Kinder- und Jugendarbeit, die Balz (2021) formuliert hatte – unter formal organisational heterogenen und auf personalstruktureller sowie finanzieller Ebene schwierigen Bedingungen ein Gesamtangebot der Offenen Kinder- und Jugendarbeit herzustellen – wird empfohlen, Methoden der Teambildung und des Teamtrainings einzusetzen (vgl. Balz 2014, S. 273). Das Bemerkenswerte ist, dass die gezielten und geförderten Teampraktiken im beforschten Jugendzentrum diese Empfehlungen im Rahmen von Team-Coaching seitens der Einrichtungsleitung fast eins zu eins umsetzen. Die Widersprüche, die daraus jedoch erwachsen und die mittels eines erweiterten Arbeitsbegriffs und einem Blick auf das Unterleben herausgearbeitet werden konnten, bleiben bei diesen Anforderungen an „Teamarbeit", wie sie für das Feld Offene Kinder- und Jugendarbeit formuliert sind, im Verborgenen – nämlich neben der (Selbst-)Sorgefunktion auch „Team" als Ausblendungsmedium der institutionellen Rahmenbedingungen des Arbeitens; „Team" als Erzeuger:in von Gegner:innen; „Team" als Schutz vor Erfahrungen im Arbeitsalltag bis hin zu „Team" als Machtmittel, um Einheit nach innen und Schutz vor einem ‚Außen' her- und darzustellen – all dies erscheint wie die Kehrseite von ‚gut funktionierendem' Team im Jugendzentrum, die sich aus den Arbeitsbedingungen und der spezifischen (notwendigen) Bearbeitungsweise dieser Bedingungen ergeben.

Literatur

Aulenbacher, B. & Dammayr, M. (2014). Zwischen Anspruch und Wirklichkeit: Zur Ganzheitlichkeit und Rationalisierung des Sorgens und der Sorgearbeit. In B. Aulenbacher, B. Riegraf & H. Theobald (Hrsg), *Sorge: Arbeit, Verhältnisse, Regime* (S. 125–140). Baden-Baden: Nomos.

Balz, H.-J. (2021). Teamarbeit in der Offenen Kinder- und Jugendarbeit. In U. Deinet, B. Sturzenhecker, L. von Schwanenflügel & M. Schwerthelm (Hrsg.), *Handbuch Offene Kinder- und Jugendarbeit* (S. 261–275). Wiesbaden: Springer Fachmedien.

Bareis, E., Kolbe, C. & Cremer-Schäfer, H. (2018). Arbeit an der Ausschließung. Die Praktiken des Alltags und die Passung Sozialer Arbeit. Ein Werkstattgespräch. In R. Anhorn, E. Schimpf, J. Stehr, K. Rathgeb, S. Spindler & R. Keim (Hrsg.), *Politik der Verhältnisse – Politik des Verhaltens* (S. 257–276), Perspektiven kritischer Sozialer Arbeit 29. Wiesbaden: Springer Fachmedien.

Chorus, S. (2013). *Care-Ökonomie im Postfordismus. Perspektiven einer integralen Ökonomie-Theorie.* Münster: Westfälisches Dampfboot.

Goffman, E. (2016 [1972/1961]). *Asyle. Über die soziale Situation psychiatrischer Patienten und anderer Insassen* (20. Aufl.). Frankfurt a. M.: Suhrkamp.

Lau, T. & Wolff, S. (1982). Wer bestimmt hier eigentlich, wer kompetent ist? Eine Kritik an Modellen kompetenter Sozialarbeit. In S. Müller, H.-U. Otto, H. Peter & H. Sünker (Hrsg.), *Handlungskompetenz in der Sozialarbeit/Sozialpädagogik I. Interventionsmuster und Praxisanalysen* (S. 261–302). Bielefeld: AJZ.

Madörin, M. (2007). Neoliberalismus und die Reorganisation der Care-Ökonomie. Eine Forschungsskizze. In Denknetz (Hrsg.), Zur politischen Ökonomie der Schweiz. Eine Annäherung. Jahrbuch 2007 (S. 141–162). Zürich.

Nadai, E. (2012). Von Fällen und Formularen: Ethnographie von Sozialarbeitspraxis im institutionellen Kontext. In E. Schimpf & J. Stehr (Hrsg.), *Kritisches Forschen in der Sozialen Arbeit. Gegenstandsbereiche – Kontextbestimmungen – Positionierungen – Perspektiven* (S. 149–163). Wiesbaden: VS Verlag für Sozialwissenschaften.

Ott, M. (2021). Immanente gesellschaftliche Verhältnisse: Kinderförderung und Kinderschutz in institutionalisierten Alltagspraktiken. *Widersprüche. Zeitschrift für sozialistische Politik im Bildungs-, Gesundheits- und Sozialbereich,* 41 (162) (S. 71–84).

PROKLA-Redaktion, Dück, J & Hajek, K. (2019). Editorial: Krisen der Reproduktion. „A woman's work is never done" – Soziale Reproduktion in der Debatte. *PROKLA. Zeitschrift für kritische Sozialwissenschaft,* 49 (197) (S. 500–514).

Resch, C. (1998). Arbeitsbündnisse in der Sozialforschung. In: H. Steinert (Hrsg.), *Zur Kritik der empirischen Sozialforschung. Ein Methodengrundkurs* (S. 36–66). Frankfurt a. M.: Fachbereich Gesellschaftswissenschaften, Goethe Universität.

Schrader, K. (2014). Warum Care Revolution? *Widersprüche. Zeitschrift für sozialistische Politik im Bildungs-, Gesundheits- und Sozialbereich,* 34 (134) (S. 53–61).

Smith, D. (1998). Institutionelle Ethnographie. Eine feministische Forschungsstrategie. Kap. in ders., *Der aktive Text. Eine Soziologie für Frauen* (S. 98–258). Hamburg: Argument Verlag.

Soiland, T. (2017). Die Warenförmigkeit von Care – ein Emanzipationsangebot? Oder: Vom heimlichen Charme der Betriebsökonomie. *Widersprüche. Zeitschrift für sozialistische Politik im Bildungs-, Gesundheits- und Sozialbereich,* 37 (145) (S. 13–29).

Katharina Zink M.A. Erziehungswissenschaft (Goethe-Universität Frankfurt a. M.), arbeitet als Sozialpädagogin im Bereich der Jugendberufshilfe, promoviert an der Goethe-Universität Frankfurt a. M., Thema: „Rationalisierung Sozialer Arbeit" mit Fokus auf Arbeitsbedingungen im Feld der Offenen Kinder- und Jugendarbeit und deren Bearbeitungen durch Sozialarbeiter:innen als auch Nutzer:innen.

E-Mail: zink_katharina@gmx.de

Printed in the USA
CPSIA information can be obtained
at www.ICGtesting.com
CBHW062027131024
15807CB00011B/242